财务精英进阶指南

税务筹划

案例+税务风险+政策讲解

刘继承 林燕玲 钮彦平 杨定国◎著

中国铁道出版社有限公司
CHINA RAILWAY PUBLISHING HOUSE CO., LTD.

图书在版编目（CIP）数据

财务精英进阶指南．税务筹划：案例＋税务风险＋政策讲解 /
刘继承等著．—北京：中国铁道出版社有限公司，2022.3（2023.10 重印）
ISBN 978-7-113-28646-0

Ⅰ.①财…　Ⅱ.①刘…　Ⅲ.①企业管理－税收筹划－中国
Ⅳ.① F279.23 ② F812.423

中国版本图书馆 CIP 数据核字（2021）第 267199 号

书　　名：**财务精英进阶指南：税务筹划（案例＋税务风险＋政策讲解）**
　　　　　CAIWU JINGYING JINJIE ZHINAN：SHUIWU CHOUHUA
　　　　　（ANLI+SHUIWU FENGXIAN+ZHENGCE JIANGJIE）
作　　者：刘继承　林燕玲　钮彦平　杨定国

责任编辑：王淑艳　　　编辑部电话：（010）51873022　　　邮箱：554890432@qq.com
封面设计：末末美书
责任校对：安海燕
责任印制：赵星辰

出版发行：中国铁道出版社有限公司 (100054，北京市西城区右安门西街 8 号)
网　　址：http://www.tdpress.com
印　　刷：中煤（北京）印务有限公司
版　　次：2022 年 3 月第 1 版　2023 年 10 月第 4 次印刷
开　　本：787 mm×1 092 mm　1/16　印张：22.75　字数：484 千
书　　号：ISBN 978-7-113-28646-0
定　　价：108.00 元

　　长期以来，筹划方案是否有效是纳税人关注的焦点。纳税人购买税务筹划方案，不是为了讨论方案是否完美，是为了解决实际问题。不同的企业各有资源，同一个筹划方案，在不同企业可能会出现不同的效果。尤其在过去，企业的规模、影响力，当地的税源是否紧张，征管人员对政策的不同理解，与税务机关的沟通等，都会影响方案的落地。比如 A 企业拟上市，对当地经济影响大，那可能会得到较多扶持，沟通会更加顺畅；又比如 B 公司是小企业，企业内部税务管理存在不规范行为，即使专业人士为 B 公司的某项目做出一个优秀的筹划方案，B 企业也未必敢据理力争。这些因素都是税务筹划必须考虑的。量体裁衣，方案是为了适合，而不是为了追求单方面的完美。税务筹划方案需要符合现行政策法规，还要与税务机关沟通，再好的方案也需要专人去落地。

　　当然，随着全面推进依法行政，深化"放、管、服"改革，税务机关依法征税、服务纳税人的意识大大增强，采取很多措施加强管理、优化服务。税务筹划服务也将更加规范，更加健康。

　　那么，实务中有哪些被经常使用的筹划方法和典型案例呢？

　　为了突出重点，解说得更加条理清楚，本书的案例背景尽量简洁，案例设计成基本模型。实务中案例背景虽然错综复杂，但是万变不离其宗，核心思路是一样的。所以，在阅读时，以理解思路、理解政策的应用为主，不应着眼于案例的背景如此简单，就质疑实务中是不可能存在如此简单的案例。只有学会将思路、方法应用到具体的实务中，才能真正理解案例的核心。

可能有的朋友阅读税务筹划案例时，容易陷入两个误区：一是案例没有描述合理的商业目的，税务机关以不具备商业目的进行调整，所以案例不可能落地；二是案例描述的情况现实中不可能存在，筹划思路没有现实价值。要知道，合理的商业目是需要结合具体项目，实务中每个项目的情况均不相同，分享筹划方案的专业人士，重点分析的是税收政策中的刚性条件如何应用。如果刚性条件都不具备，方案就不具备可行性。商业目的是软性条件，具体情况应具体分析。

我们认为，学习别人的筹划方案时，不要先入为主且带着排斥否定的想法，先看筹划思路的依据是什么，有没有政策支持，在运用政策上有没有独特之处。假如这个前提是成立的，方案落地就有可能，与税务机关沟通就有依据。即使案例设计好像异想天开，但筹划思路有亮点，学习其精华，就能用在其他的案例中。因此，重点是学习别人的思路，如果先入为主就否定了筹划的可能性，或者预先悲观地认为税务局不可能接受纳税人筹划，这样学习税务筹划是很难学以致用的。

我们从事涉税服务超过 15 年，服务过上千家大中小型企业，这本书的内容均来自实务了解或者接触过的案例总结而成。实务性强，对企业中从事财税工作，或者对财税工作有兴趣的朋友，有较强的实战参考价值。

经常有朋友问，想学习税务筹划，却不知道如何学起，有没有方法和经验。我们认为，税务筹划是为了解决实际问题的，虽然需要理论研究，但是最终还是为了服务于纳税人，在一个个具体的个案中落实。而税务筹划的基础是税收政策及有关法律法规，再结合个案的实际情况，量身定做筹划方案。筹划有法，却无定法。所以，熟悉政策是筹划的基础，灵活运用政策是筹划的方法，政策与个案结合，为纳税人争取合理、合法、合规的税收利益是筹划的目的。

税务筹划主要是企业的需求，纳税人负有法定的纳税义务，纳税作为一项法定的企业支出，与企业追求利益最大化的目标在一定程度是相悖的。因此，尽可能地合法减少纳税支出，追求自身经济利益的最大化，是企业生存的本能。我们将站在纳税人的角度对这些方法展开分析。与其他探讨税务筹划的同类书籍相比，本书有以下特点：

· 实务性强

本书的案例模型来自实践，并非闭门造车，兼顾广大中小企业的情况，可操作性、落地性强。这些案例与许多企业在生产经营中遇到的情况类似，极具参考价值。

· 语言通俗易懂

本书尽量采用通俗易懂的语言，分析案例所涉及的税务法律法规，用通俗的语言解释筹划的思路及方法，让读者容易理解，避免使用过于生涩的专业语言带来的阅读疲劳。

· 重视筹划思路

俗话说，"授人以鱼，不如授人以渔"。如果直接列示案例的筹划结果，但不教给读者筹划的思考方法，除非读者在工作中遇到一模一样的案例，不然难以变通应用。所以，在每个案例中均重点讲述筹划思路，以及如何运用政策达到筹划的目的，而不是简单地列示筹划结果。

· 角度新颖，层次分明

我们从纳税人的角度定义税务筹划，立足企业实际情况，容易让企业的财税人员产生共鸣。

本书不分行业，不分税种，专注于税务筹划常见的手法和思路，以便读者了解这些税务筹划方法。我们列举众多方案的基本模型，读者可以借鉴其可取之处，同时识别这些方法的违法风险。让纳税人在购买税务筹划服务时，具备判断风险，识别真伪的基本能力。

· 创作团队简介

刘继承，注册会计师、税务师、房地产估价师、高级会计师，入选中国注册税务师协会高端人才、广东省注册会计师行业第一期领军人才和广东省财政会计人才库，曾荣获广东省注册会计师行业"双百岗位能手"称号。目前担任惠州市注册会计师协会专业技术咨询委员会委员、广东省科技厅阳光政务评审专家库财务专家和惠州市委宣传部文化产业资金评审专家等职务。

林燕玲，注册会计师、税务师、注册资产评估师、高级会计师、法律职业资格，入选中国注册税务师协会高端人才和广东省注册会计师行业第一期领军人才，华南理工大学 MPAcc 校外导师，现为广东省科技厅阳光政务评审专家库财务专家和广东省资产评估协会专家库专家。

钮彦平，注册会计师、税务师、注册资产评估师，入选中国注册税务师协会高端人才和广东省注册会计师行业第一期领军人才，暨南大学和广州大学 MPAcc 校外导师，现为广东省财政厅、科技厅、农业和农村厅等多部门专家，并担任上市公司独立董事。

杨定国，注册税务师，长期从事房地产行业税务工作。曾任某房地产企业财务总监，熟悉税收法律法规，协助多家企业解决重大涉税疑难问题，具备丰富的税务服务经验。

我们希望能将多年的工作心得与体会和税务筹划的经验与读者分享，同时分享我们对税收政策、税务征管的理解。热爱专业，忠于专业，操觚为文，愿同读者共勉。如果能给读者带来一些启发，足矣。本书以实务为主，理论深入不多，同时在撰写过程中难免存在计算或理解偏差，欢迎有不同观点的朋友交流与批评指正。

刘继承　林燕玲　钮彦平　杨定国

第三章　如影随形的税务风险

第四章　虚假筹划的真相

第七章　税收洼地

第八章　影响政策

第九章　股权转让筹划专题

第十章　企业重组筹划专题

第一章

税务筹划就在身边

本章作为开篇，主要是谈谈我们对税务筹划的看法和现状的分析，不是为了深入探讨理论，而是为后面的章节作出铺垫和说明。税务筹划理论是学者和专业人士站在涉税服务的角度来归纳的。可能有的纳税人对税务筹划的理论研究并不感兴趣，纳税人关注的是筹划的效果和税务风险的大小。所以，本章尝试站在中立的角度，不讨论税务筹划类型的褒贬之分，而是按照现状，如实地描述企业所采取的各种税务筹划方式的结果与风险。

第一节　合法筹划没有想象那么难

在实务中，很多人由于不懂政策，想当然地设计方案，结果不但违反政策，还达不到预期目的。因此，要在政策框架下进行税务筹划，使其合法且行之有效。

【案例 1-1】 商铺转让的六种方式

// 案例背景

小明要将自有商铺卖给小红，商铺计税基础 1 000 万元，售价 2 000 万元。销售商铺需要缴纳的税费有个人所得税、增值税、土地增值税、城市维护建设税（以下简称"城建税"）及教育费附加、契税、印花税。

小明很可能采取以下方式：

方式一：依法交税。小明与小红按 2 000 万元签订不动产转让合同，并按 2 000 万元申报纳税。

方式二：阴阳合同。小明与小红签署阴阳合同。

方式三：买家包税。小明与小红协商，买家承担税费。

方式四：小明成立个人独资企业，将商铺投入个人独资企业中，再转让该个人独资企业给小红。

方式五：小明以某相熟的非营利组织（有免税资格）约定，小明将该商铺捐赠给非营利组织，然后该非营利组织再将房屋捐赠或销售给小红。

方式六：小明将商铺作为投资成立 A 公司，后将 A 公司股权转让给小红。

// 税务风险

上述六种方式中，除方式一外，其他几种方式，均有不同程度的违法或者税务风险：

方式二为阴阳合同，属于偷税行为，是故意少申报应纳税所得额或进行虚假申报。

方式三钻的是税收征管的空子，目前不动产转让征税，对买家包税是否影响正常销售价格，是否需要进行销售收入的调整，税收征管上没有定论。实际税收征管中，税务机关往往没有进行调整。而且，在合同中，交易双方并不会写明买家包税。而以司法拍卖为例，买家包税的不动产拍卖，税务机关往往也以拍卖成交价计税，并没有要求进行不含税价格的还原调整，但存在要求还原计税的风险。

方式四钻的是税收征管的空子，以及税务机关对政策理解的差异。当小明将商铺投入到个人独资企业时，由于个人独资企业不具有独立法人资格，财产所有权属于投资者，所以不要缴纳相关税费。而当小明转让个人独资企业时，有的税务机关认为，商铺仍在个人独资企业名下，并没有发生产权转移，所以不征收土地增值税和增值税等税费。但是，由于个人独资企业非法人，不能对商铺拥有所有权，所以商租的所有权一直是属于投资者的，当小明转让个人独资企业时，个人独资企业的财产所有权就属于小红所有，即商铺的财产所有权已经属于小红，小明实施转让商铺的交易行为。小明向企业投入商铺时，以为产权属于自己，没有发生转移，那么就不交税。转让企业时，商铺又登记在企业名下，产权也没有转移，当然不用交税。这明显是逻辑错误，钻的是税务人员对产权是否转移理解的空子。

方式五是利用非营利组织的特殊身份进行偷税。小明先是虚假捐赠，以无偿捐赠给公益组织规避捐赠环节的纳税义务，接着利用非营利组织再通过其他方式将资金回流给小明。非营利组织由于有税务上的免税资格，大量收入属于企业所得税免税收入，但是支出却能在企业所得税前列示，所以非营利组织一般有大额的税前未弥补亏损，再销售商租给小红，销售所得用于弥补亏损不会产生企业所得税。这个方式同时涉及税务上的虚假申报及非营利组织管理上的违规行为。

方式六实质是通过转让股权的方式转让不动产，规避土地增值税。小明用商铺投资设立公司的时候，不征土地增值税。后来转让 A 公司股权，也不涉及增值税。在税法政策层面，并不违法。但是该方式只是推迟了土地增值税的纳税时间，并将最终的土地增值税转移给了 A 公司。小红收购 A 公司股权后，需要以 A 公司的名义运营该商铺，而不能以自然人的身份运营，最终是否节税，仍然需要具体测算。

【案例 1-2】　兄弟换房，何必大费周章

// 案例背景

这是来自同行咨询的案例：某夫妇有两个儿子，多年前已购置两处房产，分别登记在两个儿子的名下（北京市、上海市、广州市和深圳市以外的地区），本意是为每个儿子各购一套房产将来成家结婚。后来，大儿子工作后准备结婚，大儿子觉得登记在小儿子名下的房产对自己更有利，于是提出与小儿子交换名下的房产，即大儿子的房产过户给小儿子，小儿子的房产过户给大儿子。但是又不了解房产互换是否涉税，如果涉及税费，需要交多少税？

// 案例分析

一般情况下，甲、乙双方进行房产交换，应该理解为甲把房产卖给乙，又购买了乙的房产，乙的交换行为也是同样理解为一卖一买。对销售房产的交易事项，应该要按销售不动产征税。不动产交易涉及增值税、个人所得税、土地增值税、契税、印花税，因为城建税和教育费附加是随增值税附征的，因此不需单独考虑。

筹划方法优选利用税收优惠政策。因涉及税种较多，需要对多个税种作出综合分析。先梳理个人正常销售住房的税收政策，是否有减免税优惠，再综合各个税种的优惠政策选择。本案例中，交易双方是兄弟关系，属于直系亲属。对直系亲属间的交易行为，税法有较多的优惠政策，所以，应梳理直系亲属间的房产交易的税收政策。

// 政策依据

从不动产过户所涉及的增值税、个人所得税、土地增值税、契税、印花税分析政策文件，并作综合考量。

1. 增值税

（1）《营业税改征增值税试点有关事项的规定》（财税〔2016〕36号）规定：

个人销售其取得的不动产（不含其购买的住房），应以取得的全部价款和价外费用减去该项不动产购置原价或者取得不动产时作价后的余额为销售额，按照5%的征收率计算应纳税额。

应缴税款＝（全部价款和价外费用－不动产购置原价或者取得不动产时的作价）÷（1＋5%）×5%

（2）国家税务总局关于发布《纳税人转让不动产增值税征收管理暂行办法》的公告（国家税务总局公告2016年第14号）规定：

个人转让其自建的不动产（不含其自建自用住房），以取得的全部价款和价外费用为销售额，按照5%的征收率计算应纳税额。

（3）《营业税改征增值税试点过渡政策的规定》（财税〔2016〕36号）规定：

个人销售自建自用住房免征增值税。

（4）《营业税改征增值税试点过渡政策的规定》（财税〔2016〕36号）规定：

个人将购买不足2年的住房对外销售的，按照5%的征收率全额缴纳增值税；个人将购买2年以上（含2年）的住房对外销售的，免征增值税。上述政策适用于北京市、上海市、广州市和深圳市之外的地区。

（5）《营业税改征增值税试点过渡政策的规定》（财税〔2016〕36号）规定：

涉及家庭财产分割的个人无偿转让不动产免征增值税。

家庭财产分割，包括下列情形：离婚财产分割；无偿赠与配偶、父母、子女、祖父母、外祖父母、孙子女、外孙子女、兄弟姐妹；无偿赠与对其承担直接抚养或者赡养义务的抚养人或者赡养人；房屋产权所有人死亡，法定继承人、遗嘱继承人或者受遗赠人依法取得房屋产权。

2. 个人所得税

（1）《中华人民共和国个人所得税法》及其实施条例、《国家税务总局关于个人住房转让所得征收个人所得税有关问题的通知》（国税发〔2006〕108号）规定：

个人转让住房，以其转让收入额减除财产原值和合理费用后的余额为应纳税所得额，按照"财产转让所得"项目缴纳个人所得税。

（2）《财政部 国家税务总局 建设部关于个人出售住房所得征收个人所得税有关问题的通知》（财税字〔1999〕278号）规定：

对个人转让自用5年以上、并且是家庭唯一生活用房取得的所得，继续免征个人所得税。

（3）《财政部 税务总局关于个人取得有关收入适用个人所得税应税所得项目的公告》（财政部、税务总局公告2019年第74号）规定：

房屋产权所有人将房屋产权无偿赠与他人的，受赠人因无偿受赠房屋取得的受赠收入，按照"偶然所得"项目计算缴纳个人所得税。按照《财政部 国家税务总局关于个人无偿受赠房屋有关个人所得税问题的通知》（财税〔2009〕78号）第一条规定，符合以下情形的，对当事双方不征收个人所得税：房屋产权所有人将房屋产权无偿赠与配偶、父母、子女、祖父母、外祖父母、孙子女、外孙子女、兄弟姐妹。

（4）《国家税务总局关于多子女继承房屋有关个人所得税问题的批复》（国税函〔2010〕643号）规定：

多子女共同继承房屋，子女对房屋产权进行分割，房屋产权由其中一个子女取得，其他子女应继承房屋的部分产权折价后以现金形式给付，对其他子女取得现金补偿的份额，暂不征收个人所得税。

3. 土地增值税

《财政部 国家税务总局关于调整房地产交易环节税收政策的通知》（财税〔2008〕137号）规定：

对个人销售住房暂免征收土地增值税。

4. 印花税

《财政部 国家税务总局关于调整房地产交易环节税收政策的通知》（财税〔2008〕137号）：

对个人销售或购买住房暂免征收印花税。

5. 契税

（1）《中华人民共和国契税法》（2021年9月1日起施行）规定：

在中华人民共和国境内转移土地、房屋权属、承受的单位和个人为契税的纳税人。

（2）《关于加强房地产交易个人无偿赠与不动产税收管理有关问题的通知》（国税发〔2006〕144号）规定：

对于个人无偿赠与不动产行为（不包括法定继承），应对受赠人全额征收契税。

（3）《财政部关于契税工作中几个问题的解释和规定》（1954年9月29日（54）财农范字第85号）：

在共居家庭的直系亲属或生活相互依赖的兄弟、姐妹等，因分居分析房地产，不应视为赠与，不征契税。如分析另居后，其相互间发生房地产的买、典、赠与或不等价交换者，应照征契税，但分析后，若发生继承行为时，其产权的登记过户，不征契税。

（4）《中华人民共和国契税法》（2021年9月1日起施行）规定：

土地使用权互换、房屋互换，为所互换的土地使用权、房屋价格的差额为契税的计税依据。

// 具体分析

土地增值税、印花税免征，综合增值税、个人所得税、契税的优惠政策见下表。

1. 增值税优惠政策

取得方式	使用状况	税收待遇
自建	自用住房	免征增值税
	未使用	全额征收增值税
	非住房	全额征收增值税
购买	住房超过2年（契税缴纳时间）	免征增值税
	不满2年的住房（契税缴纳时间）	全额征收增值税
	非住房	全额征收增值税
其他（如继承、赠与等）	不使用状况和房产类型	差额征收增值税
无偿赠与兄弟姐妹（不考虑取得方式和使用状况）		免征增值税

2. 个人所得税优惠政策

满五年唯一生活用房	免征个人所得税
无偿赠与兄弟姐妹	不征收个人所得税
多子女共同继承房屋产权分割	不征收个人所得税
其他情形（含置换）	按照"财产转让所得"缴纳个人所得税

3. 契税优惠政策

房　产　赠　与	全额征收契税
房产交换	差额征收契税（房屋价格高的一方缴纳）
共居家庭分居析产（即兄弟分家）	不征契税

// 筹划结果

情　　形	增值税	契税	个税
共居家庭分居财产分割	免	免	免
无偿赠与兄弟姐妹	免	全额	免
交换自建自用住房（满五唯一）	免	差额	免
交换购买住房（满五唯一）	免	差额	免
交换购买住房（满二不满五、满二非唯一）	免	差额	征
交换其他房产	征（全额／差额）	差额	征

最优方案是以"共居家庭分居财产分割"情形进行房产交换过户；假如不符合"共居家庭分居财产分割"的情形，次选方案是"交换满五唯一住房"，在不需要补差价的情况下也不涉税。假如唯一住房不满五年，可以先交换居住，等够五年再过户。

假如前两种情形都不满足，则选择"无偿赠与兄弟姐妹"的情形。兄弟可互相将房产赠与对方，也仅需缴纳契税。

举这两个例子是为了说明税务筹划并不是大公司的专利，只要有纳税，就会有筹划。税务筹划就在你、我、他身边。

【案例 1-3】1 元年薪为哪般

// 案例背景

小明公司的会计："要给你发工资吗？"

小明："发什么工资，公司是我的，我要用钱就拿，大不了找发票报销，发工资还要交税！工薪税最高 45%，股息红利最高才 20%，我就算拿分红也好过拿工资呀！"

会计："这……"

这是不是某些人的财税思维呢？

部分中小企业老板粗暴式的财务管理方式，用钱就从公司拿，没发票就买发票报销；或者做两套账，企业控制利润按"税负率"交税。这样的管理方式曾经存在于中小企业中。但是在税收征管技术日益先进的今天，规范核算，依法纳税是未来必然的趋势，这种管理方式还能持续吗？当然不能！而且，可以用合法的筹划方法解决的问题，为什么要用违法的手段处理呢？（注：1 元年薪指的是极少工资或不发工资，表面上节约了工资薪金个人所得税，实则整体税负不降反升。）

// 筹划思路

在合法的方式下，股东想要从企业拿钱，一般通过借款、分红的方式，但是股东向公司借款，年度终了未归还需要视同分红，要缴纳 20% 的个人所得税；而分红，需要在企业盈利的前提下，先按照 25% 的税率缴纳企业所得税，税后有净利润，股东才能分红，股东再缴纳 20% 的个人所得税，整体税负 40%。

股东在公司任职，作为公司管理人员，公司是可以给其发放工资薪金的。工资、薪金所得，适用七级超额累进税率，税率为 3% 至 45%。合理的工资薪金能在企业所得税前扣除，所以，股东领工资只要综合税负低于 40% 都是合算的，在目前的市场环境下，股东年薪 50 ~ 60 万元是完全合理的，而个人所得税的税负率在 12% 左右，与股东买发票的开票成本接近，但是股东领工资是合法的，买发票报销是违法的，税务风险不可同日而语。

在测算时只要个人所得税税负率低于 25%，或者可以说税负低于市场上其他发票的税点，对于公司而言是有利的。以 15% 以内为限度，同时考虑月薪与年终奖配合。

// 政策依据

《中华人民共和国企业所得税法实施条例》第三十四条规定，企业发生的合理的工资、薪金支出，准予扣除。

《国家税务总局关于企业工资薪金及职工福利费扣除问题的通知》（国税函〔2009〕3 号）第一条规定，《实施条例》第三十四条所称的"合理工资薪金"，是指企业按照股东大会、董事会、薪酬委员会或相关管理机构制订的工资薪金制度规定实际发放给员工的工资薪金。税务机关在对工资薪金进行合理性确认时，可按以下原则掌握：

（一）企业制定了较为规范的员工工资薪金制度；

（二）企业所制定的工资薪金制度符合行业及地区水平；

（三）企业在一定时期所发放的工资薪金是相对固定的，工资薪金的调整是有序进行的；

（四）企业对实际发放的工资薪金，已依法履行了代扣代缴个人所得税义务；

（五）有关工资薪金的安排，不以减少或逃避税款为目的。

《中华人民共和国个人所得税法》第三条，个人所得税的税率：

（一）综合所得，适用百分之三至百分之四十五的超额累进税率。

　　……………

// 具体分析

测算给老板发工资的税负率，假设每月缴"三险一金"4 800 元，全年专项附加扣除 12 000 元，同时考虑工资薪金与全年一次性奖金结合发放，测算结果如下表：

工资薪金个人所得税税负率　　　　　　　　　　金额单位：元

年薪	减除费用	三险一金	专项附加扣除	应纳税所得额	工资	年终奖	工资个税	年终奖个税	个税合计	税负率
76 800.00	60 000.00	4 800.00	12 000.00	—	76 800.00	—	—	—	—	0.00%
100 000.00	60 000.00	4 800.00	12 000.00	23 200.00	100 000.00	—	696.00	—	696.00	0.70%
120 000.00	60 000.00	4 800.00	12 000.00	43 200.00	112 800.00	7 200.00	1 080.00	216.00	1 296.00	1.08%
144 000.00	60 000.00	4 800.00	12 000.00	67 200.00	112 800.00	31 200.00	1 080.00	936.00	2 016.00	1.40%
180 000.00	60 000.00	4 800.00	12 000.00	103 200.00	144 800.00	35 200.00	4 280.00	1 056.00	5 336.00	2.96%
240 000.00	60 000.00	4 800.00	12 000.00	163 200.00	204 800.00	35 200.00	10 280.00	1 056.00	11 336.00	4.72%
300 000.00	60 000.00	4 800.00	12 000.00	223 200.00	220 800.00	79 200.00	11 880.00	7 710.00	19 590.00	6.53%
360 000.00	60 000.00	4 800.00	12 000.00	283 200.00	220 800.00	13 9200.00	11 880.00	13 710.00	25 590.00	7.11%
420 000.00	60 000.00	4 800.00	12 000.00	343 200.00	276 800.00	143 200.00	23 080.00	14 110.00	37 190.00	8.85%
480 000.00	60 000.00	4 800.00	12 000.00	403 200.00	336 800.00	143 200.00	35 080.00	14 110.00	49 190.00	10.25%
540 000.00	60 000.00	4 800.00	12 000.00	463 200.00	396 800.00	143 200.00	48 080.00	14 110.00	62 190.00	11.52%
600 000.00	60 000.00	4 800.00	12 000.00	523 200.00	456 800.00	143 200.00	63 080.00	14 110.00	77 190.00	12.87%

测算结果可知，给股东发 60 万元年薪时，税负才 12.87%。对比企业所得税 25%，然后分红税率 20%，总税负为 40%，当然还是给老板发工资划算。

实际应用时，应结合公司的具体情况，以及当地的资薪水平进行测算，只要个人所得税税负率低于 25%，对于公司而言是有利的，是一种安全、合理、合法、合规的操作。建议测试时以 15% 以内为限度，同时考虑月薪与年终奖配合。

【案例 1-4】老板白捡 60 万元年薪

// 案例背景

小明公司 2020 年应纳税所得额 350 万元，应纳企业所得税 = 350 × 25% = 87.5（万元）。小明作为老板，没有在公司领取工资。

// 优惠政策

《关于实施小微企业普惠性税收减免政策的通知》（财税〔2019〕13号）规定：

自2019年1月1日至2021年12月31日，对小型微利企业年应纳税所得额：

一、不超过100万元的部分，减按25%计入应纳税所得额，按20%的税率缴纳企业所得税；

二、对年应纳税所得额超过100万元但不超过300万元的部分，减按50%计入应纳税所得额，按20%的税率缴纳企业所得税。

// 具体分析

小明公司2020年应纳税所得额350万元，不符合小微企业普惠性税收优惠政策的要求。

年应纳税所得额100万元、300万元，分别是享受优惠政策的"临界点"。

老板的工资与普通员工的工资区别在于，中小企业老板的工资发多少是可以灵活处理的，所以，当企业所得税处于税负"临界点"时，通过给老板发工资或者涨工资，可以将应纳税所得额降至税负"临界点"以下。

所以，小明公司可以给小明发放超过50万元的工资，将应纳税所得额降至300万元以下，筹划结果见下表。

金额单位：万元

不给老板发工资		
应纳税所得额	应缴企业所得税	税金合计
350	87.50	87.50
给老板发60万元工资			
应纳税所得额	应缴企业所得税	工资薪金个税	税金合计
290	24	7.72	31.72
说明：在老板不领工资时，最终分配还需要缴纳20%的个税			

结论：这样给老板发的工资等于是白捡的了。

又如小明公司2020年应纳税所得额120万元，即：

应纳企业所得税＝100×25%×20%＋20×50%×20%＝7（万元）。

小明作为老板，没有在公司领取工资。

小明公司可以给小明发放超过20万元的工资，将应纳税所得额降至100万元以下。筹划结果见下表。

金额单位：万元

不给老板发工资		
应纳税所得额	应缴企业所得税	税金合计
120	7	7
给老板发 30 万元工资			
应纳税所得额	应缴企业所得税	工资薪金个税	税金合计
90	4.5	1.96	6.46
说明：在老板不领工资时，最终分配还需要缴纳 20% 的个税			

结论：尽管是否给老板发工资两者的税金差异不大，但是如果考虑后续股东分配的个税，则相当于实现了股东免税分配。

【案例 1-5】 "买房送车"的常用套路

假如买房子送车，你会买吗？"买房送车""汽车抽奖"，房地产开发公司的这些促销方式，是不是很眼熟。"有车有房"是现代家庭的基本要求，买了房子还能把车子解决了，是不是很有吸引力？因此，"买房送车"是房产销售市场的经典营销方式之一。

"买房送车"都涉及"视同销售"，产生企业所得税、增值税、个人所得税等问题，房地产开发公司又是怎样筹划的呢？下面对不同的"送车"模式进行分析。

// 案例背景

【方案一】买房就送车：某楼盘营销广告注明，6 月 1 日至 12 月 31 日购入本项目 131 平方米四房住宅的客户，均可获赠价值 12.3 万元奔驰 Smart fortwo 轿车一辆（2018 款、1.0L、52kW 灵动版），也可折合为房款。

假设小明购得符合送车条件的一套商品房，房价 200 万元，获赠价值 12.3 万元的一辆汽车。

// 相关政策

《国家税务总局关于确认企业所得税收入若干问题的通知》（国税函〔2008〕875 号）规定：

三、企业以买一赠一等方式组合销售本企业商品的，不属于捐赠，应将总的销售金额按各项商品的公允价值的比例来分摊确认各项的销售收入。

《财政部 国家税务总局关于企业促销展业赠送礼品有关个人所得税问题的通知》（财税〔2011〕50号）规定：

一、企业在销售商品（产品）和提供服务过程中向个人赠送礼品，属于下列情形之一的，不征收个人所得税：

（1）企业通过价格折扣、折让方式向个人销售商品（产品）和提供服务；

（2）企业在向个人销售商品（产品）和提供服务的同时给予赠品……

// 筹划分析

（1）企业所得税。只要买房，就送车，这种方式相当于"买一赠一"，属于捆绑销售。车款已经包含在房价中，不属于无偿赠送，不需要视同销售，而是应该对房款总价作公允分摊。同样情况的还有"买房送家电"等营销方式。

（2）个人所得税。根据"财税〔2011〕50号"的规定，购房业主不需要缴纳个人所得税。

（3）汽车是特殊商品，需要上牌登记。房地产开发公司不能直接销售新车并过户给小明，需要经过汽车销售商或二手车交易中心。假如由汽车销售商直接销售给业主并上牌，是一手新车；假如房地产开发公司先购置汽车再赠送给业主，便是二手车销售。

// 具体操作

方式一：从购房款中分离出车款，按剔除车款后的金额签订商品房销售合同，车款折合为房款，房地产开发公司不再赠送汽车。房地产开发公司按照优惠后的金额开具售房发票。

优点是避免房款公允分摊的计算问题；商品房销售收入减少，减少土地增值税的"增值额"，进而减少土地增值税；购房款降低，购房者减少契税。

方式二：从购房款中分离出车款，按剔除车款后的金额签订商品房销售合同。房地产开发公司购进汽车新车，再通过二手车交易中心按原价销售给购房者，房地产开发公司收取车款。

优缺点：具有"方案一"减少增值税、减少契税的优点，同时也实现了送车的承诺。缺点是体验不好，感觉是分别花钱买了房和车，并且是二手车。购房车主取得的不动产销售发票金额不足全款（案例是小明的购房总价200万元），购房者未必愿意。

方式三：房地产开发公司按全部购房款的金额签订商品房销售合同，并开具售房发票。房地产开发公司将购车款支付给汽车销售公司，购房者直接到汽车销售公司提车上牌，售车发票开具给购房者。

优缺点：优点是解决了"方式二"的问题，购房者体验良好。缺点是，汽车款是房地产开发公司支付给汽车销售商的，发票却开具给购房者，房地产开发公司无票入账，同时，汽车公司也有开票不规范的问题。

// 小结

"买房就送车"的营销方式并不十分理想，因为羊毛出在羊身上，车价必然成为销售成本之一，导致房价实际偏高。而汽车涉及型号、品牌、个人喜好等，所送的未必是购房者需要的。即使作为促销噱头，成交之后，使用"方式一"处理的概率会比较高，实际是变相降价促销。

// 案例背景

【方案二】买房抽奖送车："抽奖送车"是"买房送车"的主要方式，购房者可以参加抽奖，抽中的奖品是汽车。

"抽奖"与"买就送"的区别在于"买就送"是绝对的，一个销售总价打包两个商品，"抽奖"具有随机性，不管抽中奖品，还是未抽中奖品，商品的销售已经成交，价格已经确定。在众多购买者中，中奖的顾客只是少数。对于中奖的顾客，奖品属于偶然所得，而不是购买商品的赠品。

所以，"抽奖送车"赠送的汽车，房地产开发公司需要视同销售处理，并且需要代扣代缴中奖者的个人所得税。

// 相关政策

《关于个人取得有关收入适用个人所得税应税所得项目的公告》（财政部 税务总局公告 2019 年第 74 号）规定：

三、企业在业务宣传、广告等活动中，随机向本单位以外的个人赠送礼品（包括网络红包，下同），以及企业在年会、座谈会、庆典以及其他活动中向本单位以外的个人赠送礼品，个人取得的礼品收入，按照"偶然所得"项目计算缴纳个人所得税，但企业赠送的具有价格折扣或折让性质的消费券、代金券、抵用券、优惠券等礼品除外。

《中华人民共和国企业所得税法实施条例》第二十五条规定：

企业发生非货币性资产交换，以及将货物、财产、劳务用于捐赠、偿债、赞助、集资、广告、样品、职工福利或者利润分配等用途的，应当视同销售货物、转让财产或者提供劳务，但国务院财政、税务主管部门另有规定的除外。

《关于企业处置资产所得税处理问题的通知》（国税函〔2008〕828号）规定：

……………

二、企业将资产移送他人的下列情形，因资产所有权属已发生改变而不属于内部处置资产，应按规定视同销售确定收入。

（一）用于市场推广或销售；

（二）用于交际应酬；

（三）用于职工奖励或福利；

（四）用于股息分配；

（五）用于对外捐赠；

（六）其他改变资产所有权属的用途。

// 案例背景

【方案三】赠送汽车使用权：某楼盘促销广告"你买房，我送车"活动细则如下。

（1）凡购买我公司某楼盘房源客户，在我公司指定时间内签订购房合同，并付清购房款及办理好银行手续后可参与抽奖。

（2）每套房源限领取一张抽奖券，作为抽奖凭证用于抽取汽车大奖，未中奖者可参与其他抽奖项目。

（3）赠送10年使用权的汽车为裸车，获奖客户自行承担选购配饰、办理保险、缴纳购置税、上牌等费用。

// 筹划分析

（1）案例背景中房地产开发公司要求付清房款后才能抽奖，可以看出房地产开发公司是急需资金周转。活动的目的是快速售房收款，所以，这家房地产开发公司愿意承担一定的风险。

（2）"抽奖送车"主要是视同销售的企业所得税筹划问题和中奖者的个人所得税问题。

（3）赠送汽车改为赠送10年"汽车使用权"，车子登记在房地产开发公司名下，房地产开发公司可以抵扣购车的进项税额，对汽车进行折旧，税务上则无须视同销售汽车处理。

（4）将获奖方式稍做改良，即中奖后可得一张优惠券，中奖者凭优惠券，可以超低价格换购10年"汽车使用权"。因为是有偿换购，中奖者无须缴纳个人所得税。

（5）汽车折旧完毕，数年后，低价过户给中奖者。

// 筹划风险

（1）赠送 10 年"汽车使用权"，规避了赠送汽车视同销售的税务风险，但是赠送使用权，也存在视同赠送租赁服务的风险。

（2）汽车登记在公司名下，房地产开发公司虽然可以抵扣进项税额和折旧费用，但是汽车过户给中奖者之前，公司需要承担车辆交通事故等风险。即使另外与中奖者签订明确责任的协议，也不能对第三方免除房地产开发公司的车主责任。

// 案例背景

【方案四】抽奖送车：某楼盘举办"你买房，我送车"促销活动，联合某汽车俱乐部，举办"一房一车摇奖大酬宾"活动，凡认购此次限量推出的 80~130 平方米小户型生态公寓的前 50 名业主，均有机会赢取价值 7 万元的经济节能型轿车，中奖率高达30%。

// 违规操作

套路一：虚开发票冲车款。

（1）房地产开发公司不购进汽车，与汽车俱乐部联合，由汽车俱乐部提供广告展示样车。

（2）中奖后，由汽车俱乐部直接交付汽车给中奖者，上牌登记。房地产开发公司以现金支付车款给汽车销售公司。

（3）或者中奖后，将汽车折价支付现金给中奖者，实际不送车。

（4）房地产开发公司所支付的现金，用白条抵库。后续再找发票冲账。房地产开发公司账上不体现抽奖送车的情况。

税务风险：虚开发票的风险。房地产开发公司支付给汽车俱乐部的车款，不能取得发票，不能以车款入账，否则企业所得税前因无合法凭证不能扣除，所以房地产开发公司要购买其他发票入账。

套路二：送车不销账。

（1）房地产开发公司向汽车俱乐部购进汽车，用于抽奖活动。

（2）购房者中奖后，汽车通过二手车交易渠道过户给中奖者。过户费用以现金支付，不入账。

（3）汽车仍然在房地产开发公司账面上，房地产开发公司抵扣购车进项税额，汽车正常计提折旧。

（4）若干年后，从账面上对汽车作报废处置。

税务风险：账实不符。房地产开发公司已经将汽车过户给购房者，但是为了规避"视同销售"和代扣代缴个人所得税的税务处理，账面不作资产处置。同时，汽车折旧费用还可以税前扣除。该套路属于违规操作，税务机关很容易查出。

// 合法操作

以房款折让的形式筹划如下。

（1）房地产开发公司不购进汽车，与汽车俱乐部联合，由汽车俱乐部提供广告展示样车。

（2）购房者签订认购书，以及支付订金后，即可参加抽奖。

（3）中奖后，房地产开发公司与中奖者协商不交付汽车，按汽车价值折让房款，以折让后的房款签订购房合同。

例如：小明参与"购房送车"抽奖活动，签订认购书后抽奖，获得一辆汽车，价值7万元。房地产开发公司与小明协商，不直接送汽车，房价折让7万元，原房价200万元，扣掉折让7万元，按照193万元签订购房合同。

优点：

（1）房地产开发公司规避视同销售的问题，也避免代扣代缴个人所得税，并且房价下降，减少相应税费的计税依据。

（2）对于买家小明而言，汽车未必是他想要的，还要缴纳1.4万元的个人所得税，实际抽奖所得只有5.6万元，并且是实物不是现金。现在折价，得到的是实在的利益7万元，并且按193万元交契税，减少了税负。一举两得，皆大欢喜。这是目前采用比较多的方法。

注意：签订商品房认购书后即可抽奖，而不是在网签购房合同之后。这是与"方案三赠送汽车使用权"有区别。假如在网签合同后，中奖后再折让房款，税务机关将以合同价格为计税依据。假如先退房，再重签合同，程序比较麻烦。

第二节　你以何眼观筹划

鲁迅曾说，一部《红楼梦》，经学家看见"易"，道学家看见"淫"，才子看见"缠绵"，革命家看见流言……每个人看待事情都是不一样的。比如说我们面前放着一个水果，在你眼里它是一个水果，可以补充维生素；在虫子眼里，那就是它的家园和粮仓；在小商贩眼里，它可以卖钱；在物理学家眼里，它就是一堆分子、原子；在乔布斯眼里，咬它一口，就有了"果粉"为之疯狂的苹果。这些事情告诉我们，很多事情都是有多个角度，所得到的结论也不同。对于税务筹划而言，同样如此，不同的主体从不同的角度看，会得到不同的筹划观。

一、纳税人的税务筹划观

国家征税与纳税人纳税，从形式上表现为利益分配的关系。纳税人具有纳税理性，即在特定的税收环境中会进行自利地、清醒地、主动地选择以最大限度地实现投入最少（纳税、纳税成本等）与产出最大（税后效益、股东权益）的均衡。同时，国家税务机关也具有征税理性，通过制度的安排，如实施各项税收法律及政策法规以影响税收环境，用尽可能少的征税成本来实现尽可能多的税收收入。在这种背景下就产生了企业税务筹划的必然性。

"筹划"释义：想办法，订计划。而"想办法，订计划"是每个企业都具备的基本能力。差别在于，不同的企业，所想的办法，制订的计划，有高低好坏之分。从企业的角度简单地理解，税务筹划就是企业为了在合法的前提下少纳税而想的办法，制订的计划。

征税与节税之间，不可避免地存在冲突。企业会采取措施减少税收成本，减少税费支出。根据公式：利润＝收入－不含税成本－税费。可以看出成本作为减项之一，与利润成反向增减。

受企业的规模大小、管理要求、风险意识的差异影响，不同企业会采取不种的筹划措施：

筹划层次一：守法意识强的企业则会采取相对积极的方法。例如，提升企业财税人员的专业水平，账目核算清楚，税费计税正确，按时申报。尽量做到依法交税，避免迟交、少交而导致的滞纳金甚至罚款，也避免多交冤枉税；聘请专业水平较高的税务员工，或者聘请税务顾问，结合企业的具体业务，充分利用税法中对企业有利的政策，如免税、减税、加计扣除、递延纳税等税收优惠，设计可行的方案，做到应享尽享。

筹划层次二：聘请对税收政策和其他相关法律有较深研究的专业人士，进行规避纳税义务的筹划。例如，利用现有税法不完善之处，其他相关法律有规范，但是税收政策尚未规范的空白区间，数据时代新兴业态快速发展突显的税法滞后性……该层次的筹划一般能获得较大的税收利益，但是很可能会与税务机关发生争议，需要较高水平的税务专业人士进行筹划，并要求企业有较强的抗压能力。

筹划层次三：企业把税务筹划作为企业顶层设计因素之一，从企业创立伊始，就从战略架构层面，搭建最优的税务架构，比如持股平台、集团总部、控股公司的安排与筹划；企业运营，选择有利于节税和争取税收优惠的商业模式；内部税务管理，建设完善的税务管理体系，成立专门的税务部门，与财务部门、法务部门、业务部门配合，实现业、财、税一体的税务管理。

目前，多数企业属于事后筹划，筹划的空间较小，难度较大，而且多是具体事项的筹划。在监管加强的纳税环境下，风险意识强的纳税人日益重视第四层次的税收筹划。

二、税务机关的税务筹划观

长期以来，纳税人税务筹划与税务机关反避税是征税实践中的热点问题。税务筹划是纳税人在税法允许的范围内减轻税负的一种方式，反避税则是税务机关依据税法相关规定要求纳税人承担其应纳税负，保护国家财产的一项必要措施。

"党的十九大工作报告"中，在政府管理领域提出要"更好地发挥政府作用，发展更高层次的开放型经济"，而在公民权利领域则提出要"保证人民依法享有广泛权利与自由"。我国已在《中华人民共和国企业所得税法》中增加了一般反避税条款。2018年最新修订的《中华人民共和国个人所得税法》一大亮点便是增加了反避税条款。这在增强我国税法威慑力、合法防控纳税人不当避税行为的同时，却增加了纳税人如何行使税收筹划权的难题。

如果纳税人通过对多种税收方案进行选择，以获取最大化税收经济利益，不仅在形式上不违反法律规定，而且在实质上也不违反税收法律法规，甚至遵从了立法意图，这样的筹划，税务机关是鼓励和欢迎的，因为是有利于普及税法及财务法律知识，有利于提高纳税人纳税意识并抑制纳税人偷税、逃税等违法行为，也有利于国家逐步完善税制。国家税务总局和各个地方的税务机关也先后出台了《"大众创业 万众创新"税收优惠政策指引》《支持脱贫攻坚税收优惠政策指引》《重点领域研发费税收政策指引》《新冠肺炎疫情防控税收优惠政策指引》《促进中小企业发展税收优惠政策指引》《企业重组改制税收政策文件汇编》等，指导企业最大限度享受税收红利。

然而对于节税，即纳税人利用税法中的漏洞或是滥用税收优惠谋取私利，经过巧妙安排具有一定的隐蔽性，从表面上看似乎是合法的，但实际上有悖于国家的立法意图，其典型特征是形式合法而实质违法，税务机关一定是予以打击的，最典型的就是国家税务总局出台《一般反避税管理办法（试行）》，对企业实施的不具有合理商业目的而获取税收利益的节税安排，实施特别纳税调整。

第三节　财税人员怎样学习税务筹划

经常有朋友问笔者，想学习税务筹划，却不知道如何学起，有没有方法和经验介绍。我们也没有系统的理论总结，只有个人的实务心得。本书就是笔者的一些实务经验分享。

一、常见的"伪筹划"

在实务中，绝大多数人都对税务筹划趋之若鹜，或是完全凭借财务人员自己的理解，或是在某些税务讲座上道听途说，忽略了对政策的准确把握，忽略了当地的税收执法环境，硬生生地把偷逃税款等税收违法行为理解为税务筹划，也就是我们常说的"伪筹划"。

（一）少计或迟计收入

（1）发出商品不按权责发生制的原则按时确认销售收入，而是以收到货款为实现销售的依据。其表现为发出商品时，仓库保管员记账，会计不记账。

（2）销售原材料不记"其他业务收入"科目，而是记"营业外收入"科目，或者直接冲掉"应付账款"科目，不计算销项税额。

（3）以预收账款方式销售货物，产品（商品）发出时不按时确认销售收入，造成预收账款长期挂账，存货虚高。

（4）制造大型设备的工业企业把质保金长期挂账，不确认销售收入。

（5）价外费用不计入销售额计算销项税额。如收到延迟付款违约金时，增加银行存款，冲减财务费用。

（6）废品、边角料收入不记账，主要是工业企业的金属边角料、铁屑、铜屑、铝屑、残次品、已利用过的包装物、液体等。这些收入多为现金收入，是个体经营者收购。纳税人将这些收入存入私人账户。

（7）厂家销售返还实物、产品，或者配件，商家接到后不入账，更不做进项税额转出，形成账外经营。

（8）包装物押金逾期（满一年）不申报增值税。

（9）从事生产经营和应税劳务的混合销售，纳税人随意选择有利于自己的方法记账和申报纳税。

（10）销售使用过的固定资产，包括应缴消费税的摩托车、汽车、游艇等，不符合免税规定的，也不计算缴纳增值税，而是直接记营业外收入科目。

（11）为调节本企业的收入及利润计划，人为调整收入，将已实现的收入延期记账。

（12）视同销售不计收入。企业用原材料、产成品等长期投资，产品（商品）送礼或作为样品进行展销，不视同销售收入计算销项税额。

（二）多列或虚列支出

（1）股东、投资者或者公司员工购买房屋、汽车等资产，由公司出资，发票开给公司，权利人却写成股东、投资者或者员工个人；

（2）将股东个人消费支出混杂在公司费用中，无法划分清楚；

（3）在当年利润过高时，年末随意预提无合理依据的费用；

（4）属于资本化的支出，直接计入当期损益并税前扣除；

（5）生产性企业原材料暂估入库，将相关的进项税额也暂估在内，若该批材料当年耗用，就会对当年的销售成本造成影响。

二、税务筹划进阶之路

纳税既然是一项法定的义务，依据的自然是税收政策，所以筹划离不开研习税收政策。

第一阶段，对基本税收政策有一定的了解，能正确计算税费。了解所在企业有哪些税收优惠政策，充分利用这些政策，做到不交冤枉税。

第二阶段，学习实务中常见的筹划事项。通过阅读，听课等方式，掌握一些实务中常用的基础筹划案例，拓展思路，并应用到实际工作中。比如，增值税纳税人身份的选择、利用临界点、"买一赠一"折扣销售、开办费摊销方式的选择、固定资产折旧方式的选择，等等。学以致用，先从模仿应用开始，举一反三，尝试创新自己的筹划方案。

第三阶段，对税收政策比较熟悉，同时对其他相关的法律也有一定的了解，能综合运用政策，对较大的项目进行专项的税务筹划，并且节税效果明显。

第四阶段，综合能力强，知识面广，对资本运作、股权架构、税务、财会均有一定的研究，能为企业提供税务顶层设计。

三、税务筹划的环境

税务筹划面临税收立法、税收执法、执法检查等税收法制化环境的挑战，为税务筹划带来了更多的制约。在税务筹划中契合、适用这些环境，筹划方案才有可能最终落地。

（一）政策理解的不确定性

根据我国现行立法体制，无论中央税、中央地方共享税还是地方税，立法权都集中在中央，地方只能根据法律、行政法规的授权，制定地方性税收法规、规章或者规范性文件，对某些税制要素进行调整。从税收法规制定发布形式看，国家税务总局以税收公告的形式发布，在政策直达、提速的同时，对于政策的执行口径理解与把握变得较以往更为困难。尽管国家税务总局通常在下发文件时会同时下发政策解读，但在政策解读中措辞谨慎，基本上没有太多的信息含量，而省级及以下税务机关不能出台实质性的税收政策，只能下发税务管理程序性的文件。因此，在转发文件时也不再结合本地区制定具体执行口径，在对税收政策理解出现偏差时，税务机关可以通过内部咨询渠道层层上报，纳税人则可以通过 12366 等纳税服务进行咨询。为了不给基层税务机关执法造成困扰，现在无论是 12366 热线，还是网络咨询，均可作为参考。

（二）纳税人自身的不规范性

对于绝大多数中小企业而言，由于纳税意识和财务人员业务素质的局限，纳税人在业务经营过程中存在不规范行为，也就造成纳税人天然地对税务机关有一种恐惧感，担心接受税务检查，而基层税务机关也经常利用纳税人的这种心理，不断给纳税人施压，让纳税人妥协，最终可能导致一些好的筹划方案流产。因为中小企业难以承担高额的咨询费，要么是企业财务人员自己做的筹划方案，要么是一些中小涉税服务机构设计的方案。当发生争议时，纳税人心里没有底气，同时对于单一的筹划方案而言，税务机关可能无可挑剔，即使是有所争议，税务机关也不敢贸然启动相应的程序，但是纳税人可能就会担心虽然这一次可以与税务机关死扛到底，但是下一次税务机关就会抓住机会对付企业。

当然，这一现象在众多大型企业就相对好很多：一方面，大型企业通常也是当地的重点税源，税务机关也比较谨慎对待；另一方面，大型企业的业务规范性，面对税务检查也比中小企业底气要足，所以大型企业认为合法的税务筹划方案通常不会对税务机关妥协。

第二章

税务筹划策略

违法的筹划思路没有讨论的意义，本章只讨论合法的税务筹划常用思路。

第一节　税务筹划的常见思路和方法

税务筹划的常见思路，需要采取适当的方法来实现。常用的方法有直接应用法、分拆法、转换法。

一、直接应用法

企业的业务活动是客观存在的，如果对业务活动不作任何变动，只按企业的现状来筹划，就受到企业的现在行业、组织形式、业务性质等因素的限制，筹划的空间比较小，财税人员直接利用的税收优惠政策，做到应享尽享。

但是更多的情况下，直接应用税收优惠筹划的空间较小，那就需要对业务进行适当的调整，才能达到节税的目的。

二、分拆法

分拆法是常用的税务筹划方法之一，通过分拆，可以实现多个效果。比如企业现状、业务现状不能适用税收优惠政策，通过分拆就能应用，如分拆企业，以符合小型微利企业和小规模纳税人的要求。又如分拆业务，从高税率的综合业务中分拆出低税率的业务。又或者通过分拆业务，降低计税依据，等等。

三、转换法

优化交易模式，把不能享受税收优惠的业务通过优化，变成能享受税收优惠的业务；将高税率的业务，优化成低税率的业务；将征税业务，优化成不征税业务。例如，将增值税应税业务优化为不征税业务。

如果将税费的测算当作一道纯粹的数学计算题，税收政策就是事前设定的运算规则。围绕着这些运算规则，设计出最优解题的路径，找出两点之间最短的距离。数学的解题方法有直接思路法、等量代换法、平移法、剪接法、变换法、割补法、添加辅助法，等等，这些方法可以作为税务筹划的辅助方法，帮助我们运用不同的运算规则，创新设计交易方式。

四、综合运用分析

税款是计算出来的，各个税种都有基本计算公式，假如把税费计算公式归纳为：

$$税费＝计税依据 \times 税率＝（收入—可扣除项目）\times 税率$$

从上述公式可知，通过降低计税依据，降低适用税率，减少收入，增加可扣除项目实现降低税费的目的。税制要素的内容包括纳税人、课税对象、税目、税率、纳税环节、纳税期限、减免税、违章处理等。其中纳税人、课税对象和税率为税收制度的基本因素。任何税种如果缺少这三个要素中的某一个，均不能成立。每个税种的要素都需要规定具体确定的内容。从税收要素来看，税务筹划的基本策略有六种，包括豁免纳税义务法、税负转嫁、缩小税基、降低税率、充分利用税收优惠政策及延迟纳税。豁免纳税义务法以纳税人和征税对象为基础依据；税负转嫁以征税对象和税目为基础依据；降低税率以税目和税率为基础依据；缩小税基以计税依据为基础依据；延迟纳税以纳税期限和纳税环节为基础依据；充分利用税收优惠政策以纳税人、税率和减免税为基础依据。

如果把征税理解为用税收政策围起来的一个圈，因为法无授权不可为，这个圈应该是一个闭环。圈内是被税收政策明确规范的业务，即征税范围。圈外即是税收政策未提及的，即征税范围之外。

所谓筹划，主要是依据现有税收政策明确的计税规则、特殊处理、税收优惠、不征税规定，等等，达到减少税款或者说推迟纳税义务时间的目的。缩小税基、降低税率、充分利用税收优惠政策及延迟纳税通常属于圈内筹划的范围。实践证明，依据税收优惠政策纳税是各种筹划思路中纳税风险最低的，与税务机关争议最少的，成功率最高的。所以建议优先选择尽可能地充分享受税收优惠。假如不能直接适用税收优惠，首先，可考虑对业务进行改造使之可以适用优惠政策。因为税收优惠政策是国家鼓励或支持特定的企业或者特定业务的，企业通过充分享受税收优惠政策进行税务筹划，符合政府通过税收政策进行经济调控的目的，与政府引导的方向一致，税务机关一般不会提出异议。其次，当优惠政策无法适用时，采用其他筹划思路，也能避免争议。

既然税法没有对这些交易行为做出征税的规定，而在其他相关法律中，这些交易行为又是合法的，纳税人就可以从事这些交易行为获取利益，但是却又不需要纳税。但是，这种筹划方式往往又带来争议，争议的原因也有两种：一是惯性思维，认为只要获得经济利益就必须纳税，如果税法没有明文规定，那么就通过理论分析来征税，从而变成是以理征税，而不是以法征税。

既然"法不禁止，则自由"，征税是通过法律法规赋予公民的一项义务，这项义务是后天设定的，必须要有规定，才有纳税的义务。如果没有规定，纳税义务就不存在。因此，从逻辑上，应该是有法才交税，而不是有法才能不交税。何来"合法"与"不违法"之分？只要不触及法律规定，就是自由的。由此可知，税务筹划的方法，只要不触犯税法规定，那就是纳税人自由的范围。如果立法部门认为需要修订或者新增法律，那新的纳税义务应该在新法之后才产生。在现实中，也往往是执行中发现的矛盾冲突，或者时代进步导致的现有法律不足，从而推动法律的修订，或者新的立法，推动法律的进步。

经常有纳税人问笔者，某项交易要不要交税？当笔者回答不需要的时候，纳税人会追问："哪个文件明确规定了这个交易不需要交税？"这其中也包括个别税务机关工作人员，他们也会以此来质问纳税人："凭什么不用交税？取得收入不用交税，怎么可能？"这种思维逻辑是错误的，应该反过来问："哪个文件规定了这个交易需要交税？"正是这样的惯性思维，导致这种筹划难以落地的真正原因。所以，所谓"避税"与"节税"的区别，"节税"方案是税法有明文规定的，所以，税务机关一般不会有异议。"避税"方案则因为税法没有明确的规定，属于违法行为。

例如，个人取得违约金收入，是否需要缴纳个人所得税？这个问题并不复杂，但是多年以来，一直都有纳税人认为需要交税，原因是找不到不用交税的规定，这就是典型的惯性思维的体现。

第二节　降低税率筹划法

税率作为重要的税制要素之一，代表着征税的深度，也是影响纳税人税负高低的重要因素。在税基一定的情况下，纳税额与税率呈现正向关系。即降低税率就等于降低税收负担，这就是降低税率筹划法的基本原理。一般情况下，税率越低，应纳税额越少，税后利润就越多。

【案例 2-1】 少发一元，多得千元

// 案例背景

众所周知年终奖"临界点"的筹划，若奖金数刚刚超过临界点，即税率升级，税费大增，得不偿失。此时，适当减少奖金的发放数，降低计税依据，从而达到降低税率的目的。

税月公司春节前发放年终奖，小红和小明分别为两个部门的总监，按照工作业绩和表现，管理层决定给小红发放年终奖 14 万元，给小明发放年终奖 15 万元。小明很高兴，觉得一年辛劳没有白费，得到了老板的认可，拿到奖金后请大伙吃饭庆祝，然而接下来的事情让小明着实郁闷了。原来扣完个税以后，小红拿到的钱反而比小明高，这是怎么回事呢，难道是管理层暗度陈仓？

// 相关政策

《财政部 国家税务总局关于个人所得税法修改后有关优惠政策衔接问题的通知》（财税〔2018〕164号）规定：

一、关于全年一次性奖金、中央企业负责人年度绩效薪金延期兑现收入和任期奖励的政策

（一）居民个人取得全年一次性奖金，符合《国家税务总局关于调整个人取得全年一次性奖金等计算征收个人所得税方法问题的通知》（国税发〔2005〕9号）规定的，不并入当年综合所得，以全年一次性奖金收入除以12个月得到的数额，按照本通知所附按月换算后的综合所得税率表（以下简称"月度税率表"），确定适用税率和速算扣除数，单独计算纳税。计算公式为：

应纳税额＝全年一次性奖金收入 × 适用税率—速算扣除数

根据《关于延续实施全年一次性奖金等个人所得税优惠政策的公告》（财政部 税务总局公告2021年第42号）规定，免于办理个人所得税综合所得汇算清缴优惠政策，执行期限延长至2023年12月31日。

按月换算后的综合所得税率表　　　　　金额单位：元

级数	全月应纳税所得额	税率（%）	速算扣除数
1	不超过3 000元的	3	0
2	超过3 000元至12 000元的部分	10	210
3	超过12 000元至25 000元的部分	20	1 410
4	超过25 000元至35 000元的部分	25	2 660
5	超过35 000元至55 000元的部分	30	4 410
6	超过55 000元至80 000元的部分	35	7 160
7	超过80 000元的部分	45	15 160

// 案例分析

小红年终奖14万元除以12以后，适用税率为10%，速算扣除数为210；小明年终奖15万元除以12以后，适用税率20%，速算扣除数为1 410。

小红应纳税额＝140 000×10% － 210 ＝ 13 790（元）

小红税后所得＝140 000 － 13 790 ＝ 126 210（元）

小明应纳税额＝150 000×20% － 1 410 ＝ 28 590（元）

小明税后所得＝150 000 － 28 590 ＝ 121 410（元）

由于小红适用的税率较低，尽管比小明少拿了1万元的年终奖，然而却少缴14 800元的个人所得税。因此，税后所得反而比小明多了4 800元。

在确定年终奖发放方案时，应该避开年终奖的异常区间，按照税率表计算的临界点有六个，在这几个临界点上，每多发 1 元钱，少则多纳税约 2 310 元，多则纳税约 88 000 元，见下表。

六个临界点多缴纳个税表

金额单位：元

奖金金额	奖金应纳税级距	适用税率	速算扣除数	应纳税额	奖金金额	奖金应纳税级距	适用税率	速算扣除数	应纳税额	多发 1 元多缴个税
36 000	3 000	3%	0	1 080	36 001.00	3 000	10%	210	3 390.1	2 310.10
144 000	12 000	10%	210	14 190	144 001.00	12 000	20%	1 410	27 390.2	13 200.20
300 000	25 000	20%	1 410	58 590	300 001.00	25 000	25%	2 660	72 340.25	13 750.25
420 000	35 000	25%	2 660	102 340	420 001.00	35 000	30%	4 410	121 590.3	19 250.30
660 000	55 000	30%	4 410	193 590	660 001.00	55 000	35%	7 160	223 840.35	30 250.35
960 000	80 000	35%	7 160	328 840	960 001.00	80 000	45%	15 160	416 840.45	88 000.45

金额单位：元

针对这六个临界点，我们由此可以总结一个年终奖的异常区间，见下表：

一旦年终奖落入这个异常区间，就意味着员工实际到手的金额，还比不上按照区间的下限数字发放时拿到的多。因此，如年终奖接近异常区间时，建议企业选择"下限"金额来发放年终奖。

异常区间
> 36 000 且 < 38 566.67
> 144 000 且 < 160 500
> 300 000 且 < 318 333.33
> 420 000 且 < 447 500
> 660 000 且 < 706 538.46
> 960 000 且 < 1 120 000

【案例 2-2】化整为零，改变身份

// 案例背景

甲公司为物业管理公司，管理三个小区，年度物业管理费收入 800 万元，为一般纳税人，因为进项税额较少，实际增值税税负达到 5.5% 以上。

// 筹划方案

甲公司投资设立两家物业管理公司，分别管理一个小区，通过分散物业管理费收入，将物业公司控制在一般纳税人的收入标准之下。物业管理公司及下属子公司可以按照小规模纳税人 3% 的征收率缴纳增值税，从而有效降低增值税税负。当然前提是在更换物业管理公司过程中要符合当地政府部门的要求，而且最好提前布局，在物业公司进驻之前就设立好，而不是等到问题出现时，被迫认定为一般纳税人。

// 案例分析

（1）积极创造条件享受低税率。

在纳税人的身份选择方面，由于不同的纳税人适用不同的税率，因此税务筹划时，只要可能，应当通过比较分析，选择税率较低的纳税人身份，从而降低企业的适用税率。必要时纳税人通过努力，达到一定的标准，作为某一种特定的纳税人，享受较低的适用税率，以减轻其税收负担。比如通过业务分拆享受小规模纳税人的低税率；通过创造条件申请高新技术企业，享受企业所得税低税率等。

（2）不仅要低税率还要低税负。

通常情况下低税率意味着低税负，然而前提是必须通过对比分析，有的时候名义税率高并不代表实际税负高。例如，对于房地产老项目通常的理解都是选择按照5%的征收率简易征收，然而事实上我们认真测算过，以一般纳税人适用9%的税率为例，只要进项税额达到销售收入的4%，假定建筑安装发票全部是9%，只要建筑成本超过销售收入的42.39%，那么适用一般计税的增值税实际税负反而低于简易计税，而且业主为企业抵扣的进项税额也会更多。

以销售收入100万元为例，具体计算过程如下：

简易计税应缴纳增值税＝100÷（1＋5%）×5%＝4.76（万元）

一般计税销项税额＝100÷（1＋9%）×9%＝8.26（万元）

进项税额平衡点＝8.26－4.76＝3.50（万元）

含税建筑成本＝3.50÷9%×（1＋9%）＝42.39（万元）

税负平衡点：建筑成本占销售收入比例为42.39%

此外，即使是税负相同的情况下，应当尽可能地考虑客户的税负。按照现行规定，作为一般纳税人的软件企业，销售其自行开发生产的计算机软件产品，凡是实际税负超过3%的部分，能享受"先征后返"优惠政策，这意味着软件企业的实际适用税率只有3%，也就是说简易计税为3%。是不是选择简易计税会更省事一些呢？其实应当优先选择一般计税方法，因为一般计税方法实际适用税率为6%，可以开出6%的专用发票供客户抵扣，而软件公司自身的税负并不会增加。

第三节　合法缩小税基筹划法

缩小税基筹划法是指纳税人通过控制计税依据的方式来减轻税负的一种筹划方法。

大部分税种都依据税基采用比例税率法计算应纳税额。因此，在税率一定的情况下，应纳税额与税基成正比，即税基越大，纳税人的税负就越重；税基越小，纳税人的税负就越轻。因此，如果纳税人能够控制税基，也就等于能够控制税负。除了直接缩小税基以外，更多的时候还可以配合降低税率以及利用税收优惠政策来达到筹划目的。

【案例 2-3】 专用改为兼用，全额抵扣进项税额

// 案例背景

甲公司新建员工宿舍，与施工方签订建筑安装工程总承包合同，约定总价款 3 270 万元，工程竣工验收结算以后，施工方开具 3 270 万元的建筑服务发票，增值税进项税额 270 万元。因为该宿舍楼专门用于集体福利，进项税额 270 万元不得抵扣。

// 筹划方案

【方案一】将宿舍楼中的一间或者几间房通过改造，成为会议室、会客室或者办公室，配备相应的话筒、音响、电脑、会议桌、办公桌等设施，这样一来，宿舍楼就由专门用于员工福利变成兼用于员工宿舍和办公室，进项税额 270 万元可以全额抵扣。

【方案二】因为在员工宿舍居住的都是单身员工，而部分公司高管配偶并不在公司任职，为了解决高管住宿问题，在宿舍楼中改造部分房间出租给高管供其夫妻使用，按照市场价收取租金，即高管要么选择免费住集体宿舍，要么由其配偶租赁公司单间宿舍，这样一来，宿舍楼就由专门用于员工福利变成兼用于员工宿舍和出租，进项税额 270 万元可以全额抵扣。

【方案三】公司位置较为偏僻，在员工亲属或者朋友来访时，因为员工宿舍为集体居住，而公司周边没有酒店，为了解决来访员工亲属或朋友临时居住需求，在宿舍楼中改造几间房用于对外提供住宿服务，这样一来，宿舍楼就由专门用于员工福利变成了兼用于员工宿舍和出租，进项税额 270 万元可以全额抵扣。

// 案例分析

《财政部 国家税务总局关于全面推开营业税改征增值税试点的通知》（财税〔2016〕36 号）第二十七条规定，下列项目的进项税额不得从销项税额中抵扣：

（一）用于简易计税方法计税项目、免征增值税项目、集体福利或者个人消费的购进货物、加工修理修配劳务、服务、无形资产和不动产。其中涉及的固定资产、无形资产、不动产，仅指专用于上述项目的固定资产、无形资产（不包括其他权益性无形资产）、不

动产。

根据这一规定，纳税人专用于简易计税方法计税项目、免征增值税项目、集体福利或者个人消费的固定资产、无形资产和不动产，其进项税额不得从销项税额中抵扣，也就是固定资产、无形资产和不动产的进项税税额要么全额抵扣，要么不能抵扣。专用于简易计税项目、免征增值税项目、集体福利或者个人消费的，不能抵扣，其余情况可全额抵扣。

将专门用于员工宿舍的不动产通过将其中部分房间改造为会议室、办公室或者用于出租、对外经营等，则不属于专门用于员工福利，可以全额抵扣进项税额。当然所有的配置都要有相应的证据支撑，有充分的事实依据。如果是用于办公或者会议室，要按照办公或者会议室进行布置，当然并不排除有人利用简易床午休之类的。如果是用于出租或者对外经营，则应当每月正常申报相关的收入。

【案例 2-4】 增加销售环节，降低消费税

// 案例背景

甲公司为化妆品生产企业，主要生产面膜。甲公司每年生产面膜约 1 000 万片，市场价为每片 30 元，甲公司销售给零售商每片按出厂价为 20 元。

公司每年应缴纳消费税＝ 1 000×20×15% ＝ 3 000（万元）

// 筹划方案

【方案一】设立化妆品销售公司，以每片 17 元的价格销售给化妆品公司，化妆品公司再以每片 20 元的价格销售给零售商。

甲公司应缴纳消费税＝ 1 000×17×15% ＝ 2 550（万元）

【方案二】鉴于化妆品公司包装精美，包装物的成本较高，每盒面膜 5 片，包装盒每个成本 5 元，折合每片 1 元，因此，甲公司以每片 14.8 元的价格向化妆品公司销售面膜白片。化妆品公司又向零售商以每片 18.8 元销售面膜的同时，由化妆品公司甚至是包装物公司直接以每个 6 元的价格（折合每片 1.2 元）向零售商同步销售面膜包装盒，零售商只需简单包装即可对外销售。

甲公司应缴消费税为 0 元。

// 案例分析

除金银首饰外，消费税的征税环节为生产环节而不是销售环节，因此在【方案一】

中通过增设销售公司，从而降低生产环节的销售价格，通过缩小税基降低消费税，需要特别注意的是，避免价格明显偏低且没有正当理由，否则就有可能被税务机关检查。

《关于调整化妆品消费税政策的通知》（财税〔2016〕103号）规定，取消对普通美容、修饰类化妆品征收消费税，将"化妆品"税目名称更名为"高档化妆品"。征收范围包括高档美容、修饰类化妆品、高档护肤类化妆品和成套化妆品。税率调整为15%。高档美容、修饰类化妆品和高档护肤类化妆品是指生产（进口）环节销售（完税）价格（不含增值税）在10元/毫升（克）或15元/片（张）及以上的美容、修饰类化妆品和护肤类化妆品。化妆品过度包装是非常普遍的现象，如果连同包装物一起销售，则需要全部纳入消费税的计税基数，在【方案二】中通过进一步分解将包装物单独销售，则可以将生产环节的销售价格再次降低，甚至有可能降到纳税标准以下，从而完全规避了纳税义务。

【案例2-5】 增加转租环节，降低房产税

// 案例背景

甲房地产开发公司2019年开发某商品住宅项目，公司决定自持地下车位，并以公司办证名义，用于办理银行贷款抵押。该住宅项目共500个车位，建造成本5 000万元，每个车位停车费每月300元，临时停车费按照时长每次5元～20元，由于入住率不高，长租业主约200户。当地采用从价计征房产税，按原值的70%计算房产余值。

// 筹划方案

【方案一】房地产公司直接收取长租业主的停车费，全年收取含税租金720 000元（300×200×12），据此需要按照从租计征缴纳房产税为79 266.06元（720 000÷1.09×12%），同时需对未长租的车位按照从价计征缴纳房产税360 000元（50 000 000÷500×300×1.2%），合计应缴房产税439 266.06元。

【方案二】房地产公司直接收取长租业主的停车费，全年收取含税租金720 000元（300×200×12），同时将剩余车位按每月每个150元出租给物业公司全年可收取含税租金540 000元（150×300×12），房地产公司全年应缴房产税138 715.60元（1 260 000÷1.09×12%）。

【方案三】房地产公司为了确保公司稳定的租金收益，将全部车位按每月每个150元出租给物业公司。全年可收取含税租金900 000元（150×500×12），房地产公司全年应

缴房产税 99 082.57 元（900 000÷1.09×12%），物业公司不需要缴纳房产税。

// 筹划风险

从上述方案对比可以看出，采用整体转租的房产税最低，但是这一结论基于转租房产不征收房产税。根据《中华人民共和国房产税暂行条例》（国发〔1986〕90 号）第二条规定："房产税由产权所有人缴纳。"由于此条例仅规定产权所有人才是房产税的纳税义务人，而转租行为人不是产权所有人，因此，从法理上来讲，转租行为人对其取得的转租收入不需要缴纳房产税，房产所在地的税务机关也无权要求转租行为人缴纳房产税。目前全国并没有对转租是否征收房产税进行统一，由于房产税属于地方税，因此各地的执行口径并不一致，尽管普遍认为转租行为人不需要就其取得的转租收入缴纳房产税，那出租人就有可能利用这一点进行节税。但是查阅各地与房产税相关的文件，整体而言，对转租行为不征房产税为主流的意见。目前仍然在执行转租行为按照差额征收房产税的仅有吉林省，《吉林省地方税务局明确房产税土地使用税有关政策的通知》《吉林省地方税务局关于明确房产税土地使用税有关政策的通知》（吉地税发〔2006〕42 号）第二条规定："承租人转租的房屋，按转租人取得的租金收入减去支付租金后的余额计算缴纳房产税。"

// 筹划细节

（1）了解当地有关转租的房产相关税收政策。

在具体操作时需要提前了解当地对于转租是否征收房产税。如果当地对转租不征收房产税，则方案可行，否则方案就没有意义，甚至可能导致流转税增加。

（2）控制低价的合理范围。

整体租赁后再转租给承租户，整租与单户租赁存在价格差异是很正常的商业行为，只要控制在合理范围，不要出现价格明显偏低，是完全可行的，不必担心会被税务机关调整。

（3）对比不同方案的总税费。

如果房产价值较高且存在部分闲置时，也可以考虑以低价租赁方式降低房产税，前提是因为租赁而产生的增值税及附加税费、房产税和所得税总和低于从价计征的房产税。

【案例 2-6】 分割闲置土地，降低计税原值

// 案例背景

甲公司为制造业企业，现有土地 30 000 平方米，土地原值 1 500 万元，目前已投入

使用的土地为 6 000 平方米，建有厂房及办公楼 10 000 平方米，建设成本 1 200 万元，当地采用从价计征房产税，按原值的 70% 计算房产余值。

// 筹划方案

【方案一】甲公司按照现状正常申报房产税，根据《财政部 国家税务总局关于安置残疾人就业单位城镇土地使用税等政策的通知》（财税〔2010〕121 号）的规定，对按照房产原值计税的房产，无论会计上如何核算，房产原值均应包含地价，包括为取得土地使用权支付的价款、开发土地发生的成本费用等。宗地容积率低于 0.5 的，按房产建筑面积的两倍计算土地面积并据此确定计入房产原值的地价。

由于使用面积不足，计入房产原值的地价为 1 000 万元（1500÷30 000×10 000×2）。

甲公司应缴纳房产税＝（1 200 ＋ 1 000）×70%×1.2% ＝ 18.48（万元）

【方案二】甲公司向自然资源管理部门申请将该宗土地分割成 6 000 平方米和 24 000 平方米两宗土地，则已使用土地原值为 300 万元，未使用土地原值为 1 200 万元。

甲公司应缴纳房产税＝（1 200 ＋ 300）×70%×1.2% ＝ 12.60（万元）

// 案例分析

尽管对于容积率低于 0.5 的，可以按照房产建筑面积的两倍计算土地面积，并据此确定计入房产原值的地价，但是当土地实际使用面积远远低于总土地面积时，仍然可以采取分割土地使用权的方法，从而降低计税原值，达到减少房产税的目的。如果容积率接近或略低于 0.5，则要判断分割土地使用权的必要性。

// 筹划风险

按照上述方案分割土地时需要向当地自然资源管理部门提交申请，目前为了避免化整为零，自然资源管理部门进行土地分割并不是可以随意使用的，同时分割以后，如果被分割的土地长期闲置，则有可能被征收土地闲置费，甚至因长期闲置而被政府收回。

【案例 2-7】 增加交易环节，递延土地进项税额抵扣

// 案例背景

甲公司原为制造业企业，2015 年从其他公司购买土地使用权 50 000 平方米，土地性质为工业用地，支付土地价款 4 000 万元并取得了营业税发票，累计摊销 300 万元。2019 年，

公司计划转型，将工业用地性质变更为商品房住宅开发用地性质，需补缴土地出让金共计 21 800 万元。开发周期为 2020 年至 2023 年，容积率为 3.5，计容建筑面积 175 000 平方米，不计容有产权地下车库 40 000 平方米，预计不含税开发成本（不含土地）75 300 万元，进项税额 6 700 万元，无金融机构利息支出，期间费用预计 3 000 万元。当地土地增值税清算采用两分法，预计销售单价见下表。

类型	可售面积（m²）	含税销售收入（万元）	楼面均价（万元）
普通住宅	100 000	80 000	8 000
非普通住宅	75 000	67 500	9 000
地下车位	40 000	16 000	4 000
合计	215 000	163 500	

国家税务总局关于发布《房地产开发企业销售自行开发的房地产项目增值税征收管理暂行办法》（国家税务总局公告 2016 年第 18 号）规定，房地产开发企业中的一般纳税人销售自行开发的房地产项目，适用一般计税方法计税，按照取得的全部价款和价外费用，扣除当期销售房地产项目对应的土地价款后的余额计算销售额。

当期允许扣除的土地价款＝（当期销售房地产项目建筑面积÷房地产项目可供销售建筑面积）×支付的土地价款

支付的土地价款，是指向政府、土地管理部门或受政府委托收取土地价款的单位直接支付的土地价款。

由于甲公司原来的土地成本为"营改增"之前购买取得，并非向政府、土地管理部门或受政府委托收取土地价款的单位直接支付的土地价款，因此不能作为销售额的抵减项。

// 筹划方案

【方案一】甲公司自行开发，开发完成后各项税费如下：

甲公司增值税销项税额＝163 500÷（1＋9%）×9%＝13 500（万元）

土地成本抵减销项税额＝21 800÷（1＋9%）×9%＝1 800（万元）

甲公司应缴纳增值税＝13 500－1 800－6 700＝5 000（万元）

甲公司应缴纳城市维护建设税＝5 000×7%＝350（万元）

甲公司应缴纳教育费附加＝5 000×3%＝150（万元）

甲公司应缴纳地方教育费附加＝5 000×2%＝100（万元）

甲公司应缴纳土地增值税 6 210 万元，具体计算见下表。

类型	普通住宅	其他类型房地产	合计
可售面积（m²）	100 000	115 000	215 000
销售收入（万元）	80 000	83 500	163 500
销项税额（万元）	6 605	6 894.50	13 500
销项抵减（万元）	837.21	962.79	1 800
土地成本（万元）	11 860.47	13 639.53	25 500
开发成本（万元）	35 023.26	40 276.74	75 300
税金及附加（万元）	293.58	306.42	600
其他扣除（万元）	9 209.30	10 590.70	19 800
开发费用（万元）	4 604.65	5 295.35	9 900
扣除合计（万元）	60 154.04	69 145.96	129 300
增值额（万元）	13 240.45	7 459.55	20 700
增值率（%）	22.01%	10.79%	
应缴土地增值税（万元）	3 972.14	2 237.86	6 210

甲公司利润总额

＝（163 500 － 13 500）－（25 500 － 1 800 ＋ 75 300 ＋ 600 ＋ 6 210 ＋ 3 000）

＝ 41 190.00（万元）

甲公司应缴企业所得税 ＝ 41 190×25% ＝ 10 297.50（万元）

甲公司税费合计 ＝ 5 000 ＋ 350 ＋ 150 ＋ 100 ＋ 6 210 ＋ 10 297.50

＝ 22 107.50（万元）

【方案二】甲公司将土地和厂房转让给乙公司，作价 1.03 亿元，由乙公司作为开发主体补缴土地出让金后进行报建开发。甲公司选择按简易方式缴纳增值税，城市维护建设税率 7%，教育费附加率 3%，地方教育费附加率 2%。

甲公司应缴增值税 ＝（10 300 － 4 000）÷（1 ＋ 5%）×5% ＝ 300（万元）

甲公司应缴城市维护建设税 ＝ 300×7% ＝ 21（万元）

甲公司应缴教育费附加 ＝ 300×3% ＝ 9（万元）

甲公司应缴地方教育费附加 ＝ 300×2% ＝ 6（万元）

甲公司开具增值税专用发票的不含税金额 ＝ 10 300÷（1 ＋ 5%）＝ 9809.52（万元）

甲公司开具增值税专用发票的税额 ＝ 9 809.52×5% ＝ 490.48（万元）

甲公司土地成本抵减增值税 ＝ 4 000÷（1 ＋ 5%）×5% ＝ 190.48（万元）

甲公司应缴土地增值税＝〔（10 300－490.48）－（4 000－190.48＋21＋9＋6）〕×50%－（4 000－190.48＋21＋9＋6）×15%＝2 405.17（万元）

甲公司税金及附加合计＝21＋9＋6＋2 405.17＝2 441.17（万元）

甲公司利润总额＝10 300－490.48－（4 000－190.48－300＋2 441.17）＝3 858.83（万元）

甲公司应缴企业所得税＝3 858.83×25%＝964.71（万元）

乙公司可抵扣的土地增值税进项税额＝10 300÷（1＋5%）×5%＝490.48（万元）

乙公司应缴纳契税＝（10 300－490.48）×3%＝294.29（万元）

乙公司增值税销项税额＝163 500÷（1＋9%）×9%＝13 500.00（万元）

乙公司土地成本抵减销项税额＝21 800÷（1＋9%）×9%＝1 800.00（万元）

乙公司应缴增值税＝13 500.00－1 800.00－6 700－490.48＝4 509.52（万元）

乙公司应缴城市维护建设税＝4 509.52×7%＝315.67（万元）

乙公司应缴教育费附加＝4 509.52×3%＝135.29（万元）

乙公司应缴地方教育费附加＝4 509.52×2%＝90.19（万元）

乙公司应缴土地增值税911.02万元，具体计算见下表。

类型	普通住宅	其他类型房地产	合计
可售面积（m²）	100 000	115 000	215 000
销售收入（万元）	80 000	83 500	163 500
销项税额（万元）	6 605.50	6 894.50	13 500
销项抵减（万元）	837.21	962.79	1 800
土地成本（万元）	14 838.98	17 064.83	31 903.81
开发成本（万元）	35 023.26	40 276.74	75 300.00
税金及附加（万元）	264.78	276.36	541.14
其他扣除（万元）	9 805.01	11 275.76	21 080.77
开发费用（万元）	4 902.50	5 637.88	10 540.38
扣除合计（万元）	63 997.32	73 568.78	137 566.10
增值额（万元）	9 397.18	3 036.72	12 433.90
增值率（%）	14.68%	4.13%	
应缴土地增值税（万元）	—	911.02	911.02

乙公司税金及附加合计＝315.67＋135.29＋90.19＋911.02＝1 452.17（万元）

乙公司利润总额

$=（163\ 500-13\ 500）-（31\ 903.81-1\ 800.00+75\ 300+1\ 452.17+3\ 000）$

$=40\ 144.02$（万元）

乙公司应缴企业所得税$=40\ 144.02×25\%=10\ 036.01$（万元）

【方案三】甲公司以土地和厂房投资设立乙公司，作价 1.03 亿元，由乙公司作为开发主体补缴土地出让金后进行报建开发。甲公司选择按简易方式缴纳增值税，城市维护建设税率 7%，教育费附加率 3%，地方教育费附加率 2%。

甲公司应缴增值税$=（10\ 300-4\ 000）÷（1+5\%）×5\%=300$（万元）

甲公司应缴城市维护建设税$=300×7\%=21$（万元）

甲公司应缴教育费附加$=300×3\%=9$（万元）

甲公司应缴地方教育费附加$=300×2\%=6$（万元）

甲公司应缴土地增值税$=0$

甲公司应缴企业所得税$=[10\ 300-490.48-（4\ 000-190.48-300+36）]×25\%=1\ 566.00$（万元）

乙公司可抵扣的增值税进项税额$=10\ 300÷（1+5\%）×5\%=490.48$（万元）

乙公司应缴纳契税$=（10\ 300-490.48）×3\%=294.29$（万元）

乙公司增值税销项税额$=163\ 500÷（1+9\%）×9\%=13\ 500$（万元）

乙公司土地成本抵减销项税额$=21\ 800÷（1+9\%）×9\%=1\ 800$（万元）

乙公司应缴纳增值税$=13\ 500-1\ 800-6\ 700-490.48=4\ 509.52$（万元）

乙公司应缴纳城市维护建设税$=4\ 509.52×7\%=315.67$（万元）

乙公司应缴纳教育费附加$=4\ 509.52×3\%=135.29$（万元）

乙公司应缴纳地方教育费附加$=4\ 509.52×2\%=90.19$（万元）

乙公司应缴纳土地增值税 6 112.88 万元，具体计算见下表。

金额单位：万元

类型	普通住宅	其他类型房地产	合计
可售面积（m²）	100 000	115 000	215 000
销售收入	80 000	83 500	163 500
销项税额	6 605.50	6 894.50	13 500
销项抵减	837.21	962.79	1 800
土地成本	11 997.34	13 796.95	25 794.29
开发成本	35 023.26	40 276.74	75 300.00
税金及附加	264.78	276.36	541.14

类型	普通住宅	其他类型房地产	合计
其他扣除	9 236.68	10 622.18	19 858.86
开发费用	4 618.34	5 311.09	9 929.43
扣除合计	60 303.19	69 320.53	129 623.72
增值额	13 091.31	7 284.97	20 376.28
增值率	21.71%	10.51%	—
应缴土地增值税	3 927.39	2 185.49	6 112.88

乙公司税金及附加合计＝315.67＋135.29＋90.19＋6 112.88＝6 654.03（万元）

乙公司利润总额

＝（163 500.00－13 500.00）－（31 903.81－1 800.00＋75 300.00＋6 654.03＋3 000.00）

＝34 942.16（万元）

乙公司应缴企业所得税＝34 942.16×25%＝8 735.54（万元）

【方案四】甲公司以货币资金10万元出资设立乙公司，然后以土地和厂房投资作价1.03亿元对乙公司增资，再由乙公司作为开发主体补缴土地出让金后进行报建开发。甲公司选择按简易方式缴纳增值税，城市维护建设税率7%，教育费附加率3%，地方教育费附加率2%。

甲公司应缴纳增值税额＝（10 300－4 000）÷（1＋5%）×5%＝300（万元）

甲公司应缴纳城市维护建设税＝300×7%＝21（万元）

甲公司应缴纳教育费附加＝300×3%＝9（万元）

甲公司应缴纳地方教育费附加＝300×2%＝6（万元）

甲公司应缴纳土地增值税＝0

甲公司应缴纳企业所得税＝［（10 300－300）－（4 000－300＋21＋9＋6）］×25%＝1 566（万元）

乙公司可抵扣的增值税进项税额＝10 300÷（1＋5%）×5%＝490.48（万元）

应缴纳契税＝0

乙公司增值税销项税额＝163 500÷（1＋9%）×9%＝13 500.00（万元）

乙公司土地成本抵减销项税额＝21 800÷（1＋9%）×9%＝1 800（万元）

乙公司应缴纳增值税＝13 500.00－1 800.00－6 700－490.48＝4 509.52（万元）

乙公司应缴纳城市维护建设税＝4 509.52×7%＝315.67（万元）

乙公司应缴纳教育费附加＝4 509.52×3%＝135.29（万元）

乙公司应缴纳地方教育费附加＝ 4 509.52×2%＝90.19（万元）

乙公司应缴纳土地增值税 6 227.66 万元，具体计算见下表。

金额单位：万元

类型	普通住宅	其他类型房地产	合计
可售面积（m²）	100 000	115 000	215 000
销售收入	80 000	83 500	163 500
销项税额	6 605.50	6 894.50	13 500
销项抵减	837.21	962.79	1 800
土地成本	11 860.47	13 639.53	25 500
开发成本	35 023.26	40 276.74	75 300.00
税金及附加	264.78	276.36	541.14
其他扣除	9 209.30	10 590.70	19 800.00
开发费用	4 604.65	5 295.35	9 900.00
扣除合计	60 125.25	69 115.89	129 241.14
增值额	13 269.25	7 489.61	20 758.86
增值率（%）	22.07%	10.84%	
应缴土地增值税	3 980.78	2 246.88	6 227.66

乙公司税金及附加合计＝ 315.67＋135.29＋90.19＋6 227.66＝6 768.81（万元）

乙公司利润总额

＝（163 500.00－13 500.00）－（29 809.52－1 800.00＋75 300.00＋6 768.81＋3 000.00）

＝36 921.67（万元）

乙公司应缴企业所得税＝ 36 921.67×25%＝9 230.42（万元）

// 相关政策

《关于继续实施企业改制重组有关土地增值税政策的通知》（财税〔2018〕57号）规定：

………

四、单位、个人在改制重组时以房地产作价入股进行投资，对其将房地产转移、变更到被投资的企业，暂不征土地增值税。

五、上述改制重组有关土地增值税政策不适用于房地产转移任意一方为房地产开发企业的情形。

六、企业改制重组后再转让国有土地使用权并申报缴纳土地增值税时，应以改制前取得该宗国有土地使用权所支付的地价款和按国家统一规定缴纳的有关费用，作为该企业"取得土地使用权所支付的金额"扣除。企业在改制重组过程中经省级以上（含省级）国土管理部门批准，国家以国有土地使用权作价出资入股的，再转让该宗国有土地使用权并申报缴纳土地增值税时，应以该宗土地作价入股时省级以上（含省级）国土管理部门批准的评估价格，作为该企业"取得土地使用权所支付的金额"扣除。办理纳税申报时，企业应提供该宗土地作价入股时省级以上（含省级）国土管理部门的批准文件和批准的评估价格，不能提供批准文件和批准的评估价格的，不得扣除。

七、企业在申请享受上述土地增值税优惠政策时，应向主管税务机关提交房地产转移双方营业执照、改制重组协议或等效文件，相关房地产权属和价值证明、转让方改制重组前取得土地使用权所支付地价款的凭据（复印件）等书面材料。

《财政部 国家税务总局关于继续实施企业改制重组有关土地增值税政策的公告》（财政部 税务总局公告2021年第21号）

…………

四、单位、个人在改制重组时以房地产作价入股进行投资，对其将房地产转移、变更到被投资的企业，暂不征土地增值税。

五、上述改制重组有关土地增值税政策不适用于房地产转移任意一方为房地产开发企业的情形。

六、改制重组后再转让房地产并申报缴纳土地增值税时，对"取得土地使用权所支付的金额"，按照改制重组前取得该宗国有土地使用权所支付的地价款和按国家统一规定缴纳的有关费用确定；经批准以国有土地使用权作价出资入股的，为作价入股时县级及以上自然资源部门批准的评估价格。按购房发票确定扣除项目金额的，按照改制重组前购房发票所载金额并从购买年度起至本次转让年度止每年加计5%计算扣除项目金额，购买年度是指购房发票所载日期的当年。

七、纳税人享受上述税收政策，应按税务机关规定办理。

八、本公告所称不改变原企业投资主体、投资主体相同，是指企业改制重组前后出资人不发生变动，出资人的出资比例可以发生变动；投资主体存续，是指原企业出资人必须存在于改制重组后的企业，出资人的出资比例可以发生变动。

九、本公告执行期限为2021年1月1日至2023年12月31日。企业改制重组过程中涉及的土地增值税尚未处理的，符合本公告规定可按本公告执行。

《财政部 国家税务总局关于非货币性资产投资企业所得税政策问题的通知》（财税〔2014〕116号）规定：

一、居民企业（以下简称企业）以非货币性资产对外投资确认的非货币性资产转让所得，可在不超过 5 年期限内，分期均匀计入相应年度的应纳税所得额，按规定计算缴纳企业所得税。

二、企业以非货币性资产对外投资，应对非货币性资产进行评估并按评估后的公允价值扣除计税基础后的余额，计算确认非货币性资产转让所得。

企业以非货币性资产对外投资，应于投资协议生效并办理股权登记手续时，确认非货币性资产转让收入的实现。

《国家税务总局关于非货币性资产投资企业所得税有关征管问题的公告》（国家税务总局公告 2015 年第 33 号）规定：

实行查账征收的居民企业（以下简称企业）以非货币性资产对外投资确认的非货币性资产转让所得，可自确认非货币性资产转让收入年度起不超过连续 5 个纳税年度的期间内，分期均匀计入相应年度的应纳税所得额，按规定计算缴纳企业所得税。

《关于继续支持企业、事业单位改制重组有关契税政策的通知》（财税〔2018〕17 号）规定：

同一投资主体内部所属企业之间土地、房屋权属的划转，包括母公司与其全资子公司之间，同一公司所属全资子公司之间，同一自然人与其设立的个人独资企业、一人有限公司之间土地、房屋权属的划转，免征契税。

母公司以土地、房屋权属向其全资子公司增资，视同划转，免征契税。

《关于继续执行企业 事业单位改制重组有关契税政策的公告》（财政部 税务总局公告 2021 年第 17 号）

......

同一投资主体内部所属企业之间土地、房屋权属的划转，包括母公司与其全资子公司之间，同一公司所属全资子公司之间，同一自然人与其设立的个人独资企业、一人有限公司之间土地、房屋权属的划转，免征契税。

母公司以土地、房屋权属向其全资子公司增资，视同划转，免征契税。

....

十一、本公告自 2021 年 1 月 1 日起至 2023 年 12 月 31 日执行。自执行之日起，企业、事业单位在改制重组过程中，符合本公告规定但已缴纳契税的，可申请退税；涉及的契税尚未处理且符合本公告规定的，可按本公告执行。

// 筹划效果

前述四种方案各项税费汇总见下表。

金额单位：万元

税种		增值税	城市维护建设税	教育费附加	地方教育费附加	土地增值税	契税	企业所得税	合计
方案一		5 000	350	150	100	6 210		10 297.50	22 107.50
方案二	甲公司	300	21	9	6	2 405.17		964.71	3 705.88
	乙公司	4 509.52	315.67	135.29	90.19	911.02	294.29	10 036.01	16 291.99
	合计	4 809.52	336.67	144.29	96.19	3 316.19	294.29	11 000.72	19 997.87
方案三	甲公司	300.00	21.00	9.00	6.00			1 566.00	1 902.00
	乙公司	4 509.52	315.67	135.29	90.19	6 112.88	294.29	8 735.54	20 193.38
	合计	4 809.52	336.67	144.29	96.19	6 112.88	294.29	10 301.54	22 095.38
方案四	甲公司	300.00	21.00	9.00	6.00			1 566.00	1 902.00
	乙公司	4 509.52	315.67	135.29	90.19	6 227.66	0	9 230.42	20 508.75
	合计	4 809.52	336.67	144.29	96.19	6 227.66	0	10 796.42	22 410.75

通过对比可以看出，方案二、方案三和方案四增值税均比方案一少，主要是因为增加了中间交易环节，将原本不能抵减的"营改增"之前购买的土地成本列进了抵扣项目，从而降低了增值税，相应的城建税、教育费附加和地方教育费附加也随之减少。

同样是将土地剥离出去，方案二相对方案三和方案四，甲公司缴纳税额最大，主要原因是方案二为直接交易过户，需要缴纳土地增值税；而方案三和方案四为投资过户，暂不征收土地增值税。

在方案三和方案四中，甲公司需缴纳的企业所得税可自确认非货币性资产转让收入年度起不超过连续 5 个纳税年度的期间内，分期均匀计入相应年度的应纳税所得额，计算缴纳企业所得税。因此，甲公司如采用方案三和方案四，其在土地过户时需要马上缴纳的税费并不会太多，企业所得税分 5 年均匀缴纳基本上也与正常开发进度匹配。

方案三和方案四相对方案二，乙公司土地增值税大幅度增加，是因为方案三和方案四在投资过户甲公司未申报缴纳土地增值税，所以乙公司开发以后在计算土地增值税时仍然只能以甲公司原来的账面土地成本作为"取得土地使用权所支付的金额"；而甲公司已经正常申报了增值税和企业所得税，所以乙公司在计算增值税和企业所得税可以按照发票金额直接计算扣除。

方案四相对方案三，乙公司减少了契税，是因为方案三为直接以不动产投资设立公司，不符合"财税〔2018〕17 号"免征契税的条件，而方案四为首先设立全资子公司后再以不动产对全资子公司增资，符合"财税〔2018〕17 号"免征契税的条件。

// 筹划风险

关注以下几个筹划风险点。

（1）股权交易未必节税。

在通常情况下，大家习惯性地认为采用股权交易、重组等方式可以节税，但是通过本案例可以看出，方案二采用直接交易的方法，虽然在过户时需要马上缴纳一大笔税费，但是最终整体税费反而最少。这是因为交易过户以后土地成本加大，从而将普通住宅的增值率降到了 20% 以下，可以享受免征土地增值税的优惠。因此，在实际设计筹划方案时，必须通盘考虑总税负以及相应的纳税期限，而不能仅仅盯着某一个税种去设计。以本案例为例，即便是后续引进其他投资方，作为理性经济人也同样会考虑前期土地成本发票和测算项目投资的税费，这些因素必然会影响交易对价，因此在方案设计时必须通盘考虑总税负后再决定采用何种方式。

（2）对"改制重组"的争议。

在经过测算投资后股权转让是否合适的情况下，必须重点关注对"财税〔2018〕57 号"投资暂不征收土地增值税的争议。因为文件提到不征税的前提是"在改制重组时"，所以有观点认为单纯的投资仍然要交土地增值税；也有观点认为"改制重组"是"改制＋重组"，改制包括整体改制和部分改制，重组的概念更广泛，任何资产、业务、人员、债务等要素的重新组合和配置都可以称之为重组，可以说改制也包括在内，因此，应与基层税务机关密切沟通，达成共识后再行操作。

（3）对房地产企业的限制。

"财税〔2018〕57 号"明确对任何一方为房地产开发企业暂不征收土地增值税的政策均不适用，对于重组阶段为非房地产企业，重组后土地改变用途并取得房地产开发资质的，但如何适用政策，各地税务机关也存在分歧。因此，在完成不动产过户以后不能立即变更为房地产企业，避免可能发生的税务争议。

第四节　合法延迟纳税筹划法

延迟纳税是指在合法和合理的情况下，使纳税人延迟纳税而相对节税的税务筹划。纳税人延迟缴纳本期税收并不能减少纳税人纳税绝对总额，但等于得到一笔无息贷款，可以增加纳税人本期的现金流量，使纳税人在本期有更多的资金扩大流动资本，用于资本投资；如果存在通货膨胀和货币贬值，延迟纳税更有利于企业获得财务收益。

【案例 2-8】 直接血亲转让股权，迟缴个人所得税

// 案例背景

甲公司股东为自然人，股权原值为 1 000 万元，评估价值为 3 000 万元。因为融资需要，计划将公司股权平价转让给女婿。根据国家税务总局关于发布《股权转让所得个人所得税管理办法（试行）》的公告（国家税务总局公告 2014 年第 67 号）的规定，岳父母与女婿之间的股权转让不属于股权转让收入明显偏低且有正当理由的情形，因此税务机关可以核定股权转让收入，征收个人所得税 400 万元。

// 筹划方案

原股东先将股权以 1 000 万元平价转让给自己的女儿，然后再由女儿将股权以 1 000 万元平价转让给女婿。

父母将股权平价转让给子女，股权转让收入明显偏低但是视为有正当理由，同样女儿再将股权平价转让给配偶，转让收入明显偏低但是视为有正当理由。两次转让税务机关均不能核定股权转让收入。

// 相关政策

国家税务总局关于发布《股权转让所得个人所得税管理办法（试行）》的公告（国家税务总局公告 2014 年第 67 号）如下。

第十一条　符合下列情形之一的，主管税务机关可以核定股权转让收入：

（一）申报的股权转让收入明显偏低且无正当理由的；

（二）未按照规定期限办理纳税申报，经税务机关责令限期申报，逾期仍不申报的；

（三）转让方无法提供或拒不提供股权转让收入的有关资料；

（四）其他应核定股权转让收入的情形。

第十二条　符合下列情形之一，视为股权转让收入明显偏低：

（一）申报的股权转让收入低于股权对应的净资产份额的。其中，被投资企业拥有土地使用权、房屋、房地产企业未销售房产、知识产权、探矿权、采矿权、股权等资产的，申报的股权转让收入低于股权对应的净资产公允价值份额的；

（二）申报的股权转让收入低于初始投资成本或低于取得该股权所支付的价款及相关税费的；

（三）申报的股权转让收入低于相同或类似条件下同一企业、同一股东或其他股东股权转让收入的；

（四）申报的股权转让收入低于相同或类似条件下同类行业的企业股权转让收入的；

（五）不具合理性的无偿让渡股权或股份；

（六）主管税务机关认定的其他情形。

第十三条　符合下列条件之一的股权转让收入明显偏低，视为有正当理由：

（一）能出具有效文件，证明被投资企业因国家政策调整，生产经营受到重大影响，导致低价转让股权；

（二）继承或将股权转让给其能提供具有法律效力身份关系证明的配偶、父母、子女、祖父母、外祖父母、孙子女、外孙子女、兄弟姐妹以及对转让人承担直接抚养或者赡养义务的抚养人或者赡养人；

（三）相关法律、政府文件或企业章程规定，并有相关资料充分证明转让价格合理且真实的本企业员工持有的不能对外转让股权的内部转让；

（四）股权转让双方能够提供有效证据证明其合理性的其他合理情形。

// 案例分析

根据上述资料分析如下。

（1）近亲属之间转让股权并不免税。

在实务中经常有人存在一种误区，认为近亲属之间的股权转让免税，其实，近亲属之间转让股权不是免税，而是以转让价格明显偏低但视为有正当理由，税务机关不能核定股权转让收入，因此不能据此征税。但是如果不是平价或者低价转让，仍然应当正常纳税。本案例中，如果父母按 1 500 万元将股权转让给女儿，女儿再以 1 800 万元将股权转让给配偶，则父母需要按 500 万元的所得缴纳个人所得税 100 万元，女儿则需要按 300 万元的所得缴纳个人所得税 60 万元。

（2）平价或低价转让只是延迟纳税。

在实务中存在另一种误区就是近亲属之间股权平价转让实现了免税，其实由于在本次转让过程中没有实现股权转让所得，因此相应的股权原值仍然没有发生变化，在未来再次股权转让或者收回投资时，股东的股权转让所得将是合并计算，最终的税负是一样的，只是纳税时间延迟。当然，如果后期公司亏损，导致股权价值低于前一次转让时的评估值则另当别论。

【案例 2-9】 向赡养人转让股权，迟缴个人所得税

// 案例背景

甲公司股东为自然人，股权原值为 1 000 万元，评估价值为 3 000 万元。因为融资需要，计划将公司股权平价转让给女婿。由于其女儿已经去世，无法通过将股权平价转让给女儿后再次平价转让给女婿。

// 筹划方案

岳父母将股权平价转让给女婿前，双方签订赡养协议并进行公证，约定女婿对岳父母承担直接赡养义务。此时股权转让收入明显偏低但视为有正当理由。

// 相关政策

国家税务总局关于发布《股权转让所得个人所得税管理办法（试行）》的公告（国家税务总局公告 2014 年第 67 号）规定：

第十三条　符合下列条件之一的股权转让收入明显偏低，视为有正当理由：

（一）能出具有效文件，证明被投资企业因国家政策调整，生产经营受到重大影响，导致低价转让股权；

（二）继承或将股权转让给其能提供具有法律效力身份关系证明的配偶、父母、子女、祖父母、外祖父母、孙子女、外孙子女、兄弟姐妹以及对转让人承担直接抚养或者赡养义务的抚养人或者赡养人。

// 筹划风险

女儿去世以后，女婿仍然能够与岳父母共同经营事业确实属于应当提倡和鼓励的社会传统美德，然而作为转让方，必须对权益保障采取必要的措施，比如在赡养协议中明确，如果出现不承担赡养义务时，岳父母可以要求收回公司股权，或者在股权转让协议中作出类似安排，以防股权转让以后，女婿侵吞财产。

第五节　利用优惠政策进行税务筹划

税收优惠是指国家为了支持某个行业或针对某一特殊时期，经常出台一些包括减免

税在内的优惠性规定或条款。税收优惠是一定时期国家的税收导向，纳税人可以充分利用这些税收优惠，依法节税。

优惠政策属于一种特殊性政策，这种特殊性体现着国家对某些产业或某一领域的税收照顾。充分利用税收优惠政策筹划可以使纳税人轻松地享受低税负待遇。关键是寻找合适的优惠政策并把它运用在税收实践中。在很多时候，税收优惠政策就是要做到有条件就享受。

【案例 2-10】 降低利润，享受小微优惠政策

// 案例背景

甲公司 2019 年平均人数 200 人，资产总额 3 000 万元，销售收入 8 000 万元，预计利润总额 310 万元，应缴企业所得税 77.50 万元，税后利润 232.50 万元（310 － 77.50）。

// 筹划方案

【方案一】甲公司在 2019 年 12 月向员工发放年终奖 20 万元，平均每人 1 000 元，按 3% 计算应扣缴个人所得税 6 000 元，公司利润总额由 310 万元降为 290 万元，符合小型微利企业的条件，应缴企业所得税为 24 万元（290×50%×20% － 5），税后利润 266 万元（290 － 24）。因为享受小型微利企业优惠，企业所得税的实际税负降低，员工得了奖金，公司的税后利润不但没有减少，反而上升。

【方案二】甲公司在 2019 年 11 月购买一辆小汽车支出 60 万元，在税务上采用加速折旧一次性扣除，应纳税所得额为 250 万元，应缴企业所得税为 20 万元（250×50%×20% － 5），节约企业所得税 57.50 万元，相当于白得一辆车。

【方案三】甲公司在 2019 年 12 月向获得公益性捐赠税前扣除资格的公益性社会组织捐赠 30 万元，公司利润总额由 310 万元降为 280 万元，应缴企业所得税为 23 万元（280×50%×20% － 5），税后利润 257 万元（280 － 23）。甲公司做了善事，增加了公司的美誉度，提高了公司形象，公司的税后利润不但没有减少，反而上升。

【方案四】甲公司在 2019 年 11 月向全体员工发放工作服，支出 12 万元，公司利润总额由 310 万元降为 298 万元，应缴企业所得税为 24.80 万元（298×50%×20% － 5），税后利润 273.20 万元（298 － 24.80）。

// 相关政策

《财政部 国家税务总局关于实施小微企业普惠性税收减免政策的通知》（财税

〔2019〕13号）规定：

二、对小型微利企业年应纳税所得额不超过100万元的部分，减按25%计入应纳税所得额，按20%的税率缴纳企业所得税；对年应纳税所得额超过100万元但不超过300万元的部分，减按50%计入应纳税所得额，按20%的税率缴纳企业所得税。

上述小型微利企业是指从事国家非限制和禁止行业，且同时符合年度应纳税所得额不超过300万元、从业人数不超过300人、资产总额不超过5 000万元等三个条件的企业。

《财政部 国家税务总局关于设备、器具扣除有关企业所得税政策的通知》（财税〔2018〕54号）规定。

一、企业在2018年1月1日至2020年12月31日期间新购进的设备、器具，单位价值不超过500万元的，允许一次性计入当期成本费用，在计算应纳税所得额时扣除，不再分年度计算折旧；单位价值超过500万元的，仍按《中华人民共和国企业所得税法实施条例》《财政部 国家税务总局关于完善固定资产加速折旧企业所得税政策的通知》（财税〔2014〕75号）、《财政部 国家税务总局关于进一步完善固定资产加速折旧企业所得税政策的通知》（财税〔2015〕106号）等相关规定执行。

二、本通知所称设备、器具，是指除房屋、建筑物以外的固定资产。

注：《财政部 国家税务总局关于延长部分税收优惠政策执行期限的公告》（财政部 国家税务总局公告2021年第6号）规定：《财政部 国家税务总局关于设备器具扣除有关企业所得税政策的通知》（财税〔2018〕54号）等16个文件规定的税收优惠政策凡已经到期的，执行期限延长至2023年12月31日。

《国家税务总局关于设备器具扣除有关企业所得税政策执行问题的公告》（国家税务总局公告2018年第46号）相关规定如下。

一、企业在2018年1月1日至2020年12月31日期间新购进的设备、器具，单位价值不超过500万元的，允许一次性计入当期成本费用在计算应纳税所得额时扣除，不再分年度计算折旧（以下简称一次性税前扣除政策）。

（一）所称设备、器具，是指除房屋、建筑物以外的固定资产（以下简称固定资产）；所称购进，包括以货币形式购进或自行建造，其中以货币形式购进的固定资产包括购进的使用过的固定资产；以货币形式购进的固定资产，以购买价款和支付的相关税费以及直接归属于使该资产达到预定用途发生的其他支出确定单位价值，自行建造的固定资产，以竣工结算前发生的支出确定单位价值。

（二）固定资产购进时点按以下原则确认：以货币形式购进的固定资产，除采取分期付款或赊销方式购进外，按发票开具时间确认；以分期付款或赊销方式购进的固定资产，按固定资产到货时间确认；自行建造的固定资产，按竣工结算时间确认。

二、固定资产在投入使用月份的次月所属年度一次性税前扣除。

三、企业选择享受一次性税前扣除政策的，其资产的税务处理可与会计处理不一致。

四、企业根据自身生产经营核算需要，可自行选择享受一次性税前扣除政策。未选择享受一次性税前扣除政策的，以后年度不得再变更。

《国家税务总局关于企业所得税若干问题的公告》（国家税务总局公告2011年第34号）相关规定如下。

…………

二、关于企业员工服饰费用支出扣除问题

企业根据其工作性质和特点，由企业统一制作并要求员工工作时统一着装所发生的工作服饰费用，根据《中华人民共和国企业所得税法实施条例》第二十七条的规定，可以作为企业合理的支出给予税前扣除。

《中华人民共和国企业所得税法》相关规定如下。

第九条 企业发生的公益性捐赠支出，在年度利润总额12%以内的部分，准予在计算应纳税所得额时扣除；超过年度利润总额12%的部分，准予结转以后三年内在计算应纳税所得额时扣除。

// 案例分析

上述案例要关注以下几点。

（1）特别关注优惠政策的临界点。

由于小型微利企业的优惠政策采取得的是符合即享受，不符合即全额征收的政策，并不是超额累进，因此完全有可能出现多一分钱利润，多缴几十万元税款的情形。这就需要日常做好财务预算，早做打算，并不要希望把全部的事情留到12月份来做，毕竟没有足够的时间和空间。至于采用何种方式就各显神通了。方案中提到只是几种思路，实际操作时完全可以结合公司情况选用更优的方式，或者是多种组合方式。

（2）关注一次性扣除的设备购入时间。

《国家税务总局关于设备器具扣除有关企业所得税政策执行问题的公告》（国家税务总局公告2018年第46号）规定，固定资产在投入使用月份的次月所属年度一次性税前扣除。如果采用购买设备、汽车等固定资产并选择一次性扣除，则必须在12月以前而不能在12月购买，否则只能在次年一次性扣除，导致达不到小型微利企业条件。

（3）设备一次性扣除并非最优选择。

通常的思维都是购买设备一次性扣除，然后降低了应纳税所得额，减少了当期所得税，即便是以后期间没有折旧，也相当于起到了递延纳税的效果。然而当公司的利润处在临界点时，如果公司采用组合方式，比如同时采用发放年终奖和买车，此时通过发放年终奖已经让公司符合小型微利企业的条件了，如果将购买的小汽车一次性扣除，抵减的所得税适用的实际税率为10%，后期公司一旦利润上升，无法享受小型微利企业优惠，则其实不选择一次性扣除反而对公司更有利，因为折旧抵减的所得税适用税率是25%。

假定其他条件不变，将方案一和方案二同时采用，即甲公司2019年预计利润总额为310万元，为了享受小型微利企业优惠，现计划12月发放年终奖20万元，同时在11月购买一辆小汽车支出60万元并选择一次性扣除，则应纳企业所得税为18万元（230×50%×20%－5）。然而如果选择按期折旧，则小汽车当年折旧1万元（为简便计算，不考虑残值按5年折旧），应纳企业所得税为23.90万元（289×50%×20%－5），比选择一次性扣除多缴企业所得税5.90万元，但是假定后续年度公司均不符合小型微利企业条件，则剩余的59万元折旧在未来可以抵减的企业所得税为14.75万元，因此是否选择新购进的固定资产一次性扣除需要对比分析前后的税负差异。

【案例 2-11】 创造条件，享受普通住宅减免优惠政策

// 案例背景

甲公司为房地产开发企业，2020年1月立项开发某商住项目，可售建筑面积50 000平方米，单位开发成本（含土地成本）7 500元/平方米，其中普通住宅可售建筑面积30 000平方米，均价12 500元/平方米，非普通住宅可售建筑面积20 000平方米，均价15 000元/平方米，账面无金融机构利息支出，当地普通住宅的销售单价标准为13 000元/平方米，土地增值税按两分法清算，2023年销售完毕，期间费用合计6 000万元，费用均未超过税前扣除限额。甲公司各项税费计算见下表。

项目	普通住宅	其他类型房地产	合计
面积（m²）	30 000	20 000	50 000
单价（万元）	1.25	1.50	
收入（万元）	37 500	30 000	67 500
成本（万元）	22 500	15 000	37 500
增值税（万元）	1 875	1 500	3 375
城市维护建设税（万元）	131.25	105	236.25
教育费附加（万元）	56.25	45	101.25
地方教育费附加（万元）	37.50	30	67.50

续表

项目	普通住宅	其他类型房地产	合计
扣除额（万元）	29 475	19 680	49 155
增值额（万元）	6 150	8 820	14 970
增值率（%）	20.87%	44.82%	
应缴土地增值税（万元）	1 845	2 646	4 491

利润总额＝ 67 500 － 3 375 － 37 500 － 236.25 － 101.25 － 67.50 － 6 000 － 4 491

　　　　　＝ 15 729（万元）

应纳企业所得税＝ 15 729×25%＝ 3 932.25（万元）

税后利润＝ 15 729.00 － 3 932.25＝ 11 796.75（万元）

// 筹划方案

【方案一】将普通住宅的价格降低200元，由12 500元/平方米降至12 300元/平方米。甲公司各项税费计算见下表。

项目	普通住宅	其他类型房地产	合计
面积（m²）	30 000	20 000	50 000
单价（万元）	1.23	1.50	
收入（万元）	36 900	30 000	66 900
成本（万元）	22 500	15 000	37 500.00
增值税（万元）	1 845	1 500	3 345.00
城市维护建设税（万元）	129.15	105	234.15
教育费附加（万元）	55.35	45	100.35
地方教育费附加（万元）	36.90	30	66.90
扣除额（万元）	29 471.40	19 680	49 151.40
增值额（万元）	5 583.60	8 820	14 403.60
增值率（%）	18.95%	44.82%	
应缴土地增值税（万元）		2 646	2 646

利润总额＝ 66 900 － 3 345 － 37 500 － 234.15 － 100.35 － 66.90 － 6 000 － 2 646 ＝ 17 007.60（万元）

应纳企业所得税＝ 17 007.60×25% ＝ 4 251.90（万元）

税后利润＝ 17 007.60 － 4 251.90 ＝ 12 755.70（万元）

【方案二】甲公司为全面提升项目品质，打算部署智慧小区系统，包括小区智能 AI 监控、智能梯控、车辆识别等。每家每户的智能信息终端中控，将作为智能家居的核心交互终端，同时又能与智慧社区系统连接，实现联动控制，支持智能开关、智能灯、空调、窗帘、音箱、传感器、晾衣架等上百款智能电器的接入，并集合了不同电器的控制功能。外卖、快递、朋友到访，专属二维码、远程门禁轻松搞定，再也不用走到小区门口。回家时门口机开锁自动呼梯到 1 楼，外出时室内终端机一键呼梯到所在楼层。以强大的 AI 技术和云计算为支撑，打造智慧社区中心级产品，完美融合家庭与社区，真正实现"人、设备与服务"的系统性互联互通。基于全场景安全防护需求，打造"社区报警＋室内安防报警"体系，全方位守护社区安全，人脸识别系统防止小孩儿独自外出，宝贝下楼玩耍也无须带卡和钥匙。公司为此需投入 500 万元建设成本，在不降低销售价格的前提下，甲公司各项税费计算见下表。

项目	普通住宅	其他类型房地产	合计
面积（m²）	30 000	20 000	50 000
单价（万元）	1.25	1.50	
收入（万元）	37 500	30 000	67 500
成本（万元）	22 800	15 200	38 000
增值税（万元）	1 875	1 500	3 375
城市维护建设税（万元）	131.25	105	236.25
教育费附加（万元）	56.25	45	101.25
地方教育费附加（万元）	37.50	30	67.50
扣除额（万元）	29 865	19 940	49 805
增值额（万元）	5 760	8 560	14 320
增值率（%）	19.29%	42.93%	
应缴土地增值税（万元）		2 568.00	2 568

利润总额＝ 67 500 － 3 375 － 38 000 － 236.25 － 101.25 － 67.50 － 6 000 － 2 568 ＝ 17 152（万元）

应缴纳企业所得税＝ 17 152×25% ＝ 4 288（万元）

税后利润＝ 17 152 － 4 288 ＝ 12 864（万元）

// 相关政策

《中华人民共和国土地增值税暂行条例实施细则》（财法字〔1995〕6 号）相关规定如下：

第十一条　纳税人建造普通标准住宅出售，增值额未超过本细则第七条（一）（二）（三）（五）（六）项扣除项目金额之和 20% 的，免征土地增值税；增值额超过扣除项目金额之和 20% 的，应就其全部增值额按规定计税。

// 案例分析

为了享受普通住宅增值率不超过 20% 免征土地增值税的优惠政策，通过降低销售价格或者是加大投入的方式，将普通住宅的增值率降到 20% 以下，虽然降价减少了一部分收入，但是相应减免的税费足以弥补收入降低带来的损失。同样加大投入以后，只要相应减免的税费超过成本的增加就是可行的。当然无论是降低销售价格或是加大投入，必须是建立在真实交易的基础之上，而不应当人为隐瞒收入或者是虚开发票虚列成本，那样一旦被查实反而得不偿失。

在实际操作中，方案应当提前规划和测算，比如销售价格是在销售前就已经敲定了的，到了清算的时候已经无法改变，而加大成本投入也是要结合现场施工，不能为了投入而投入，那样即使是节约了税费，却不能真正发挥投入的价值，也是资源的浪费。

此外，在方案测算过程中，有时候可能是多种方案组合，比如降价与加大投入并举，这样一来对于部分非普通住宅也可能通过降价变为普通住宅享受免征土地增值税的优惠，前提是最终的税后利润最大化。

【案例 2-12】 资产拆分，享受普惠性减免政策

// 案例背景

A 公司有两幢商业地产用于出租，总资产超过 5 000 万元，年出租收入接近 1 000 万元。A 公司不属于小微企业，适用 25% 的企业所得税率；A 公司属于增值税一般纳税人，适用 6% 的增值税率。

// 筹划思路

从 A 公司分立出 B 公司，A 公司和 B 公司各持有一幢商业地产，总资产均在 5 000 万元以下，年出租收入在 500 万元以下，符合小型微利企业和小规模纳税人的要求，可以享受小型微利企业的企业所得税优惠。小规模纳税人按 3% 征收率缴纳增值税，以及

在 50% 的税额幅度内减征资源税、城市维护建设税、房产税、城镇土地使用税、印花税、耕地占用税和教育费附加、地方教育附加的优惠，从而大大降低整体税负。

// 相关政策

《财政部 国家税务总局关于实施小微企业普惠性税收减免政策的通知》（财税〔2019〕13 号）相关规定如下。

第二条　对小型微利企业年应纳税所得额不超过 100 万元的部分，减按 25% 计入应纳税所得额，按 20% 的税率缴纳企业所得税；对年应纳税所得额超过 100 万元但不超过 300 万元的部分，减按 50% 计入应纳税所得额，按 20% 的税率缴纳企业所得税。

上述小型微利企业是指从事国家非限制和禁止行业，且同时符合年度应纳税所得额不超过 300 万元、从业人数不超过 300 人、资产总额不超过 5 000 万元等三个条件的企业。

第三条　由省、自治区、直辖市人民政府根据本地区实际情况，以及宏观调控需要确定，对增值税小规模纳税人可以在 50% 的税额幅度内减征资源税、城市维护建设税、房产税、城镇土地使用税、印花税（不含证券交易印花税）、耕地占用税和教育费附加、地方教育附加。

《财政部 国家税务总局关于支持个体工商户复工复业增值税政策的公告》（财政部税务总局公告 2020 年第 13 号）相关规定如下。

自 2020 年 3 月 1 日至 5 月 31 日，对湖北省增值税小规模纳税人，适用 3% 征收率的应税销售收入，免征增值税；适用 3% 预征率的预缴增值税项目，暂停预缴增值税。除湖北省外，其他省、自治区、直辖市的增值税小规模纳税人，适用 3% 征收率的应税销售收入，减按 1% 征收率征收增值税；适用 3% 预征率的预缴增值税项目，减按 1% 预征率预缴增值税。

《财政部 国家税务总局关于延长小规模纳税人减免增值税政策执行期限的公告》（财政部税务总局公告 2020 年第 24 号）规定如下。

《财政部 税务总局关于支持个体工商户复工复业增值税政策的公告》（财政部税务总局公告 2020 年第 13 号）规定的税收优惠政策实施期限延长到 2020 年 12 月 31 日。

《关于延续实施应对疫情部分税费优惠政策的公告》（财政部 国家税务总局公告 2021 年第 7 号）规定如下。

《财政部 国家税务总局关于支持个体工商户复工复业增值税政策的公告》（财政部 税务总局公告 2020 年第 13 号）规定的税收优惠政策，执行期限延长至 2021 年 12 月 31 日。其中，自 2021 年 4 月 1 日至 2021 年 12 月 31 日，湖北省增值税小规模纳税人适用 3% 征收率的应税销售收入，减按 1% 征收率征收增值税；适用 3% 预征率的预缴增值税项目，减按 1% 预征率预缴增值税。

【案例2-13】 打通政策，转让土地享受 1% 的低税率

// 案例背景

税月公司是增值税小规模纳税人，与红红公司共同使用一宗土地。2020 年，税月公司因搬迁，决定把土地使用权转让给红红公司，总价 700 万元，税月公司取得土地的成本是 200 万元。税月公司财务人员认为：根据税收政策，小规模纳税人转让其取得（不含自建）的不动产，以取得的全部价款和价外费用扣除不动产购置原价或者取得不动产时作价后的余额为销售额，按照 5% 的征收率计算应纳税额。所以，税月公司转让土地使用权应纳增值税 ＝（700 － 200）÷（1 ＋ 5%）× 5% ＝ 23.81（万元）。

// 相关政策

《增值税暂行条例》相关规定如下。

第十二条　小规模纳税人增值税征收率为 3%，国务院另有规定的除外。

《财政部 国家税务总局关于全面推开营业税改征增值税试点的通知》（财税〔2016〕36 号）相关规定如下。

第十六条　增值税征收率为 3%，财政部和国家税务总局另有规定的除外。

第十九条　小规模纳税人发生应税行为适用简易计税方法计税。

第三十四条　简易计税方法的应纳税额，是指按照销售额和增值税征收率计算的增值税额，不得抵扣进项税额。应纳税额计算公式：

应纳税额 ＝ 销售额 × 征收率

第三十五条　简易计税方法的销售额不包括其应纳税额，纳税人采用销售额和应纳税额合并定价方法的，按照下列公式计算销售额：

销售额 ＝ 含税销售额 ÷（1 ＋ 征收率）

《国家税务总局关于公布〈纳税人转让不动产增值税征收管理暂行办法〉的公告》（国家税务总局公告 2016 年第 14 号）的相关规定。

第四条　小规模纳税人转让其取得的不动产，除个人转让其购买的住房外，按照以下规定缴纳增值税：

小规模纳税人转让其取得（不含自建）的不动产，以取得的全部价款和价外费用扣除不动产购置原价或者取得不动产时作价后的余额为销售额，按照 5% 的征收率计算应纳税额。

《财政部 国家税务总局关于进一步明确全面推开营改增试点有关劳务派遣服务、收费

公路通行费抵扣等政策的通知》（财税〔2016〕47号）相关规定如下。

纳税人转让2016年4月30日前取得的土地使用权，可以选择适用简易计税方法，以取得的全部价款和价外费用减去取得该土地使用权的原价后的余额为销售额，按照5%的征收率计算缴纳增值税。

// 案例分析

税收文件繁多冗杂，如何梳理学习税收政策一直是众多财税同行的难题。遇到实务问题需要查找相关文件时，很可能涉及的不是单一文件，而是从上到下一系列的政策。此时，纳税人很有可能犯一个错误：查到哪个政策就直接用哪个政策，没有分析，所查到的政策是否是唯一的可适用政策，是否还有其他的政策可选择。准确应用税收政策，根本方法是回到政策原文上去分析，从一般规定到特殊规定，从高级别文件规定到低级别文件规定，真正打通政策应用范围和适用背景。

（1）如果转让不动产采用简易征收，则按征收率5%计算增值税，这是很多纳税人共同的认知，来源于"国家税务总局公告2016年第14号"第四条。从公告原文可知，第四条规定了小规模纳税人转让不动产的征税率是5%，但是在增值税的征税范围中，土地使用权不属于不动产，土地使用权属于无形资产。所以，转让土地使用权不适用此公告。

（2）根据《增值税暂行条例》和"财税〔2016〕36号"文的规定，小规模纳税人适用3%的征收率，这是关于小规模纳税人征收率的一般性规定。

（3）"财税〔2016〕47号"公告规定的是：纳税人转让2016年4月30日前取得的土地使用权，可以选择适用简易计税方法，以取得的全部价款和价外费用减去取得该土地使用权的原价后的余额为销售额，按照5%的征收率计算缴纳增值税。

从原文分析：

①该规定适用于全部纳税人，包括一般纳税人和小规模纳税人。

②该规定纳税人转让2016年4月30日前取得的土地使用权多提供了一种计税方式（差额征税＋5%征收率），文件使用的是"可以"一词，而不是"应当"，因为一般理解中会觉得差额征税比较划算。则是否适用该方法纳税人是可选择的。

③该规定给一般纳税人提供了转让土地使用权适用简易计税的方法，并规定了征收率是5%。但是对于小规模纳税人，"财税〔2016〕36号"文原本就规定了适用简易计税方法和征收率3%的，"财税〔2016〕47号"公告并没有废止财税〔2016〕36号"的一般性规定。

（4）若税月公司不选择"财税〔2016〕47号"公告差额计税的方法，按照"财税

〔2016〕36 号",税月公司转让土地使用权,征收率应为 3%,全额计税。

（5）税月公司是小规模纳税人,可享受疫情相关优惠政策,减按 1% 征收率征收增值税。

税月公司应纳增值税 = 700 ÷（1 + 1%）× 1% = 6.93（万元）

少缴纳增值税 = 23.81 − 6.93 = 16.88（万元）

// 拓展讨论

小规模纳税人应税收入不超过 500 万元,税月公司转让土地使用权收入 700 万元,超过 500 万元,还能享受小规模纳税人的政策吗?

小规模纳税人超过 500 万元之后要转为一般纳税人,但是在超过 500 万元之前的交易,还是按小规模纳税人的规定征税。税月公司转让土地使用权之前应税收入没有超过 500 万元,所以还是按小规模纳税人处理。

另外,根据《国家税务总局关于增值税一般纳税人登记管理办法》（国家税务总局令第 43 号）第二条第三款的规定,销售服务、无形资产或者不动产（以下简称"应税行为"）有扣除项目的纳税人,其应税行为年应税销售额按未扣除之前的销售额计算。纳税人偶然发生的销售无形资产、转让不动产的销售额,不计入应税行为年应税销售额,也就是税月公司并不会因为偶然发生的销售无形资产、转让不动产的销售额超过 500 万元而被认定为一般纳税人。

《中华人民共和国城市房地产管理法》规定,以出让方式取得土地使用权的,转让房地产时,应当符合的条件之一就是按照出让合同约定进行投资开发,属于房屋建设工程的,完成开发投资总额的 25% 以上,属于成片开发土地的,形成工业用地或者其他建设用地条件,案例中直接转让土地使用权的情况实务中是否存在?

为了限制炒地皮,在实务中确实存在 25% 的投资额的限制,通常情况下在未进行任何开发的情况下是无法完成土地使用权转让的。那么,是否意味着税法规定的转让无形资产——土地使用权其实并不存在呢?其实不然,在某些特定交易下仍然可能存在不受 25% 投资额限制而可以直接转让土地使用权的情形。例如,以土地使用权投资入股在税法上是视同转让处理的,而在不动产登记机关并不是按照转让交易过户。在一些地方也对特殊情况下的土地转移不要求 25% 的开发进度。

以广东省中山市的文件为例:

《关于明确国有建设用地使用权转让开发投资进度核算有关事项的通知》相关规定如下。

二、以下土地使用权转让不再审核土地开发投资进度

（一）国有建设用地经法院公开拍卖处置后，受让人凭法院出具的协助执行通知书办理转移登记的。

（二）自然人因开发需要成立全资公司（股权份额与土地使用权份额一致），将土地作价入股到全资公司名下（需承诺开发投资进度达到25%前股权不变更）。

（三）农村集体（含生产队、村委会、社区居委会、经济合作社、经济联合社、股份合作经济联合社等）对登记在其名下的用地（土地用途为商业、商业住宅、住宅、工业），在征得农村集体村民会议2/3以上成员或2/3以上户代表同意的前提下，可通过协议方式将用地转让到该农村集体成立的一家全资公司名下（必须由农村集体为单一股东）。土地开发投资总额达到25%后，由市场监管部门按照农村集体资产管理的相关规定处理该公司股权变更事宜。

（四）本通知下发前已办理土地登记，两个以上土地使用权人共同使用一宗土地，其中一个或几个共有人将全部份额转让给其他共有人。

（五）地上房屋已领有房屋所有权证书，房屋登记面积大于整体报建面积或最大可建面积的25%。

（六）本通知下发前登记的土地使用权人与房屋所有权人不一致，将土地使用权转让到房屋所有权人名下。

第六节　豁免纳税义务法

前面的筹划案例有一个共同特点，都是直接应用现有税收政策的规定筹划，一般被认为是合理合法的税务筹划，筹划的思路都有税法的明文规定作为依据。除此之外，还有一类筹划是豁免纳税义务。豁免纳税义务法是指纳税人以合法手段超越税法管辖的效力范围，实现减免纳税义务的行为，一种是税法中明确该类交易不征税，另一种是指在税法文件的征税范围内，没有列举某种交易行为或没有关于该类交易的征税政策，属于税法上的空白点。

【案例2-14】控制收款进度，少缴增值税

// 案例背景

甲公司生产销售家用小电器，为小规模纳税人，按季度申报增值税，全年预计销售额约150万元，生产销售均衡，无明显的季节性，客户主要为稳定的零售商，因为每

个季度的销售额均超过 30 万元，无法享受免征增值税的优惠。2019 年各月销售计划见下表。

金额单位：万元

月 份	1月	2月	3月	4月	5月	6月	7月	8月	9月	10月	11月	12月
销售金额	12	12	12	13	13	13	12	12	12	13	13	13

全年应缴纳增值税 ＝ 150 ÷（1 ＋ 3%）× 3% ＝ 4.37（万元）

// 筹划方案

通过人为调节增值税纳税发生时间，将其中的三个季度销售额控制在 30 万元以内，剩余部分销售额在一个季度实现，从而全年的应税销售额约为 60 万元。

在签订销售合同，对部分月份部分客户的合同约定收款时间进行调整，假定调整后的各个月份合同约定收款时间见下表，则可以规避前三个季度增值税纳税义务，从而实现少缴增值税。

合同约定各月收款时间   金额单位：万元

月份	1月	2月	3月	4月	5月	6月	7月	8月	9月	10月	11月	12月
销售金额	12	12	12	13	13	13	12	12	12	13	13	13
累计销售金额		24	36	49	62	75	87	99	111	124	137	150
合同约定收款金额	12	12	6	15	10	5	17	7	6	30	17	13
累计约定收款		24	30	45	55	60	77	84	90	120	137	150

全年应缴纳增值税 ＝ 60 ÷（1 ＋ 3%）× 3% ＝ 1.75（万元）

若销售额提高，按上述思路设计即可。

// 相关政策

《关于实施小微企业普惠性税收减免政策的通知》（财税〔2019〕13 号）相关规定如下。

对月销售额 10 万元以下（含本数）的增值税小规模纳税人，免征增值税。

《国家税务总局关于小规模纳税人免征增值税政策有关征管问题的公告》（国家税务总局公告 2019 年第 4 号）相关规定如下。

小规模纳税人发生增值税应税销售行为，合计月销售额未超过 10 万元（以 1 个季度为 1 个纳税期的，季度销售额未超过 30 万元，下同）的，免征增值税。

《关于明确增值税小规模纳税人免征增值税政策公告》规定如下。

2021年4月1日至2022年12月12月31日，月销售额15万元以下的增值税小规模约税人免征增值税。

《中华人民共和国增值税暂行条例》相关规定如下。

第十九条　增值税纳税义务发生时间：

（一）发生应税销售行为，为收讫销售款项或者取得索取销售款项凭据的当天；先开具发票的，为开具发票的当天。

《中华人民共和国增值税暂行条例实施细则》相关规定如下。

第三十八条　条例第十九条第一款第（一）项规定的收讫销售款项或者取得索取销售款项凭据的当天，按销售结算方式的不同，具体为：

（一）采取直接收款方式销售货物，不论货物是否发出，均为收到销售款或者取得索取销售款凭据的当天；

（二）采取托收承付和委托银行收款方式销售货物，为发出货物并办妥托收手续的当天；

（三）采取赊销和分期收款方式销售货物，为书面合同约定的收款日期的当天，无书面合同的或者书面合同没有约定收款日期的，为货物发出的当天。

// 案例分析

（1）考虑货款回收风险与资金时间价值。

通过调节前三个季度的合同约定收款时间，从而实现了少缴增值税，但是必须看到，因为收款时间延后，可能造成货款回收出现风险。若公司经营规模较小，货款回收不及时可能导致资金周转出现困难。同时还需要对比分析资金时间价值与节税效果。

（2）免征增值税不能开具增值税专用发票。

按照现行政策规定，纳税人自行开具或申请代开增值税专用发票，应就其开具的增值税专用发票相对应的应税行为计算缴纳增值税。对免征增值税的销售只能开具普通发票而不能开具增值税专用发票，此时客户是否可以接受？如果零售商也为小规模纳税人，无进项税额抵扣需求则无妨；如果零售商为一般纳税人，则相当于将税负转嫁给了零售商，可能会影响双方的交易价格。

（3）纳税期的选择。

《国家税务总局关于小规模纳税人免征增值税政策有关征管问题的公告》（国家税务总局公告2019年第4号）规定，按固定期限纳税的小规模纳税人可以选择以1个月或1个季度为纳税期限，一经选择，一个会计年度内不得变更。在实务操作中并没有绝对的选择，以1个月为纳税期限对纳税人有利还是以1个季度为纳税期限对纳税人有利。如何选择需要看具体情况。以本案例调整后的收款时间来看，如果选择月度申报，则仅有 3 月、5 月、6 月、8 月和 9 月销售额未超过 10 万元可以免征增值税，其他月份均需缴纳增值税，整体节税效果不明显。然而如果条件允许，在选择月度申报的情况下，将前 11 个月的合同约定收款均控制在 10 万元内，则全年仅有 12 月收款 40 万元需要正常申报缴纳增值税，比按照季度申报更低。

【案例2-15】直系亲属赠与房产，免征增值税和个人所得税

// 案例背景

大明将自己购买的一套商品房赠与弟弟小明，房价为 400 万元。因小明一直没有落户，缴纳社保和个人所得税的记录只有 4 年，按照当地的规定，对于非户籍人员需要 5 年的社保和个人所得税记录，因此，小明没有办法将房产过户到自己名下。一年后小明缴纳社保和个人所得税的记录已满 5 年，获得购房资格，小明将哥哥赠与的房屋过户到自己名下。此时房价已上涨到 700 万元，大明需要缴纳增值税、城市维护建设税、教育费附加、印花税和个人所得税，而小明则需要缴纳契税。

// 筹划方案

【方案一】等到购买满 2 年以后再办理过户，可以免征增值税。但印花税、个人所得税和契税要正常缴纳。

【方案二】大明将房产无偿赠与给小明，因为是兄弟之间的无偿赠与，不需要缴纳增值税及附加税和个人所得税，仅需要缴纳契税。

// 相关政策

《财政部 国家税务总局关于全面推开营业税改征增值税试点的通知》（财税〔2016〕36 号）附件 3：营业税改征增值税试点过渡政策的规定如下。

一、下列项目免征增值税

涉及家庭财产分割的个人无偿转让不动产、土地使用权。

家庭财产分割，包括下列情形：离婚财产分割；无偿赠与配偶、父母、子女、祖父母、外祖父母、孙子女、外孙子女、兄弟姐妹；无偿赠与对其承担直接抚养或者赡养义务的抚养人或者赡养人；房屋产权所有人死亡，法定继承人、遗嘱继承人或者受遗赠人依法取得房屋产权。

……

五、个人将购买不足 2 年的住房对外销售的，按照 5% 的征收率全额缴纳增值税；个人将购买 2 年以上（含 2 年）的住房对外销售的，免征增值税。上述政策适用于北京市、

上海市、广州市和深圳市之外的地区。

个人将购买不足 2 年的住房对外销售的，按照 5% 的征收率全额缴纳增值税；个人将购买 2 年以上（含 2 年）的非普通住房对外销售的，以销售收入减去购买住房价款后的差额按照 5% 的征收率缴纳增值税；个人将购买 2 年以上（含 2 年）的普通住房对外销售的，免征增值税。上述政策仅适用于北京市、上海市、广州市和深圳市。

《关于个人取得有关收入适用个人所得税应税所得项目的公告》（财政部 税务总局公告 2019 年第 74 号）相关规定如下。

二、房屋产权所有人将房屋产权无偿赠与他人的，受赠人因无偿受赠房屋取得的受赠收入，按照"偶然所得"项目计算缴纳个人所得税。按照《财政部 国家税务总局关于个人无偿受赠房屋有关个人所得税问题的通知》（财税〔2009〕78 号）第一条规定，符合以下情形的，对当事双方不征收个人所得税：

（一）房屋产权所有人将房屋产权无偿赠与配偶、父母、子女、祖父母、外祖父母、孙子女、外孙子女、兄弟姐妹；

（二）房屋产权所有人将房屋产权无偿赠与对其承担直接抚养或者赡养义务的抚养人或者赡养人；

（三）房屋产权所有人死亡，依法取得房屋产权的法定继承人、遗嘱继承人或者受遗赠人。

《中华人民共和国契税法》相关规定如下。

第一条　在中华人民共和国境内转移土地、房屋权属，承受的单位和个人为契税的纳税人，应当依照本法规定缴纳契税。

第二条　本法所称转移土地、房屋权属，是指下列行为：

（一）土地使用权出让；

（二）土地使用权转让，包括出售、赠与、互换；

（三）房屋买卖、赠与、互换。

【案例 2-16】 变换捐赠方式，正常抵扣进项税额

// 案例背景

2020 年初，某餐饮企业计划购买一批食品捐赠给新冠肺炎诊治定点医院，市场价值 33.90 万元，餐饮企业购买食品的进项税额 3.90 万元。通常情况下，根据《中华人民共和国增值税暂行条例实施细则》的规定，无偿捐赠货物需要视同销售，销项税额 3.90 万元抵扣进项税额 3.90 万元以后，实际并不会产生增值税。为支持新型冠状病毒感染的肺炎疫情防控工作，根据《财政部 国家税务总局关于支持新型冠状病毒感染的肺炎疫情防控有关捐赠

税收政策的公告》（财税〔2020〕9号）的规定，疫情期间向定点医院捐赠免征增值税，同时依据《中华人民共和国增值税暂行条例》的规定，免税捐赠食品的进项税额要转出，同样不会产生增值税。

// 筹划方案

餐饮企业将食品加工后再无偿提供给定点医院的防疫人员食用，这样捐赠的就不再是食品而是餐饮服务，依据"财税（2016）36号"，属于单位用于公益事业的无偿提供服务不需要视同销售征收增值税，而税法并未规定不征增值税的进项税额需要转出，这样一来，购买食品的进项税额3.90万元就能正常抵扣。

// 政策依据

《财政部　国家税务总局关于全面推开营业税改征增值税试点的通知》（财税〔2016〕36号）相关规定如下。

…………

第十四条　下列情形视同销售服务、无形资产或者不动产：

（一）单位或者个体工商户向其他单位或者个人无偿提供服务，但用于公益事业或者以社会公众为对象的除外。

《中华人民共和国增值税暂行条例实施细则（2011修订）》规定：

第四条　单位或者个体工商户的下列行为，视同销售货物：

…………

（八）将自产、委托加工或者购进的货物无偿赠送其他单位或者个人。

《中华人民共和国增值税暂行条例（2017修订）》规定：

…………

第十条　下列项目的进项税额不得从销项税额中抵扣：

（一）用于简易计税方法计税项目、免征增值税项目、集体福利或者个人消费的购进货物、劳务、服务、无形资产和不动产；

《财政部　税务总局关于支持新型冠状病毒感染的肺炎疫情防控有关捐赠税收政策的公告》（财政部　税务总局公告2020年第9号）相关规定如下。

三、单位和个体工商户将自产、委托加工或购买的货物，通过公益性社会组织和县级以上人民政府及其部门等国家机关，或者直接向承担疫情防治任务的医院，无偿捐赠用于应对新型冠状病毒感染的肺炎疫情的，免征增值税、消费税、城市维护建设税、教育费附加、地方教育附加。

// 疑难问题解释

（一）外卖食品适用增值税税率

关于堂食与外卖如何征税在营业税时代就已经存在了。"营改增"后，这个问题实际上还是存在的。因为饮食业是按照餐饮服务项目计征，增值税率6%，而外卖是按照货物销售项目计征，增值税税率13%。如果是直接打包呢？比如餐饮店卖烧腊、蛋糕店卖蛋糕则属于销售货物，但是这么一来就出现问题了，因为很多时候根本分不清。比如去蛋糕店买蛋糕，旁边摆了个小桌，如果坐下来吃算堂食，按餐饮服务征税；如果买了直接拎着走了，算外卖，按货物销售征税；再比如肯德基，坐下来吃的算堂食，在窗口买的算外卖。倘若是承包单位食堂，虽然都算是堂食，然而那个饮食场地是人家单位提供的，并不是服务商提供的。

《财政部 国家税务总局关于明确金融房地产开发教育辅助服务等增值税政策的通知》（财税〔2016〕140号）规定：提供餐饮服务的纳税人销售的外卖食品，按照"餐饮服务"缴纳增值税。也就是按照这个文件的规定，不再区分堂食与外卖，统一按照餐饮服务征税了。对于这个文件，也有人存有疑虑，如果我外卖的东西都是我买来再销售的呢，也算是餐饮服务吗？比如大街上的包子铺，所有的包子都不是自己做的，全是从食品公司外购的，包子铺只是把它蒸热，保持恒温就可以了，同时还有一些顾客直接买生的包子回家自己蒸。这样一来，如果外卖都按餐饮服务就可能变成进项税率是13%，销项税率是6%了。有这种疑问的人其实只关注了"财税〔2016〕140号"文件的相关规定，但却没有关注与"财税〔2016〕140号"文件配套发布的《财政部税政司 国家税务总局货物和劳务税司关于财税〔2016〕140号文件部分条款的政策解读》。此文件指出，餐饮企业销售的外卖食品，与堂食适用同样的增值税政策，统一按照提供餐饮服务缴纳增值税；以上"外卖食品"，仅指该餐饮企业参与了生产、加工过程的食品；对于餐饮企业将外购的酒水、农产品等货物，未实施后续加工而直接与外卖食品一同销售的，应根据该货物的适用税率，按照兼营的有关规定计算缴纳增值税。因此，甲公司通过专卖部对外销售的包子属于外购商品，没有经过自己的生产或加工，不属于"财税〔2016〕140号"文件所指的外卖食品范围，是税法规定的兼营行为。

《国家税务总局关于国内旅客运输服务进项税抵扣等增值税征管问题的公告》（国家税务总局公告2019年第31号）进一步明确，纳税人现场制作食品并直接销售给消费者，按照"餐饮服务"缴纳增值税。

尽管如此，这个问题还是没有从根本上解决。比如，酒店的早餐不是自己制作而是由餐饮公司配送，对于餐饮公司而言到底算是销售给酒店还是销售给消费者呢？因为对于酒店而言，有一部分房费可能是不含早餐的，如果顾客消费后收取早餐费，那就变成转售行为了。当然还是可以认为酒店参与了生产、加工过程，因为毕竟还要一直加热、保温。

（二）不征增值税项目是否可以抵扣进项

很多人认为既然不征税，当然也不能抵扣进项，因为没有销项税额，何来抵扣进项税额？这其实是对不征增值税项目与非增值税应税项目、免征增值税项目的概念混淆，非增值税应税项目其实是营业税时代，专指属于应缴营业税的劳务。全面"营改增"以后，2017 修订的《中华人民共和国增值税暂行条例》将原来第十条第一项"用于非增值税应税项目、免征增值税项目、集体福利或者个人消费的购进货物或者应税劳务"修改为"用于简易计税方法计税项目、免征增值税项目、集体福利或者个人消费的购进货物、劳务、服务、无形资产和不动产"，也就是只有免征增值税项目的进项税额才不能抵扣，而不征增值税项目是可以抵扣进项税额的。比如，在资产重组过程中，通过合并、分立、出售、置换等方式，将全部或者部分实物资产以及与其相关联的债权、负债和劳动力一并转让给其他单位和个人，暂不征收增值税。然而无论是理论界还是实务界，从来没有提出要对原来的货物进行进项税额转出处理。

【案例2-17】支付违约金，降低所得税

// 案例背景

A 公司开发某房地产项目，2020 年开始预售未完工产品，按照当地预售产品预计毛利率计算的应纳税所得额 8 000 万元，需缴纳企业所得税 2 000 万元。

// 筹划方案

A 公司与自然人 B 于 2020 年 3 月签订不动产转让协议，A 公司向自然人 B 购买其名下未办产权证的不动产，合同价款 3 亿元。A 公司自行负责办理产权证，自然人 B 负责提供不动产的相关资料并协助 A 公司办证，但是不对办证与否作出承诺，A 公司向 B 支付合同定金 5 000 万元，合同约定剩余款项在 A 公司取得产权证书之后一次性支付。合同签署 6 个月以后，A 公司在办理产权登记过程中遇到障碍，经综合评估，购买资产风险过高，故终止资产转让协议。根据协议合同，定金被 B 没收。A 公司因增加税前扣除额 5 000 万元而降低企业所得税额 1 250 万元。

// 政策依据

《中华人民共和国企业所得税法》相关规定如下。

第八条　企业实际发生的与取得收入有关的、合理的支出，包括成本、费用、税金、损失和其他支出，准予在计算应纳税所得额时扣除。

《中华人民共和国企业所得税法实施条例》相关规定如下。

第二十七条　企业所得税法第八条所称有关的支出，是指与取得收入直接相关的支出。

企业所得税法第八条所称合理的支出，是指符合常规生产经营活动，应当计入当期损益或者有关资产成本必要和正常的支出。

《关于个人取得有关收入适用个人所得税应税所得项目的公告》（财政部 税务总局公告 2019 年第 74 号）相关规定如下。

一、个人为单位或他人提供担保获得收入，按照"偶然所得"项目计算缴纳个人所得税。

二、房屋产权所有人将房屋产权无偿赠与他人的，受赠人因无偿受赠房屋取得的受赠收入，按照"偶然所得"项目计算缴纳个人所得税。按照《财政部 国家税务总局关于个人无偿受赠房屋有关个人所得税问题的通知》（财税〔2009〕78 号）第一条规定，符合以下情形的，对当事双方不征收个人所得税：

（一）房屋产权所有人将房屋产权无偿赠与配偶、父母、子女、祖父母、外祖父母、孙子女、外孙子女、兄弟姐妹；

（二）房屋产权所有人将房屋产权无偿赠与对其承担直接抚养或者赡养义务的抚养人或者赡养人；

（三）房屋产权所有人死亡，依法取得房屋产权的法定继承人、遗嘱继承人或者受遗赠人。

前款所称受赠收入的应纳税所得额按照《财政部 国家税务总局关于个人无偿受赠房屋有关个人所得税问题的通知》（财税〔2009〕78 号）第四条规定计算。

三、企业在业务宣传、广告等活动中，随机向本单位以外的个人赠送礼品（包括网络红包，下同），以及企业在年会、座谈会、庆典以及其他活动中向本单位以外的个人赠送礼品，个人取得的礼品收入，按照"偶然所得"项目计算缴纳个人所得税，但企业赠送的具有价格折扣或折让性质的消费券、代金券、抵用券、优惠券等礼品除外。

前款所称礼品收入的应纳税所得额按照《财政部 国家税务总局关于企业促销展业赠送礼品有关个人所得税问题的通知》（财税〔2011〕50 号）第三条规定计算。

四、个人按照《财政部 税务总局 人力资源社会保障部 中国银行保险监督管理委员会 证监会关于开展个人税收递延型商业养老保险试点的通知》（财税〔2018〕22 号）的规定，领取的税收递延型商业养老保险的养老金收入，其中 25% 部分予以免税，其余 75% 部分按照 10% 的比例税率计算缴纳个人所得税，税款计入"工资、薪金所得"项目，由保险机构代扣代缴后，在个人购买税延养老保险的机构所在地办理全员全额扣缴申报。

《国家税务总局关于加强网络红包个人所得税征收管理的通知》（税总函〔2015〕409号）相关规定如下。

一、对个人取得企业派发的现金网络红包，应按照偶然所得项目计算缴纳个人所得税，税款由派发红包的企业代扣代缴。

二、对个人取得企业派发的且用于购买该企业商品（产品）或服务才能使用的非现金网络红包，包括各种消费券、代金券、抵用券、优惠券等，以及个人因购买该企业商品或服务达到一定额度而取得企业返还的现金网络红包，属于企业销售商品（产品）或提供服务的价格折扣、折让，不征收个人所得税。

三、个人之间派发的现金网络红包，不属于个人所得税法规定的应税所得，不征收个人所得税。

《财政部 国家税务总局关于企业向个人支付不竞争款项征收个人所得税问题的批复》（财税〔2007〕102号）相关规定如下。

不竞争款项是指资产购买方企业与资产出售方企业自然人股东之间在资产购买交易中，通过签订保密和不竞争协议等方式，约定资产出售方企业自然人股东在交易完成后一定期限内，承诺不从事有市场竞争的相关业务，并负有相关技术资料的保密义务，资产购买方企业则在约定期限内，按一定方式向资产出售方企业自然人股东所支付的款项。

根据《中华人民共和国个人所得税法》第二条第十一项有关规定，鉴于资产购买方企业向个人支付的不竞争款项，属于个人因偶然因素取得的一次性所得，为此，资产出售方企业自然人股东取得的所得，应按照《中华人民共和国个人所得税法》第二条第十项"偶然所得"项目计算缴纳个人所得税，税款由资产购买方企业在向资产出售方企业自然人股东支付不竞争款项时代扣代缴。

// 疑难问题解释

1.企业支付的违约金能否在企业所得税税前扣除

与行政罚款不得税前扣除不同，生产经营过程中因平等主体之间经济合同违约产生的违约金属于生产经营性支出，可以在企业所得税前扣除。

也许会有人提出，这笔赔偿金是否属于与收入无关的支出。从表面上来看，这笔违约金确实与现在开发项目的收入是不相关的，但是作为房地产公司滚动开发，项目开发最稀缺的土地资源都是需要提前布局的，公司发现了这种土地资源以后进行购买完全符合商业逻辑，至于未办证的土地不能正常交易过户，这也是目前市场普遍存在的现象，符合交易习惯，因此该违约金与公司的正常经营活动相关。其获取土地的行为是为了开发或者转让，目的是取得收入，因此不能认定其与收入无关。

2. 自然人取得的违约金是否需要缴纳个人所得税

《中华人民共和国个人所得税法》对应税所得项目采取了正列举，包括工资、薪金所得、劳务报酬所得、稿酬所得、特许权使用费所得、经营所得、利息、股息、红利所得、财产租赁所得、财产转让所得、偶然所得。偶然所得是指个人得奖、中奖、中彩以及其他偶然性质的所得。个人取得的所得，难以界定应纳税所得项目的，由国务院税务主管部门确定。对于未列明的项目，没有国务院税务主管部门的文件规定是不能纳入征税范围的。

"财税〔2019〕74 号"将原来个人所得税法中的部分"其他收入"并入"偶然所得"，而对于原来确定按"其他收入"征收个人所得税的解除商品房销售合同违约金、从证券公司取得的交易手续费返还、因任职单位缴纳保险费用而取得无赔款优待、超过国家规定利率和保值补贴率的揽储奖金等直接取消不再征税。

个人取得的合同违约金不在列举征税的项目之中，因此不需要缴纳个人所得税。

3. 区分一般合同违约金与终止投资经营收回款项

《国家税务总局关于个人终止投资经营收回款项征收个人所得税问题的公告》（国家税务总局公告 2011 年第 41 号）规定，个人因各种原因终止投资、联营、经营合作等行为，从被投资企业或合作项目、被投资企业的其他投资者以及合作项目的经营合作人取得股权转让收入、违约金、补偿金、赔偿金及以其他名目收回的款项等，均属于个人所得税应税收入，应按照"财产转让所得"项目适用的规定计算缴纳个人所得税。

经常会有个别税务人员认为 5 000 万元的违约金支出在企业所得税税前扣除了，同时作为收款方的自然人 B 取得了巨大的收入却不需要缴纳个人所得税，认为不合理，甚至觉得如果这样都可以的话，企业全都可以这样筹划，那就收不到税了。这其实是不理解税收规则造成的：一方面企业所得税是否允许税前扣除与个人所得税纳税义务之间没有必然的联系；另一方面依法行政的前提是有法可依，在没有明确征税依据的情况下，主观上认为不合理而强制征税存在执法风险，容易引起税务争议。此外，并不能因为存在税务筹划的空间，或者是税法有漏洞就违背政策而曲解税收法规，也会有税务机关片面理解"国家税务总局公告 2011 年第 41 号"，认为该公告提到了违约金和赔偿金需要征收个人所得税，却忽略了文件的前提条件是终止投资、联营、经营合作等行为，而且"国家税务总局 2011 年第 41 号公告"其实是针对在商事主体多元化形势下个人投资于不同商事主体的个人所得税政策的一个补丁，并不能将其无限扩大。

第七节 税负转嫁筹划法

在市场经济环境下，由于利益的驱动，纳税人会通过种种途径和方法将税负部分或全部转嫁给他人。因此，税负转嫁可以视为市场主体之间的一种博弈行为。税负转嫁是一种纳税技巧，纳税人在悄无声息中实现税负降低。税负转嫁能否实现，关键取决于商品的供给弹性与需求弹性的大小，操作手法不拘一格，灵活多变。

【案例 2-18】 合理选择甲供材，增加进项抵扣

// 案例背景

"营改增"后，房地产行业"甲供材"问题变得备受重视，由于建设材料高税率的进项抵扣"诱惑"，使得"甲供材""乙供材"成为房地产企业和建筑企业争抢的"香饽饽"。从表面来看，基于增值税销项减进项的税额计算方法，房地产企业选择"甲供材"，通过取得更多的进项抵扣降低自身税负，可以将税负转嫁给施工企业。甲房地产开发公司 2020 年新建商品房项目，与施工方签订建筑安装工程总承包合同，约定总价款 3.27 亿元，其中材料成本 2.26 亿元。为了保证工程质量，甲公司决定自行采购部分钢材 11 300 万元，竣工验收结算时，甲方希望选择合理开具发票以达到双方税收利益最大化。

// 筹划方案

【方案一】甲方自行采购部分钢材 11 300 万元，取得增值税专用发票载明进项税额 1 300 万元，剩余部分 2.14 亿元由施工方开具 9% 的增值税专用发票载明进项税额 1766.97 万元。

甲方取得进项税额 = 1 300 + 1 766.97 = 3 066.97（万元）

施工方销项税额 = 1 766.97（万元）

施工方进项税额 = （22 600 - 11 300）÷（1 + 13%）× 13% = 1 300（万元）

施工方应缴增值税 = 1 766.97 - 1 300 = 466.97（万元）

【方案二】甲方指定钢材供应商，全部材料进项发票开给施工方，然后再由施工方开具全部建筑安装发票给甲方。

甲方取得进项税额 = 32 700÷（1 + 9%）× 9% = 2 700（万元）

施工方销项税额 = 2 700（万元）

施工方进项税额 = 22 600÷（1 + 13%）× 13% = 2 600（万元）

施工方应缴纳增值税 ＝ 2 700 － 2 600 ＝ 100（万元）

【方案三】甲方自行采购全部材料，全部材料进项发票 22 600 万元开给甲方，然后再由施工方以简易方式开具 3% 建筑安装发票给甲方。

甲方取得进项税额

＝ 22 600 ÷（1 ＋ 13%）× 13% ＋（32 700 － 22 600）÷（1 ＋ 3%）× 3%

＝ 2 894.17（万元）

施工方应缴纳增值税 ＝（32 700 － 22 600）÷（1 ＋ 3%）× 3% ＝ 294.17（万元）

// 案例分析

针对上述计算结果分析如下。

（1）税负对比其转嫁效果。

对比上述三个方案可以看出，甲方获得的进项税额属方案一最多，方案三次之，方案二最少。相对应的施工方应缴纳的增值税额属方案一最多，方案三次之，方案二最少，这就是典型的将税负转嫁给了供应商，但是从下表可以看出，双方整体税负是平衡的，也就是从税务机关而言，并不会影响税额的绝对值。

甲方与施工方税负方案对比表　　　　金额单位：万元

方案	甲方		施工方	
	进项税额	相对方案二	应纳税额	相对方案二
方案二	2 700.00	0.00	100.00	0.00
方案三	2 894.18	194.18	294.18	194.18
方案一	3 066.97	366.97	466.97	366.97

在实际商业交易过程中，基于理性经济人假设，供应商在承接业务时同样会测算税费。如果甲方存在税负转嫁给施工方时，作为施工方要考虑是否有办法将税负转嫁给其供应商，如果无法做到继续转嫁，在税负转嫁导致其实际利润下降的情况下必定会影响交易价格。因此，只是简单将税负转嫁给供应商或者客户，在公平的市场交易环境中并不能获得真正意义上的利益。房地产企业的采购能力、供应商管理、谈判与议价能力等都影响着"甲供材"的实际效果。

（2）方案一存在缺陷。

方案一依据的是《财政部 国家税务总局关于全面推开营业税改征增值税试点的通知》（财税〔2016〕36 号）附件 2：营业税改征增值税试点有关事项的规定，一般纳税人为甲供工程提供的建筑服务，可以选择适用简易计税方法计税。甲供工程，是指全部或部分设备、材料、动力由工程发包方自行采购的建筑工程。从该条款可以看出，甲方购买的材料、设备或建筑配件在整个建筑工程造价中所占的比例，税法中未明确规定，只要甲方自己有购买设备、材料、动力的行为，即使是买 1 元钱的材料也是"甲供材"。一般纳税人为甲供工程提供的建筑服务既可以采用一般计税方法，也可以采用简易计税方法，最终采用何种计税方法，取决于双方的谈判。

但是《关于建筑服务等营改增试点政策的通知》（财税〔2017〕58 号）第一条规定，建筑工程总承包单位为房屋建筑的地基与基础、主体结构提供工程服务，建设单位自行采购全部或部分钢材、混凝土、砌体材料、预制构件的，适用简易计税方法计税。地基与基础、主体结构的范围，按照《建筑工程施工质量验收统一标准》（GB 50300 － 2013）附录 B 建筑工程的分部工程、分项工程划分中的"地基与基础""主体结构"分部工程的范围执行。也就是在特定情况下的甲供（房屋建筑的地基与基础、主体结构建筑服务甲供钢材、混凝土、砌体材料、预制构件），不能选择是否适用简易计税，而必须适用简易计税。此时施工方只能适用简易计税开具 3% 的专用发票，而不能开具 9% 的专用发票。

开具 3% 增值税专用发票时，税额 ＝ 21 400÷（1 ＋ 3%）×3% ＝ 623.30（万元）

甲方取得进项税额 ＝ 1 300 ＋ 623.30 ＝ 1 923.30（万元）

施工方应缴增值税 ＝（32 700 － 11 300）÷（1 ＋ 3%）×3% ＝ 623.30（万元）

在此基础上我们再来对比就会发现，方案一甲方取得的进项最少，而同时施工方的应纳增值税最高，见下表。造成这一结果的原因就是施工方适用简易计税，其取得的材料进项发票 1 300 万元无法抵扣。

甲方、施工方税负方案对比表　　　　金额单位：万元

方案	甲方		施工方	
	进项税额	相对方案二	应纳税额	相对方案二
方案一	1 923.301	－ 776.699	623.30	523.30
方案二	2 700.00	0.00	100.00	0.00
方案三	2 894.18	194.18	294.18	194.18

（3）方案的选择。

在房地产开发新项目时，除非全部钢材、混凝土、砌体材料、预制构件由甲方采购，否则对主体和基础工程项目不宜采用"甲供材"模式。

【案例2-19】 融资改投资，收益免税

// 案例背景

甲公司因生产经营需要，向乙公司借款 1 000 万元，借款期限一年，借款年利率 5%，不高于银行同期贷款利率。乙公司取得的 50 万元利息需要缴纳增值税及附加税，并入公司利润计算缴纳企业所得税。

// 筹划方案

由于乙公司开具的利息发票申报缴纳增值税后，甲公司却不能抵扣进项税额，等于白交了一笔税款。因此，乙公司与甲公司股东协商一致，由乙公司向甲公司增资 1 000 万元，乙公司不参与公司的日常经营管理。公司章程约定利润按照股权比例进行分配，鉴于乙公司不参与经营，故约定对赌条款，如果按实际分配利润计算的每年投资回报率低于 5%，则乙公司按照实际投资额的 5% 参与分配，按实际分配利润计算的每年投资回报率超过 5%，则超过部分乙公司按 1% 参与分配。一年后，甲公司按照章程向乙公司分配利润 52 万元（至于多出的 2 万元，乙公司是否需要实际转给甲公司的其他股东，则双方另行协商），然后乙公司从甲公司撤资，收回投资成本 1 000 万元。

通过明股实债筹划，将借款利息转化为投资分红，从而免除了增值税及附加税、企业所得税。

// 案例分析

乙公司通过转变形式，免除了增值税及附加税、企业所得税，其实质是将税负转嫁给了甲公司。因为如果乙公司按照借款利息开票给甲公司，则甲公司的利润总额减少，企业所得税相应降低，实际上是将乙公司的税负部分转嫁给了甲公司。当然双方综合税负是降低了的，因为贷款服务的增值税进项税额不能抵扣，也就是乙公司缴纳的增值税和附加税，并不能在甲公司纳税时发挥效应。

// 筹划风险

以上筹划方案，风险点如下：

1. 关注明股实债的风险

明股实债可以简单理解为披着股权投资外衣的债权投资。具体表现是投资资金以股权投资的模式进入被投企业。对于融资方来说，明股实债可以解决公司因为资产负债率

较高或抵押物不足无法从银行获得贷款的问题，而且可以根据现实需要对项目公司进行"出表""入表"处理；对于投资者而言，明股实债可以规避目前监管部门对非金融机构放贷资质的限制，拓宽投资渠道。

最高人民法院《关于审理联营合同纠纷案件若干问题的解答》（法〔经〕发〔1990〕27 号）第四条第二项"企业法人、事业法人作为联营一方向联营体投资，但不参加共同经营，也不承担联营的风险责任，不论盈亏均按期收回本息，或者按期收取固定利润的，是名为联营，实为借贷，违反了有关金融法规，应当确认合同无效。"

国家税务总局《关于企业混合性投资业务企业所得税处理问题的公告》（国税总局公告 2013 年第 41 号）规定：

企业混合性投资业务，是指兼具权益和债权双重特性的投资业务。

（一）被投资企业接受投资后，需要按投资合同或协议约定的利率定期支付利息（或定期支付保底利息、固定利润、固定股息，下同）；

（二）有明确的投资期限或特定的投资条件，并在投资期满或者满足特定投资条件后，被投资企业需要赎回投资或偿还本金；

（三）投资企业对被投资企业净资产不拥有所有权；

（四）投资企业不具有选举权和被选举权；

（五）投资企业不参与被投资企业日常生产经营活动。

符合规定的混合性投资业务，按下列规定进行企业所得税处理：

（一）对于被投资企业支付的利息，投资企业应于被投资企业应付利息的日期，确认收入的实现并计入当期应纳税所得额；被投资企业应于应付利息的日期，确认利息支出，并按税法和《国家税务总局关于企业所得税若干问题的公告》（2011 年第 34 号）第一条的规定，进行税前扣除。

（二）对于被投资企业赎回的投资，投资双方应于赎回时将赎价与投资成本之间的差额确认为债务重组损益，分别计入当期应纳税所得额。

因此双方的投资协议可以涉及不对等分配，投资方不参与经营管理，但是仍然应该体现的是共担风险，参与盈利分配的，而不是收取固定回报。

2. 股权回购时的评估作价

由于一定期限以后，投资方需要收回投资成本，如果公司存在不动产或者对外投资，其转让的股权评估升值部分需要缴纳企业所得税。尤其是明股实债广泛应用的房地产项目公司，则可能面临更高的股权转让所得税，反而得不偿失。

3. 实际经营风险与公司控制权

对于投资方而言，因为从合同的表面上体现的是共担风险的，尽管双方可以另行约定风险的承担，一旦公司经营上出现问题可能引发纠纷。此外即使双方信守承诺，但是可能出现账面亏损，无法分红。此时，如果投资方退出获得的额外补偿仍然需要计算缴纳企业所得税。

对于融资方而言，最大的风险就是可能真正失去公司控制权而引发纠纷。目前比较常见的是投资方用项目再融资，此时可能会将其股权质押，一旦项目投资资金无法及时归还，则可能面临股权被司法强制执行。

第三章

如影随形的税务风险

因为企业财税人员水平参差不齐，筹划的情况也千差万别，简单粗暴的"筹划"并不少见。有的企业因为对税收政策了解不够，埋下了税务风险；有的企业抱着侥幸心理，掩耳盗铃，认为税务机关不会轻易发现违法行为。

税务筹划并不复杂，但也不是随意而为。只有对税收政策充分了解，才能避开一个又一个的风险点。

第一节　名为筹划　实为虚开

相当长一段时间内，虚开发票是偷税的主要方式，包括虚开普通发票和增值税专用发票：一是人为增大企业的成本，减少企业利润，造成所得税税基的减少，可以少申报缴纳所得税；二是虚开增加进项抵扣，减少增值税应纳税额。目前税收征管的基本方式之一仍然是以票控税，特别是在"营改增"政策落实以来，纳税人想要取得增值税进项抵扣必须取得合法的扣税凭证，同样，企业所得税的成本扣除也需要取得合法的税前扣除凭证。

但是，从理论上看，成本也好，进项抵扣也好，都是一个递进的链条。以增值税为例，上家作销项税额，下家作进项税额，一交一抵，连环递进到最终消费者的环节，最后一个销售环节计算销项税额之后，最终消费者不能作抵扣税额，从而结束了链条的衔接，完成征收过程。这样的设计，环环相扣，理论虚开是不会导致整体少缴税款。排除暴力虚开后走逃的极端情况，虚开发票逃避增值税是如何实现的呢？如果在销售链条中，有一个环节的增值税税负特别低，或者免税，但是下一环却能正常抵扣，那虚开偷税就有机可乘。将开票链条简单概括如下图所示。

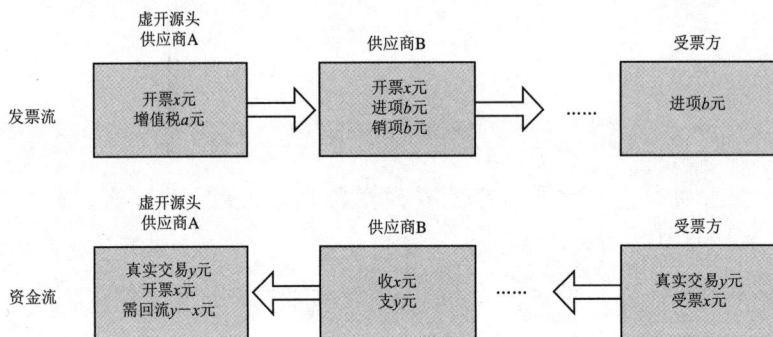

其中，虚开源头供应商 A 是增值税低税负环节，A 虚开发票不需要缴纳增值税或者可少缴纳增值税，但是下一环节 B 却能抵扣进项。造成供应商 A 低税负的主要原因有三个：一是免增值税；二是进项留抵较大；三是税收"洼地"，即地方返还。

一、利用农产品税收优惠政策虚开发票

农业生产者销售的自产农产品免增值税，个人所得税和企业所得税也有减免优惠。因此，利用农产品虚开发票避税一直都是重灾区。并且手法越来越隐蔽，从开始时的虚开→资金回流一步到位的传统模式，发展到多层嵌套，达到以假乱真的地步。

农产品的具体范围由《财政部 国家税务总局关于印发〈农业产品征税范围注释〉的通知》（财税字〔1995〕52号）规定，农业产品是指种植业、养殖业、林业、牧业、水产业生产的各种植物、动物的初级产品。农业产品的范围广泛，为许多产业提供原材料，曾经一度是虚开发票的重灾区。

【案例3-1】 虚开防火墙未必防火

// 案例背景

工程挂靠在房地产和建筑业已不是新鲜事了，既有房地产公司自己做工程挂靠建筑公司，也有包工头挂靠建筑公司。为了解决发票与资金流的问题，挂靠的房地产公司和包工头与被挂靠的建筑公司费煞心神。

税月房地产公司在项目前期税务筹划时，园林绿化工程规划见下表：

项目	实际（万元）	规划（万元）
苗木	1 200.00	2 000.00
园建	1 800.00	3 000.00
合计	3 000.00	5 000.00

// 传统模式

税月公司挂靠某园林公司，自己做园林建设项目工程。传统模式虚开发票思路如下图所示（以苗木虚开为例，园建工程与其基本思路一致）。

如果苗圃基地注册成个体工商户，则免征个人所得税；如果注册成有限公司，则可以享受企业所得税减半征收（园林中的苗木到底适用"林木"免征所得税还是适用"花卉"减半征收所得税，详见"国家税务总局公告2011年第48号"，在此不再赘述）。

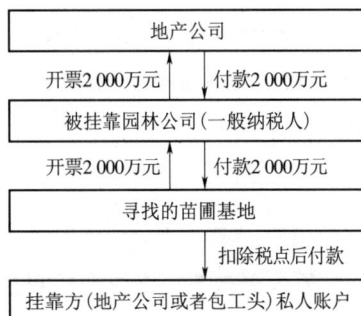

在传统模式中，因为苗圃基地销售苗木免增值税，所以虚开的源头是从苗圃基地开始，实际采购苗木1 200万元，开票2 000万元。为保证资金流一致，付款2 000万元。苗圃基地收取若干费用后，余款回流给挂靠方。随着征管加强，这种一步到位的虚开方式税务风险高，税务机关稽查时通过资金回流等迹象，很容易发现虚开真相。何况受票方将资金转到虚开单位后，如何保障资金安全也是一个问题。

// 相关政策

《财政部 国家税务总局关于个人所得税若干政策问题的通知》（财税字〔1994〕20号）相关规定如下。

（二）个体工商户或个人专营种植业、养殖业、饲养业、捕捞业，其经营项目属于农业税（包括农业特产税，下同）、牧业税征税范围并已征收了农业税、牧业税的，不再征收个人所得税；不属于农业税、牧业税征税范围的，应对其所得征收个人所得税。兼营上述"四业"及其他所得单独核算的，比照上述原则办理，对于属于征收个人所得税的，应与其他行业的生产、经营所得合并计征个人所得税；对于"四业"所得不能单独核算的，应就其全部所得计征个人所得税。

《财政部 国家税务总局关于农村税费改革试点地区有关个人所得税问题的通知》（财税〔2004〕30号）相关规定如下。

农村税费改革试点期间，取消农业特产税、减征或免征农业税后，对个人或个体户从事种植业、养殖业、饲养业、捕捞业，且经营项目属于农业税（包括农业特产税）、牧业税征税范围的，其取得的"四业"所得暂不征收个人所得税。

《关于对农业特产收入征收农业税的规定》（国务院令第143号）相关规定如下。

对下列农业特产品收入征收农业特产税：

…………

（二）园艺收入，包括水果、干果、毛茶、蚕茧、药材、果用瓜、花卉、经济林苗木等园艺收入；

…………

（四）林木收入，包括原木、原竹、生漆、天然橡胶、天然树脂、木本油料等林木收入；

…………

《中华人民共和国企业所得税法实施条例》相关规定如下。

第八十六条 企业所得税法第二十七条第（一）项规定的企业从事农、林、牧、渔业项目的所得，可以免征、减征企业所得税，是指：

（一）企业从事下列项目的所得，免征企业所得税：

1. 蔬菜、谷物、薯类、油料、豆类、棉花、麻类、糖料、水果、坚果的种植；

2. 农作物新品种的选育；

3. 中药材的种植；

4. 林木的培育和种植；

5. 牲畜、家禽的饲养；

6. 林产品的采集;

7. 灌溉、农产品初加工、兽医、农技推广、农机作业和维修等农、林、牧、渔服务业项目;

8. 远洋捕捞。

（二）企业从事下列项目的所得,减半征收企业所得税:

1. 花卉、茶以及其他饮料作物和香料作物的种植;

2. 海水养殖、内陆养殖。

企业从事国家限制和禁止发展的项目,不得享受本条规定的企业所得税优惠。

《中华人民共和国增值税暂行条例》相关规定如下。

第八条　纳税人购进货物、劳务、服务、无形资产、不动产支付或者负担的增值税额,为进项税额。

下列进项税额准予从销项税额中抵扣:

…………

（三）购进农产品,除取得增值税专用发票或者海关进口增值税专用缴款书外,按照农产品收购发票或者销售发票上注明的农产品买价和11%的扣除率计算的进项税额,国务院另有规定的除外。进项税额计算公式:

进项税额＝买价 × 扣除率

第十五条下列项目免征增值税:

农业生产者销售的自产农产品;

…………

注:11%的扣除率已发生变化,见下面公告。

《关于深化增值税改革有关政策的公告》(财政部、税务总局、海关总署公告2019年第39号)相关规定如下。

…………

二、纳税人购进农产品,原适用10%扣除率的,扣除率调整为9%。纳税人购进用于生产或者委托加工13%税率货物的农产品,按照10%的扣除率计算进项税额。

// 税务风险

（1）税月房地产公司用自己的个体工商户A开具2 000万元苗木发票,虚增的800万元资金流向A,而非传统模式中流向无关联的虚开单位苗圃基地,因此资金的安全性得到保障。

（2）个体工商户A向被挂靠的园林公司多开800万元发票,园林公司向税月公司多开 800 万元发票林工程发票，因虚开的源头在 A，而 A 开票免增值税，收入免个人所得税中，虚开发票的税收成本几乎为零，开票链条至税月公司可以抵扣 0 元（2 000×9% － 180）的进项税额，同时增加经营成本。

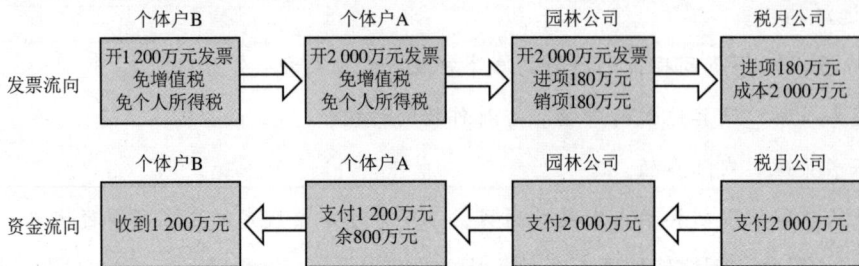

发票流向	个体户B	个体户A	园林公司	税月公司
	开1 200万元发票 免增值税 免个人所得税	开2 000万元发票 免增值税 免个人所得税	开2 000万元发票 进项180万元 销项180万元	进项180万元 成本2 000万元

资金流向	个体户B	个体户A	园林公司	税月公司
	收到1 200万元	支付1 200万元 余800万元	支付2 000万元	支付2 000万元

（3）个体工商户 A 提前一年向真正的苗木种植户个体工商户 B 订购 1 200 万元的苗木，并租赁山地，目的是虚构订购苗木后，A 自行种植了一年再加价到 2 000 万元出售的假象，为虚开发票制造"真实交易"。由于 A 受税月公司控制，所以不需要安排走账实现资金回流，税务机关的稽查取证难度加大。

这看似天衣无缝的防火墙，也许就是引爆虚假交易的导火索，毕竟这其中部分业务纯属虚构，并不是说披上"筹划"的外衣，就绝对没有风险。没有实质交易的"筹划"不能改变违法操作的本质，尽管比较隐蔽，查处难度大，然而一旦查实，虚开增值税发票是严重的违法行为。

【案例 3-2】 虚开农产品收购发票

// 案例背景

税月食品有限公司由股东小明出资于 2015 年成立，位于 X 省 H 市 A 镇，A 镇当地农民主要从事水产养殖。税月公司是一家专门从事水产养殖及加工的企业。公司主营产品有速冻整鱼、速冻鱼柳、速冻鱼扒、鱼骨豆腐等产品。采用食品级先进速冻技术，不形成冰晶破坏鱼肉细胞，产品营养丰富，味道鲜味，口感爽弹，很受市场欢迎，销量持续增长。税月公司产品销量大，增值税适用税率 13%，企业所得税适用税率 25%。每年增值税和企业所得税缴纳税额大，所以希望降低税负。

【方案一】成立中间收购公司

（1）税月公司找人成立"A 水产品销售有限公司"，用于向农户收购水产品，再销售给税月公司。A 公司实际由税月公司控制，但是形式上与税月公司无关联关系。

（2）A 公司向农民收购自产水产品，要求农民提供身份证，A 公司开具收购发票。A 公司开具的收购发票，真假混杂，农民中有真农民，有假农民，发票金额大于真实收购金额。A 公司对收购回来的水产品进行分类整理之后，略微提价销售给税月公司，开具增值税专用发票。

（3）纳税人购进用于生产或者委托加工 13% 税率货物的农产品，按照 10% 的扣除率计算进项税额。因此 A 公司开具农产品收购发票，整理分类后再卖给税月公司，开具税率为 13% 的增值税专用发票，按农产品收购发票上注明的农产品买价和 10% 的扣除率计算进项税额。

税月公司收到 A 公司开具的增值税专用发票，可抵扣进项税额，降低了增值税应纳税额，解决了税月公司进项税额少的问题。

（4）A 公司销售产品给税月公司，稍微高于收购价，保证账面有适当的利润，缴纳一定的税费。A 公司应设计为小型微利企业，如果一个 A 公司不够用，可以多成立几个。

假设真实收购水产品 1 000 万元，概括测算对比如下：

筹划前：由税月公司直接收购农产品 1 000 万元，开具收购发票 1 000 万元。

农户：免增值税，免个人所得税。

税月公司：增值税进项税额 = 1 000×10% = 100（万元）

所得税税前成本 = 1 000 − 100 = 900（万元）

筹划后：A 公司向农户收购农产品 1 000 万元，开具收购发票 1 200 万元，作价 1 243 万元销售给税月公司。

农户：免增值税，免个人所得税。

A 公司：增值税进项税额 = 1 200×10% = 120（万元）

增值税销项税额 = 1 243÷（1 + 13%）×13% = 143（万元）

应纳增值税 = 143 − 120 = 23（万元）

应纳税所得额 = 1 243÷（1 + 13%）−（1 200 − 120）= 20（万元）

企业所得税 = 20×5% = 1（万元）

税月公司：增值税进项税额 = 143（万元）

所得税税前成本 = 1 243 − 143 = 1 100（万元）

筹划后应交税费：

减少增值税 =（143 − 100）− 23 = 20（万元）

减少企业所得税 =（1 100 − 900）×25% − 1 = 49（万元）

【方案二】成立农业合作社

（1）成立农业合作社。A 镇水产养殖专业合作社主要社员是 A 镇养殖水产的农户，养殖的水产品主要供应税月公司。合作社的成员拥有多年水产养殖技艺传承，统一标准化养殖，实现养殖源头全程管控，养殖的水产品无药物残留，能对水产分成长阶段管理，为税月公司提供不同成长阶段的产品，保障税月公司的材料供应安全、品质保证。

（2）A 专业合作社的实质控制人是税月公司或税月公司的股东。

（3）A 专业合作社将社员养殖的水产品销售给税月公司，开具增值税专用发票，A 专业合作社免增值税。

（4）A 专业合作社开具给税月公司的增值税专用发票，视税月公司的进项税额需求确定产品售价。税月公司取得增值税专用发票后，抵扣进项税额，并作为成本发票税前扣除。

// 相关政策

《关于农民专业合作社有关税收政策的通知》（财税〔2008〕第 81 号）相关规定如下。

一、对农民专业合作社销售本社成员生产的农业产品，视同农业生产者销售自产农业产品，免征增值税。

二、增值税一般纳税人从农民专业合作社购进的免税农业产品，可按 13% 的扣除率计算抵扣增值税进项税额。

《中华人民共和国企业所得税法实施条例》相关规定如下。

第八十六条 "内陆养殖"减半征收企业所得税。

// 税务风险

虚开农产品收购发票一直都是税务稽查的重点地带，因为农户销售自产农产品免增值税，免个人所得税，所以虚开的收购金额，销售方无税，收购方却能计算进项税额和作为产品成本，这等于没有任何成本就能虚增进项税额和所得税前成本。方案一中，成立 A 公司，由 A 公司去收购农产品，而不是由税月公司直接收购农产品，因为税月公司才是真正的虚开发票受益者。中间隔一个 A 公司是为了多一层防护，不容易发现这种违法行为。虚开农产品收购发票是稽查重点，风险高，纳税人以身试法，非常危险。

方案二与方案一相比，风险相对低一些。因为方案二不是虚开农产品收购发票，只是提高了产品售价，从 A 专业合作社的情况介绍，特有的产品优势使其产品价格稍高具有合理性，所以很难认定为虚开发票。因提高售价而多支付的金额，最终会流向税月公司的股东，不应流回税月公司，不容易发现资金流的问题。因农业合作社的社员是农民，身份的特殊性，一般不是税务稽查的重点，安全系数高。正因这些原因，让个别农业合作社近年成为避税的工具，名为合作社，实为开票工具。

二、利用税收洼地

近年，税收洼地成了"税务筹划"的"主流"，各种广告宣传铺天盖地，诱惑力十足，最典型的宣传套路莫过于"筹划前需交税几百万元，筹划后只需交税几万元"，不管是增值税、个人所得税，还是企业所得税都能"筹划"。利用"洼地"注册空壳公司，虚开发票，偷逃应缴税款。有组织的专业团队的一条龙服务也应运而生，原本无人问津的待发展地区，因为各种"洼地园区"的存在，吸引了大批的税收冒险者、中介机构、无知无畏的企业主……方式要么简单粗暴，不管业务实质是否真实合理，开票就是"税务筹划"；要么是团队套路式运作，千篇一律，自以为资料齐全，以假乱真，实际是自欺欺人。

"洼地"成为虚开发票的重灾区，成为违法的源头，已经引起了业内普遍的重视，税务机关对没有实际交易而虚开发票打击行动，随时会降临到每一个违法者的头上。

【案例 3-3】　虚开发票是"坑"不是"洼地"

// 案例背景

税月公司是一家生产恒温箱的企业，产品技术先进，销售业绩良好，毛利高。企业每年经营利润丰厚，为了降低企业所得税和增值税，管理者煞费心思。同时税月公司每年均有一些个人销售佣金、商业回扣等支出无法取得发票，不适宜在账面列支，更不能在税前扣除。税月公司适用企业所得税税率 25%，增值税税率 13%。

// 税务风险

案例中像税月公司这类高利润，又不愿如实纳税的企业很多。利润真实存在，不想交税最简单粗暴的方法就是虚开发票，买发票风险更高。如果开票企业走逃或者被查，很容易牵连到买票企业。因此，税收"洼地"注册企业给自己开票就成了首选。

如何通过关联交易转移利润的方法在本书已有专门章节介绍。此处只揭示利用"洼地"虚开发票的一些方法。

【方案一】"洼地"个人独资企业虚开发票

（1）税月公司安排人员在"税收洼地"注册一家个人独资企业，申请核定征收，应税所得率 10%，并且"洼地"地区有优惠政策，即将地方留存的增值税、企业所得税的一部分拿出来当作财政奖励给企业。

（2）个人独资企业为税月公司提供技术"咨询"服务，每年收取服务费 500 万元。以海南政策为例，见下表：

金额单位：万元

行业	增值税			所得税			附加税		
	总奖励比例(%)	企业(%)	平台(%)	总奖励比例(%)	企业(%)	平台(%)	总奖励比例(%)	企业(%)	平台(%)
商贸型总部企业	20万元(含)～500万元(含)：14	10	4	10万元以上的：21	15	6	50	30	20
	500万元～1000万元(含)：21	15	6						
	1000万元～2000万元(含)：25	20	5						
	超过2000万元：28	24	4						
现代服务业总部企业	8万元以上：39	30	9	10万元以上的：21	15	6	交通运输业一般纳税人：78	58	20
							其他：50	30	20

（3）假设个人独资企业是小规模纳税人，给税月公司开具500万元的增值税专用发票（不含税）。增值税按50%幅度减征相关税费，在个人独资企业没有其他成本的情况下，简单计算如下：

①增值税＝500×3%＝15（万元）

②城市维护建设税及教育费附加＝15×12%×50%＝0.9（万元）

③个人经营所得税＝500×10%×30%－4.05＝10.95（万元）

④地方返还税费：

返还增值税＝15×30%＝4.5（万元）

返还城市维护建设税及教育费附加＝15×（7%＋3%）×50%×30%＝0.225（万元）

（注：地方教育费附加不返还。50%为减半征收，30%为返还比例）

所得税返还＝10.95×15%＝1.642 5（万元）

（4）税月公司收到发票后应缴纳税款。

增值税：抵扣进项税额＝15（万元）

相应少缴附加税＝15×12%＝1.8（万元）

税前成本增加＝500（万元）

少缴企业所得税＝500×25%＝125（万元）

少缴税费共计＝125＋1.8＋15－（15＋0.9＋10.95）＋（4.5＋0.225＋1.6425）＝121.32（万元）

（5）节税原因。

注册在"洼地"的个人独资企业与税月公司有明显的税负差，是节税的主要原因。

以下分析增值税与企业所得税。

①增值税：个人独资企业开具增值税专用发票，个人独资企业的销项税额税月公司可以作为进项抵扣，税负为0；但是个人独资企业缴纳的增值税有地方返还，等于不但没有多交，还赚了。

②所得税：个人独资企业缴纳个人所得税，地方返还后，最终税负不到2%。税月公司却能在税前抵扣25%的企业所得税。

如此巨大的差异，就是到"洼地"办企业开票的主要原因。

【方案二】"洼地"用工平台避税

（1）税月公司安排人员成立B管理服务公司，为税月公司提供营销服务。

（2）B公司与A灵活用工平台签订《产业经济共享服务合作协议》。A灵活用工平台位于税收"洼地"某地经济产业园。

（3）A平台与税月公司安排的相关灵活用工人员签订《产业经济共享服务协议》。

（4）A平台向B公司开具服务发票，B公司向税月公司开具服务发票。

（5）灵活就业人员的涉税事项由A平台代为办理，A平台利用办税上的便利，为灵活就业人员办理了临时税务登记，增值税享受了普惠性的税收优惠，个人所得税依申请核定征收，扣除相关费用后应纳税所得额为0元，灵活就业人员开具普通发票给A平台。

（6）税月公司以此方法解决本来无票的销售佣金、商业回扣的税前扣除问题。

（7）节税原因：灵活用工人员通过A平台办税，享受了税收优惠，税率很低。其开具的发票却能作为企业的成本获得税前扣除。因此，灵活用工人员作为低税负的源头，最终受票方税月公司却是发票的受益方。

（8）具体测算与方案一差不多，此处不再重复计算。

三、大额留抵税额转移

企业的进项税额留抵是可利用的税收资产，有的企业由于各种原因，形成了大量的留抵税额，但是又不符合增量留抵退税的条件，这些留抵税额挂在企业账面上，怎么把这些留抵税额利用起来，有些企业想到了方法：开发票把留抵税额转移出去，再变现。

【案例3-4】关联企业开票调整进项税额

// 案例背景

税月公司与A公司表面无关联关系，实际存在密切关系。A公司是一家技术研发机构，收入免征增值税，形成大量的留抵税额。

// 筹划方案

【方案一】技术服务

税月公司与 A 公司签订技术服务合同，A 公司向税月公司开具技术服务发票。税月公司抵扣进项税额，A 公司以留抵税额抵扣后，无须缴纳增值税。

【方案二】销售服务

税月公司需要订购一批生产设备，A 公司按税月公司的需求采购设备后，以经过技术改良的名义，将设备高价销售给税月公司，并向税月公司开具增值税专用发票。税月公司取得发票后抵扣进项税额。A 公司以留抵税额抵扣后，无须缴纳增值税。

【案例 3-5】 注销公司转移留抵税额

// 案例背景

B 公司是一家五金材料生产企业，因经营不善，准备终止经营。账面有大额亏损，以及大量留抵税额，同时，账面尚有大量存货，B 公司准备报废或者低价变卖处理这些存货。

（1）税月公司与 B 公司签订购买合同，按正常价格购买 B 公司的存货。B 公司向税月公司开具增值税专用发票。税月公司取得发票后抵扣进项税额，B 公司以留抵税额抵扣后，无须缴纳增值税。

（2）税月公司购入"存货"后，计入生产成本，增加产品销售成本。B 公司销售"存货"利润，弥补亏损后，无须纳税。

// 税务风险

经常有财税人员问：企业要注销了，账上还有大量留抵税额，也不能办理退税，怎么办？

有些企业通过虚开发票，把留抵税额转移出去，受票企业支付适当"税点"，就是常用的办法。留抵税额处理完毕后，企业再注销。这种"筹划"摆脱不了虚开发票的违法性质，风险极高。

第二节　滥用研发费用加计扣除政策

为了激励企业科技创新，加大研发投入，国家对企业研发方面的优惠政策一再升级，从加计 50% 增加到 75%，从企业委托境外研发费用不得加计扣除的限制，到允许符合条件的委托境外研发费用加计扣除……，许多企业也充分利用优惠政策，加大研发投入，提高了企业的产品竞争力，又享受了优惠以减轻投入的负担。

在合法的前提下，充分享受优惠，本身就是很好的税务筹划。但是目前存在滥用税收优惠的情况，例如下面两个例子。

【例一】2020 年度，A 公司的研发费用中，有委托外部机构研发支出 500 万元。A 公司与受托方存在关联关系，检查 A 公司提供的受托方研发项目费用支出明细，发现受托方的研发支出仅为 200 万元。A 公司支付受托方 500 万元，用于委托研发，取得受托方开具的发票，财务部门按照 500×80%×75% 计算享受研发费用加计扣除优惠。

【例二】2020 年度，B 公司发生研发费用 500 万元，其中，本公司研发部门的支出为 100 万元，另有一张外部研发机构开具项目为咨询费的发票 400 万元。咨询费技术指导费用与公司本部的研发支出严重不匹配，技术指导费远远高于研发部门的支出。A 公司按照 500×80%×75% 的公式，计算享受研发费用加计扣除优惠。

上述两个案例，研发费用的结构不合理，可能存在虚构研发费用，违法享受加计扣除税收优惠。目前，研发费用加计扣除的税收优惠政策企业可以直接享受，只需在税务机关留存资料备查。有部分企业就存在侥幸心理，虚构增大研发费用享受加计扣除。常见的手法有：

手法一：简单粗暴虚构或者增大研发费用，把企业生产经营中与研发支出无关的成本费用，直接归集到研发费用中。使用该手法的企业侥幸心理强，在税务稽查中较容易发现问题。

手法二：企业具备专业能力较强的财税人员，或者聘请财税顾问，从研发项目的立项、预算、研发人员的配置、材料的领用、费用的分摊等全流程做足功夫，完善资料，达到"安全"虚构或者增大研发费用的目的。该手法隐蔽性较强，企业的研发费用资料完善，仅从资料形式审查很难发现证据，需要熟悉企业的业务，了解企业的产品技术，进行实质性的审查才能发现问题。

手法三：虚假委外研发，或者关联方委托研发，增大研发费用。

委托研发分为：委托关联方，委托非关联方。根据受托方所在地又分为：境内、境外。其中只有委托关联方研发，才要求受托方提供研发项目费用支出明细情况；委托非关联方研发，考虑涉及商业秘密等原因，并不需要受托方提供支出明细。

虽然税法文件要求：委托外部研究开发费用实际发生额应按照独立交易原则确定。但是技术研发本身就是个性化的服务，难以有相同的交易类比。委托研发服务的收费，技术因素对收费的影响大于研发材料等成本的影响。即使是关联方要求取得项目支出明细，也不能单独从支出明细认定收费不符合独立交易原则。

至于委托非关联方研发，因为不需要提供研发项目费用支出明细，更难以证明委托费用不符合独立交易原则。假如受托方机构开设在税收"洼地"，则虚开发票也是有可能的。

回到案例一，即使税务机关认为受托方的研发支出明细只有 200 万元，但是服务收费 500 万元，也不能仅凭此认定委托研发收费不符合独立交易原则，尚需其他充分依据才能进行纳税调整。正因为这些原因，研发费用加计扣除也成为常用的纳税"筹划"方法。

那么，如何合法进行研发费用加计扣除的筹划呢？请看案例 3-6 至案例 3-9。

【案例 3-6】委托研发增加研发费用

// 案例背景

A 为外资企业，准备申报高新技术企业，但是研发费用未达到高新技术企业要求的比例。A 企业合法意识很强，不同意编造虚假的研发费用明细账，要求解决的方法必须是合法的。

// 相关政策

《高新技术企业认定管理工作指引》（国科发火〔2016〕195 号）相关规定如下。

研究开发费用的归集范围：①人员人工费用；②直接投入费用；③折旧费用与长期待摊费用；④无形资产摊销费用；⑤设计费用；⑥装备调试费用与试验费用；⑦委托外部研究开发费用；⑧其他费用。

委托外部研究开发费用的实际发生额应按照独立交易原则确定，按照实际发生额的 80% 计入委托方研发费用总额。

《国家税务总局关于研发费用税前加计扣除归集范围有关问题的公告》（国家税务总局公告 2017 年第 40 号）相关规定如下。

委托方委托关联方开展研发活动的，受托方需向委托方提供研发过程中实际发生的研发项目费用支出明细情况。

// 筹划方案

将企业准备自行研发的某项技术或产品，改为委托境外母公司研发，按独立交易签订合同支付费用，这样研发费用就达标了。

// 案例分析

企业研发活动一般分为自主研发、委托研发、合作研发、集中研发以及以上方式的组合，与案例一相比，同样是委托研发，但本案例的委托研发是真实发生的，费用的支付也是真实的。由于委托境外母公司研发，需要支付适当的报酬，所以研发费用肯定比自行研发要高，但这也是合理的，并且支付的费用是在同一控制的企业之间转移，没有增加企业的成本。这样可以使企业的研发费用提高以达到高新技术企业认定的条件，虽增加80%的研发费用但却可以加计75%扣除。尽管"国家税务总局公告2017年第40号"要求委托方委托关联方开展研发活动的，受托方需向委托方提供研发过程中实际发生的研发项目费用支出明细情况，但是提供研发项目费用支出明细情况只是证明其业务活动的真实性，并不代表只能按照研发项目费用支出明细计算加计扣除。

【案例 3-7】 成立研发中心，增加研发费用

// 案例背景

D集团企业下属有多个子公司，子公司均有开展研发活动，但是均无法达到高新技术企业认定的研发费标准。

// 筹划方案

D集团成立研发中心，统一为子公司提供委托研发项目，并按独立交易的原则向子公司收取委托研发费用。子公司则通过委托研发，增加研发费用的投入，享受更多的加计扣除的金额。从整个集团考虑，达到了节税的效果，又因集团成立研发中心，更好集中研发的力量，提升集团的研发能力，响应科技创新的时代需求。

// 案例分析

本案例的委托研发是真实发生的，委托费用的支付按独立交易原则支付。对于子公司而言，委托外部机构研发，需要支付适当的报酬，所以研发费用肯定比自行研发要高，并且支付的费用是在同一控制的企业之间转移，没有增加企业的成本，这样可以提高企业研发费用以达到高新认定的条件，同时增加的80%研发费用却可以加计75%扣除。不过我们也要注意如果将全部研发活动外包，则可能人员数量等条件又无法满足研发优惠政策。

【案例 3-8】 "洼地"企业提供研发服务

将案例3-7中"D集团成立独立的技术服务公司"，选址在"税收洼地"进行工商登记，还能享受低税率或财政返还。如此设计，由于研发公司享受"洼地"优惠政策，与子公司有税负差，节税效果会更加明显。

// 案例背景

F 公司是一家生产企业，公司设有研发部门进行研发活动，计划申请高新技术企业和申报研发费用加计扣除，但是研发费用不够，达不到高新技术企业认定标准。

// 筹划方案

F 公司将研发部门分离出来，在某"洼地"成立个人独资企业或者合伙企业，申请个人所得税核定征收，并享受税费的财政返还。该企业为公司提供研发服务，按独立交易收取委托费用。

// 案例分析

（1）个人独资企业或者合伙企业享受"洼地"优惠政策，其收取的委托研发费用收入整体税负很低。F 公司支付的委托研发费用支出却能加计 75% 作为税前成本扣除，F 公司适用税率 25%，整体计算存在较大的税负差。

（2）假如 F 公司要申报高新企业，该方案将技术人员转移到个人独资企业或者合伙企业，会导致 F 公司科技人员数量减少，可能令 F 公司申报高新技术企业科技人员比例不达标。

【案例 3-9】真正的筹划：提高企业竞争力

企业要持续成长，稳定增加营业收入，提高产品竞争力才是根本。真正的筹划，是让企业多赚钱，并不只是少交税。

// 案例背景

G 公司年营业收入 3 亿元，每年利润总额约 4 100 万元，应缴纳企业所得税 1 025 万元。

// 筹划方案

G 公司研究开发费用约 1 100 万元，利润总额降至 3 000 万元。同时 G 公司申报高新技术企业，可享受 15% 的企业所得税优惠，G 公司投入的研发支出可以享受研发费加计扣除。

// 案例分析

G 公司享受高新技术企业优惠与研发费用加计扣除之后，实际缴纳企业所得税 326.25 万元。如果不投入研发费，则应缴纳企业所得税 1 025 万元。计算见下表：

项目	投入研发费用	不投入研发费用	差异
利润总额（万元）	3 000	4 100	− 1 100
研发费用加计扣除（万元）	825	0	
应纳税所得额（万元）	2 175	4 100	
高新技术企业减免（万元）	217.5		
应纳企业所得税（万元）	326.25	1 025	− 698.75
税后利润（万元）	2 673.75	3 075	− 401.25

由此可以看出，G 公司投入的研发费 1 100 万元，而实际上国家通过税收优惠承担了 698.75 万元，G 公司实际承担的只有 401.25 万元。各地政府还有不同的补贴政策以及专项资金补助，公司若享受之后，企业实际承担的税费还会减少。

企业每年真正持续投入 1 100 万元研发经费，对于企业的发展而言，几年以后可能会是一个质的飞跃，这就是国家倡导创新驱动的目的所在，也是政府想要看到的结果。

第三节　股权收购取得不动产未必节税

近年来房地产市场持续升温，市场上的土地资源日益紧缺，除了参加"招、拍、挂"外，收购其他企业的土地资产也成为企业拿地的常见方式。收购土地应该"摘股权"还是"摘资产"，是土地收购中重要的考虑。"摘股权"是指股权收购，拥有土地资产的公司是标的公司，收购方购买标的公司的股权，成为标的公司的股东，拥有并控制标的公司，从而间接取得土地资产。"摘资产"是指资产收购，即收购方直接收购转让方持有的土地资产，直接取得土地资产。

提到企业转让土地、房屋建筑物，由于近年来很多地方不动产的增值明显，不动产的交易金额巨大，相应产生大额的增值税、土地增值税、企业所得税、契税等税费。怎样筹划可以节税呢？许多财税朋友的第一反应就是：转让股权！通过股权转让的方式转让房地产成为常见的、为大众所熟知的税务筹划方式。

【案例3-10】以股权转让方式转让房地产

// 案例背景

甲公司原为制造业企业，股东为自然人，注册资本为 3 500 万元。2019 年注销公司，账面有 2010 年取得的土地使用权和厂房。土地使用权原值 2 000 万元，累计摊销 300 万元；房屋原值 2 000 万元，累计折旧 900 万元，净资产 3 000 万元，除了土地使用权和厂房外，无其他资产与负债。甲公司计划将土地和厂房转让给乙公司，作价 1.05 亿元，厂房评估重置成本 4 000 万元，转让以后股东退出。

// 筹划方案

【方案一】甲公司直接将土地转让给乙公司，作价 1.05 亿元，转让以后甲公司注销。甲公司选择按简易方式缴纳增值税，城市维护建设税率 7%，教育费附加率 3%，地方教育费附加率 2%。

甲公司应缴增值税＝ 10 500÷（1 ＋ 5%）×5% ＝ 500（万元）

甲公司应缴城市维护建设税＝ 500×7% ＝ 35（万元）

甲公司应缴教育费附加＝ 500×3% ＝ 15（万元）

甲公司应缴地方教育费附加＝ 500×2% ＝ 10（万元）

甲公司应缴土地增值税＝［（10 500 － 500）－（2 000 ＋ 4 000 ＋ 35 ＋ 15 ＋ 10）］× 40% －（2 000 ＋ 4 000 ＋ 35 ＋ 15 ＋ 10）×5% ＝ 1 273（万元）

甲公司税金及附加合计＝ 35 ＋ 15 ＋ 10 ＋ 1 273 ＝ 1 333（万元）

甲公司利润总额＝ 10 500 － 500 －（2000 － 300 ＋ 2 000 － 900 ＋ 1 333）＝ 5 867（万元）

甲公司应缴企业所得税＝ 5 867.00×25% ＝ 1 466.75（万元）

公司注销股东应缴个人所得税＝（5 867 － 1 466.75 ＋ 3 700 － 3 500）×20% ＝ 920.05（万元）

甲公司及股东合计应缴税费＝ 500 ＋ 1 333.00 ＋ 1 466.75 ＋ 920.05 ＝ 4 219.80（万元）

乙公司可抵扣的土地增值税进项税额＝ 10 500÷（1 ＋ 5%）×5% ＝ 500（万元）

乙公司应缴纳契税＝（10 500 － 500）×3% ＝ 300（万元）

【方案二】房地产公司以 10 500 万元购买甲公司 100% 的股权后自行开发，甲公司股东应缴股权转让个人所得税＝（10 500 － 4 000）×20% ＝ 1 300（万元）

// 筹划分析

交易价格相同时，在直接交易过户的情况下，甲公司及股东合计应缴税费 4 219.80 万元，乙公司应缴纳契税 300 万元，考虑到乙公司可抵扣的土地增值税进项税额 500 万元，各方实际税负为 4 019.80 万元，远远高于股权转让时应当缴纳的税费。

// 税务风险

《国家税务总局关于以转让股权名义转让房地产行为征收土地增值税问题的批复》（国税函〔2000〕687号）、《国家税务总局关于土地增值税相关政策问题的批复》（国税函〔2009〕387号）、《国家税务总局关于天津泰达恒生转让土地使用权土地增值税征缴问题的批复》（国税函〔2011〕415号）三次明确以转让股权名义转让房地产行为征收土地增值税。国家税务总局针对广西、天津三个涉事企业土地增值税征管案件做出的个案批复，充分体现实质课税原则。批复中认为，土地使用权转让是股权转让的原有之意。然而，税务总局这样的解释显然是引发了诸多法律上的争议，因为有法律上的硬伤，"国税函〔2000〕687号"并未使得全国税务机关形成统一口径，再加上"国税函〔2000〕687号"严格来说只具有指引效力而不是强制效力，其他地方税务局在遇到相似的情况时可以选择参照执行，也完全可以选择不参照执行，并且这三个批复也未形成明确的界定标准，这给复杂的商事活动预留了很大的一片空白。目前仅有部分省份明确以转让股权名义转让房地产行为征收土地增值税，例如广西、湖南、天津等；部分地区明确对该行为不征土地增值税，例如广东、福建、重庆、青岛等，因此如果采取以股权转让方式时必须先行了解当地是否要征收土地增值税。

// 相关政策

《国家税务总局关于以转让股权名义转让房地产行为征收土地增值税问题的批复》（国税函〔2000〕687号）（注：个案批复未抄送全国）规定如下。

鉴于深圳市能源集团有限公司和深圳能源投资股份有限公司一次性共同转让深圳能源（钦州）实业有限公司100%的股权，且这些以股权形式表现的资产主要是土地使用权、地上建筑物及附着物。经研究，对此应按土地增值税的规定征税。

《国家税务总局关于土地增值税相关政策问题的批复》（国税函〔2009〕387号）规定如下。

鉴于广西玉柴营销有限公司在2007年10月30日将房地产作价入股后，于2007年12月6日、18日办理了房地产过户手续，同月25日即将股权进行了转让，且股权转让金额等同于房地产的评估值。因此，我局认为这一行为实质上是房地产交易行为，应按规定征收土地增值税。

《国家税务总局关于天津泰达恒生转让土地使用权土地增值税征缴问题的批复》（国税函〔2011〕415号）规定如下。

经研究，同意你局关于"北京国泰恒生投资有限公司利用股权转让方式让渡土地使用权，实质是房地产交易行为"的认定，应依照《中华人民共和国土地增值税暂行条例》

的规定，征收土地增值税。

《湖南省地税局财产和行为税处关于明确"以股权转让名义转让房地产"征收土地增值税的通知》（湘地税财行便函〔2015〕3号）规定如下。

据各地反映，以股权转让名义转让房地产规避税收现象时有发生，严重冲击税收公平原则，影响依法治税，造成了税收大量流失。

总局曾下发三个批复文件明确"以股权转让名义转让房地产"属于土地增值税应税行为。

为了规范我省土地增值税管理，堵塞征管漏洞。

对于控股股东以转让股权为名，实质转让房地产并取得了相应经济利益的，应比照国税函〔2000〕687号、国税函〔2009〕387号、国税函〔2011〕415号文件，依法缴纳土地增值税。

《安徽省地方税务局关于对股权转让如何征收土地增值税问题的批复》（皖地税政三字〔1996〕367号）规定如下。

据了解，目前股权转让（包括房屋产权和土地使用权转让）情况较为复杂。其中，对投资联营一方由于经营状况等原因而中止联营关系，正常撤资的，其股权转让行为，暂不征收土地增值税；对以转让房地产为盈利目的的股权转让，应按规定征收土地增值税。因此，你局请示中的省旅游开发中心的股权转让，可按上述原则前款进行确定。

《青岛市地方税务局关于印发〈房地产开发项目土地增值税清算有关业务问题问答〉的通知》（青地税函〔2009〕47号）规定如下。

问答十八："股东将持有的企业股权转让，企业土地、房屋权属不发生转移，不征收土地增值税"。

《广东省地方税务局关于广东省云浮水泥厂转让股权涉及房地产是否征税问题的批复》（粤地税函〔1998〕65号）规定如下。

全资企业将其股权转让他人，不属于《中华人民共和国营业税暂行条例》和《中华人民共和国土地增值税暂行条例》规定的征税范围，不予征收营业税和土地增值税。

// 筹划细节

（1）分步交易规避土地增值税风险。

结合实际操作中的经验来看，转让或受让部分股权通常不会被认为是权属转移不征收相关土地税费。如果在明确执行国税函〔2000〕687号文的地区应该采取多步交易的方式控制风险。

（2）充分考虑受让方企业所得税和房产税的影响。

在实际交易过程中，不同的交易方式因为税费的影响也会在一定程度上影响交易对手的利益。在股权转让交易时，土地使用权和厂房的账面价值并不会因为股权转让而提高，在经营过程中未来公司后续摊销的基数是 4 000 万元，而不是 10 300 万元（10 500 － 500 ＋ 300），以后年度买方无形资产摊销额就少计 6 300 万元，理论上会累计影响企业所得税 1 575 万元。同样，因为厂房和土地使用权的原值没有因为股权转让交易而提高，故每年房产税可以少缴 52.92 万元（6 300×70%×1.2%，假定当地按原值减计 30% 为房产余值）。少缴的房产税能否覆盖因少提折旧摊销而多缴的企业所得税，则需要根据实际情况作精细化的测算。

（3）互惠共赢合理确定交易对价。

在房地交易过程中作为转让方可能与受让方谈的是税后净得，所有的税务方案均由受让方自行设计，转让方配合受让方签署相关的文件。以本案例而言，以交易价格 10 500 万元为基准，在直接转让的情况下，各方应缴税费合计 4 019.80 万元。如果按照这种模式，转让方净得约 6 500 万元，基于交易双方的合作共赢，假定双方谈定转让方净得为 8 500 万元，则在股权转让交易模式下交易对价就不会是 10 500 万元，而是 9 750 万元［（8 500 － 3 500）÷（1 － 20%）＋ 3 500］，这样转让方应缴个人所得税 ＝（9 750 － 3 500）×20% ＝ 1 250（万元）。

// 案例拓展

2016 年 12 月 16 日，上市公司恒立实业发展集团股份有限公司（以下简称"恒立实业"）将岳阳恒通实业有限责任公司（以下简称"恒通实业"）80% 股权作价 23 280.80 万元转让给长沙丰泽房地产咨询有限公司。2017 年 8 月 22 日，恒立实业又将恒通实业 20% 股权作价 5 820.20 万元转让给长沙道明房地产有限公司。2017 年 10 月 24 日，湖南荣盛房地产开发有限公司受让长沙道明房地产有限公司全部股权。长沙丰泽、湖南荣盛同为谭迪凡（荣盛地产）旗下全资子公司。

2019 年 10 月 8 日，恒立实业发布公告：岳阳市税务局向其送达《税务事项告知书》（岳楼洛税通〔2019〕201 号），要求就其将持有恒通实业 100% 股权间接转给湖南荣盛房地产开发有限公司的行为征收土地增值税。

【案例 3-11】以股权转让方式拿地是否节税

有些人认为转让股权可以实现不征收增值税、土地增值税、契税，从而避免缴纳转让不动产的绝大部分税费，为企业节约税收成本。但是，以股权转让方式转让不动产，真的绝对节税吗？可以普遍适用吗？难道税务筹划真的这么简单吗？

// 案例背景

甲公司原为制造业企业，股东为自然人，注册资本为 4 000 万元。公司账面有土地使用权 50 000 平方米，土地性质为工业用地，支付土地价款 4 000 万元并取得了营业税发票，累计摊销 300 万元，除土地使用权外无其他资产负债。2019 年，某房地产公司计划将该地块改造为房地产项目，将工业用地性质变更为商品房住宅开发用地性质，经测算，共计需补缴土地出让金 21 800 万元。开发周期为 2020 年至 2023 年，容积率为 3.5，计容建筑面积 175 000 平方米，不计容有产权地下车库 40 000 平方米，预计不含税开发成本（不含土地）75 300 万元，进项税额 6 700 万元，无金融机构利息支出，期间费用预计 3 000 万元，当地土地增值税清算采用两分法，预计销售单价见下表。

类型	可售面积（m²）	含税销售收入（万元）	均价（元）
普通住宅	100 000	80 000	8 000
非普通住宅	75 000	67 500	9 000
地下车位	40 000	16 000	4 000
合计	215 000	163 500	

// 筹划方案

【方案一】甲公司将土地转让给乙公司，作价 1.03 亿元，转让后甲公司注销，由乙公司作为开发主体补缴土地出让金后进行报建开发工作。甲公司选择按简易方式缴纳增值税。已知：城市维护建设税率 7%，教育费附加率 3%，地方教育费附加率 2%。

甲公司应缴增值税＝（10 300 － 4 000）÷（1 ＋ 5%）×5% ＝ 300（万元）

甲公司应缴城市维护建设税＝300×7% ＝ 21（万元）

甲公司应缴教育费附加＝300×3% ＝ 9（万元）

甲公司应缴地方教育费附加＝300×2% ＝ 6（万元）

甲公司应缴土地增值税＝〔（10 300 － 490.48）－（4 000 － 190.48 ＋ 21 ＋ 9 ＋ 6）〕× 50% －（4 000 － 190.48 ＋ 21 ＋ 9 ＋ 6）×15% ＝ 2 405.17（万元）

甲公司税金及附加合计＝21 ＋ 9 ＋ 6 ＋ 2 405.17 ＝ 2 441.17（万元）

甲公司利润总额＝10 300 － 490.48 －（4 000 － 190.48 － 300 ＋ 2 441.17）＝ 3 858.83（万元）

甲公司应缴企业所得税＝3 858.83×25% ＝ 964.71（万元）

税后利润股东应缴个人所得税＝（3 858.83 － 964.71）×20% ＝ 578.82（万元）

甲公司及股东税费合计＝ 300 ＋ 2 441.17 ＋ 964.71 ＋ 578.82 ＝ 4 284.70（万元）

股东税后净得＝ 10 300 － 4 284.70 ＝ 6 015.30（万元）

乙公司可抵扣的土地增值税进项税额＝ 10 300÷（1 ＋ 5%）×5% ＝ 490.48（万元）

乙公司应缴纳契税＝（10300 － 490.48）×3% ＝ 294.29（万元）

乙公司增值税销项税额＝ 163 500÷（1 ＋ 9%）×9% ＝ 13 500（万元）

乙公司土地成本抵减销项税额＝ 21 800÷（1 ＋ 9%）×9% ＝ 1 800（万元）

乙公司应缴增值税＝ 13 500 － 1 800 － 6 700 － 490.48 ＝ 4 509.52（万元）

乙公司应缴城市维护建设税＝ 4 509.52×7% ＝ 315.67（万元）

乙公司应缴教育费附加＝ 4 509.52×3% ＝ 135.29（万元）

乙公司应缴地方教育费附加＝ 4 509.52×2% ＝ 90.19（万元）

乙公司应缴土地增值税 911.02 万元，具体计算见下表。

类型	普通住宅	其他类型房地产	合计
可售面积（m²）	100 000	115 000	215 000
销售收入（万元）	80 000	83 500	163 500
销项税额（万元）	6 605.50	6 894.50	13 500
销项抵减（万元）	837.21	962.79	1 800
土地成本（万元）	14 838.98	17 064.83	31 903.81
开发成本（万元）	35 023.26	40 276.74	75 300
税金及附加（万元）	264.78	276.36	541.14
其他扣除项目（万元）	9 805.01	11 275.76	21 080.77
开发费用（万元）	4 902.50	5 637.88	10 540.38
扣除项目合计（万元）	63 997.32	73 568.78	137 566.10
增值额（万元）	9 397.18	3 036.72	12 433.90
增值率（%）	14.68	4.13	
应缴土地增值税（万元）	—	911.02	911.02

乙公司税金及附加合计＝ 315.67 ＋ 135.29 ＋ 90.19 ＋ 911.02 ＝ 1 452.17（万元）

乙公司利润总额＝（163 500 － 13 500）－（31 903.81 － 1 800 ＋ 75 300 ＋ 1 452.17 ＋ 3 000）＝ 40144.02（万元）

乙公司应缴企业所得税＝ 40 144.02×25% ＝ 10 036.01（万元）

乙公司税费合计＝4 509.52＋1 452.17＋10 036.01＝15 997.70（万元）

【方案二】参考方案一，甲公司股东净得6 015.30万元，则以股权转让方式交易，交易对价不低于6 520万元，双方经协商确定乙公司以8 000万元购买甲公司100%的股权后自行开发，相关计算数据如下：

甲公司股东应缴股权转让个人所得税＝（8 000－4 000）×20%＝800（万元）

开发完成后各项税费如下：

甲公司增值税销项税额＝163 500÷（1＋9%）×9%＝13 500（万元）

土地成本抵减销项税额＝21 800÷（1＋9%）×9%＝1 800（万元）

甲公司应缴增值税＝13 500－1 800－6 700＝5 000（万元）

甲公司应缴城市维护建设税＝5 000×7%＝350（万元）

甲公司应缴教育费附加＝5 000×3%＝150（万元）

甲公司应缴地方教育费附加＝5 000×2%＝100（万元）

甲公司应缴土地增值税6 210万元，具体计算见下表。

类型	普通住宅	其他类型房地产	合计
可售面积（m²）	100 000	115 000	215 000
销售收入（万元）	80 000	83 500	163 500
销项税额（万元）	6 605.50	6 894.50	13 500
销项抵减（万元）	837.21	962.79	1 800
土地成本（万元）	11 860.47	13 639.53	25 500
开发成本（万元）	35 023.26	40 276.74	75 300
税金及附加（万元）	293.58	306.42	600
其他扣除（万元）	9 209.30	10 590.70	19 800
开发费用（万元）	4 604.65	5 295.35	9 900
扣除合计（万元）	60 154.04	69 145.96	129 300
增值额（万元）	13 240.45	7 459.55	20 700
增值率（%）	22.01	10.79	
应缴土地增值税（万元）	3 972.14	2 237.86	6 210

甲公司利润总额＝（销售收入－销项税额）－（土地成本－销项抵减＋开发成本＋税金及附加＋土地增值税＋期间费用）

甲公司利润总额＝（163 500－13 500）－（25 500.00－1 800＋75 300＋600＋6 210＋3 000）＝41 190（万元）

甲公司应缴企业所得税＝41 190×25%＝10 297.50（万元）

甲公司税费合计＝5 000＋350＋150＋100＋6 210＋10 297.50＝22 107.50（万元）

// 筹划效果

通过股权转让过户，转让方净得 7 200 万元（8 000 － 800），比直接交易过户多得 1 184.70 万元（7 200 － 6 015.30）。对于受让方而言，交易对价由 10 300 万元降至 8 000 万元，减少了 2 300 万元，实际两者综合获得的利益 3 484.70 万元（1 184.70 ＋ 2 300），这就是直接交易过户应缴纳的税费 4 284.70 万元与股权转让税费 800 万元之间的差异。然而在后续开发过程中，土地成本没有因为交易扩大而导致土地增值税大幅度增加，总税费多缴 6 109.80 万元（22 107.50 － 15 997.70），整体税负反而上升。

// 筹划风险

在谈判过程中，有些买家通常只考虑土地交易过程的税费而容易忽略后续开发所增加的税费，甚至认为开发过程中可以想办法扩大成本以弥补土地成本不足的问题，然而这是不可取的。在不考虑其他风险，只考虑税费的情况下，是否股权收购就一定节税呢？下面对两种交易方式的税费分析比对。

1. 增值税

增值税是流转税，一般计税方式下卖方缴纳了增值税，开具增值税专用发票，买家可以抵扣进项税额。一般情况下整体税负为 0，可以不作考虑。假如买家适用简易计税方式，或者取得普通发票，不能抵扣进项税额，将产生永久性差异。

2. 土地增值税

土地增值税也是流转税，适用四级超率累进税率。对比计算时比增值税更复杂，需要考虑到对四级税率的影响。计算公式如下：

$$增值额＝收入－扣除项目$$

（1）流转环节。

"增值额"发生在转让流转环节，上一流转环节因"增值"缴纳了税费，下一转让环节再计算"增值额"时，必然扣掉上一环节的"增值额"，只计算新增加的"增值额"，从而避免了对"增值"重复征税。同理，如果上一流转环节不征收土地增值税，则上一流转环节没有计算"增值额"，其增值额将滚动到下一流转环节，即上一流转环节应承担的税负转嫁到了下一环节。

土地增值税的计税公式可以简单地表示为：

$$应纳税额＝增值额 \times 适用税率－扣除项目金额 \times 速算扣除系数$$

上一流转环节没有缴纳土地增值税，下一环节的"增值额"相对就会增大，可能会影响到适用税率的跳级，尤其是涉及因为土地成本不足导致普通住宅的增值率由 20% 以下升至 20% 以上丧失免税资格，土地增值税大幅增加。

（2）土地未满足投资总额 25% 要求。

根据《中华人民共和国城市房地产管理法》第三十九条的规定，以出让方式取得土地使用权的，转让房地产时，应当符合下列条件：①按照出让合同约定已经支付全部土地使用权出让金，并取得土地使用权证书；②按照出让合同约定进行投资开发，属于房屋建设工程的，完成开发投资总额的 25% 以上，属于成片开发土地的，形成工业用地或者其他建设用地条件。在实务中，以土地使用权投资入股时，有些地区并不要求土地开发投资总额需达到 25% 以上，如果是选择交易过户，但是又担心无法正常过户，则可以考虑正常投资入股设立一个公司，不选择免税而是正常纳税，再次转让股权时，因为没有增值也不会产生新的税费。

// 筹划要点

一般来说，如果标的公司除了不动产外没有其他资产，卖方是希望买方收购股权，因为：

（1）假若整个公司出售给买家，连后续的公司注销，处理债权债务这些程序都省掉了。

（2）出售股权缴纳的税费比出售不动产要少，整体转让价格低。目前的二手土地市场，卖家的转让价格是包括了税费的，税费通过交易价格转嫁给买家，税费高就会导致交易价格高，影响不动产的成交。由于股权收购产生的税费较低，整体价格会低于直接不动产收购，容易促进成交。

同样，买方在选择股权收购还是资产收购，也主要考虑两点因素：

（1）标的公司的风险，包括法律风险，例如股权是否有瑕疵，是否有潜在的债务，是否存在未决诉讼，受让股权后改变经营是否产生劳资纠纷，是否存在历史欠税、偷税问题等风险都需要关注。

（2）本次交易的税费。卖方在考虑交易价格时，一般将税费包含在价格中，所以税费实际变相由买方承担。税费低的交易方式，更容易为买方接受。

如果购买不动产的目的是生产经营或者用于出租，则只需要结合考虑折旧与房产税的影响，通常情况下股权转让方式更合适。如果购买不动产的目的是房地产开发，则必须结合后续开发进行税费预测，对比后续开发多缴的税费与本次交易节省的税费，并考虑资金时间价值和税负的承担方式，最后决定是采取资产收购还是股权收购。

第四节　股东借款长期挂账

有些企业股东为了少缴或不缴个人所得税，将利润以借款的形式长期挂账，我们从政策层面分析风险。

【案例3-12】　利润不分，借款挂账

// 案例背景

小明公司经营情况良好，企业每年都有盈利，未分配利润 1 000 万元。老板小明有新的投资项目，需要资金 800 万元。小明要求财务小红从公司账上转给他 800 万元，小红建议公司进行分红，对小明分配利润 800 万元。公司分红股东需要缴纳个人所得税，即 $800 \times 20\% = 160$（万元）。小明认为何必分红交税，以借款的方式挂账就可以了。小明从公司借出 800 万元，公司挂账"其他应收款——股东 800 万元"。

// 相关政策

《关于规范个人投资者个人所得税征收管理的通知》（财税〔2003〕158 号）相关规定如下。

第二条　纳税年度内个人投资者从其投资企业（个人独资企业、合伙企业除外）借款，在该纳税年度终了后既不归还，又未用于企业生产经营的，其未归还的借款可视为企业对个人投资者的红利分配，依照"利息、股息、红利所得"项目计征个人所得税。

// 税务风险

（1）很多企业账上有大额的"其他应收款"挂账，债务人多数是股东。某些企业认为，用这种方式处理，既避免了公司利润实际被股东用于该企业生产经营以外的事项，又不需要因分红缴纳个人所得税。但事实上，税务机关早已注意到这种情况，为此出台了一系列税收政策。其实对于股东借款不归还，或者企业为个人购买房屋等，因为只需要满足"该纳税年度终了后既不归还，又未用于企业生产经营的"这两个行为要件，就需要纳税，在有关的稽查中案情是相当明朗的，而且一般是事后稽查，企业很难补救。此时不但股东需要补缴税款，企业也被处以罚款。

（2）也有企业认为，万一发生税务稽查，股东马上归还借款就可以了。"该纳税年度终了后既不归还，又未用于企业生产经营的"是要视作分红缴税的，难道在当年度没有归还，以后年底归还了，就不能再视作当年度已经分红了吗？典型案例《黄山市博皓投

资咨询有限公司、黄山市地方税务局稽查局税务行政管理（税务）再审审查与审判监督行政裁定书》给出了答案，如下所示。

黄山市博皓投资咨询有限公司、黄山市地方税务局稽查局税务

行政管理（税务）再审审查与审判监督行政裁定书

（2017）皖行申 246 号

（节选）

《财政部 国家税务总局关于规范个人投资者个人所得税征收管理的通知》第二条规定，纳税年度内个人投资者从其投资企业（个人独资企业、合伙企业除外）借款，在该纳税年度终了后既不归还，又未用于企业生产经营的，其未归还的借款可视为企业对个人投资者的红利分配，依照"利息、股息、红利所得"项目计征个人所得税。该规定的目的是为了防止个人投资者以借款的形式掩盖红利分配，其征税对象是纳税年度终了后未归还且未用于企业生产经营的借款。从本案的情形来看，2010 年初，博皓公司分别借款给其股东苏某和 300 万元、洪某南 265 万元、倪某亮 305 万元，以上借款未用于博皓公司的生产经营。虽然该三人于 2012 年 5 月归还了借款，但该借款显然超过了一个纳税年度未归还，符合上述通知规定的征税情形，博皓公司应当履行代扣代缴税款义务。黄山市地方税务局稽查局责令博皓公司补扣补缴 174 万元个人所得税的处理决定并无不当。

//"筹划"分析

（1）企业如果有这类股东的借款，应该及早规划，围绕着这两个行为要件来破解，比如在年度终了前归还并冲账，年后再重新借出。但是年度终了了，正是各行各业资金紧张之际，筹集资金并不容易，此方案可行性差。

（2）小明公司通过减资冲销"其他应收款——股东"，同步减少"实收资本"和需要冲销的"其他应收款——股东"（借：实收资本，贷：其他应收款——股东）。听起来好像可行，股东减资，只收回投资成本，也不需要缴纳个人所得税。但是，这个方法缺点不少：公司减资需要经过公告等法定程序；注册资本进行增减登记，是公司从经营层面考虑，体现公司规模、实力、偿债能力等，股东投入多少实收资本是经过考量的，仅为了冲销"其他应收款"而减资并不可取；假如账面"其他应收款"过大，大于"实收资本"，即使将实收资本减至 0 也不足以冲销"其他应收款"。更何况"实收资本"的金额是有限的，即使能冲销一次，还能反复冲销吗？

税务筹划需要结合实际，可行性要强。企业的经营发展需要考虑的因素很多，各种因素相互影响，单一片面追求不交税，少交税，脱离实际的"筹划"就是纸上谈兵。企业的所有活动，都是围绕着"实现价值最大化"，追求企业整体发展为目标的。税务筹划在节税的同时，不能违背企业发展的目标。税务筹划需要在充分理解相关政策、法规的基础上结合企业实际进行。

【案例 3-13】 支出还原，消化借款

// 案例背景

小明公司账面"其他应收款"余额100万元。经了解，主要由以下几种原因形成：股东从公司提取现金用于个人或家庭开支、公司日常送礼支出、商业回扣、公司未取得发票的成本费用支出等。由于未取得发票，所以一直挂账，这样下去余额会越来越大。如果采取购买发票"替票"的方式，风险又太大。小明公司2020年税前利润300万元（资产总额和人数不符合小型微利企业条件）。

// "筹划"方案

将原来挂账"其他应收款"以支出的形式报销，这样处理表面上会影响企业利润，但最终会影响应纳税额吗？有的财务人员看不明白，认为会影响企业纳税。下面用测算来说明：

报销前小明公司2020年应纳企业所得税＝300×25%＝75（万元）

将"其他应收款"余额作为成本费用报销后：

小明公司税前利润＝300－100＝200（万元）

年度汇算清缴调增应纳税所得100万元。

小明公司2020年应纳企业所得税

＝（税前利润200万元＋纳税调整100万元）×25%＝75（万元）

企业应纳税额没有发生变化，没有少交税款，也没有违法买发票冲账，但是结平"其他应收款"。虽然看起来没有节税，但是避免了"其他应收款"所带来的潜在税务风险。

// 方案分析

（1）会计核算与税务处理是两个概念，所以税会差异是客观存在的。《企业会计准则——基本准则》规定："企业应当以实际发生的交易或者事项为依据进行会计确认、计量和报告，如实反映符合确认和计量要求的各项会计要素及其他相关信息，保证会计信息真实可靠、内容完整。会计核算依据权责发生制，以货币为主要的计量单位，以凭证为主要的依据，对企业的业务活动进行全面的核算。"所以，会计强调记录功能，核算需要原始凭证，但不是无发票就不能入账。业务发生了，就算没有发票，会计也要进行核算，

原始凭据可以证明其他业务活动的。至于没有发票，是企业所得税前能不能扣除、是否需要纳税调整的问题。

（2）对于挂账"其他应收款"的企业支出，会计可以采用发票以外的凭证入账，例如收据、白条等；股东个人或家庭支出的，股东可以取得发票或收据报销，记入费用支出；商业回扣等无法取得发票或收据的可以自制凭证入账。这样可以清理"其他应收款"越积金额越大的问题。

（3）年度企业所得税汇算清缴时，再将上述支出作企业所得税纳税调整，调整理由为"与生产经营无关的支出"或者"没有取得合法票据"。调整后，这些支出并没有在企业所得税税前扣除，并没有违反税法的规定。

// 税务风险

该"筹划"初看很有道理，也符合会计处理和税务处理的规定，感觉可行。对于公司实际发生的经营性的无票支出，上述处理并没有问题。但是仔细分析，就能发现其中的奥妙："筹划"者的主要目的还是为了让股东从公司既能拿走资金，又能节税。企业股东从公司拿钱，用于个人和家庭支出，甚至用于投资置业，这些支出不能在公司报销，即使有发票或收据，也不能在公司报销，因为不属于公司的费用。其本质是股东向公司的借款，应按"财税〔2003〕158号"文的规定计征个人所得税。该"筹划"偷换概念，将应认定为"企业对个人投资者的红利分配"转换为公司费用中的"与生产经营无关的支出"或者"没有取得合法票据"。所以，股东从公司借用的资金，正确的会计核算应该是挂账"其他应收款"，而不能通过报销进入费用，"筹划"的问题出在会计核算环节，正确会计核算不可能进入费用，从而不会发生接下来的纳税调整。

【案例3-14】 看起来很美的员工借款购房

近几年房价"蹭蹭"往上涨，为了留住核心人才，无论是上市公司还是中小企业，把借款给员工买房视为一项福利，而这项福利背后却面临巨大的税务风险。在众多上市公司公布的员工购房借款管理办法中，也对个人所得税作出明确规定，由员工个人承担并由公司扣缴。

// 案例背景

××股份有限公司员工购房借款管理办法（节选）

1.鉴于目前房价较高、信贷市场较紧，在不影响公司主营业务发展的前提下，公司计划投入部分自有资金帮助员工减轻首次购房，在首付上的压力，帮助员工安居乐业。

2. 本办法适用于公司及全资子公司、控股子公司。

3. 员工取得借款时，应当签署借款合同；员工获得此公司借款后，必须在一个月内全额支付给开发商或其他卖方，并向公司提供详细银行流水、汇款单据，用以证明款项用于购房。

4. 每位员工具体获得的借款额度为 10 万元以内，依据员工的偿债能力、学历、工作年限、历年业绩考核结果等实际情况，由董事长审批确定。

5. 公司提供的购房借款，期限为 5 年，自财务支付款项之日算起，在此期限内，员工的购房借款免息。

6. 根据相关税务法规规定，员工应自行承担因该借款所产生的个人所得税，个人所得税的应纳税所得额将按照同期公积金贷款利率核定的贷款利息计算，并将由员工所在公司代扣代缴。

// 相关政策

《关于企业为个人购买房屋或其他财产征收个人所得税问题的批复》（财税〔2008〕83 号）相关规定如下。

一、根据《中华人民共和国个人所得税法》和《财政部 国家税务总局关于规范个人投资者个人所得税征收管理的通知》（财税〔2003〕158 号）的有关规定，符合以下情形的房屋或其他财产，不论所有权人是否将财产无偿或有偿交付企业使用，其实质均为企业对个人进行了实物性质的分配，应依法计征个人所得税。

（一）企业出资购买房屋及其他财产，将所有权登记为投资者个人、投资者家庭成员或企业其他人员的；

（二）企业投资者个人、投资者家庭成员或企业其他人员向企业借款用于购买房屋及其他财产，将所有权登记为投资者、投资者家庭成员或企业其他人员，且借款年度终了后未归还借款的。

// 税务风险

根据上述资料分析如下。

（1）借款给员工买房面临着巨大的税务风险。"财税〔2008〕83 号"强调企业其他人员（员工）向企业借款用于购买房屋及其他财产，将所有权登记为个人，且借款年度终了后未归还借款的，就要征税，而不考虑具体情况。

（2）在众多上市公司公布的员工购房借款管理办法中对个人所得税明确由员工个人

承担并由公司扣缴，将员工借款购房作为一般的借贷关系处理，主要是为了避开"财税〔2008〕83号"的纳税规定。其"筹划"思路如下：

（3）带息借款不应征税。

如果企业按照市场利率提供有息借款，对于员工而言只是多了一个融资渠道，向企业借的钱不仅要还，还要支付利息，并没有获得任何经济利益，员工没有所得，所以不需要缴纳个人所得税。

（4）已对利息差额纳税。

如果企业提供无息或低息借款，并且约定还款期限，对于员工而言，获得的经济利益也就是利息差，对于这部分利息差所得公司已跟员工约定由员工缴纳，由公司代扣代缴。

（5）需偿还的借款不应征税。

公司向员工提供的购房借款，有约定偿还期限，并非无偿提供给员工，所以不应征税。

综上几点，"筹划"思路的要点在于，员工向公司借款只是一种正常的融资行为，跟员工向其他融资渠道借款没有本质区别，而低息或无息带来的经济利益已缴个税，所以不应再将借款作为"工资、薪金"所得对员工征收个人所得税。

这些"筹划"思路只是纳税人的单方面观点，在实务中，税务机关是否认同呢？如果严格执行"财税〔2008〕83号"，该文件并没有对员工向公司借款买房，且借款年度终了后，未归还借款的需要缴纳个人所得税提出例外的豁免情况，所以税务风险是潜在的。

至于部分上市公司公布的员工购房借款管理办法中出现"个人所得税的应纳税所得额将按照同期贷款利率核定的贷款利息计算"，如果没有与税务机关充分沟通，则可能随时被税务机关追查。

第四章
虚假筹划的真相

　　虚假筹划典型的形式就是增加交易环节，让简单的交易复杂化，而所增加的交易环节中，某个环节是虚假交易。这些以假乱真，真中有假的设计，让税务机关难以发现真相，或者发现了也难取证。举个简单的例子，甲、乙是关联方，甲与乙交易，属于关联方交易，那么在甲乙之间，搭一座桥，插入一个形式上无关联的第三方丙，甲与丙交易，丙再与乙交易，就将关联交易变成了非关联交易，丙就是增加的交易环节，增加的交易环节本质是多余或者虚假的，但是能在形式上做成真实的。这就是交易再造，本章所指的交易再造，不是指直接的"阴阳合同"、虚开发票等虚假交易，而是指更加隐蔽的中间交易，多数是在真实的交易之间，穿插进一次或两次的虚假交易，以降低真实交易的应纳税额。其特点是，让交易多层次、交易多方关系错综复杂，税务机关需要抽丝剥茧才可能揭开层层掩盖的面纱，发现真实的交易目的。

第一节　转移资金的途径

企业的业务行为，有形式合法和形式违法之分。一般来说，形式违法的行为，已经可以判断为违法行为了，而且形式违法的行为往往也是实质违法的行为。但是，形式合法，却未必是真正的合法，有的行为，用形式合法掩盖实质的违法。

【案例 4-1】 投资损失，转移资金

// 案例背景

税月公司的老板小明有个投资项目需要资金 100 万元，他想从公司账上拿钱，又不想通过分红缴纳个人所得税。如果采用借款的形式，年度终了不归还的话税务上也会当作分红处理，有税务风险。

财务经理给小明出主意：股东直接从公司拿钱，又想不交税，是不行的。但是公司以合适的理由把钱转给第三方，第三方再借给股东，中间多一次交易，就规避了税务上视作分红的问题了。小明一听，就让财务经理按照这个思路操作。

// 相关政策

《国家税务总局关于发布〈企业资产损失所得税税前扣除管理办法〉的公告》（国家税务总局公告 2011 年第 25 号）相关规定如下。

……………

第三章　资产损失确认证据

……………

第十六条　企业资产损失相关的证据包括具有法律效力的外部证据和特定事项的企业内部证据。

第十七条　具有法律效力的外部证据，是指司法机关、行政机关、专业技术鉴定部门等依法出具的与本企业资产损失相关的具有法律效力的书面文件，主要包括：

……………

（三）工商部门出具的注销、吊销及停业证明。

第二十二条　企业应收及预付款项坏账损失应依据以下相关证据材料确认：

（一）相关事项合同、协议或说明；

············

（四）属于债务人停止营业的，应有工商部门注销、吊销营业执照证明。

// 筹划方案

该公司制定两个方案：一是利用坏账转移资金；二是投资亏损转移资金。

【方案一】利用坏账转移资金

税月公司借款100万元给非关联公司红红公司，约定借款期限半年，税月公司账面挂"其他应收款——红红公司100万元"。红红公司再把钱借给税月公司的股东小明。半年后，税月公司向红红公司追讨欠款，再三催缴之下，红红公司仍然不清偿。税月公司财务请示管理层后，将该笔借款作为坏账处理。

记入管理费用后，影响当期损益100万元。年度汇算清缴时，调增应纳税所得额100万元，按坏账处理前利润缴纳企业所得税。税月公司没有少纳企业所得税。同时，100万元借道红红公司，转到了股东小明手上。税月公司会计利润减少100万元，影响税月公司未分配利润100万元。

问题：红红公司账上的"其他应付款——税月公司100万元"如何处理呢？

红红公司账上其他应付款100万元怎样消化，并不影响税月公司对其他应收款100万元的坏账处理。红红公司以后再用其他方式处理其他应收款项目。

方案一更极端的做法：税月公司借款100万元给非关联公司红红公司，税月公司账面挂"其他应收款——红红公司100万元"。红红公司银行账户收到100万元后，马上转到目标投资项目，红红公司账面不作任何账务核算。后来，红红公司注销，税月公司根据工商部门出具的注销证明，作为坏账损失，在税前扣除。

【方案二】投资亏损转移资金

税月公司投资100万元成立红红公司，红红公司实收资本100万元。红红公司再把钱赞助给小明需要投资的项目，形成营业外支出100万元。

红红公司营业外支出影响当期损益100万元。年度汇算清缴时，赞助费未取得合法的税前扣除凭证，应调增应纳税所得额100万元，红红公司没有少纳企业所得税。

同时，100万元通过赞助的方式，为小明的投资项目所使用。一段时间后，红红公司注销，清算后无剩余财产。税月公司因红红公司的注销造成投资损失100万元，该投资损失能够在企业所得税前扣除。

// 税务风险

（1）财务经理想规避什么？财务经理想规避两个问题：一是不能由股东直接从公司拿

钱，否则会有视作分红纳税的风险；二是钱转出去之后，不能长期挂在公司账上，否则仍然属于公司的债权资产，公司的未分配利润并未减少，仍然不能解决以后未分配利润分配给股东时潜在的纳税义务。

（2）解决第一个问题的方法，财务经理已将公司的钱，先转给第三方。第二个问题怎样解决呢？那需要找一个钱无法收回，形成损失的适当理由。

以方案二为例，其关键点在于中间增加了一次投资行为，将本来借给股东小明的钱，变成投资新公司，新公司再向目标项目提供资金，而新公司转出的资金虽然进了损益，但是也作了纳税调整，看起来并没有在税前扣除，也没有违反税法的规定。

但是拆分一下，我们会发现这100万元进了两次损益：

税月公司，投资损失100万元；

红红公司，营业外支出100万元。

但是只有红红公司作了纳税调整，最终还是进了税月公司的损益。

利用第三方公司借款也好，利用投资损失转移资金也好，从税月公司转款到第三方公司的交易实质上是虚假交易，投资行为实质也是虚假投资，但是在形式上，却是合法。以合法的形式掩盖了违法的偷税目的。

【案例4-2】 合同违约，巨额赔偿

// 案例背景

税月公司与自然人小红签订《股权转让协议》，税月公司将子公司A房地产公司的部分股权转让给自然人小红，小红支付了部分定金。随着房地产市场的回暖，税月公司认为该房地产项目能获取很高的利润，税月公司反悔违约，终止股权转让。经过协商，赔偿给自然人小红人民币5 000万元。税月公司认为此赔偿金5 000万元能在所得税前扣除且无须代扣代缴个税。

// 案例分析

（1）在合同资料事实俱全，证明充分的情况下，税月公司发生了合同违约，并且有合理的违约理由。生产经营过程中因平等主体之间经济合同违约产生的违约金属于生产经营性支出，可以在企业所得税前扣除。

（2）由于合同并没有履行，小红因合同的解除而得到的违约赔偿，并不在个人所得税的应税范围内。所以税月公司不需要代扣代缴个人所得税。

（3）税务机关有可能要求纳税人按收回投资纳税。

依据《国家税务总局关于个人终止投资经营收回款项征收个人所得税问题的公告》（国家税务总局公告2011年第41号）的规定：个人因各种原因终止投资、联营、经营合作等行为，从被投资企业或合作项目、被投资企业的其他投资者以及合作项目的经营合作人取得股权转让收入、违约金、补偿金、赔偿金及以其他名目收回的款项等，均属于个人所得税应税收入，应按照"财产转让所得"项目适用的规定计算缴纳个人所得税。

本案例中，投资合同并未开始履行，自然人小红只是支付了定金，并未支付股权转让款，税月公司也未将股权过户给自然人小红。双方终止的是转让合同，合同未实际履行，投资行为并未发生。故自然人小红并未取得任何财产权益，不存在财产转让行为。

（4）把握交易的真实性。

真实的合同因合理的原因发生了违约行为，违约方需要支付守约方违约金，是合法的支出，纳税人可以在企业所得税前作为经营性支出扣除。这是纳税人的权利，因为企业生产经营，需要与交易对方签订大量的合同。而由于各种原因，出现合同不适履行，或者不能履行，因此需要按合同条款支付违约金，是企业经营中常见的情况。而合同一般并没有强制履行的要求，违约金就是为解除合同提供的公平方式。按约定支付违约金后解除合同，也是合同双方诚信的表现。本案例中签订合同之后，由于市场发生变化，解除《股权转让协议》后，独家持股带来的经济收益远超过违约金的损失，企业权衡利弊后，选择支付违约金解除合同，是正常的经营行为。

至于虚假合同，由于合同的真假，难以判断，很可能出现纳税人自导自演，签订虚假合同后，再虚假违约，给形式上无关联关系的个人支付违约金。从而实现企业增大经营支出，减少经营利润，少缴企业所得税，并且实现转移税前利润，股东变相获取公司经营利润又不需要缴纳个人所得税，这实际是偷税行为，同时很可能涉及逃税罪。更有甚者，为了让违约支出在税前扣除的理由更加充分，杜撰的违约事实更加真实，会利用虚假诉讼，获得法院的判决书作为依据。这在偷税的基础上又增加了一项违法行为，很可能触犯虚假诉讼罪。

第二节　人为转移利润

人为转移利润，将利润从高税负企业转移到低税负企业，本该是由高税负企业纳税的利润，变成低税负企业的利润，从而少缴所得税。

所得税税负低的企业通常有以下几种：享受企业所得税税收优惠政策，例如高新技术企业享受 15% 的优惠税率、小型微利企业享受普惠性优惠政策等；亏损企业（有大量的企业所得税前未弥补亏损）；核定征收的合伙企业、个人独资企业等。

1. 选择交易对手

交易对手可以通过以下方式获得：新设、收购。

新设：在企业所得税"洼地"成立 B 公司。例如，利用民族自治地区税收优惠政策，在民族自治地区成立 B 公司；成立小型微利企业 B 公司；成立核定征收的合伙企业 B 企业、个人独资企业。

收购：物色账面有巨额未弥补亏损的 B 公司，然后低价收购 B 公司。

2. 选择交易方式

高税负企业与低税负企业根据实际情况签订合同，发生交易，交易内容可能是购买或销售商品，购买其他资产，提供或接受劳务，提供资金、租赁、代理、研究与开发转移、许可协议等。

具体设计见下表，相关案例分散于各章节，本节不一一列举：

交易对手（交易方式）	销售商品	购买资产	提供服务	提供资金	租赁	代理	研究开发	许可
企业所得税"洼地"企业	方案一							
小型微利企业							方案二	
合伙企业、个人独资企业								
亏损企业								

【案例 4-3】多措并举，消化利润

// 案例背景

税月公司的是一家恒温试验箱制造企业，公司设在广东省惠州市。因为股东小明将自有非专利技术应用在产品上，税月公司的产品较同类产品性能更加优越，单价比同类产品高约 20%，产品毛利高。税月公司年销售收入 1 亿元，营业利润 3 000 万元，并呈上升趋势，税月公司是技术型企业，技术要求高，需要不定时新增或更新机器设备，每年设备采购量比较大，平均每年更新固定资产支出约 500 万元。

由于销售业绩良好，公司的销售骨干提成奖金比较高。税月公司希望降低企业所得税和销售骨干的个人所得税。

// 相关政策

《中华人民共和国企业所得税法》相关规定如下。

第二十九条　民族自治地方的自治机关对本民族自治地方的企业应缴纳的企业所得税中属于地方分享的部分，可以决定减征或者免征。自治州、自治县决定减征或者免征的，须报省、自治区、直辖市人民政府批准。

《中华人民共和国企业所得税法实施条例》相关规定如下。

第九十四条　企业所得税法第二十九条所称民族自治地方，是指依照《中华人民共和国民族区域自治法》的规定，实行民族区域自治的自治区、自治州、自治县。

《广东省财政厅 广东省地方税务局 广东省国家税务局关于继续执行少数民族自治地区企业所得税优惠政策的复函》（粤财法〔2017〕11 号）相关规定如下。

为支持我省民族地区加快发展，根据《中华人民共和国企业所得税法》第二十九条规定，同意清远市连山壮族瑶族自治县、连南瑶族自治县、韶关市乳源瑶族自治县免征本地区企业应缴纳企业所得税中属于地方分享部分（含省级和市县级），自 2018 年 1 月 1 日起至 2025 年 12 月 31 日止执行。

注：根据上述政策，凡是在清远市连山壮族瑶族自治县、连南瑶族自治县、韶关市乳源瑶族自治县注册公司，申报缴纳企业所得税即可享受减免 40% 企业所得税。

《财政部 国家税务总局 科学技术部关于完善研究开发费用税前加计扣除政策的通知》（财税〔2015〕119 号）相关规定如下。

企业委托外部机构或个人进行研发活动所发生的费用，按照费用实际发生额的 80% 计入委托方研发费用并计算加计扣除，受托方不得再进行加计扣除。委托外部研究开发费用实际发生额应按照独立交易原则确定。委托方与受托方存在关联关系的，受托方应向委托方提供研发项目费用支出明细情况。

《财政部 国家税务总局科学技术部关于提高研究开发费用税前加计扣除比例的通知》（财税〔2018〕99 号）相关规定如下。

企业开展研发活动中实际发生的研发费用，未形成无形资产计入当期损益的，在按规定据实扣除的基础上，在 2018 年 1 月 1 日至 2020 年 12 月 31 日期间，再按照实际发生额的 75% 在税前加计扣除；形成无形资产的，在上述期间按照无形资产成本的 175% 在税前摊销。

《关于延长部分税收优惠政策执行期限的公告》（财政部 税务总局公告 2021 年第 6 号）将《财政部国家税务总局科学技术部关于提高研究开发费用税前加计扣除比例的通知》（财税〔2018〕99 号）执行期限延长至 2023 年 12 月 31 日。

// 筹划方案

【方案一】"洼地"企业＋销售商品

（1）税月公司在企业所得税优惠地区成立 B 公司，本方案选择在清远市连山壮族瑶族自治县，B 公司是一家销售公司。税月公司与 B 公司签订总经销协议，由 B 公司负责税月公司产品的市场运营和销售代理，税月公司按照正常出厂价格的 80% 供货给 B 公司，B 公司按照正常价格销售给目标客户。

筹划前：

筹划后：

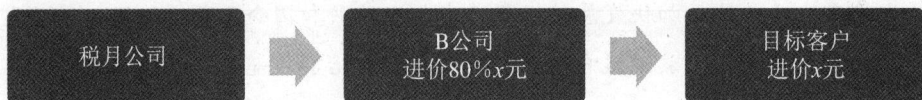

（2）筹划效果：

①税月公司年销售收入＝ 10 000×80% ＝ 8 000（万元），税月公司营业收入减少 2 000 万元。

②B 公司营业利润＝ 10 000×20% ＝ 2 000（万元）

③减少税款＝ 2 000×25%×40% ＝ 200（万元）

B 公司可享受免征企业所得税中 40% 属于地方分享部分 200 万元，只需缴纳企业所得税 300 万元，相当于 B 公司的企业所得税税负由 25% 降至了 15%。

④筹划前后产品销售总量和总利润没有发生变化，增值税销项税额和进项税额相抵后也没有增加应纳增值税额，产品利润的一部分从税月公司转移到了 B 公司，享受了税收优惠。

// 税务风险

（1）价格的合理性。节税幅度随税月公司向 B 公司的供货价而变化，本方案中，税月公司按照正常出厂价的 80% 供货给 B 公司。如果税月公司提高供货价，转移的利润将减少。因为税月公司的产品单价较同类产品高，可以适当降低对 B 公司的供货价，也不会明显低于同类企业的出厂价。

（2）假如税月公司适用适率为 25%，则 B 公司的设立地选择在可以适用 15% 优惠税率的地区，同样能达到本案例的效果。

【方案二】小型微利企业＋委托研发

（1）选择交易对手——小型微利企业，税月公司（或其他控制人）成立 B 公司，从事研发活动，B 公司是小型微利企业，适用小微企业普惠性税收减免政策。

（2）选择交易方式——委托研发。

（3）税月公司成立外部研发机构 B 公司，将税月公司的部分技术人员转移到 B 公司，税月公司将部分技术研发项目委托给 B 公司研发。

筹划前：

筹划后：

（4）筹划效果：

假设税月公司原来研发费 400 万元，即 $x = 400$（万元）

委托 B 公司研发委托费 $= 400 \times 150\% = 600$（万元）

税月公司向 B 公司转移利润 $= 600 - 400 = 200$（万元）

应纳企业所得税 $= 200 \times 25\% = 50$（万元）

B 公司享受小微企业所得税优惠，应纳企业所得税 $= 100 \times 5\% + 100 \times 10\% = 15$（万元）

减少应纳所得税额 $= 50 - 15 = 35$（万元）

委托项目对应的研发费税前扣除：

税月公司原可扣除金额 $= 400 \times 175\% = 700$（万元）

委托给 B 公司后，税月公司可扣除金额 $= 600 \times 80\% \times 175\% = 840$（万元）

减少应纳所得税 $=（840 - 700）\times 25\% = 35$（万元）

合计节税 $= 35 + 35 = 70$（万元）

// 税务风险

本方案需要特别注意委托开发费的合理性。节税幅度随税月公司向 B 公司支付的委托研发费用而变化。本方案中，税月公司自行研发的成本是 400 万元，委托 B 公司研发费用当然高于自行研发，案例按 150% 设计。委托外部研究开发费用实际发生额应按照独立交易原则确定。所以，税月公司应当考虑委托费的合理性。同时税月公司与

B 公司存在关联关系，受托方应向委托方提供研发项目费用支出明细情况。假如税月公司与 B 公司不存在关联方关系，则不需要提供研发项目费用支出明细情况，税月公司的股东可能会以非关联第三方代持股方式设立 B 公司，从 B 公司的形式上规避关联方关联。

【方案三】合伙企业＋购买服务

（1）选择交易对手——个人独资企业，小明找人在"洼地"成立个人独资企业 B，B 申请核定征收。

（2）交易方式选择购买服务。B 个人独资企业为税月公司提供居间服务，提供税月公司行业最新的动态，负责检查税月公司的设备是否需要更新，并提供设备更新方案和货源，每年服务费 100 万元。

（3）B 个人独资企业核定应税所得率10%，应税所得额＝100×10%＝10（万元）

个人经营所得税＝10×20%－1.05＝0.95（万元）（核定征收）

税月公司税前增加成本费用 100 万元。

节省企业所得税＝100×25%＝25（万元）

节税＝25－0.95＝24.05（万元）

（注：可开增值税专用发票，进项与销项相抵，此处不再详细计算。）

假如"洼地"有增值税和所得税的地方留存部分财政奖励，节税效果更加明显。

（4）同时实现转移 100 万元给 B 个人独资企业，间接向股东小明分配了利润，节省了税月公司利润，分配时的股东个人所得税为 20 万元（100×20%）。

// 税务风险

1. 虚开发票

虚开发票是设立在"洼地"的个人独资企业和合伙企业典型的税务风险，虚构没有实质性业务的交易。纳税人控制"洼地"个人独资企业向自己开票，虚增成本费用逃税，利用"洼地"个人独资企业核定征收之后，税负很低，与受票企业之间的税负差，低交高抵。从而实现个人独资企业只交一点税，开出大额发票给受票企业入账，两者之间虚构交易，掩饰虚开发票的真相。本质是虚开发票，如果被查实，要承担虚开发票的法律责任。

2. 关联交易调整

小明以个人名义在"洼地"成立个人独资企业，与税月公司构成关联关系，两者之间的交易可能被税务认定为关联交易，稽查交易是否公允，是否有真实业务内容，税月公司可能会被税务机关要求纳税调整。

【方案四】小型微利企业＋租赁

税月公司是技术型企业，技术要求高，需要不定时新增或更新机器设备。每年设备采购比较大，平均每年约更新固定资产 500 万元。假如改购买设备为租赁设备，一般情况下租赁的整体价格高于直接购买的价格，税月公司则可适当增加税前成本。

（1）选择交易对手——小型微利企业，税月公司（或其他控制人）成立 B 公司，从事研发活动，B 公司是小型微利企业，适用小微企业普惠性税收减免政策。

（2）选择交易方式——租赁。

（3）税月从公司 2021 年起，每年向 B 公司租赁新增设备，年租金 150 万元，租赁期5 年。

（4）B 公司每年出租设备购置价格 500 万元。税费影响简单计算见下表（忽略设备残值）。

金额单位：万元

方式		2021	2022	2023	2024	2025
租赁设备台数		1	2	3	4	5
租赁租金		100	200	300	400	500
设备购置成本累计		500	1 000	1 500	2 000	2 500
设备折旧		50	100	150	200	250
当年利润		50	100	150	200	250
企业所得税	B 公司实际税额	1.25	2.5	7.5	12.5	17.5
	税月公司 增加成本	50	100	150	200	250
	税月公司 减少税额	12.50	25	37.50	50	62.50

注：案例提供思路，为简便计算当年利润未考虑其他税费。上表依据《关于实施小微企业和个体工商户所得税优惠政策的公告》（财政部 税务总局公告2021年第12号）规定计算。

// 税务风险

（1）设备折旧的时间价值。税月公司如果自购设备，500 万元以下价格的设备能在当年一次性扣除设备折扣。如果采用租赁的方式，租赁5 年，则相当于分摊费用在 5 年内扣除，需要考虑时间价值。

（2）案例分析重在思路，设计较为简洁，具体设备的租赁时间和租金，需要根据当年设备的需求量和设备类型具体确定，不能一刀切，否则不合理。

上述案例不管是虚构中间交易，还是增加有真实业务的中间交易，其目的都是通过中间交易转移资金或者转移利润，风险在于选择交易对手和交易方式。交易方式选择不当，业务不真实，或者没有实质性的业务发生，实际上都是虚开发票。交易对手一般是关联方，即使在形式上不具备关联关系，实际仍然是受同一控制人控制，是隐藏的关联关系。

【案例 4-4】天价奇石，亏与不亏

【方案一】买错了！石头当宝贝

// 案例背景

小明公司持有小亮公司 80% 的股权，原投资额 1 000 万元，小亮公司名下有房产和土地，小明公司计划于 2020 年转让持有的小亮公司 80% 股权，评估价值 8 000 万元，预计因转让股权产生投资收益 7 000 万元。

// 筹划方案

公司财务人员建议，购置一些文化艺术品用于公司形象建设，增加公司企业文化氛围，给来访客户良好的印象。刚好公司老板小明平时也喜欢收藏，就想购置一些玉石、字画用于公司装饰摆设，一举两得。

小明公司从小红公司购买一块奇石，"奇石"运到小明公司后，摆在公司大堂，装点公司门脸，来访客户均啧啧称奇。后来有一客户对石头收藏品颇有研究，客户告知小明，"奇石"不奇，实质是一块普通石头，只是形状较为独特，小明大觉丢脸。

小明公司决定卖掉"奇石"，委托拍卖机构拍卖，最终低价成交，造成巨额损失。

// 税务风险

（1）小明公司买"奇石"真的亏损了吗？

若依客户所言，"奇石"价格不实，小明公司确实造成巨额损失。但小明公司因为当年股权转让产生巨额收益，此时出现巨额损失，按税法规定，小明公司可减少应纳税所得额。

（2）小红公司高价卖出石头，需要交企业所得税吗？

巨亏企业是关键！小红公司由于巨额亏损，卖"奇石"所获利润弥补亏损后不需缴纳企业所得税。

（3）小明公司为什么要拍卖石头？

因为"奇石"是高价买回来的，账面体现的是以购买价入账。低价处置资产，并在税前扣除，资产的处置价格是否公允呢？怎样证明资产的处置价格公允呢？最好的办法

是依照法定程序进行的拍卖活动，由于经过公开、公平的竞价，不论拍卖成交价格的高低，都是充分竞争的结果，较之一般的销售方式更能客观地反映商品价格，可以视为市场的公允价格。从而为是否公允处置"奇石"提供了证据。

广州德发房产建设有限公司与广东省广州市地方税务局第一稽查局再审行政判决书

最高人民法院行政判决书（2015）行提字第 13 号

本院认为：……拍卖价格的形成机制较为复杂，因受到诸多不确定因素的影响，相同商品的拍卖价格可能会出现较大差异。影响房地产价格的因素更多，拍卖价格差异可能会更大。依照法定程序进行的拍卖活动，由于经过公开、公平的竞价，不论拍卖成交价格的高低，都是充分竞争的结果，较之一般的销售方式更能客观地反映商品价格，可以视为市场的公允价格。如果没有法定机构依法认定拍卖行为无效或者违反拍卖法的禁止性规定，原则上税务机关应当尊重作为计税依据的拍卖成交价格，不能以拍卖价格明显偏低为由行使核定征收权。

广州市地方税务局 2013 年修订后的《存量房交易计税价格异议处理办法》就明确规定，通过具有合法资质的拍卖机构依法公开拍卖的房屋权属转移，以拍卖对价为计税价格的，可以作为税务机关认定的正当理由。该规范性文件虽然在本案税收征管行为发生后施行，但文件中对拍卖价格本身即构成正当理由的精神，本案可以参考。因此，对于一个明显偏低的计税依据，并不必然需要税务机关重新核定；尤其是该计税依据是通过拍卖方式形成时，税务机关一般应予认可和尊重，不宜轻易启动核定程序，以行政认定取代市场竞争形成的计税依据。

但应当明确，拍卖行为的效力与应纳税款核定权，分别受民事法律规范和行政法律规范调整，拍卖行为有效并不意味税务机关不能行使应纳税额核定权，另行核定应纳税额也并非否定拍卖行为的有效性。保障国家税收的足额征收是税务机关的基本职责，税务机关对作为计税依据的交易价格采取严格的判断标准符合《中华人民共和国税收征收管理法》的目的。如果不考虑案件实际，一律要求税务机关必须以拍卖成交价格作为计税依据，则既可能造成以当事人意思自治为名排除税务机关的核定权，还可能因市场竞价不充分导致拍卖价格明显偏低而造成国家税收流失。因此，有效的拍卖行为并不能绝对地排除税务机关的应纳税额核定权，但税务机关行使核定权时仍应有严格限定。

【方案二】买赚了！石头里有宝贝

// 案例背景

小明公司的老板小明喜欢投资收藏品，时不时会购买一些玉石、字画、古玩，看看有没有机会捡漏。

某次，小明公司参加赌石活动，买下一大块翡翠原石。

翡翠原石运回小明公司后，按购买价作为存货入账，准备择机销售。

一段日子后，小明对翡翠原石"开门"后发现，捡到宝贝了，石头里面是上等翡翠，预计能卖出高价。

期间，小明公司收购了巨额亏损的"僵尸企业"小红公司，将翡翠原石按账面值卖给已收购的小红公司，小红公司再完成切割处理后将玉石高价售出。

// 案例分析

（1）小明公司为什么能按账面值卖石头？

因为此时原石尚未完全切割，对于非玉石专业人士而言，仍然是原石一块，即使按购入价卖出，也是合理的。

（2）小红公司低价买高价卖，需要交企业所得税吗？

小红公司是巨额亏损，卖"奇石"所获利润弥补亏损后不需缴纳企业所得税。

【方案三】玉石能一次性税前扣除？

// 案例背景

这个案例不算是故事了，而是来自税友 A 先生的一个问题。

A 先生说在最近的一次财税培训课程上，老师问道："又快年度终了了，固定资产一次性税前扣除政策，大家用了吗？买玉石了吗？"

A 先生问：老师说的"买玉石"是什么意思呢？玉石跟固定资产一次性折旧有什么关系？

// 政策依据

《关于设备器具扣除有关企业所得税政策执行问题的公告》（国家税务总局公告 2018 年第 46 号）相关规定如下。

一、企业在 2018 年 1 月 1 日至 2020 年 12 月 31 日期间新购进的设备、器具，单位价值不超过 500 万元的，允许一次性计入当期成本费用在计算应纳税所得额时扣除，不再分年度计算折旧（以下简称一次性税前扣除政策）。

（一）所称设备、器具，是指除房屋、建筑物以外的固定资产（以下简称固定资产）；所称购进，包括以货币形式购进或自行建造，其中以货币形式购进的固定资产包括购进的使用过的固定资产；以货币形式购进的固定资产，以购买价款和支付的相关税费以及直接归属于使该资产达到预定用途发生的其他支出确定单位价值，自行建造的固定资产，以竣工结算前发生的支出确定单位价值。

// 税务风险

根据固定资产一次性税前扣除政策规定，买进的玉石需要作为固定资产核算，即常见的公司装潢的大型玉石摆件。公司选择购买大型玉石摆件，可能出现如下情况。

假设一：

假设玉石购买时卖方开具了 500 万元的发票，玉石作为固定资产按 500 万元入账，并在税前一次性扣除 500 万元。一段时间后，发现玉石有假，将假玉石以市价 5 万元拍卖处置。此时，玉石的计税基础为 0，处置收益 5 万元。

假设二：

假设玉石购买时卖方开具了 500 万元的发票，玉石作为固定资产按 500 万元入账，并在税前一次性扣除 500 万元。一段时间后，若因市价变动低价处置玉石，则账面核算处置收入 5 万元。

这两种假设实际都是虚开发票，虚开发票是违法的，需要承担法律责任。

随着财税体制改革不断推进以及"金税三期"系统的推广，税务风险开始逐渐被人们熟知。涉税事项上存在的不确定性是引发税务风险产生的前提，税务风险也具有不确定性，这种不确定性既包括企业未按规定依法纳税的风险，也包括未正确理解税法规定而承担较重税负的风险，以及税务筹划失败形成损失的风险。当企业少缴税款或晚缴纳税款会被税务机关处罚，从而造成企业不同程度的经济损失，而企业多缴税款或者提早缴纳税款则直接增加了企业额外的税负，降低了货币资金价值，加大了企业间接的经济损失。

// 案例拓展

税月公司税务风险管理方案

一、公司基本情况

税月公司的是一家恒温试验箱制造企业，公司设在广东省惠州市，主要生产技术来自股东小明自有非专利技术。由于具有某项技术，税月公司的产品单价高于同类产品。公司年销售收入 1 亿元，真实营业利润 4 000 万元。产品的销售对象主要是科研单位，中间销售佣金每年约 2 000 万元，因销售佣金无法取得发票，税月公司未将佣金入账，同时以虚开材料发票的方式，虚增成本 2 000 万元，其中部分虚开的材料进入了研发费用。税月公司认为，佣金是真实发生的，没有发票不能税前扣除对企业不公平，因开票增加成本也是在情理之中。虚增成本后，营业利润为 2 000 万元，税月公司认为按照 2 000 万元利润缴纳企业所得税仍然太高了。由于实际利润高，所以公司有大量的隐藏利润不能分配，于是以其他应收款的方式支付给股东小明。

税月公司已申报高新技术企业，可以享受企业所得税 15% 的税率，研发费用也可以加计扣除。但是由于公司的虚增材料较多，研发费用扣除虚增的材料后，比例达不到高新技术企业研发费用比例的要求，所以税月公司不能享受优惠税率和研发费用加计扣除的优惠。

要求：尽可能低风险以及降低企业所得税税负。

二、公司税务风险点分析

（1）虚开发票的税务风险。

税月公司产品销售价格高，佣金支出大，税月公司目前采取虚开发票、虚增成本的方法进行节税，其实是偷税行为。虚开发票的风险众所周知，长此以往，就像是一颗不定时的炸弹，随时会爆炸。所以，虚开发票的方法必须抛弃。

（2）股东借款的税务风险。

公司以股东借款的方式，将隐藏的利润转出，其他应收款账面长期有股东明细余额，根据《财政部 国家税务总局关于规范个人投资者个人所得税征收管理的通知》（财税〔2003〕158号）第二条的规定，即纳税年度内个人投资者从其投资企业（个人独资企业、合伙企业除外）借款，在该纳税年度终了后既不归还，又未用于企业生产经营的，其未归还的借款可视为企业对个人投资者的红利分配，依照"利息、股息、红利所得"项目计征个人所得税。因此，上述款项存在股东被征收个人所得税的风险。

（3）高新技术企业不达标的风险。

税月公司申报高新技术企业资格，主要目的并非为了税收优惠，而是为了树立企业形象，增加产品的可信度。要保持高新技术企业资格，需要持续的研发投入，税月公司为了达到研发费用的标准，不惜虚增研发材料成本。由于担心享受税收优惠后东窗事发，则除了补税和滞纳金之外，还有处罚，所以税月公司宁愿放弃税收优惠。但是这种掩耳盗铃的做法，无异于自欺欺人。为了将减税降负落到实处，税务机关近年相当关注企业享受税收优惠的情况，尽量让企业做到应享尽享。假如税月公司坚持不享受税收优惠，明显不合常理。

三、税月公司税务风险管理方案

（1）树立税务风险管理意识。

管理层的税务风险意识在企业的税务管理中起着至关重要的作用。公司高管对风险的态度直接影响到财务部门执行涉税相关业务的力度和效果。通常情况下，较大层面的触犯税收法律法规。例如，掩藏收入和利润从而达到少缴税的目的，这些情况往往伴随着企业高管的授权指使，一旦管理层的税收风险意识薄弱，极易导致财务舞弊的发生，进一步引发税务风险，给公司带来经济和信誉损失。

在公司的经营活动中，相关业务部门看似有着各自的职能属性，与财务和税务扯不上关系，但是发生的经济行为最终都会落实到财务层面。表面上来看，财务部只是记录工作，其实不然，各个部门之间是相互联系的，必须树立起每个部门的税务风险意识，才能从整体层面加强税务工作的管控。

（2）完善税务管理组织架构。

一般中小企业没有设置专门的税务岗位，涉税事项隶属于财务部管控，财务人员日常的工作都是围绕着纳税申报为基础，认为按时申报和缴纳税款即可，但是这对公司税务风险的管理远远不够。

由于专职税务管理岗位的缺失，也经常出现人员缺乏税收专业背景，难以将正确的税务风险理念传达到管理决策层，对纷繁复杂的税务事项难以进行协调管理，面临税务风险从隐藏、产生、发展再到凸显的过程无法进行有效监控。

公司应该完善企业内部税务风险控制环境，在注重健全内部制度的同时，加强外部监督。因为外部涉税服务机构作为第三方，与公司人员保持独立性，在行业数据收集和信息交流方面具有一定优势，故建议公司应该注重与涉税服务机构合作，让税务服务机构加入公司的日常管理中，遇到税务问题及时进行处理。此外，公司应该通过行业间的信息沟通，消除税收信息的不对称，充分保障税务风险评估机制。

（3）远离虚开发票。

在以票控税的大环境下，很多的税务管理演变成为如何更多地获取成本发票降低税负，而完全没有考虑相应的税务风险。

根据《中华人民共和国发票管理办法（2010 修订）》（国务院令第 587 号）第二十二条的规定，任何单位和个人不得有下列虚开发票行为：为他人、为自己开具与实际经营业务情况不符的发票；让他人为自己开具与实际经营业务情况不符的发票；介绍他人开具与实际经营业务情况不符的发票。

《最高人民法院关于适用〈全国人民代表大会常务委员会关于惩治虚开、伪造和非法出售增值税专用发票犯罪的决定〉的若干问题的解释》（法发〔1996〕30 号）规定，具有下列行为之一的，属于"虚开增值税专用发票"：①没有货物购销或者没有提供或接受应税劳务而为他人、为自己、让他人为自己、介绍他人开具增值税专用发票；②有货物购销或者提供或接受了应税劳务但为他人、为自己、让他人为自己、介绍他人开具数量或者金额不实的增值税专用发票；③进行了实际经营活动，但让他人为自己代开增值税专用发票。具体内容见下表。

类别	法律依据	标准	法律责任
行政责任	《中华人民共和国发票管理办法（2010 修订）》（国务院令第 587 号）	虚开金额在 1 万元以下的	可以并处 5 万元以下的罚款
		虚开金额超过 1 万元的	并处 5 万元以上 50 万元以下的罚款
	《企业所得税税前扣除凭证管理办法》（国家税务总局公告 2018 年第 28 号）		不得作为税前扣除凭证
			税务机关发现后告知之日起 60 日内补开的，可以扣除（自 2018 年 7 月 1 日起）
	《中华人民共和国税收征收管理法》	在账簿上多列支出或者不列、少列收入	对纳税人偷税的，由税务机关追缴其不缴或者少缴的税款、滞纳金，并处不缴或者少缴的税款百分之五十以上五倍以下的罚款
刑事责任	《最高人民法院关于虚开增值税专用发票定罪量刑标准有关问题的通知》（法〔2018〕226 号）	虚开的税款数额在五万元以上的	以虚开增值税专用发票罪处三年以下有期徒刑或者拘役，并处二万元以上二十万元以下罚金
		虚开的税款数额在五十万元以上的，认定为刑法第二百零五条规定的"数额较大"	处三年以上十年以下有期徒刑，并处五万元以上五十万元以下罚金
		虚开的税款数额在二百五十万元以上的，认定为刑法第二百零五条规定的"数额巨大"	处十年以上有期徒刑或者无期徒刑，并处五万元以上五十万元以下罚金或者没收财产
	《最高人民检察院 公安部关于公安机关管辖的刑事案件立案追诉标准的规定（二）的补充规定》（公通字〔2011〕47 号）	虚开发票一百份以上或者虚开金额累计在四十万元以上的；虽未达到上述数额标准，但五年内因虚开发票行为受过行政处罚二次以上又虚开发票的	情节严重的，处二年以下有期徒刑、拘役或者管制，并处罚金；情节特别严重的，处二年以上七年以下有期徒刑，并处罚金

（4）灵活运用税收政策。

公司税务管理的目标是既要降低税负，但是又必须安全可靠，确保在法律框架范围以内灵活运用税收政策，切实降低税务风险。可通过多种方法，将税月公司的利润转换成免税利润或者低税负利润。

四、综合筹划方案

税月公司的要求是降低企业所得税税负，企业所得税＝应税利润 × 税率，从这个公式上看，降低税负有两个指标，要么是降低计税依据，要么降低税率。因此，整体筹划应该围绕这两点来操作。

（1）利用民族自治地区税收优惠政策。

《广东省财政厅 广东省地方税务局 广东省国家税务局关于继续执行少数民族自治地区企业所得税优惠政策的复函》（粤财法〔2017〕11 号）、《中华人民共和国企业所得税法》第二十九条：

凡是在清远市连山壮族瑶族自治县、连南瑶族自治县、韶关市乳源瑶族自治县注册公司，申报缴纳企业所得税即可享受减免 40% 企业所得税。公司已被认定为国家需要重点扶持的高新企业，按照税法规定企业所得税减按 15% 征收。假设 850 万元应纳税所得额，应纳企业所得税 127.50 万元。在此优惠政策上，还可享受叠加减免 40% 企业所得税（地方分享部分）51 万元（127.5×40%），只需缴纳企业所得税 76.50 万元（127.5－51），相当于企业所得税税负由 15% 降至了 9%。

税月公司目前注册地在惠州，不太可能迁移到清远和韶关，但是根据《国家税务总局关于印发〈跨地区经营汇总纳税企业所得税征收管理办法〉的公告》（国家税务总局公告 2012 年第 57 号）汇总纳税企业按照《中华人民共和国企业所得税法》规定汇总计算的企业所得税，包括预缴税款和汇算清缴应缴应退税款，50% 在各分支机构间分摊，50% 由总机构分摊缴纳。对于按照税收法律、法规和其他规定，总机构和分支机构处于不同税率地区的，先由总机构统一计算全部应纳税所得额，然后按规定的比例，计算划分不同税率地区机构的应纳税所得额，再分别按各自的适用税率计算应纳税额后加总计算得出汇总纳税企业的应纳所得税总额。

如果在清远市连山壮族瑶族自治县、连南瑶族自治县、韶关市乳源瑶族自治县注册分公司，则应纳税所得额的 50% 应划至分公司，按 9% 缴纳企业所得税，另外 50% 在总公司即东莞按 15% 缴纳，综合税负为 12%，节约企业所得税 25.50 万元（850×3%）。该方法从公司长远来看，是可以考虑的。

（2）规范研发投入享受研发费用加计扣除。

《财政部 税务总局 科技部关于提高研究开发费用税前加计扣除比例的通知》（财税〔2018〕99 号）规定，企业开展研发活动中实际发生的研发费用，未形成无形资产计入当期损益的，在按规定据实扣除的基础上，在 2018 年 1 月 1 日至 2020 年 12 月 31 日期间，再按照实际发生额的 75% 在税前加计扣除；形成无形资产的，在上述期间按照无形资产成本的 175% 在税前摊销。

公司已申报高新技术企业，可以同时享受研发费用加计扣除，因为公司研发费用真实性存在疑点，比例可能难以达标，所以不能享受税收优惠。为合理提高研发费用，可以结合公司实际情况设立专门的外部研发机构，公司委托其开展研发活动，可以解决研发费用不足和真实性的问题。当然，外部研发机构不能是空壳公司，应当进行实质性研发。税月公司本来就是技术型企业，为保持技术领先，一定的研发投入是必要的。公司可以转移税月公司一部分技术人员过去外部研发机构，或者是与高校合作申报产学研项目。此外，专门的研发机构可以配合后续的技术转让与服务免税消化利润。

（3）利用技术服务免税政策。

根据《中华人民共和国企业所得税法实施条例》第九十条规定，企业所得税法第二十七条第（四）项所称符合条件的技术转让所得免征、减征企业所得税，是指一个纳税年度内，居民企业技术转让所得不超过500万元的部分，免征企业所得税；超过500万元的部分，减半征收企业所得税。技术转让应签订技术转让合同。其中境内的技术转让须经省级以上（含省级）科技部门认定登记。

《财政部 国家税务总局关于全面推开营业税改征增值税试点的通知》（财税〔2016〕36号）附件3《营业税改征增值税试点过渡政策的规定》第一条第二十六项规定，纳税人提供技术转让、技术开发和与之相关的技术咨询、技术服务，免征增值税。与技术转让、技术开发相关的技术咨询、技术服务，是指转让方（或者受托方）根据技术转让或者开发合同的规定，为帮助受让方（或者委托方）掌握所转让（或者委托开发）的技术，而提供的技术咨询、技术服务业务，且这部分技术咨询、技术服务的价款与技术转让或者技术开发的价款应当在同一张发票上开具。与企业所得税政策不同的是，增值税并没有500万元的限额。

如果设立专门的外部研发机构，则可以由其申请专利技术，周期大概在6个月至1年，之后委托评估转让给公司，如果作价在500万元以内，则全部免税。公司受让专利技术后，可以计入公司无形资产摊销，并按摊销额的75%加计扣除。如果作价超过500万元，则只需要就超过部分按12.5%缴纳企业所得税，不需要缴纳增值税。以1 000万元为例，仅需缴纳企业所得税62.5万元。公司接受这1 000万元的发票以后分10年摊销并享受加计扣除，累计可以摊销1 750万元，节约企业所得税375万元。事实上，外部研发机构可以每年转让专利技术并提供相关的技术服务，经过时间的积累，这个数字将进一步放大。

目前，公司股东小明拥有多项技术，可以低价转让给一家公司，到2021年以后，该公司再以每项100万元共计作价500万元转让给税月公司。税月公司入账以后，每年摊销50万元，并计入研发费用，加计扣除38.5万元，2021年至2030年每年均可以扣除88.50万元。

按照同样的方法可以在2020年向关联公司购买一至两项专利，作价300万元，关联公司不需要缴纳增值税和企业所得税，而公司后续也可以将部分专利转让给关联公司抵扣企业所得税。该项无形资产从2020年到2029年每年可摊销30万元、加计扣除22.5万元，合计每年扣除52.50万元。

2020年两项合计扣除52.50万元，从2021年起扣除141万元。

（4）化整为零。

《国家税务总局关于实施小型微利企业普惠性所得税减免政策有关问题的公告》（国

家税务总局公告 2019 年第 2 号）规定，自 2019 年 1 月 1 日至 2021 年 12 月 31 日，对小型微利企业年应纳税所得额不超过 100 万元的部分，减按 25% 计入应纳税所得额，按 20% 的税率缴纳企业所得税；对年应纳税所得额超过 100 万元但不超过 300 万元的部分，减按 50% 计入应纳税所得额，按 20% 的税率缴纳企业所得税。

第一，设立两至三家贸易公司，公司采购业务通过设立贸易公司，同时申请为一般纳税人，利润控制在 100 万元以内，企业所得税税率 5%。

第二，设立两至三家贸易公司，不需要招标的客户通过贸易公司销售，即税月公司降低价格销售卖给贸易公司后再以正常价格销售给客户，同样每一家利润控制在 100 万元以内，企业所得税税率 5%。

（5）支付股东工资。

公司已申请高新技术企业，企业所得税税率 15%，如果企业税后利润分配给股东，还需要缴纳 20% 的个人所得税，综合税负 32%。

目前，工资薪金、劳务报酬、特许权使用费应纳税所得额在 14.4 万元以内的税率为 10%，考虑费用扣除和专项附加扣除以后，每年每个股东发放工资 20 万元，应扣缴的个人所得税约 11 000 元，税负 5.5%。特许权使用费还可以扣除 20%，也就是欧阳林青的专利在转让前每年收取特许权使用费 10 万元，只需要按 8 万元计入应纳税所得额。

此项每年可以消化 40 万元，两年消化 80 万元。

（6）支付合同违约金。

现行个人所得税法对个人所得项目采用正列举法，征税项目中没有违约金，也就是个人取得合同违约金并不需要缴纳个人所得税，但是对于公司而言却是实实在在的损失，可以扣除。

假设 2020 年签订合同并支付定金，到 2021 年确认违约损失，假设金额预计 50 ~ 60 万元。

（7）综合方案见下表。

金额单位：万元

方法	2020 年消化	2021 年消化
利用技术服务免税政策	52.50	141
利用分公司节税	50	50
化整为零	250	250
支付股东工资	40	40
支付合同违约金		60
合计	392.50	541.00

第五章
利用专利节税风险点

科学技术是第一生产力，创新是引领发展的第一动力。加强科技研发、应用方面的协同创新，推动共享技术成果，能大大推动科技的发展。所以，国家对科技研发提供了很多支持政策，包括税收征管上的优惠政策。对于从事高科技研究，或从事发明创造、专利研究的纳税人，可以享受研发支出的加计扣除，技术转让的免税优惠，技术出资的递延政策，这些优惠，在真实业务的基础上应享尽享，是纳税人应该享收的政策红利。但是，由于专利技术价值的信息不透明和利用税收优惠政策，税务机关无从掌握企业技术转让的相关情况，技术转让行为的合理性与真实性游离于监控体系之外，企业通过虚假的技术转让交易进行节税，缺乏真实业务的支撑，其本质是偷税行为。

第一节　利用专利出资节税风险点

知识产权属于无形资产，评估其价值对专业有很高的要求，虽然经过研究，探索出了很多关于知识产权的评估方法，中国资产评估协会制订并发布了《资产评估执业准则——无形资产》和《专利资产评估指导意见》，以规范资产评估执业行为，保证资产评估执业质量。专家学者们也探索了很多确定无形资产价值的评估方法，包括市场法、收益法和成本法三种基本方法及其衍生方法。但是由专利技术不但涉及专业的科学领域，而且涉及广泛的学科知识，作为评估师，受所学知识的限制，执行某项特定业务往往缺乏特定的专业知识和经验，未必对所评估的专利技术有深入的了解，难以胜任所执行的专利资产评估业务。

税务文件所称技术包括专利（含国防专利）、计算机软件著作权、集成电路布图设计专有权、植物新品种权、生物医药新品种，以及财政部和国家税务总局确定的其他技术（以下统称专利技术）。技术的价值往往与研发成本关系不大，即使较少的研发成本，但是研发成果能解决某类产品的技术瓶颈，或者某个实用新型专利技术让产品具备超出同类产品的优势，技术实施的未来前景乐观，能给企业带来丰厚的收益，该项专利技术的评估价值会远远超出其研发成本。反之，即使投入了大量的人力物力，也可能研发失败，最终没有得到有价值的技术成果，或者只得到与投入不成正比的成果。

正是因为这些因素，让专利技术的价值缺乏可对比的参照物，对非该技术的专业人士看来，捉弄不透。这让人为操纵专利技术的价值评估存在可能性。有关部门在确认专利技术的价值时，往往依赖评估报告，有的评估机构执业不严谨，出具评估报告不负责，配合部分企业夸大或者缩小评估结果，让违法操作有机可乘。

专利技术作为企业的一项资产，运用恰当，可以给企业带来很多经营上的好处：

1. 以专利技术出资，减轻货币出资的压力

《中华人民共和国公司法》第二十七条规定："股东可以用货币出资，也可以用实物、知识产权、土地使用权等可以用货币估价并可以依法转让的非货币财产作价出资；但是，法律、行政法规规定不得作为出资的财产除外。对作为出资的非货币财产应当评估作价，核实财产，不得高估或者低估作价。法律、行政法规对评估作价有规定的，从其规定。"因此，知识产权经过评估作价，可以代替货币出资，减轻股东出资的压力。

2. 以技术增资，增加企业实力

如果企业的投资者持有技术，并且将技术提供给企业使用的，建议投资者将技术评估作价增加注册资金，充分发挥专利技术在企业资本运作方面的作用，增强企业形象和竞争力，展示外在实力，争取更多的合作机会。

3. 节税效应

专利技术增资后，作为企业的无形资产，可以在一定年限内摊销，摊销金额可在企业所得税前扣除，节省企业所得税。

国家为促进科技进步，支持技术研发，对技术转让、技术入股给予了很多税收优惠政策，纳税人充分利用相关优惠政策，应享尽享，已经是很好的税务筹划。但是有的企业，却利用专利技术价值不透明的特点，弄虚作假。

本节讨论实务中专利技术的节税案例，并分析税务风险。

【案例 5-1】 技术出资，风险解读

// 案例背景

本案例构思来自某上市公司公告，经改编成税务案例。

A 公司、B 公司和甲自然人团队（以下简称甲团队）于 2012 年共同签订《投资合作协议》，约定在 X 市共同设立新公司 X 生物。其中，A 公司以现金出资 7 000 万元，持股40%；B 公司及甲团队以三项专利技术对新公司出资，持股 60%。协议签订时，三项拟出资专利技术为 B 公司所有，假设三项专利技术账面价值为 200 万元。

// 方案运作

为加快项目建设，A 公司与 B 公司的母公司 D 公司先行出资成立 X 生物。

2013 年，甲团队在香港成立 E 公司。B 公司以账面价值将三项专利技术转让给母公司 D 公司及香港 E 公司。D 公司及 E 公司委托评估公司对三项专利进行评估。经评估，三项专利的评估值为 11 000 万元。D 公司及 E 公司签订《专利权益划分协议》，将其中一项专利划分给 D 公司，价值 2 000 万元，另外两项专利划分给 E 公司，价值 9 000 万元。

D 公司及 E 公司分别以专利按评估值作价对 X 生物增资，其中 E 公司用于出资部分为 8 500 万元，其余 500 万元计入公司资本公积。增资后 X 生物股权结构见下表。

股东名称	认缴出资额（万元）	实缴出资额（万元）	认缴出资比例（%）
香港 E 公司	8 500	8 500	48.57
A 公司	7 000	7 000	40
D 公司	2 000	2 000	11.43
合计	17 500	17 500	100

2017 年 8 月，D 公司全体自然人股东成立 F 有限合伙企业（以下简称 F 合伙企业），D 公司与 F 合伙企业签订《公司股份转让协议》，约定将 D 公司持有的 X 生物 11.43% 股权转让给 F 合伙企业，转让价款为 136 万元。

2017 年 12 月，A 公司以评估值 14 000 万元作价转让了 X 生物 7.37% 的股权。

2016 年，B 公司注销，2019 年 D 公司注销。

// 相关政策

《中华人民共和国企业所得税法》相关规定如下。

…………

第二十七条　企业的下列所得，可以免征、减征企业所得税：……（四）符合条件的技术转让所得。

《中华人民共和国企业所得税法实施条例》相关规定如下。

第九十条　企业所得税法第二十七条第（四）项所称符合条件的技术转让所得免征、减征企业所得税，是指一个纳税年度内，居民企业技术转让所得不超过 500 万元的部分，免征企业所得税；超过 500 万元的部分，减半征收企业所得税。

《财政部 国家税务总局关于将国家自主创新示范区有关税收试点政策推广到全国范围实施的通知》（财税〔2015〕116 号）相关规定如下。

…………

二、关于技术转让所得企业所得税政策

1. 自 2015 年 10 月 1 日起，全国范围内的居民企业转让 5 年以上非独占许可使用权取得的技术转让所得，纳入享受企业所得税优惠的技术转让所得范围。居民企业的年度技术转让所得不超过 500 万元的部分，免征企业所得税；超过 500 万元的部分，减半征收企业所得税。

2. 本通知所称技术，包括专利（含国防专利）、计算机软件著作权、集成电路布图设计专有权、植物新品种权、生物医药新品种，以及财政部和国家税务总局确定的其他技术。其中，专利是指法律授予独占权的发明、实用新型以及非简单改变产品图案和形状的外观设计。

《国家税务总局关于技术转让所得减免企业所得税有关问题的公告》（国家税务总局公告 2013 年第 62 号）相关规定如下。

一、可以计入技术转让收入的技术咨询、技术服务、技术培训收入，是指转让方为使受让方掌握所转让的技术投入使用、实现产业化而提供的必要的技术咨询、技术服务、技术培训所产生的收入，并应同时符合以下条件：

（一）在技术转让合同中约定的与该技术转让相关的技术咨询、技术服务、技术培训；

（二）技术咨询、技术服务、技术培训收入与该技术转让项目收入一并收取价款。

《财政部 国家税务总局关于完善股权激励和技术入股有关所得税政策的通知》（财税〔2016〕101号）相关规定如下。

…………

三、对技术成果投资入股实施选择性税收优惠政策

（一）企业或个人以技术成果投资入股到境内居民企业，被投资企业支付的对价全部为股票（权）的，企业或个人可选择继续按现行有关税收政策执行，也可选择适用递延纳税优惠政策。

选择技术成果投资入股递延纳税政策的，经向主管税务机关备案，投资入股当期可暂不纳税，允许递延至转让股权时，按股权转让收入减去技术成果原值和合理税费后的差额计算缴纳所得税。

（二）企业或个人选择适用上述任一项政策，均允许被投资企业按技术成果投资入股时的评估值入账并在企业所得税前摊销扣除。

（三）技术成果是指专利技术（含国防专利）、计算机软件著作权、集成电路布图设计专有权、植物新品种权、生物医药新品种，以及科技部、财政部、国家税务总局确定的其他技术成果。

（四）技术成果投资入股，是指纳税人将技术成果所有权让渡给被投资企业，取得该企业股票（权）的行为。

// 筹划思路

（1）居民企业以非货币性资产对外投资，应对非货币性资产进行评估并按评估后的公允价值扣除计税基础后的余额，计算确认非货币性资产转让所得。虽然符合条件的技术转让所得在500万元内免征企业所得税，500万元以外的减半征收企业所得税政策，或允许递延至转让股权时，按股权转让收入减去技术成果原值和合理税费后的差额计算缴纳所得税的政策，但是始终不能完全免除纳税义务，而且B公司经营状况不佳，可能会有债权人追偿债务或者破产的风险，即股权有可能被执行，或者递延纳税时间到期。

（2）将专利转让给关联公司或一致行动人，再进行投资。2013年6月，B公司将三项专利，以账面值转让给母公司D公司和甲团队成立的E公司，因为是按账面值转让，所以转让环节不涉及所得税。

（3）2013年9月，D公司和E公司以专利评估作价投资入股X生物。D公司与E公司签订《专利权益划分协议》，将其中一项专利划分给D公司，价值2 000万元，另外两项专利划分给E公司，价值9 000万元。

按现行政策，E公司转让专利技术所得，没有纳税义务；D公司以专利技术投资股，

可享受"技术转让所得不超过 500 万元的部分，免征企业所得税；超过 500 万元的部分，减半征收企业所得税"的优惠，或"经向主管税务机关备案，投资入股当期可暂不纳税，允许递延至转让股权时，按股权转让收入减去技术成果原值和合理税费后的差额计算缴纳所得税"的优惠。D 公司在投资入股当期未申报技术转让所得。

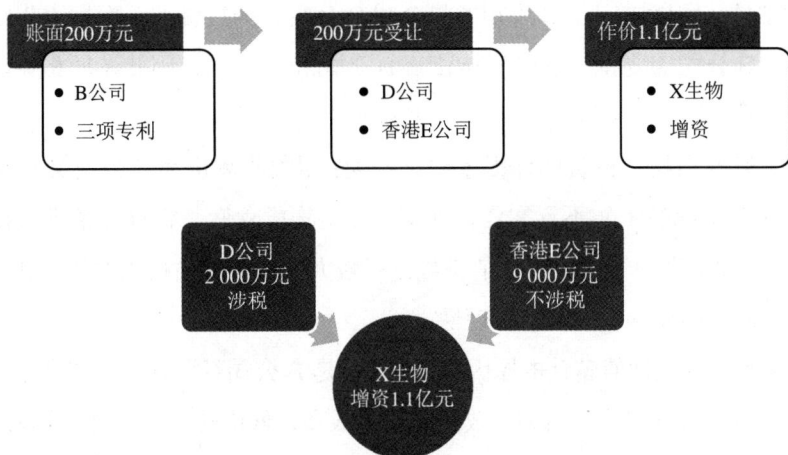

（4）D 公司将 X 生物股权以 136 万元转让给 F 合伙企业，公司持股变更为合伙企业持股权。股权收益从缴纳企业所得税变为缴纳"生产经营"所得个人所得税，如果 F 合伙企业申请核定征收方式，日后转让股权（份）所得按核定征收，可能大大降低税负。

（5）2019 年，D 公司注销，不存在被追缴税收或被税务部门处罚的风险。

// 税务风险

根据上述案例，分析如下。

（1）风险之一。

E 公司作为投资方，以专利技术投资入股，技术转让所得近 9 000 万元在内地、香港均为非应税所得，节税效果明显。

争议点：D 公司及 E 公司在按原账面价值 200 万元取得三项专利技术后又以 1.1 亿元的评估值向 X 生物出资，价格在 3 个月内差异较大的原因及合理性，是否存在税务风险？以账面值转让时是否存在价值明显偏低，非公允价值转让的税务风险？

解释：B 公司因为对三项专利技术持续研发投入且无销售收入，一直处于连续亏损、账面资金匮乏的状态。所转让技术的研发工作包括临床试验、生产设施认证、合成工艺和制药技术的进一步研发等，需要大量资金投入。然而因受获取新药证书周期较长、期间研发失败风险较大等因素的影响，多家风投机构、制药企业均未能与 B 公司达成投资意向。在无法及时获得更多外部融资的情况下，B 公司的正常经营将难以继续开展，可能存在破产清算的风险。

甲团队多方寻找融资机构，终于与 A 公司达成合作意向，三方签署《投资合作协议》成立新公司 X 生物继续研发，因 B 公司难以继续开展经营，存在破产清算的风险，若由 B 公司作为 X 生物的投资股东，可能会导致 X 生物股权不稳定，不利于 X 生物后续融资和股权激励安排，所以决定以 B 公司的母公司 D 公司作为投资方。而甲团队则以 E 公司作为投资方。B 公司需要将三项专利转让给 D 公司和 E 公司，因此参照相关产品技术账面价值进行转让。

投资时，以专利技术投资的前提条件之一为：甲团队承诺为新公司 X 生物投放其拥有或掌握的相关全部技术，不存在任何保留。X 生物成立后，将继续推进该技术的后续研发；此时，交易的背景、目的及估值基础已经较大区别，评估机构对该专利技术采用收益法评估，短时间内差异较大具有合理性。

简单说即是，以账面值转让的原因有两个：一是 B 公司经营困难，资金紧张，又无人肯投资，技术也未研发完毕，后续失败的风险也很高，低价转让是有合理原因的；二是好不容易找到投资人合作，一方出资，一方出技术投资成立新公司。B 公司转让专利技术给 D 公司和 E 公司是为了让其代替 B 公司投入到新公司去继续研发的，并非为了牟利，是非市场行为，所以才以账面值转让。

以评估值作价投资的原因：B 公司、甲团队、A 公司三方协商的合作是为了继续研发。A 公司投入资金、甲团队承诺投入技术，在此条件下，研发的条件和成功率已经比之前有了大大的改善。而投资入股是市场交易行为，应当按公允价值进行，所以应当按收益法进行评估。

这个解释理由充分吗？能支持以账面值转让环节的税务问题吗？

（2）风险之二。

纳税人认为，E 公司技术转让不涉及所得税，不需要缴纳所得税。甲团队成立 E 公司，因而 E 公司作为投资主体，以专利技术增资 X 生物，出资所得在内地无须缴纳企业所得税；E 公司不存在来自在香港所经营的行业、专业或业务的应税利润，基于对中华人民共和国香港特别行政区税务局颁布《税务条例释义及执行指引第 21 号》的理解，其在香港就产品技术出资无须缴纳利得税。

E 公司涉税情况分析：

（1）在内地无"所得"，因此无须承担缴纳企业所得税义务。

根据《中华人民共和国企业所得税法》第三条的规定，非居民企业在中国境内未设立机构、场所的，或者虽设立机构、场所但取得的所得与其所设机构、场所没有实际联系的，应当就其来源于中国境内的所得缴纳企业所得税。因此，E 公司作为非居民企业，应当就其来源于内地的所得缴纳企业所得税。

根据《中华人民共和国企业所得税法实施条例》第七条的规定，对于转让财产所得，动产转让所得按照转让动产的企业或者机构、场所所在地确定。E公司以无形资产出资增值部分，属于"动产转让所得"，因此应当按E公司所在地确定，E公司注册成立在香港，故香港E公司在内地无"所得"。

据此，E公司在内地无缴纳企业所得税义务；内地税务机关也无须就E公司以技术向X生物出资的价格进行核定。

（2）在香港有"所得"，但无缴纳利得税义务。

香港税务局发布《税务条例释义及执行指引第21号》规定，任何人士符合下列条件，便须缴纳利得税：

a. 该名人士必须在香港经营行业、专业或业务；

b. 应课税利润必须来自该名人士在香港所经营的行业、专业或业务；

c. 利润必须在香港产生或得自香港。E公司未在香港经营行业、专业或业务，也不存在来自在香港所经营的行业、专业或业务的应税利润。

根据对上述法律条文的理解，E公司在香港就产品技术出资无须缴纳利得税。综上所述，E公司以技术出资所涉及的两项专利向X生物出资所得在内地无缴纳企业所得税义务；E公司就产品技术出资存在利得，但由于E公司未在香港经营行业、专业或业务，也不存在来自在香港所经营的行业、专业或业务的应税利润，因此无须在香港缴纳利得税。

（3）风险之三。

D公司持有的X生物11.43%股权转让给F合伙企业，变公司持股为合伙企业持股权。股权收益从缴纳企业所得税变为缴纳"生产经营"所得个人所得税。

由于D公司在以专利技术出资X生物环节未申报技术转让所得纳税，所以D公司所持股权的计税基础仍然是该专利技术的原账面值（三项专利技术原账面值200万元，D公司划分到一项专利，假设原账面值是136万元），股权以136万元转让给F合伙企业，无转让所得。同时计税基础递延到F合伙企业再次转让股权时。

假如F合伙企业申请核定征收，上述股权转让收益将从25%的所得税率变成核定征收的税率，很可能大大降低税负。

争议点：D公司以专利技术向X生物出资是境内所得，应缴纳企业所得税。D公司以技术出资入股不申报技术转让所得，违反税法规定；D公司以136万元的平价转让X生物的股权，与公允价值相差很大，转让价格不是公允价格。

解释：难以有合理解释。但2019年D公司经当地税务和工商部门依法注销，D公司认为不存在被追缴税收或被税务部门处罚的风险。

税务风险：不排除未来 D 公司因技术转让、出资事项被主管税务部门追缴相应税费的风险，清算责任人或公司股东可能承担相应责任。

（4）风险之四。

以 E 公司投资持股，该筹划还有一个伏笔，众所周知，企业上市后，限售期满后出售原始股，获利一般会很丰厚。一般情况下，需要缴纳企业所得税。

而根据《内地和香港特别行政区关于对所得避免双重征税和防止偷漏税的安排》第十三条第四款、第五款规定：

四、转让一个公司股份取得的收益，而该公司的财产主要直接或者间接由位于一方的不动产所组成，可以在这一方征税。

公司财产不少于百分之五十由位于一方的不动产所组成，按以下规定执行：在股份持有人转让公司股份之前三年内，该公司财产至少百分之五十曾经为不动产。

五、除第四款外，一方居民转让其在另一方居民公司资本中的股份或其他权利取得的收益，如果该收益人在转让行为前的十二个月内，曾经直接或间接参与该公司至少百分之二十五的资本，可以在该另一方征税。

E 公司持股假如在 25% 以下，转让股份时内地将不能征税。

X 生物上市前，E 公司持有大约 28% 的股份，以后如果要抛售股份，可以通过分次转让，即先将股权减至 25% 以下，或者将股份稀释至 25% 以下，再转让余下股份，则内地不能对 E 公司征收所得税。

如果企业不上市，就不需要发布公告，两次交易是分开进行的。第一次交易，转让专利技术时，税务机关一般不会质疑以账面值转让，导致价格不公允，因为技术的价值本身就很难确定，会被当成普通的技术转让交易来看待。第二次专利出资从形式上看也是一个单独的交易，单独按本次交易的情况进行税务处理，不会和第一次转让交易连起来分析。

// 延伸讨论

E 公司转让专利技术所得，是否不属于内地所得？

E 公司认为，根据《中华人民共和国企业所得税法》第三条规定："非居民企业在中国境内地未设立机构、场所的，或者虽设立机构、场所但取得的所得与其所设机构、场所没有实际联系的，应当就其来源于中国境内的所得缴纳企业所得税。"E 公司未在内地未设立机构、场所的，所以只对其来源于内地的所得缴纳企业所得税。

根据《中华人民共和国企业所得税法实施条例》第七条的规定，动产转让所得按照转让动产的企业或者机构、场所所在地确定。香港 E 公司以无形资产出资增值部分，属于"动产转让所得",因此应当按香港 E 公司所在地确定,香港 E 公司在香港注册,所在地在香港,因此,E 公司转让动产所得,不属于《中华人民共和国企业所得税法》规定的内地所得,不需要在内地缴纳所得税。

专利技术转让所得是"动产转让所得"吗?先要确定专利技术是否属于"动产"。

(1)税法文件没有对"动产"作出定义,但是对"不动产"有相关定义。可参考《财政部 国家税务总局关于全面推开营业税改征增值税试点的通知》(财税〔2016〕36 号)附件 1"关于销售无形资产、不动产的注释":

销售无形资产,是指转让无形资产所有权或者使用权的业务活动。无形资产,是指不具实物形态,但能带来经济利益的资产,包括技术、商标、著作权、商誉、自然资源使用权和其他权益性无形资产。

技术,包括专利技术和非专利技术。

销售不动产,是指转让不动产所有权的业务活动。不动产,是指不能移动或者移动后会引起性质、形状改变的财产,包括建筑物、构筑物等。

建筑物,包括住宅、商业营业用房、办公楼等可供居住、工作或者进行其他活动的建造物。

构筑物,包括道路、桥梁、隧道、水坝等建造物。

所以,专利技术不属于不动产,在增值税范畴属于无形资产。既然专利技术不属于不动产,是否属于企业所得税范畴的"动产"呢?再来看《中华人民共和国企业所得税法实施条例》第七条的规定:

《中华人民共和国企业所得税法》第三条所称来源于中国境内、境外的所得,按照以下原则确定:

> (一)销售货物所得,按照交易活动发生地确定;
>
> (二)提供劳务所得,按照劳务发生地确定;
>
> (三)转让财产所得,不动产转让所得按照不动产所在地确定,动产转让所得按照转让动产的企业或者机构、场所所在地确定,权益性投资资产转让所得按照被投资企业所在地确定;
>
> (四)股息、红利等权益性投资所得,按照分配所得的企业所在地确定;
>
> (五)利息所得、租金所得、特许权使用费所得,按照负担、支付所得的企业或者机构、场所所在地确定,或者按照负担、支付所得的个人的住所地确定;
>
> (六)其他所得,由国务院财政、税务主管部门确定。

法规的表述是要求严谨的,第七条的六种所得划分是不会重合的,专利转让所得只能属于上述其中一种所得,到底属于哪一种呢?用淘汰法进行选择,(一)(二)(四)(六)

显然不是，余下分类中（四）"动产转让所得"、（五）"特许权使用费所得"，应当归属哪个，税务机关是否会有不同意见呢？

（2）先判断专利转让所得是否属于"特许权使用费所得"。

《中华人民共和国企业所得税法实施条例》第二十条规定："企业所得税法第六条第（七）项所称特许权使用费收入，是指企业提供专利权、非专利技术、商标权、著作权以及其他特许权的使用权取得的收入"，可知"特许权使用费所得"是提供"使用权"的所得，而不是转让"所有权"，使用权跟所有权是不同的，财产所有权是指所有人依法对自己的财产享有占有、使用、收益和处分的权利，包括占有权、使用权、收益权和处分权四项。专利许可使用属于"特许权使用费所得"，专利所有权转让，则不属于"特许权使用费所得"。

（3）专利权属于财产。专利技术跟非专利技术不同，非专利技术是指不为外界所知的、在生产经营活动中已采用了的、不享有法律保护的各种技术和经验。专利权是发明创造人或其权利人对特定的发明创造在一定期限内依法享有的独占实施权，是知识产权的一种。专利权属于财产权，专利转让是指专利权人作为转让方，将其发明创造专利的所有权或将持有权移转受让方，受让方支付约定价款。转让专利与许可专利的区别是，许可专利是将专利的使用权一部分让与他人，专利权人在许可合同中对专利权处分的是使用权而不是所有权，转让专利权时专利权人处分的是所有权。因此，转让专利权收入属于财产转让收入。

而在比较早的文件《关于居民企业技术转让有关企业所得税政策问题的通知》（财税〔2010〕111号）中，也对技术转让的范围作了明确："技术转让的范围，包括居民企业转让专利技术、计算机软件著作权、集成电路布图设计权、植物新品种、生物医药新品种，以及财政部和国家税务总局确定的其他技术。其中：专利技术，是指法律授予独占权的发明、实用新型和非简单改变产品图案的外观设计。"

专利权的获得，要由申请人向国家专利机关提出申请，经国家专利机关批准并颁发证书，专利权登记在专利权人名下，属于专利权人的财产。专利转让必须要得到专利局的许可。只有登记备案后专利转让才能生效，这就是平时所说的专利过户。

简单来说，专利权在法律上是有明确权利人的，有权属证书的，是权利人的法律财产，而非专利技术则不然。

综上三点所述，E公司向国内居民企业转让专利权，按照有关规定办理转让手续，专利登记在新权利人名下，该转让所得就属于《中华人民共和国企业所得税法实施条例》规定的转让财产所得中的动产转让所得。反而，假如没有办理有关手续，变更专利权人，则没有完成专利权的转让，不属于转让财产所得，应属于提供"特许权使用费"所得，需要缴纳企业所得税。

小结：综上分析，E公司已经有足够的理由认为其专利出资非内地所得。因为，E公司只需要坚持专利权是动产，转让专利权属于转让动产所得。假如税务机关要否定，那么证明专利权不是动产的举证责任，将由税务机关承担。而显然，税务机关难以证明转让专利权是哪一种所得。

举一反三，将案例中的专利技术变换成计算机软件著作权、集成电路布图设计权等知识产权，也会有相同的效果。

再来看看 2013 年《内地和香港特别行政区关于对所得避免双重征税和防止偷漏税的安排》(以下简称《安排》) 的有关规定：

第十三条　财产收益

一、一方居民转让第六条所述位于另一方的不动产取得的收益，可以在该另一方征税。

二、转让一方企业在另一方的常设机构营业财产部分的动产，包括转让常设机构 (单独或者随同整个企业) 取得的收益，可以在该另一方征税。

三、一方企业转让从事海运、空运和陆运的船舶或飞机或陆运车辆，或者转让属于经营上述船舶、飞机、陆运车辆的动产取得的收益，应仅在该一方征税。

四、转让一个公司股份取得的收益，而该公司的财产主要直接或者间接由位于一方的不动产所组成，可以在该一方征税。

(《内地和香港特别行政区关于对所得避免双重征税和防止偷漏税的安排第二议定书》第四条，《安排》第十三条第四款及议定书第二条提及的公司财产不少于百分之五十由位于一方的不动产所组成，按以下规定执行：在股份持有人转让公司股份之前三年内，该公司财产至少百分之五十曾经为不动产。)

五、除第四款外，一方居民转让其在另一方居民公司资本中的股份或其他权利取得的收益，如果该收益人在转让行为前的十二个月内，曾经直接或间接参与该公司至少百分之二十五的资本，可以在该另一方征税。

六、转让第一款至第五款所述财产以外的其他财产取得的收益，应仅在转让者为其居民的一方征税。

《安排》第十三条财产收益，第 (一) 至 (五) 非常明确列举可以对香港居民公司在内地征税的情况，香港 E 公司均不符合征税条件。而第六款则完全排除了对其他财产收益的征税权。仅凭《安排》，香港 E 公司 2013 年在内地转让专利权，就已经有充分依据不在内地缴纳所得税。

当然，原第 (六) 款在 2015 年被《安排》第四议定书取消了。从此以后，除了 (一) 至 (五) 以外的财产收益，所得税按国内法征收。

【案例 5-2】技术增资，摊销减税

// 案例背景

税月公司是生产企业，其生产核心技术是股东小明所研发的一项独家技术，小明研发该项技术所支出成本是 10 万元，并无相关票据。由于技术解决了产品的一个关键问题，税月公司的产品有较强的市场竞争力。据评估，该项技术为税月公司将带来 1 000 万元的收益。税月公司的产品有较高的毛利润，税前利润较高，税月公司希望降低企业所得税税负。

// 筹划方案

小明以技术作价 1 000 万元对公司进行增资。

// 相关政策

《关于个人非货币性资产投资有关个人所得税政策的通知》（财税〔2015〕41 号）相关规定如下。

一、个人以非货币性资产投资，属于个人转让非货币性资产和投资同时发生。对个人转让非货币性资产的所得，应按照"财产转让所得"项目，依法计算缴纳个人所得税。

二、个人以非货币性资产投资，应按评估后的公允价值确认非货币性资产转让收入。非货币性资产转让收入减除该资产原值及合理税费后的余额为应纳税所得额。

个人以非货币性资产投资，应于非货币性资产转让、取得被投资企业股权时，确认非货币性资产转让收入的实现。

三、个人应在发生上述应税行为的次月 15 日内向主管税务机关申报纳税。纳税人一次性缴税有困难的，可合理确定分期缴纳计划并报主管税务机关备案后，自发生上述应税行为之日起不超过 5 个公历年度内（含）分期缴纳个人所得税。

四、个人以非货币性资产投资交易过程中取得现金补价的，现金部分应优先用于缴税；现金不足以缴纳的部分，可分期缴纳。

个人在分期缴税期间转让其持有的上述全部或部分股权，并取得现金收入的，该现金收入应优先用于缴纳尚未缴清的税款。

五、本通知所称非货币性资产，是指现金、银行存款等货币性资产以外的资产，包括股权、不动产、技术发明成果以及其他形式的非货币性资产。

本通知所称非货币性资产投资，包括以非货币性资产出资设立新的企业，以及以非货

币性资产出资参与企业增资扩股、定向增发股票、股权置换、重组改制等投资行为。

《关于完善股权激励和技术入股有关所得税政策的通知》（财税〔2016〕101号）相关规定如下。

三、对技术成果投资入股实施选择性税收优惠政策

（一）企业或个人以技术成果投资入股到境内居民企业，被投资企业支付的对价全部为股票（权）的，企业或个人可选择继续按现行有关税收政策执行，也可选择适用递延纳税优惠政策。

选择技术成果投资入股递延纳税政策的，经向主管税务机关备案，投资入股当期可暂不纳税，允许递延至转让股权时，按股权转让收入减去技术成果原值和合理税费后的差额计算缴纳所得税。

（二）企业或个人选择适用上述任一项政策，均允许被投资企业按技术成果投资入股时的评估值入账并在企业所得税前摊销扣除。

（三）技术成果是指专利技术（含国防专利）、计算机软件著作权、集成电路布图设计专有权、植物新品种权、生物医药新品种，以及科技部、财政部、国家税务总局确定的其他技术成果。

（四）技术成果投资入股，是指纳税人将技术成果所有权让渡给被投资企业、取得该企业股票（权）的行为。

四、相关政策

…………

（二）个人因股权激励、技术成果投资入股取得股权后，非上市公司在境内上市的，处置递延纳税的股权时，按照现行限售股有关征税规定执行。

（三）个人转让股权时，视同享受递延纳税优惠政策的股权优先转让。递延纳税的股权成本按照加权平均法计算，不与其他方式取得的股权成本合并计算。

（四）持有递延纳税的股权期间，因该股权产生的转增股本收入，以及以该递延纳税的股权再进行非货币性资产投资的，应在当期缴纳税款。

// 筹划分析

（1）专利技术增资后，作为企业的无形资产，可以在一定年限内摊销，摊销金额可在企业所得税前扣除，节省企业所得税。股东小明以技术增资A公司，按评估值1 000万元作价，作为无形资产核算，在10年内摊销，每年摊销100万元，每年节税25万元（100×25%）。摊销完毕后共节税250万元（1 000×25%）。

（2）小明以技术出资，应按评估后的公允价值确认非货币性资产转让收入。非货币性资产转让收入减除该资产原值及合理税费后的余额为应纳税所得额。个人以非货币性资产投资，应于非货币性资产转让、取得被投资企业股权时，确认非货币性资产转让收入的实现。小明可选择税收优惠政策："自发生上述应税行为之日起不超过 5 个公历年度内（含）分期缴纳个人所得税"或者"选择技术成果投资入股递延纳税政策的，经向主管税务机关备案，投资入股当期可暂不纳税，允许递延至转让股权时，按股权转让收入减去技术成果原值和合理税费后的差额计算缴纳所得税。"

小明选择递延至转让股权时再缴纳所得税的优惠政策，即只要小明不转让 A 公司的股权，就一直不需要缴纳个人所得税。

// **税务风险**

该方案从政策方面是完全可行的，筹划的关键点是专利技术评估价值的真实性与合理性：一是需要有评估机构能够按照设定的价值出具评估报告；二是评估机构就对评估价值有详细的技术报告，以便在税务机关质疑合理性时，能够自圆其说。

第二节 利用技术转让节税

【案例 5-3】技术免税，转移利润

// **案例背景**

税月公司是生产企业，税月公司的产品有较强的市场竞争力，产品有较高的毛利润，税前利润较高，税月公司希望降低企业所得税税负。

// **筹划方案**

税月公司另外成立一家研发公司 A 公司，专门从事技术研发活动。经中介机构介绍，A 公司以 10 万元购入一项专利技术，经过适当改良后，该专利技术改良后能明显提高税月公司产品的竞争力。

【方案一】转让专利技术所有权

A 公司将该专利技术转让给税月公司，作价 500 元，A 公司免征企业所得税。

税月公司购入专利技术后，作为无形资产核算，在 10 年内摊销。每年摊销 50 万元，每年节税 12.5 万元（50×25%）。

10 年摊销完毕后，税月公司节税 = 500×25% = 125（万元）

【方案二】转让 5 年非独占许可使用权

A 公司与税月公司签订专利使用权许可协议，将该专利 5 年非独占许可使用权转让给税月公司，作价 500 万元，A 公司免征企业所得税。

税月公司购入专利技术后，作为无形资产核算，在 5 年内摊销，每年摊销 100 万元，即每年节税：

100×25% = 25（万元）

5 年期满后，A 公司与税月公司再次签订 5 年非独占使用权许可协议。

10 年摊销完毕后税月公司共节税 = 1 000×25% = 250（万元）

经对比，方案二节税效果更明显。A 公司持续的研发活动将每年为税月公司提供 500 万元新技术使用权转让。

// 案例分析

（1）税务筹划的常用方法之一是将应税收入转化为免税收入或者不征税收入。

（2）一个纳税年度内，居民企业技术转让所得不超过 500 万元的部分，免征企业所得税。可以筹划将税月公司的利润以购买专利技术的方式转移到另一个公司，从而在另一个公司免税。

（3）生产制造业的产品生产流程需要多种制造技术。很多企业为了保持产品竞争力，购买或者自行研究相关专利技术。税月公司也打算在技术更新方面持续投入资金，促进产品更新换代，使购买专利技术更具合理性。

（4）根据《财政部 国家税务总局关于将国家自主创新示范区有关税收试点政策推广到全国范围实施的通知》（财税〔2015〕116 号）规定，居民企业转让 5 年以上非独占许可使用权取得的技术转让所得，纳入享受企业所得税优惠的技术转让所得范围。年度技术转让所得不超过 500 万元的部分，免征企业所得税。因此，税月公司可以购买专利技术所有权，也可以购买 5 年以上非独占许可使用权。

// 税务风险

（1）技术转让价格的合理性。该方案可能存在故意提高专利技术的转让价格，让转让方应用企业所得税减免政策，受让方转移利润。

（2）专利技术的适用性。该专利技术与税月公司的生产经营是否相关，有没有在税月公司的产品中应用该专利。

【案例 5-4】 非专利技术许可节税

// 案例背景

红红公司是食品企业，部分产品的配方由股东小红提供，为了能长期享有配方的利益，小红认为把配方作为商业秘密保护，一是不需要公开食品配方；二是可以实现永久性保护，因此不对配方申请专利。因为配方独特，红红公司的产品很受欢迎，公司利润可观，预计每年利润接近 2 000 万元。红红公司与小红签订配方使用许可，使用费每年 100 万元；如小红改良配方，红红公司可以优先获得许可使用权。

// 案例分析

（1）由于小红没有申请专利，不能享受专利技术的税收优惠政策。但是非专利技术可以许可使用，被许可方需要支付特许权使用费。

（2）以支付特许权使用费的方式节税，关键点是交易双方之间的税负差，小红取得特许权使用费，纳入综合所得，适用 3% 至 45% 的超额累进税率缴纳个人所得税；红红公司适用 25% 的企业所得税，公司利润正常分配给小红需要缴纳 20% 的个人所得税，整体税负达到 40%。在许可使用费比较高的情况，综合所得的整体税负也比较高，节税效果不明显。

// 税务风险

不排除有企业虚构非专利技术转移利润，目前对保密配方等非专利技术的管理，出现难以识别，甚至出现了编造配方的情形，利用虚构技术进行节税的行为。

第六章

利用税收监管漏洞并非节税

　　有的纳税人在进行纳税"筹划"时，目的非常明确，所以有一种"筹划"，不仅钻税法的空子，更是钻监管的漏洞。监管的漏洞可能是税收征管的漏洞，也可能是相关部门监管的漏洞。本章讨论几个这样的案例。

第一节　利用信息不对称偷税

【案例 6-1】 逃避纳税，利息变成违约金

// 案例背景

【改编自税务案件】2013 年初，A 公司因项目开发建设需要，与林某和陈某达成协议，以 A 公司部分房产作为抵押向林某和陈某合计借款 5 500 万元，月息 5%，利息按月支付，期限 1 年。

双方签订总价为 5 500 万元的《商品房买卖合同》，并到房地产管理中心备案登记。合同约定的违约责任为出卖人应在 2013 年 12 月 30 日前将符合合同约定的商品房交付买受人，出卖人逾期交房不超过 30 日，出卖人按日向买受人支付已付款万分之零点五的违约金；超过 30 日，买受人有权解除合同，出卖人应当自买受人解除合同书面通知到达之日起 1 日内退还全部已付款，并按买受人已付款的 20% 向买受人支付违约金。继续履行合同的，出卖人按实际逾期的天数计算每日向买受人支付已付款的万分之零点六。

林某和陈某支付给 A 公司人民币 5 500 万元之后，就按月收取交易金额的 5%，林某和陈某陆续收到 A 公司转入资金共计人民币 9 328 万元，林某和陈某共获利人民币 3 828 万元。2014 年一年放贷期满，林某、陈某和 A 公司通过仲裁委员会仲裁解除上述商品房买卖合同。

2015 年，税务机关对该借款交易立案调查，林某提供一份《补充条款》，《补充条款》约定 A 公司每月应付林某已交纳购房款总额的 5% 作为违约金，即每月支付给林某、陈某人民币 275 万元，违约起始时间从签订合同两个月后起算。《补充条款》对违约金的约定与商品房买卖合同明显不同。两份合同签约时间前后相差一天，《补充条款》加重对 A 公司的违约责任，A 公司主动支付大幅高于《商品房买卖合同》约定额度违约金的行为，违反商品房买卖交易习惯。税务机关对该份《补充条款》真实性不予认可，认定该交易事项属于民间借贷关系，认定出借行为属于金融保险行业而征收相应税费。因此，税务机关作出税务处理决定，追缴相关税款。

// 案例分析

此案例是典型的以房产为抵押担保的借贷关系。贷款交易属于应税行为，出借方收取贷款利息。2016 年 4 月 30 日之前，属于营业税的征税范围；2016 年 4 月 30 日之后，

属于增值税的征税范围，同时利息收入也属于个人所得税的应税所得。为了逃避纳税义务，纳税人意图将利息称作违约金。

违约金是目前税收规定的空白点，违约金不属于多个税种的应税收入，取得违约金的一方，不需要开具发票，不需缴纳流转税费；如果是个人，违约金不属于个人所得税的征税范围，不需缴纳个人所得税。支付违约金的一方也不需要索取发票入账，凭相关的合同、违约证据等资料和收据即可入账，并可在企业所得税税前扣除。所以，违约金成为违法节税的"筹划"方式。

案例中的林某、陈某与 A 公司签订《商品房买卖合同》，目的是以房产作为借款抵押担保，还没有考虑到利息税费的"筹划"，所以《商品房买卖合同》中的违约金不符合"筹划"要求。当税务机关稽查之后，纳税人想通过《补充协议》对违约金进行约定，把每月收取的利息当成违约金，但是亡羊补牢，为时已晚，突兀的《补充协议》显得极不合理，纳税人也难以解释为什么交易对手愿意接受不公平的《补充协议》，再加上其他相关证据不足，最终还是被税务机关追缴税款。

案例没有提前"筹划"，而是临时通过《补充协议》强行将利息解释为违约金，两份合同前后矛盾，不具有合理性。但是此案例揭开了这类纳税"筹划"的面纱，不排除还会发生其他类似案例，假借违约金之名支付交易费用节税。

第二节　利用税收征管漏洞偷税

【案例 6-2】 利用征管一般查三年账簿的漏洞

// 案例背景

某外商投资企业 A 公司成立于 20 世纪 90 年代，当时 A 公司以非常低的价格从某村委会购得土地 40 亩，取得了国有土地使用证，登记在 A 公司名下。A 公司在上面自建厂房，土地和厂房共耗资 200 万元（土地 50 万元，厂房 150 万元），由股东支付。厂房没有办证，土地和厂房都没有入账。

2020 年，A 公司受经济环境的影响，停产停业。由于公司名下有土地，暂时不考虑注销。公司存续期间，准备将厂房出租，承租方要求开具租赁发票，但是由于厂房不在公司账上，出租收入和开票都存在税务上的问题。所以 A 公司要求财务人员将土地、厂房入账。财务人员提出两个方案：

方案一：以历史成本 200 万元入账。

借：无形资产——土地使用权 500 000

　　固定资产——厂房 1 500 000

　　贷：其他应付款——股东 2000 000

方案二：评估入账，预计评估值 4 000 万元（土地 3 000 万元，厂房 1 000 万元）。

借：无形资产——土地使用权 30 000 000

　　固定资产——厂房 10 000 000

　　贷：资本公积 40 000 000

// 案例分析

暂且不讨论会计处理是否正确，且说方案二的目的是什么呢？财务人员为什么建议评估入账？经过了解发现，目的有两个：

（1）因为 A 公司停产停业后，将厂房长期出租，一年出租收入 400 万元，但是 A 公司只有少量费用发生，将导致每年的利润接近 400 万元，企业所得税近 100 万元。财务是计划评估入账后，等 3 年左右就开始计提折旧。

（2）待若干年后，A 公司再注销时，按注销查账 3 年的惯例，也不会追溯到当年评估入账的问题了。处置资产时按账面成本确认，虚增成本。

// 税务风险

（1）土地在 A 公司名下，厂房没有办理房产证，价款由股东支付，所以 A 公司并未取得土地、厂房入账的合法凭证，摊销、折旧均不能税前扣除。

（2）A 公司的土地、厂房实际成本仅 200 万元，年摊销、折旧额较低。A 公司为提高折旧费用，将厂房评估入账，将折旧在税前扣除，是违反税法规定的。

《中华人民共和国税收征收管理法》第六十三条规定：纳税人伪造、变造、隐匿、擅自销毁账簿、记账凭证，或者在账簿上多列支出或者不列、少列收入，或者经税务机关通知申报而拒不申报，或者进行虚假的纳税申报，不缴或者少缴应纳税款的，是偷税。对纳税人偷税的，由税务机关追缴其不缴或者少缴的税款、滞纳金，并处不缴或者少缴的税款 50% 以上 5 倍以下的罚款；构成犯罪的，依法追究刑事责任。

【案例 6-3】 变更税收管理系统的登记信息

// 案例背景

改编自行政诉讼判决书：A 能源公司成立于 2018 年 9 月，公司组成人员 7 人，工商登记经营范围有"成品油批发"。金税三期税收管理系统平台显示为原油加工及石油制品制造，征收方式为查账征收。

2018年11月至12月，A公司实现销售收入22 447万元，实现毛利近1 000万元，已申报缴纳税收333万元（其中含增值税277万元）。12月3日，网上申报提示需要缴纳消费税。A公司向税局工作人员咨询后改为手工申报，11－12月，A公司于前台手工申报。A公司11－12月前台申报时，填写抵扣、减免消费税约8 170万元。A公司购进货物，未通过增值税发票管理新系统中成品油发票开具发票。2019年1月－2月，税务局三次发出"税务事项通知书"，通知A公司更正申报、补缴消费税。后作出"税务处理决定书"，决定A公司应当补缴消费税约8 170万元。2019年6月，稽查局作出"税务行政处罚决定书"。认定A公司通过在税务"金三系统"变更企业经营性质，将商贸企业变更为工业企业的手段，利用工业企业消费税的申报方式。对不符合消费税抵免资格条件的采取抵扣和减免手法，通过虚假申报，非法抵免消费税约8 170万元。经税务局多次催缴，A公司仍拒绝缴纳，少缴纳消费税、城建税、印花税合计税款约8 755万元，税务局做出处1倍的罚款，即约8 755万元。

［参考案例：江西第肆极能源发展有限公司、国家税务总局江西赣江新区税务局稽查局税务行政管理（税务）二审行政判决书〔2020〕赣71行终189号〕

// 税务风险

正如同税务局所言，A公司明知其销售成品油产生了消费税，未经税务机关审核消费税抵免，采取欺骗隐瞒手段，擅自将未缴的税款填入已缴税款或减免税额栏抵免消费税，构成"虚假申报"。

A公司通过在税务"金三系统"变更企业经营性质，将商贸企业变更为工业企业的手段，利用工业企业消费税的申报方式，是为了在购进成品油后，证明其是经过加工调配再销售的，以工业企业申报消费税，可以抵免购买成油品环节的消费税。

但是，抵免消费税需要备案，还需要取得成品油专用发票。所以，即使是登记为生产企业，A公司也不具备抵免消费税的条件。于是，A公司擅自将未缴的税款填入已缴税款或减免税额栏抵免消费税，达到不需缴纳消费税的目的。

【案例6-4】 个人股权工商直接变更不申报纳税

// 案例背景

2018年初，自然人小明和小红成立A有限责任公司，公司实收资本100万元，小明出资 40 万元，占 40% 的股权比例；小红出资 60 万元，占 60% 的股权比例。经过三年的运营，公司发展势头良好，至 2020 年底，公司账面净资产 300 万元，净资产公允价值 1 000 万元，其中包括三间商铺。小明与第三人小张达成股权转让协议，以人民币 500 万元转让其所持有的股权，双方签订"阴阳合同"，将平价 40 万元转让的协议提交工商部门办理股权变更手续。小明未申报缴纳股权转让个人所得税，小张也未代扣代缴个人所得税。

// 案例分析

（1）A 公司拥有商铺，但申报股权转让的收入低于股权对应的净资产公允价值份额，视为股权转让收入明显偏低，没有合理理由的，税务机关有权核定股权转让收入。所以，小明采取了不申报的方式来规避纳税义务。

（2）自然人转让股权，办理工商变更时，不需要提供完税证明，所以小明不申报纳税也能将股权变更到小张名下。同时采取了最常用的"阴阳合同"的方式，形式上平价转让，不产生转让所得，税务机关即使以后发现小明没有申报个人所得税，也发现不了真实的合同，不能证明股权转让真实的交易额，从而难以定性小明"偷税"。

（3）5 年后，已经超过追征期，即使税务机关发现该次股权转让没有申报纳税，也不能再追征。

// 税务风险

（1）这是故意逃避纳税责任，被税务机关发现，有追缴税款及滞纳金的风险。

（2）是否属于"偷税"而不适用 5 年追征期，不同的税务机关有不同的观点。

（3）税务机关日渐重视个人股权转让的税收征管。目前已有青岛市、惠州市、阳江市、中山市等多地明确发文规定：股权转让，需先查验完税凭证再办变更登记。预计这将会是未来个税监管的趋势。

// 相关政策

《股权转让所得个人所得税管理办法（试行）》相关规定如下。

第十二条　符合下列情形之一，视为股权转让收入明显偏低：

（一）申报的股权转让收入低于股权对应的净资产份额的。其中，被投资企业拥有土地使用权、房屋、房地产企业未销售房产、知识产权、探矿权、采矿权、股权等资产的，申报的股权转让收入低于股权对应的净资产公允价值份额的。

国家税务总局关于未申报税款追缴期限问题的批复（国税函〔2009〕326 号）相关规

定如下。

《中华人民共和国税收征收管理法》第六十四条第二款规定的纳税人不进行纳税申报造成不缴或少缴应纳税款的情形不属于偷税、抗税、骗税，其追征期按照税收征管法第五十二条规定的精神，一般为三年，特殊情况可以延长至五年。

《中华人民共和国税收征收管理法》相关规定如下。

第六十四条 纳税人、扣缴义务人编造虚假计税依据的，由税务机关责令限期改正，并处五万元以下的罚款。

纳税人不进行纳税申报，不缴或者少缴应纳税款的，由税务机关追缴其不缴或者少缴的税款、滞纳金，并处不缴或者少缴税款的百分之五十以上五倍以下的罚款。

【案例6-5】利用简易注销且不处置资产违法节税

// 案例背景

"放管服（即简政放权、放管结合、优化服务的简称）"改革，激活了市场活力，大大改善了创业办公司"生的容易，死的困难"，注册容易注销难的问题。改善了经营环境，市场主体自由进出有了更大的自主权。

2016年，全面推进企业简易注销登记改革以来，各部门大力度推进优化企业注销程序。通过查询文件，以某省简易注销流程图为例：

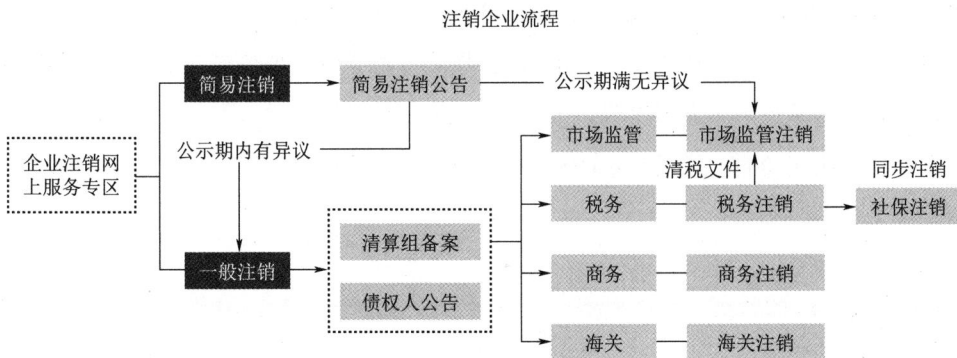

注销企业流程

企业申请简易注销流程后，工商管理部门将企业拟申请简易注销登记信息推送给税务部门。对于经查询系统显示为以下情形的纳税人，税务部门不提出异议：一是未办理过涉税事宜的纳税人，二是办理过涉税事宜但没领过发票、没有欠税和没有其他未办结事项的纳税人，三是在公告期届满之日前已办结缴销发票、结清应纳税款等清税手续的纳税人。

所以，一般企业申请简单注销后，在公告期内到税务机关办理缴销发票、结清应纳税款等清税手续即可。符合条件的企业不需要查账，以企业诚信申报为前提。

"放管服"是政府给公民的自主权，前提就是要诚信申报，但是不排除个别企业利用便利钻空子，进行违法操作，虚假申报。例如，注销清算过程中不处置股权、房屋建筑物等资产，逃避纳税，将简易注销用于违法的"税务筹划"。

自然人小明原是 A 公司的股东，持有 A 公司 100% 股权。2020 年 6 月，A 企业办理简易注销，并已清算完毕。A 公司存续期间参股甲公司，A 公司将部分经营利润作为实收资本投入到甲公司中，与 B 公司分别持有甲公司 50% 的股权，A 公司注销清算时，没有处置该股权。A 公司注销后，小明想将甲公司的股权转让给 B 公司，B 公司将股权收购款支付给小明。

// 案例分析

（1）公司注销应该依法清算，对其债权债务、公司资产作出清偿和处置，并需要进行企业清算的企业所得税处理，在企业结束自身业务、处置资产、偿还债务以及向所有者分配剩余财产等经济行为时，对清算所得清算所得税、股息分配等事项的处理。因此，A 公司在注销前，应该依法清算，对甲公司的股权进行处置，处置所得纳入清算所得并缴纳企业所得税。A 公司清算后向所有者小明分配剩余财产时，小明对超过收回投资的部分，应该缴纳个人所得税。

（2）自然人小明 100% 持股 A 公司，A 公司持续期间产生经营利润，假如分配给股东，股东需要缴纳 20% 的个人所得税。A 公司将经营利润用于投资甲公司，A 公司清算时不处置对甲公司的投资，不产生相应的清算所得，逃避了股权增值产生的企业所得税和清算处置后分配给股东的个人所得税。

（3）A 公司注销后，原股东小明再将甲公司的股权转让，小明个人收取股权转让款，逃避纳税义务。

// 税务风险

（1）不处置资产就注销，逃避纳税，实际就是虚假申报。即使公司注销，税务机关应可以追究股东违法清算的责任，追缴税款。

（2）A 企业在注销前，应当进行清算，其在甲公司享有的权益也在清算之列。现 A 公司未将其在甲公司享有的权益进行清算，A 公司注销后，其原持有的甲公司的 50% 股权变成无主之物，在法律上并不属于原 A 公司的股东小明所有。A 公司原股东小明不能享有甲公司的股权和股东权益。

（3）企业在注销登记中隐瞒真实情况、弄虚作假，登记机关可以依法做出撤销注销登记等处理。在恢复企业主体资格的同时将该企业列入严重违法失信企业名单，并通过企业信用信息公示系统公示。有关利害关系人可以通过民事诉讼，主张其相应权利。

（4）甲公司50%股权的原所有人A公司已经注销，股权如需变更，将A公司已经注销而无法办理过户手续。在该案例中，因为股权受让方是B公司，即使不过户，B公司也将全部拥有甲公司。但是如需要转让给第三方，将难以实现过户。

// 相关法规

《中华人民共和国公司法》相关规定如下。

第一百八十三条　公司因本法第一百八十条第（一）项、第（二）项、第（四）项、第（五）项规定而解散的，应当在解散事由出现之日起十五日内成立清算组，开始清算。有限责任公司的清算组由股东组成，股份有限公司的清算组由董事或者股东大会确定的人员组成。逾期不成立清算组进行清算的，债权人可以申请人民法院指定有关人员组成清算组进行清算。人民法院应当受理该申请，并及时组织清算组进行清算。

《企业注销指引》相关规定如下。

…………

10. 企业在注销登记中隐瞒真实情况、弄虚作假的，登记机关可以依法做出撤销注销登记等处理。在恢复企业主体资格的同时将该企业列入严重违法失信企业名单，并通过国家企业信用信息公示系统公示，有关利害关系人可以通过民事诉讼主张其相应权利。（依据《中华人民共和国公司登记管理条例》第六十五条，《严重违法失信企业名单管理暂行办法》第五条第二款）。

// 拓展阅读

B公司有三个股东，即A、C、D企业，A企业持有B公司50%的股权，A企业有甲、乙、丙、丁四个自然人合伙人。后来A企业因故注销。注销清算时，未处置B公司的股权。

甲、乙、丙三人认为：甲、乙、丙是A企业的合伙人，A企业已经办理工商注销登记。A企业的资产在偿还债务后剩余资产由合伙人享有，如有未清偿完毕的债务则由合伙人承担连带责任。A企业注销时经清算债务已经处理完毕，故清算后遗漏的剩余资产，依法由合伙人享有。因此，甲、乙、丙三人要求法院确认A企业原持有的B公司股权归A企业原合伙人所有。

但是，B公司不同意，B公司认为：《中华人民共和国公司法》仅规定自然人死亡后，其合法继承人可以承继其股东资格权利，并未授予合伙人在合伙企业解散后继承股东资格的权利，所以甲、乙、丙三人想获得B公司股权只能通过经清算进行股权转让方式取得。

通过股权转让方式取得股权，应当严格遵循《中华人民共和国公司法》第七十一条的规定，经其他股东过半数同意。甲、乙、丙在未经其他股东过半数同意就主张享有股东资格。

法院支持了 B 公司的观点：A 企业已注销。在注销前，A 企业应当进行清算，其在 B 公司享有的权益也在清算之列。现 A 企业未将其在 B 公司享有的权益进行清算，甲、乙、丙直接要求确认享有 B 公司的股权和股东权益，没有事实和法律依据。因此，甲、乙、丙要求确认 B 公司持有 50% 股权及收益，并要求 B 公司将 50% 股权变更至甲、乙、丙名下的诉讼请求，法院不予支持。

［参考：浙江省杭州市中级人民法院民事判决书（2016）浙 01 民终 6173 号］

第三节　利用非营利组织的管理漏洞违法节税

《中华人民共和国民法典》将法人分为营利法人、非营利法人及特殊法人。为公益目的或者其他非营利目的成立，不向出资人、设立人或者会员分配所取得利润的法人，为非营利法人。非营利法人包括事业单位、社会团体、基金会、社会服务机构等。税法将其征税对象分为营利组织和非营利组织，对不同的征税对象有不同的税收政策。对满足免税条件的非营利组织的特定收入免征企业所得税，符合条件即要经认定获得免税资格。

按法律规定，非营利组织的财产属于公益产权，所有权不属于管理者、出资人，也不能将所得分配给其成员。非营利组织的管理者即使能够收取合理报酬，但不能享有非营利组织的权益。许多的非营利组织有从事民商事活动，或接受捐赠，有大量的收入，但是部分非营利组织的财产监管不是十分完善，所以非法侵吞、转移巨额财产、违规投资、输送利益等行为不时存在。部分非营利组织的信息不透明，监管机制不完善、相关法律法规滞后，实际控制人一般就是出资人，事实上是控制着该组织的财产和收入的支配，名为非营利组织，实质是出资人的工具。监管部门以年度审计作为监管形式之一，但是审计往往是走过场。因此，非营利组织成为节税，甚至牟利的工具。

关于非营利组织、基金会成为牟利节税工具的讨论一直不断。《中华人民共和国企业所得税法》和《中华人民共和国个人所得税法》对企业或个人通过公益性社会组织、县级以上人民政府及其部门等国家机关，用于符合法律规定的公益慈善事业捐赠支出，准予按税法规定在计算应纳税所得额时扣除。这样的规定是鼓励企业和个人支持公益事业，承担社会责任，合乎社会公德，合理合法的。企业或个人捐赠公益慈善事业，树立企业形象的同时享受税收优惠，也是一举两得。但是不排除有个别企业或个人假借捐赠之名，行非法偷税之实。

// 相关政策

《中华人民共和国企业所得税法》相关规定如下。

第二十六条　企业的下列收入为免税收入：

…………

（四）符合条件的非营利组织的收入。

《中华人民共和国企业所得税法实施条例》相关规定如下。

第八十四条　企业所得税法第二十六条第（四）项所称符合条件的非营利组织，是指同时符合下列条件的组织：

（一）依法履行非营利组织登记手续；

（二）从事公益性或者非营利性活动；

（三）取得的收入除用于与该组织有关的、合理的支出外，全部用于登记核定或者章程规定的公益性或者非营利性事业；

（四）财产及其孳息不用于分配；

（五）按照登记核定或者章程规定，该组织注销后的剩余财产用于公益性或者非营利性目的，或者由登记管理机关转赠与该组织性质、宗旨相同的组织，并向社会公告；

（六）投入人对投入该组织的财产不保留或者享有任何财产权利；

（七）工作人员工资福利开支控制在规定的比例内，不变相分配该组织的财产。

前款规定的非营利组织的认定管理办法由国务院财政、税务主管部门会同国务院有关部门制定。

《关于非营利组织免税资格认定管理有关问题的通知》（财税〔2018〕13号）相关规定如下。

二、经省级（含省级）以上登记管理机关批准设立或登记的非营利组织，凡符合规定条件的，应向其所在地省级税务主管机关提出免税资格申请，并提供本通知规定的相关材料；经地市级或县级登记管理机关批准设立或登记的非营利组织，凡符合规定条件的，分别向其所在地的地市级或县级税务主管机关提出免税资格申请，并提供本通知规定的相关材料。

财政、税务部门按照上述管理权限，对非营利组织享受免税的资格联合进行审核确认，并定期予以公布。

《关于非营利组织企业所得税免税收入问题的通知》（财税〔2009〕122号）相关规定如下。

一、非营利组织的下列收入为免税收入：

（一）接受其他单位或者个人捐赠的收入；

（二）除《中华人民共和国企业所得税法》第七条规定的财政拨款以外的其他政府补助收入，但不包括因政府购买服务取得的收入；

（三）按照省级以上民政、财政部门规定收取的会费；

（四）不征税收入和免税收入孳生的银行存款利息收入；

（五）财政部、国家税务总局规定的其他收入。

《国家税务总局关于贯彻落实企业所得税法若干税收问题的通知》（国税函〔2010〕79 号）相关规定如下。

六、关于免税收入所对应的费用扣除问题

根据《企业所得税法实施条例》第二十七条、第二十八条的规定，企业取得的各项免税收入所对应的各项成本费用，除另有规定者外，可以在计算企业应纳税所得额时扣除。

《关于公益性捐赠税前扣除有关事项的公告》（财政部 税务总局 民政部公告 2020 年第 27 号）相关规定如下。

一、企业或个人通过公益性社会组织、县级以上人民政府及其部门等国家机关，用于符合法律规定的公益慈善事业捐赠支出，准予按税法规定在计算应纳税所得额时扣除。

二、本公告第一条所称公益慈善事业，应当符合《中华人民共和国公益事业捐赠法》第三条对公益事业范围的规定或者《中华人民共和国慈善法》第三条对慈善活动范围的规定。

三、本公告第一条所称公益性社会组织，包括依法设立或登记并按规定条件和程序取得公益性捐赠税前扣除资格的慈善组织、其他社会组织和群众团体。公益性群众团体的公益性捐赠税前扣除资格确认及管理按照现行规定执行。依法登记的慈善组织和其他社会组织的公益性捐赠税前扣除资格确认及管理按本公告执行。

【案例 6-6】房产转让变捐赠

// 案例背景

小明有一处房产，成本 1 000 万元，占地面积较大，有专门的活动场所。小明与小红协商，将房产转让给小红，小红准备开办幼儿园。经评估，此处房产市场公允价值 3 000 万元，直接转让将需要缴纳大额的税费，包括个人所得税、增值税、土地增值税、契税等。

按目前一般交易习惯，二手房地产的交易，税费多是由买家承担。

// 违规流程

小红购买房产目的是开办幼儿园，许多幼儿园以非营利组织形式经营。

小明申请成立非营利组织——红红幼儿园，小明是管理人。

（1）小明将此项房产定向捐赠给红红幼儿园。

（2）接着小明退出红红幼儿园，小红成为红红幼儿园的管理人。

（3）小红按协商的房产转让价格，支付价款给小明。

（4）不动产过户到了红红幼儿园名下，小红控制红红幼儿园。

// 税务风险

小明与小红显然利用税收监管漏洞少交税或不交税，但两人是有交易流水记录。国家对私人账户资金转账也作出规定，私人账户现金交易高于 5 万元会被重点监管。1000 万元的交易绝非小数，小明会面临补缴税款以及罚金的税务处罚。

// 政策分析

（1）个人所得税。

依据《财政部 国家税务总局关于教育税收政策的通知》（财税〔2004〕39 号）的规定，纳税人通过中国境内非营利的社会团体、国家机关向教育事业的捐赠，准予在企业所得税和个人所得税前全额扣除。

（2）增值税。

依据《财政部 国家税务总局关于全面推开营业税改征增值税试点的通知》（财税〔2016〕36 号）的规定，单位或者个体工商户向其他单位或者个人无偿提供服务，用于公益事业或者以社会公众为对象的不属于视同销售，不征增值税。

（3）土地增值税。

依据《财政部 国家税务总局关于土地增值税一些具体问题规定的通知》（财税字〔1995〕48 号）的规定，房产所有人、土地使用权所有人通过中国境内非营利的社会团体、国家机关将房屋产权、土地使用权赠与教育、民政和其他社会福利、公益事业的，不征收土地增值税。

小明就是利用通过具有公益性捐赠政策，在税前扣除个人所得税、增值税、土地增值税等主要税费。

【案例 6-7】 **直接捐赠变为间接捐赠**

// 案例背景

税月公司热心公益，多年来一直坚持资助贫困大学生，每年"助学"20 多万元，直接捐赠学费给受资助的大学生。

// 案例分析

纳税人直接捐赠给受益人，捐赠支出在企业所得税前是不能扣除的，但是通过合法的公益机构捐赠并取得合法票据，即可在税前限额扣除。

变换为：通过向具有公益性慈善组织定向捐赠，指定捐赠款用于大学生的助学支出。需要取得慈善组织的公益捐赠票据，就可以在企业所得税前限额扣除。

【案例 6-8】 **股权转让虚假捐赠**

// 案例背景

2015 年，小明投资成立税月公司，投资成本 1 000 万元。2020 年，税月公司经营情况良好，未分配利润和不动产增值，税月公司公允价值达 2 500 万元，小明因特殊原因需要出售税月公司的股权，小红愿意以 2 500 万元收购。

// 案例分析

（1）小明把税月公司转让给小红，正常转让需要缴纳个人所得税。

个人所得税＝（2 500 － 1 000）×20% ＝ 300（万元）

（2）因为税月公司增值的原因是未分配利润和不动产增值。未分配利润导致公司净资产增加，《股权转让所得个人所得税管理办法（试行）》对个人股权转让有反避税规定，股权转让收入低于股权对应的净资产份额视为股权转让收入明显偏低；税月公司还持有不动产，一般需要评估。股权转让收入低于股权对应的净资产公允价值份额的，也会视为股权转让收入明显偏低，所以小明和小红也不能通过阴阳合同的方式节税。

（3）通过公益捐赠的方式节税。小明不想交税，又想把股权转让给小红，规避纳税义务。合法的渠道难以实现，就利用非营利组织的特点，通过公益捐赠，间接实现转让目的。

// 筹划方案

【方案一】捐赠股权

（1）小明寻找一家相熟的公益慈善非营利组织 XY 中心，XY 中心取得免税资格，小明把股权捐赠给 XY 中心。

（2）小明捐赠股权给 XY 中心是无偿让渡股权，可能会被税局视为股权转让收入明显偏低，但是小明捐赠股权是用于公益事业，个人捐赠无转让所得，但捐赠给公益性机构应该属于"具有合理性的无偿让渡股权或股份"行为，或者属于转让收入明显偏低，但具有合理理由的情形。根据《股权转让所得个人所得税管理办法（试行）》（国家税务总局公告 2014 年第 67 号）第十二条的规定，不具合理性的无偿让渡股权或股份视为股权转让收入明显偏低；第十三条则规定了股权转让收入明显偏低，视为有正当理由的情形，包括股权转让双方能够提供有效证据证明其合理性，以此分析，捐赠过程通常认为不需缴纳个人所得税。公益捐赠可以作为正当理由，从而不被调整纳税。

同时，按照《关于公益慈善事业捐赠个人所得税政策的公告》（财政部 税务总局公告 2019 年第 99 号）的规定，个人公益捐赠股权，按照个人持有股权的原值确定捐赠支出金额，由此分析，个人公益捐赠股权，即使视为转让股权，核定转让收入，也应按股权原值确定转让收入。参考企业的处理，企业向公益性社会团体实施的股权捐赠，应按规定视同转让股权，股权转让收入额以企业所捐赠股权取得时的历史成本确定。

《财政部 国家税务总局关于公益股权捐赠企业所得税政策问题的通知》（财税〔2016〕45 号）相关规定如下。

一、企业向公益性社会团体实施的股权捐赠，应按规定视同转让股权，股权转让收入额以企业所捐赠股权取得时的历史成本确定。

前款所称的股权，是指企业持有的其他企业的股权、上市公司股票等。

（3）XY 中心再把股权转让给小红，收取转让款 2 500 万元。

非营利组织（取得免税资格）接受捐赠、收取会费等收入是免税的，但是相应支出却能作为成本费用在税前扣除，相当于支出全部进成本，只有少量应税收入，所以很多非营利组织在企业所得税上都是亏损的，有大额的未弥补亏损。

XY 中心接受小明捐赠的股权，实质上是接受捐赠收入，以其公允价值确认捐赠额，属于免税收入。XY 中心再把税月公司股权转让给小红，即使有转让收益，也会用于弥补亏损，而不需要缴纳企业所得税。

《关于公益性捐赠税前扣除有关事项的公告》（财政部 税务总局 民政部公告 2020 年第 27 号）相关规定如下。

十三、除另有规定外，公益性社会组织、县级以上人民政府及其部门等国家机关在接受企业或个人捐赠时，按以下原则确认捐赠额：

（一）接受的货币性资产捐赠，以实际收到的金额确认捐赠额。

（二）接受的非货币性资产捐赠，以其公允价值确认捐赠额。捐赠方在向公益性社会组织、县级以上人民政府及其部门等国家机关捐赠时，应当提供注明捐赠非货币性资产公允价值的证明；不能提供证明的，接受捐赠方不得向其开具捐赠票据。

（4）XY 中心监管不完善，再通过其他渠道，把钱转回给小明。

// 相关政策

《财政部 国家税务总局关于对青少年活动场所、电子游戏厅有关所得税和营业税政策问题的通知》（财税〔2000〕21 号）相关规定如下。

自 2000 年 1 月 1 日起，对个人通过非营利性的社会团体和国家机关对公益性青少年活动场所（其中包括新建）的捐赠，在缴纳企业所得税和个人所得税前准予全额扣除。

本通知所称公益性青少年活动场所，是指专门为青少年学生提供科技、文化、德育、爱国主义教育、体育活动的青少年宫、青少年活动中心等校外活动的公益性场所。

《财政部 国家税务总局关于对老年服务机构有关税收政策问题的通知》（财税〔2000〕97 号）相关规定如下。

自 2000 年 10 月 1 日起，对个人通过非营利性的社会团体和政府部门向福利性、非营利性的老年服务机构的捐赠，在缴纳企业所得税和个人所得税前准予全额扣除。

本通知所称老年服务机构，是指专门为老年人提供生活照料、文化、护理、健身等多方面服务的福利性、非营利性的机构，主要包括：老年社会福利院、敬老院（养老院）、老年服务中心、老年公寓（含老年护理院、康复中心、托老所）等。

《财政部 国家税务总局关于教育税收政策的通知》（财税〔2004〕39 号）相关规定如下。

自 2004 年 1 月 1 日起，纳税人通过中国境内非营利的社会团体、国家机关向教育事业的捐赠，准予在个人所得税前全额扣除。

// 税务风险

（1）【方案一】违法之一在于以虚假捐赠的方式，规避《股权转让所得个人所得税管理办法（试行）》（国家税务总局公告 2014 年第 67 号）关于个人低价转让股权的反避税监管。

（2）违法之二在于利用非营利组织控制在出资人手中，资金监管有漏洞，实现股权转让款回流给小明。

上述两点都是违法操作，能成功的原因在于，税务局在税收征管环节，难以发现小明虚假捐赠的真相，税务局一般不会监管 XY 中心的日常管理，XY 中心因为亏损不需要缴纳企业所得税，所以转让股权并没有少缴税费。这就让纳税人的违法行为有机可乘。

争议点：小明无偿让渡股权，是否具有"合理性"，可能会与税务机关产生争议。假如税务机关认为向公益慈善机构捐赠股权不属于"合理无偿让渡股权"，则存在核定股权转让收入的风险。

【方案二】捐赠股权转让收入

（1）小明转让税月公司的股权给小红，股权转让收入 2 500 万元，股权转让所得是 1 500 万元，应纳个人所得税 300 万元。

（2）小明在股权转让当月，将股权转让所得 1 500 万元通过有税前扣除资格的非营利性的社会团体 X 团体，定向捐赠给相熟的非营利性的老年服务机构（例如养老院），公益性青少年活动场所（可在个人所得税前全额扣除）。

（3）小明申报缴纳股权转让所得个人所得税时，公益捐赠支出 1 500 万元选择在财产转让所得中扣除，全额扣除后无须纳税。

（4）养老院通过其他方式将获捐的 1 500 万元转回给小明。

【方案二】风险点如下：

（1）方案二的违法风险与方案一基本一致。区别在于，捐赠环节不是捐赠股权，而是捐赠现金，再通过公益捐赠全额在个人所得税税前扣除，规避缴纳个人所得税。

（2）"筹划"的空间在于：非营利组织通常控制在出资人手中，资金监管有漏洞。

（3）此"筹划"可能涉及两个非营利组织：A 组织和 B 组织。

A 组织用于接受捐赠，需要有公益性捐赠税前扣除资格；A 组织与小明不需要有特殊关系，小明联系 A 组织，按 A 组织的捐赠程序进行定向捐赠即可。

B 组织作为定向捐赠的受益机构，要求是符合全额扣除范围的非营利组织。例如非营利性服务机构（养老院），青少年活动场所，B 组织不需具备公益性捐赠税前扣除资格，B 组织申请非营利组织免税资格认定。

小明通过 A 组织定向捐赠给 B 组织，A 组织给小明开具公益性捐赠票据。B 组织跟小明关系密切，B 组织通过其他方式向小明返还捐赠款。

如果 B 组织同时具有公益性捐赠税前扣除资格，则不需要通过 A 组织定向捐赠，小明可以直接捐赠给 B 组织。

（4）相比方案一的优点：可避开直接捐赠股权可能发生的争议。

（5）方案二仍然是虚假捐赠节税，本质是偷税行为。

【案例6-9】 利用捐赠转移子公司亏损

// 案例背景

税月公司是一家大型电器生产企业，为发扬中华民族的传统美德，帮扶弱势群体，促进中国电器行业发展，积极倡导和承担社会责任，税月公司及公司实际控制人小明共同作为发起人成立明明慈善基金会（以下简称"基金会"）。2017年取得民政部门颁发的基金会法人登记证书（慈善组织）。业务范围：

（一）资助电器行业的新技术研发；

（二）扶贫济困，恤孤助残。

（三）资助贫困老年人的事业发展。

基金会于成立次年取得公益性捐赠税前扣除资格。

税月公司2020年度经营利润5亿元。税月公司的子公司红红公司已经停产停业，准备处置资产后注销，红红公司税前待补亏损5 000万元，账面固定资产已经折旧完毕，资产原值3 000万元，红红公司尚有商标使用权、非专利技术等表外资产。

// 筹划方案

根据上述资料，筹划如下。

（1）红红公司将固定资产、商标使用权、非专利技术等打包转让给税月公司，转让价格5 000万元。红红公司产生资产处置收益5 000万元，弥补亏损后，应纳税所得额为0。

（2）税月公司将打包受让的资产捐赠给明明基金会，评估价值5 000万元，取得公益捐赠票据，在企业所得税前扣除5 000万元。

（3）节税效果＝5 000×25%＝1 250（万元）。

// 税务风险

（1）资产转让不公允。红红公司打包资产以5 000万元的价格转让给税月公司，目的在于转移税月公司的利润，用于弥补红红公司的亏损，以免红红公司注销后，未弥补的税前亏损消灭，带来税收损失。将固定资产与商标使用权、非专利技术等打包转让，可能是为了高估资产价值，此环节存在不公允关联交易的风险。

（2）捐赠价值不公允。税月公司受让资产包后，该资产对于税月公司而言，可能无实用价值，税月公司向基金会捐赠打包受让的资产，是为了间接将受让资产在税前扣除。

// 相关政策

《财政部 税务总局 民政部关于公益性捐赠税前扣除有关事项的公告》（财政部公告2020年第27号）相关规定如下。

四、在民政部门依法登记的慈善组织和其他社会组织（以下统称社会组织），取得公益性捐赠税前扣除资格应当同时符合以下规定：

（一）符合企业所得税法实施条例第五十二条第一项到第八项规定的条件。

（二）每年应当在3月31日前按要求向登记管理机关报送经审计的上年度专项信息报告。报告应当包括财务收支和资产负债总体情况、开展募捐和接受捐赠情况、公益慈善事业支出及管理费用情况（包括本条第三项、第四项规定的比例情况）等内容。

首次确认公益性捐赠税前扣除资格的，应当报送经审计的前两个年度的专项信息报告。

（三）具有公开募捐资格的社会组织，前两年度每年用于公益慈善事业的支出占上年总收入的比例均不得低于70%。计算该支出比例时，可以用前三年收入平均数代替上年总收入。

不具有公开募捐资格的社会组织，前两年度每年用于公益慈善事业的支出占上年末净资产的比例均不得低于8%。计算该比例时，可以用前三年年末净资产平均数代替上年末净资产。

（四）具有公开募捐资格的社会组织，前两年度每年支出的管理费用占当年总支出的比例均不得高于10%。

不具有公开募捐资格的社会组织，前两年每年支出的管理费用占当年总支出的比例均不得高于12%。

（五）具有非营利组织免税资格，且免税资格在有效期内。

（六）前两年度未受到登记管理机关行政处罚（警告除外）。

（七）前两年度未被登记管理机关列入严重违法失信名单。

（八）社会组织评估等级为3A以上（含3A）且该评估结果在确认公益性捐赠税前扣除资格时仍在有效期内。

公益慈善事业支出、管理费用和总收入的标准和范围，按照《民政部 财政部 国家税务总局关于印发〈关于慈善组织开展慈善活动年度支出和管理费用的规定〉的通知》（民发〔2016〕189号）关于慈善活动支出、管理费用和上年总收入的有关规定执行。

按照《中华人民共和国慈善法》新设立或新认定的慈善组织，在其取得非营利组织免税资格的当年，只需要符合本条第一项、第六项、第七项条件即可。

第七章

税收洼池

在经济发展过程中，人们把"水往低处流"这种自然现象引申为一个新的经济概念，叫"洼地效应"。从经济学理论上讲，"洼地效应"就是利用比较优势，创造理想的经济和社会人文环境，使之对各类生产要素具有更强的吸引力，从而形成独特的竞争优势，吸引外来资源向本地区汇聚、流动，弥补本地资源结构上的缺陷，促进本地区经济和社会的快速发展。简单地说，指一个区域与其他区域相比，环境质量更高，对各类生产要素具有更强的吸引力，从而形成独特的竞争优势。税收洼地也就是在税收上有优于其他地区的特的殊政策，从而吸引外来投资者促进本地经济发展。

第一节　税收洼地筹划的动机

一、企业利润过高如何降低企业所得税

在实务中，不少企业有这样的困惑，增值税销项税额多，购进成本的增值税专用发票却相对较少，导致企业利润较高，相应的企业所得税也较高。但这样的高利润表明企业的盈利能力强，仅仅是一种表象，则值得我们深究。

【案例 7-1】 利用洼地转移利润

// 案例背景

广东税月如歌财税咨询有限公司 2020 年度营业额 2 500 万元，发生可扣除成本费用 1 500 万元，应纳税所得额 1 000 万元，需要缴纳企业所得税 250 万元左右，还不包括后期分红需要缴纳的个人所得税。如果加上股东分红个人所得税 150 万元 [（1 000 − 250）×20%]，合计应纳所得税 400 万元。

// 筹划方案

【方案一】在重庆税收洼地成立两家小规模个人独资企业，以重庆税月信息技术服务工作室、重庆如歌网络科技工作室的方式进驻，平均一家个人独资企业营业额为 500 万元，工作室核定应税所得率为 10%。两家工作室以提供服务的方式开票给广东税月如歌财税咨询有限公司，该公司取得了共计 1 000 万元的发票以后不需要缴纳企业所得税。根据国家相关优惠政策，个人独资企业按 10% 核定应纳税所得。两家工作室所需缴纳的税费计算如下：

缴纳增值税 = 500÷1.03×3% = 14.56（万元）

缴纳附加税 = 14.56×6% = 0.87（万元）

个人经营所得税 = 营业额 × 应税所得率 × 经营所得税率 − 速算扣除数

缴纳个人经营所得税 = 500×10%×35% − 6.55 = 10.95（万元）

两家企业 1 000 万元的利润只需要缴纳 52.76 万元的税款，完税后股东可自由支配，无须再次缴纳个人所得税。

【方案二】在重庆税收洼地成立两家个人独资企业，以重庆税月信息技术服务工作室、重庆如歌网络科技工作室的方式进驻，广东税月如歌财税咨询有限公司承接上述业务中

的 1 600 万元，剩余 900 万元转移给两家工作室，该公司和两家工作室所需缴纳的所得税计算如下。

企业所得税 ＝（1 600 － 1 500）×20%×25% ＝ 5（万元）

股东分红个人所得税 ＝（1 600 － 1 500 － 5）×20% ＝ 19（万元）

经营所得个人所得税 ＝（500×10%×35% － 6.55）×2 ＝ 21.90（万元）

合计应纳所得税 ＝ 5 ＋ 19 ＋ 21.90 ＝ 45.90（万元）

// 风险分析

有些行业基于其本身的特性，能够获取进项成本专用发票确实是不多的。

有些企业却是由于自身的特殊原因，很多成本或费用在真实经营中无法正常取得相关发票，导致企业要承担很高额的税负；有些企业上游供应商以散户居多，多数没有开发票的意愿，使得企业难以获得发票，利润偏高或者被调整的应纳税所得额较大；有些企业没有主动取得发票的意识，导致可以取得发票而没有正常取得发票，使得成本计算不完整，或者因为缺少成本进项专用发票需要进行纳税调整；有些企业由于采用了不合法的节税手法导致成本偏低，这样就会导致账面上的成本偏低而利润偏高。

上述方案一比方案二的税负更低，但是从业务形态来看，方案一如果稍微操作不当，很可能演变为虚开发票，而方案二有真实的业务发生，并不属于虚开的范畴。相关政策可参考《国家税务总局关于实施小型微利企业普惠性所得税减免政策有关问题的公告》（国家税务总局公告 2019 年第 2 号）。

二、降低股东分红少缴个人所得税

分红是企业回报股东的主要方式，但对自然人股东来说，一旦分红，依据现行税法就必须交纳 20% 的个人所得税。此时为了尽可能少缴股息红利个人所得税，企业可能通过发票报销、发放工资、支付租金或者股东暂借款等方式将钱转移出去，并不在账务上体现分红，但是这些操作方法都存在隐患与风险。

假设分红的金额并不高，且企业的股东较少（比较好协商），那么分红资金可以通过报销的方式来发放，比如列支业务招待费、油费、业务拓展费用，等等，不过通过这种方式只能解决小部分分红。

在前面章节中也提到了通过发放工资筹划所得税的方法，只要税率合适，通过工资的形式确实能够降低整体税负。但是需要注意的是，因为综合所得的个人所得税最高税率达到 45%，一旦工资、奖金超过了一定限额，可能导致综合所得的个人所得税税率会接近甚至超过企业所得税与股息红利个人所得税率之和，也就是说这一块的空间也是有限的。

支付租金也可以解决一部分，但是金额仍然有限。比如，股东有房产（实际没有出租给公司，仍然是股东自用），但是可以签协议说明把该房产租给公司，然后通过收取租金来实现分红，这种解决方式也是有限额的，租金水平要合理，而且股东出租取得的租金也要纳税。或者可以反过来，公司用利润去买车、买房子，这些资产挂在公司名下，但是实际上是股东在使用，现实中也有很多这种情况，由于资产仍然是挂在公司的名下，以后公司经营不善而倒闭，这些资产都会被收走拍卖用于偿还债务。根据《中华人民共和国个人所得税法》和《财政部 国家税务总局关于规范个人投资者个人所得税征收管理的通知》（财税〔2003〕158号）、《关于企业为个人购买房屋或其他财产征收个人所得税问题的批复》（财税〔2008〕83号）的规定，符合以下情形的房屋或其他财产，不论财产所有权人是否将财产无偿或有偿交付企业使用，其实质均为企业对个人进行了实物性质的分配，应依法计征个人所得税：企业出资购买房屋及其他财产，将所有权登记为投资者个人、投资者家庭成员或企业其他人员的；企业投资者个人、投资者家庭成员或企业其他人员向企业借款用于购买房屋及其他财产，将所有权登记为投资者、投资者家庭成员或企业其他人员，且借款年度终了后未归还借款。因此，这一方法仍然无法解决股东分红的个人所得税问题。

股东以暂借款的形式，将公司的资金借走，然后根据股东的需要用于投资或者消费，但是一方面公司的账上会一直挂着这笔账目，随时可以要求股东归还回去，特别是企业出现资不抵债的时候，这笔资金也要拿回去还债；另一方面，根据《关于规范个人投资者个人所得税征收管理的通知》（财税〔2003〕158号）第二条的规定，纳税年度内个人投资者从其投资企业（个人独资企业、合伙企业除外）借款，在该纳税年度终了后既不归还，又未用于企业生产经营的，其未归还的借款可视为企业对个人投资者的红利分配，依照"利息、股息、红利所得"项目计征个人所得税，也就是说股东以借款的方式转移资金仍然会被视同分配征收个人所得税。

为了获取利益的最大化，某些企业希望通过税收洼地的方式解决股东分红涉及的个人所得税问题。

【案例 7-2】 利用税收洼地降低个人所得税

某企业2018年股东分红2 000万元，按照常规，股东应该按照20%计算缴纳400万元的个人所得税。为了少缴个人所得税，企业利用税收洼地注册便捷、核定征收以及税收返还等优势，在洼地注册四家个人独资企业，由这四家个人独资企业分别给原单位开具发票 400 万元，然后原单位分别给"洼地"四家独资企业付款 400 万元。个人独资企业对收入申报纳税后，再将个人独资企业的资金转移到股东私人银行卡上。

由于税收"洼地"可以核定征收，假设税率为 5.4%，那么该股东原来缴纳的 400 万元个人所得税，就变成 108 万元，以此规避个人所得税 292 万元，而且还可以消化掉 2 000 万元的利润，减少企业所得税 500 万元。

三、降低因进项税额不够而产生的增值税

部分企业由于对供应商和采购管理存在缺陷，导致正常的采购无法拿到增值税专用发票，或者供应商大多是小规模纳税企业，即使拿到增值税专用发票也只有 3% 的征收率。企业为了降低增值税，可能自行在洼地设立贸易公司，通过贸易公司提高销售额从而扩大进项税额，贸易公司再以政府奖励的方式返还部分缴纳的增值税额，从而达到降低整体增值税的目的。甚至有的企业直接从洼地违法购买发票，随着国家对虚开发票的打击力度不断加大，违法购买发票在一定程度上得到了遏制。

【案例 7-3】 利用洼地解决进项税额低的问题

// 案例背景

某公司全年不含税销售额 1 亿元，销项税额发票为 1 300 万元，全年正常取得的进项税额为 700 万元，应纳增值税 600 万元。为了降低增值税额，公司在"洼地"设立贸易公司，将公司直接采购的不含税 3 000 万元材料，改由贸易公司采购后，价格提高到不含税 5 000 万元，由此增加进项税额 340 万元。虽然贸易公司需要这部分税款缴纳，但是可以享受当地政府返还地方留成 40%，即实际税额的 20%，共计 68 万元。同时，公司利润为 2 000 万元，缴纳企业所得税 500 万元，但是可以返还地方留成部分 40%，即 $500 \times 40\% \times 40\% = 80$ 万元。两项共计可节约 148 万元。

四、降低因职工薪酬太高而多缴个人所得税的问题

个人所得税已经成为我国仅次于增值税和企业所得税的第三大税种，然而受征管方式的影响，工资薪金个人所得税约占个人所得税总额的 40% 左右，因此一度被专家认为个人所得税已沦为工薪税。经过多次调整费用扣除标准，尤其是 2018 年对《中华人民共和国个人所得税法》进行全面修订，工薪阶层缴纳个人所得税的比例大幅降低，实现了税收调节居民收入的作用。然而对部分高收入群体而言，工资薪金所得税最高 45% 的税

率意味着拿到手的钱接近一半都交给了国家。正因如此，通过税收洼地降低工资薪金个人所得税也成为某些机构的宣传点。

【案例 7-4】 利用洼地改变合同关系

某公司营销总监月收入 3 万元，年收入 36 万元。每月专项附加扣除 2 000 元，每月专项扣除 1 000 元。

每年应缴纳个人所得税＝（360 000 － 60 000 － 3 000×12）×20% － 16 920
＝ 35 880（元）

税后工资为 324 120 元，税负约 10%。

通过在上海崇明设立个人独资企业，改变员工与公司之间的劳务关系，将原本的劳动合同关系，转变为服务合同，个人独资企业按照服务费形式向公司开具增值税普通发票并收取款项。

根据国家相关税收优惠政策，增值税因低于起征点而免征，个人独资企业按 10% 核定应纳税所得额，仅需要缴纳经营所得个人所得税 1 800 元（360 000×10%×5%），综合税率 0.5%，比按工资薪金缴纳个人所得税降低了 34 080 元，而且收入越高对比效果越明显。

【案例 7-5】 灵活利用洼地用工平台

某公司因为业务模式不固定，存在灵活用工需求，如果按照常规做法，支付灵活用工人员需要按照"劳务报酬"代扣代缴个人所得税，劳动者则在年度按综合所得汇算清缴。以劳务费 1 万元为例，需要扣缴个人所得税 1 600 元（10 000×80%×20%），虽然可以在汇算清缴时多退少补，但是对于大多数劳动者本人而言，可能根本不知道如何操作汇算清缴，从而变成了实缴。

公司通过灵活用工平台操作，首先改变用工属性，由公司和灵活用工平台签订合作协议，灵活用工平台与个人再签订合作服务协议，即公司将灵活用工业务总包给灵活用工平台，灵活用工平台再分包给个人承揽业务；然后在结算时由灵活用工平台开具发票给公司，同时帮助个人申请临时税务登记，在税收洼地按经营所得核定征收个人所得税。

五、解决员工人数过多的社保费风险

我国企业普遍存在社保问题，特别是传统型、劳动密集型企业，不缴、少缴、欠缴

社保问题尤为突出，不按照法律法规为员工缴纳社保是普遍存在的现象。根据《中华人民共和国劳动法》第七十二条规定："用人单位和劳动者必须依法参加社会保险，缴纳社会保险费"，即企业必须为员工缴纳社会保险费。但目前很多企业普遍存在未为全体员工缴纳社保，主要表现在几个方面：①部分核心人员缴纳，未为基层员工缴纳；②为城镇员工缴纳，未为农民工缴纳；③未为新入职员工缴纳；④未为试用期的员工缴纳；⑤未为流动性比较大的员工缴纳。企业依法为全体员工缴纳社会保险费用是我国法律规定的强制性义务，非因法定事由不得减免。

从 2019 年 1 月 1 日起，将基本养老保险费、基本医疗保险费、失业保险费、工伤保险费、生育保险费等各项社会保险费交由税务部门统一征收。企业因未全员、足额（按实发工资）缴纳社保而被要求补缴社保引起了重点关注。甚至部分地方税务局明确发文清缴社保费。中小企业面临着用人成本陡增，负债经营等局面，形势十分严峻。为此国务院常务会议要求把已定减税降费措施切实落实到位，确保社保费现有征收政策稳定，紧接着人力资源和社会保障部紧急下发文件严禁自行组织对企业历史欠费进行集中清缴，力求平缓过渡，减轻企业负担。承担社保费征缴和清欠职能职责的地区，要稳妥处理好历史欠费问题，严禁自行对企业历史欠费进行集中清缴。已经开展集中清缴的，要立即纠正，并妥善做好后续工作。

尽管因为经济形势严峻，为了缓解企业压力，国务院、人力资源和社会保障部紧急叫停解决了企业对于历史欠费的担忧，然而企业对社保检查应该并不意外，只是不确定何时落到自己头上，缴纳社保人数覆盖不足、缴费基数低于实发工资等，是企业普遍存在的问题。如果需要全员足额计算补缴，少缴金额可能比较庞大。社会保险费改由税务部门统一征收以后，税务部门和其他部门显著的区别就是征管能力最强。税务部门最容易掌握用人单位的经营状况和工资发放情况，对那些不给员工上社保、不全额上社保的企业容易做到"精准打击"：通过税收数据库采集企业工资金额、人员信息，以此分析企业历史以来社保漏洞存在的可能性；企业员工在建立的劳动关系之下，发生的企业所得税税前扣除的工资薪酬，作为计算社保的基数，毫无疑问就成为税务局测试和比对社保真实性的一项重要数据；运用企业个人所得税申报人数以及计税基数就可以测试出缴纳社保的准确性。

同时对于历史欠费，如果劳动者维权，这是不属于集中清缴的，劳动保障行政部门还是会保障他们的权益。应责令用人单位缴纳的，还是会责令用人单位缴纳。在多重压力之下，企业对于社保欠账的弦其实始终是紧绷着的。除了让员工签订"放弃社保缴纳"承诺、用"非全日制"代替"全日制"用工、改变员工身份让"正式员工"变成"临时工"等不合理的方式规避社保以外，最常用的手法就是减少人员与降低工资基数，在一些服务机构操作下，利用税收洼地降低员工"名义工资"，由员工开具劳务发票报销"工资"。

六、降低无票支出　调整企业所得税

在公司日常经营活动中会为无法取得发票而发愁，有一些小供应商因缺乏对财务与税务的基本认知不提供发票；还有一些非正常支出无法取得发票不能入账，有一些个人服务提供者不愿意承担税费无法提供发票，等等。依据《企业所得税税前扣除凭证管理办法》的规定，企业在境内发生的支出项目属于增值税应税项目（以下简称"应税项目"）的，对方为已办理税务登记的增值税纳税人，其支出以发票（包括按照规定由税务机关代开的发票）作为税前扣除凭证。虽然该办法也对一些特殊情况下可以没有取得发票仍然允许税前扣除，但是总体而言仍然是凭发票作为主流的税前扣除凭证，在确实无法取得发票的时候企业惯性思维就是寻找替代发票，而省税又省力的发票最好的来源莫过于洼地了。

【案例 7-6】　专家费变咨询费被行政处罚

> **浙江海正药业股份有限公司其他违法行政处罚决定书**
>
> 行政处罚决定书文号：台税一稽罚〔2020〕2
>
> 被处罚单位（被处罚人）：浙江海正药业股份有限公司
>
> 法定代表人（或单位负责人）：蒋国平
>
> 执法部门：【台州】台州市税务局
>
> 行政处罚的日期：2020－01－06
>
> 违法事实：
>
> 你单位于 2013 年至 2015 年期间通过与西安市科技咨询服务中心签署 9 份技术开发合同，取得 29 份增值税普通发票金额为 3 639 289.00 元，后支付款项，西安市科技咨询服务中心收取 11% 的开票费后将余款 3 278 600.00 元汇入你单位员工陈莉菲个人账户。你单位将西安市科技咨询服务中心汇回的资金分别支付给 9 位专家劳务报酬共 3 278 121.50 元，均未代扣代缴个人所得税，造成少代扣代缴 944 998.88 元。
>
> 上述违法事实属《中华人民共和国税收征收管理法》第六十九条所列之应扣未扣税款行为。
>
> 处罚依据：《中华人民共和国税收征收管理法》第六十九条之规定。
>
> 处罚决定：对应扣未扣行为，处应扣未扣个人所得税税款百分之五十的罚款，计 472 499.44 元。

这个案例税务机关可谓是点到即止，仅仅是对未扣缴个人所得税进行处罚，并未对其虚开发票的行为进行处罚，按照《最高人民检察院 公安部关于公安机关管辖的刑事案件立案追诉标准的规定（二）的补充规定》（公通字〔2011〕47号）的规定，虚开发票一百份以上或者虚开金额累计在四十万元以上的就已经达到刑罚的立案标准了，也就是税务机关应当将此案移送司法机关。

在实务操作中，其实公司为何不把专家费直接通过科技咨询服务中心支付呢，那样就不会存在资金回流的问题了。

七、限售股减持降低税负

长期以来，资本市场中普通投资者竖起耳朵，无非是想听点内部消息，结果却常常被主力牵着鼻子走，成了一茬又一茬的"韭菜"。让人们质疑的是为了确保上市企业每次都能拿到所需的募集资金，采用对二级市场极不公平的高溢价发行制度。每一次企业上市都是一次造富行动，在限售股解禁以后，持有限售股的股东可以依法减持股份，对于个人买卖股票目前是免缴个人所得税的，但是为了发挥税收对高收入者的调节作用，促进资本市场长期稳定健康发展，对个人转让限售股取得的所得，按照"财产转让所得"，适用20%的比例税率征收个人所得税，以限售股持有者为纳税义务人，以个人股东开户的证券机构为扣缴义务人，由证券机构所在地主管税务机关负责征收管理。这样一来就为限售股的股东通过在税收洼地的证券公司开立账户，以降低限售股转让的税负创造了条件。

【案例7-7】 利用洼地减持股份

某企业A股东和B股东所持有的股权于2019年12月1日解禁，A股东和B股东决定减持同等数量的股票，减持完成后A股东和B股东的个人所得税应缴纳总额均为1亿元。其中，A股东通过其股权托管的本地证券公司进行减持，B股东则将其名下股权转托管至西藏某证券公司进行减持。

A股东实际缴纳税款1亿元。B股东利用洼地减持股份程序如下：①先行缴纳税款1亿元，享受西藏财税政策最高返还个人所得税纳税额50%，即获得返还税款5 000万元；②该笔5 000万元实行二次征税，即缴纳1 000万元（5 000×20%），该笔税款再次享受50%税收返还，即获得返还税款500万元（1 000×50%）；③该笔税款实行三次征税，即缴纳100万元（500×20%），该笔税款再次享受50%税收返还，即获得返还税款50万元；④该笔50

万元实行四次征税，即缴纳 10 万元（50×20％）。三次税收返还共计 4 440 万元，返还比例为 44.4％，B 股东只需要缴纳 5 560 万元税款，相当于实际税率仅为 11.2％

第二节　税收洼地的类型

为什么地产界的碧桂园、世茂地产，运动品牌李宁、安踏，互联网巨头阿里巴巴、百度、腾讯等，许多国人耳熟能详的公司，都在开曼群岛注册企业，因为这里是节税天堂。当然这是大企业高税负的选择，中小企业不好实现，也没必要去。中小企业通常选择国内的税收洼地园区，当年红极一时的"霍尔果斯"口岸就是税收洼地。政策优惠力度之大，让许多公司一拥而上，纷纷成立有限公司或者个人独资企业，我们平常看电影时经常会看到"霍尔果斯"字样。根据税收政策的不同，税收洼地包括国家层面的，也包括地方层面的，而由于税收法定原则，地方政府无法制订税收优惠政策，而是基于招商引资的手段，采用财政奖励返还以及核定征收等方式来规范税收减免权的问题，从而形成了新的税收洼地。

一、国家层面减免优惠形成的税收洼地

我国内外资企业所得税合并前的税收优惠体系，采取了以区域优惠为主的方式，优惠主体包括经济特区、沿海经济开发区、经济技术开发区、边境对外开放城市、中西部及贫困地区等。这种单一的优惠方式，缺乏扩张性激励效果，在带动产业升级上作用有限。由于地方政府在税收优惠上具有较大权力，容易引发寻租腐败行为和地区间的恶性税收竞争，这阻碍了各地的协调发展，也无益于国家整体产业政策的贯彻。《中华人民共和国企业所得税法》颁布以后，对税收优惠政策进行了整合，从以区域优惠为主，转向"以产业优惠为主、区域优惠为辅"，建立新型税收优惠体制。对国家重点扶持和鼓励发展的产业和项目给予所得税上的优惠对待，发挥了税收优惠在体现税法政策性上应有的积极作用，有效配合了国家产业政策的实施，明晰了国家扶持的重点。

在以产业优惠为重点的同时，企业所得税法仍然保持了对区域优惠的关注。继续执行西部大开发地区所得税的优惠政策；赋予了民族自治地方在税收优惠上的一定自主权力，在实践过程中，出于特殊考虑，国家又先后对新疆部分地区、海南自由贸易港等出台优惠政策，形成了税收上的"特区"。这些区域优惠的存在，有效地保证了新旧法律间的平稳过渡，照顾了不同经济发展水平地区在税收优惠上的不同需求，有助于实现地区间的协调发展和国民经济的全面增长。

1. 西部大开发

实施"西部大开发"战略，加快西部发展，逐步缩小各地区之间的发展差距，实现区域经济协调发展，最终达到各地区经济普遍繁荣和全体人民共同富裕，既是社会主义本质特征的要求，也是国民经济持续协调发展的内在需要。

（1）"西部大开发"税收优惠的背景。

"西部大开发"总体规划可按 50 年划分为三个阶段：

一是奠定基础阶段：从 2001 年到 2010 年，重点是调整结构，搞好基础设施、生态环境、科技教育等基础建设，建立和完善市场体制，培育特色产业增长点，使西部地区投资环境初步改善，生态和环境恶化得到初步遏制，经济运行步入良性循环，增长速度达到全国平均增长水平。

二是加速发展阶段：从 2010 年到 2030 年，在前段基础设施改善、结构战略性调整和制度建设成就的基础上，进入西部开发的冲刺阶段，巩固提高基础，培育特色产业，实施经济产业化、市场化、生态化和专业区域布局的全面升级，实现经济增长的跃进。

三是全面推进现代化阶段：从 2031 年到 2050 年，在一部分率先发展地区增强实力，融入国内国际现代化经济体系自我发展的基础上，着力加快边远山区、落后农牧区开发，普遍提高西部人民的生产、生活水平，全面缩小差距。"十五"计划时期，实施西部大开发的重点任务是：加快基础设施建设；加强生态环境保护和建设；巩固农业基础地位，调整工业结构，发展特色旅游业；发展科技教育和文化卫生事业；特别是要做好少数民族地区、革命老区、边疆地区和特困地区的扶贫工作，从根本上改善这些地区的生产和生活条件，要集中有限力量，精心规划，组织建设一些关系西部发展全局的标志性工程。力争用 5 到 10 年时间，使西部地区基础设施和生态环境建设取得突破性进展，确保西部开发有一个良好的开局。

实施西部大开发战略是我国现代化战略的重要组成部分，具有十分重大的经济和政治意义。国务院专门下发了《关于实施西部大开发若干政策措施的通知》，明确提出为促进西部大开发实行税收优惠政策。为此，财政部、国家税务总局根据国务院的通知精神，为体现国家对西部地区的重点支持结合西部地区的经济发展水平和实际情况，制定了相关税收优惠政策。这些政策对于进一步扩大西部地区的对外开放，加快经济发展发挥了积极的作用。

（2）西部大开发主要税收优惠政策。

《关于延续西部大开发企业所得税政策的公告》（财政部 税务总局 国家发展改革委公告 2020 年第 23 号）相关规定如下。

一、自 2021 年 1 月 1 日至 2030 年 12 月 31 日，对设在西部地区的鼓励类产业企业减按 15% 的税率征收企业所得税。本条所称鼓励类产业企业是指以《西部地区鼓励类产业目录》中规定的产业项目为主营业务，且其主营业务收入占企业收入总额 60% 以上的企业。

二、《西部地区鼓励类产业目录》由发展改革委牵头制定。该目录在本公告执行期限内修订的，自修订版实施之日起按新版本执行。

三、税务机关在后续管理中，不能准确判定企业主营业务是否属于国家鼓励类产业项目时，可提请发展改革等相关部门出具意见。对不符合税收优惠政策规定条件的，由税务机关按税收征收管理法及有关规定进行相应处理。具体办法由省级发展改革、税务部门另行制定。

四、本公告所称西部地区包括内蒙古自治区、广西壮族自治区、重庆市、四川省、贵州省、云南省、西藏自治区、陕西省、甘肃省、青海省、宁夏回族自治区、新疆维吾尔自治区和新疆生产建设兵团。湖南省湘西土家族苗族自治州、湖北省恩施土家族苗族自治州、吉林省延边朝鲜族自治州和江西省赣州市，可以比照西部地区的企业所得税政策执行。

2020 年 5 月，中共中央国务院发布《关于新时代推进西部大开发形成新格局的指导意见》在财税支持方面提出，稳妥有序推进中央和地方收入划分改革。中央财政在一般性转移支付和各领域专项转移支付分配中，继续通过加大资金分配系数、提高补助标准或降低地方财政投入比例等方式，对西部地区实行差别化补助，加大倾斜支持力度。考虑重点生态功能区占西部地区比例较大的实际，继续加大中央财政对重点生态功能区转移支付力度，完善资金测算分配办法。考虑西部地区普遍财力较为薄弱的实际，加大地方政府债券对基础设施建设的支持力度，将中央财政一般性转移支付收入纳入地方政府财政承受能力计算范畴。指导推动省以下财政事权和支出责任划分，调动市县积极性。对设在西部地区的鼓励类产业企业所得税优惠等政策到期后继续执行。赋予西部地区具备条件且有需求的海关特殊监管区域内企业增值税一般纳税人资格。对西部地区鼓励类产业项目在投资总额内进口的自用设备，在政策规定范围内免征关税。

西部大开发的规划时间跨度长，任务艰巨，国家出台的各项税收优惠政策必定会长期稳定执行，甚至会越来越优惠。相比其他地区最引人注目的就是企业所得税税率从 25% 降为 15%，节约了企业所得税 40%。

【案例 7-8】 企业搬迁后享受西部大开发优惠政策

某企业为鼓励类产业，每年利润额为 2 000 万元，如果该企业设立在广东省佛山市且未取得高新技术企业资格，则公司每年按照25%的税率应缴纳企业所得税为500万元。如果该企业迁移到重庆市，则可以享受西部大开发政策，按照15%的税率缴纳企业所得税300万元，节约企业所得税200万元。

【案例7-9】 路桥公司享受西部大开发优惠政策

成都市路桥工程股份有限公司关于享受西部大开发税收优惠政策的公告

近日，成都市路桥工程股份有限公司（以下简称"公司"）收到成都市武侯区地方税务局下发的税务事项通知书（成武地税通〔2014〕043号）。该局依据《国家税务总局关于深入实施西部大开发战略有关企业所得税问题的公告》（国家税务总局公告2012年第12号）和《四川省地方税务局关于西部大开发企业所得税优惠政策管理有关事项的通知》（川地税发〔2012〕47号），认为公司2013年国家高速公路网和西部开发公路干线工程建设收入符合《产业结构调整指导目录（2011年本）》第一类鼓励类第二十二条城市基础设施中第3款：城市道路及职能交通体系建设；第二十四条公路中第一款：西部开发公路干线、国家高速公路网项目建设，同意公司2013年享受西部大开发企业所得税优惠政策，企业所得税减按15%税率征收。公司2013年度企业所得税按25%税率计提。根据上述优惠政策，公司减税金额为45 341 070.22元。减税金额将在公司2014年进行会计核算，减少"应交税费——企业所得税"科目45 341 070.22元，增加2014年净利润45 341 070.22元。

【案例7-10】 收入不达标不予享受税收优惠政策

广西桂东电力股份有限公司关于收到贺州市地税局不予享受税收优惠决定书的公告

2015年5月27日，贺州市地税局下发了《不予享受税收优惠决定书》，认为公司2014年主营业务收入占公司收入总额的比例未达70%，公司提出的2014年享受设在西部地区的鼓励类产业企业减按15%优惠所得税率征收企业所得税申请事项，不符合《国家税务总局关于深入实施西部大开发战略有关企业所得税问题的公告》（国家税务总局公告2012年第12号）（以下简称"国税总局公告"）第一条规定，不符合享受西部大开发企业所得税税收优惠的条件，决定不予享受税收优惠，依法应按25%的税率补缴相应税款。

（3）符合条件的房地产公司也有可能享受西部大开发优惠政策。

　　是否属于西部地区鼓励类产业企业是企业享受西部大开发税收优惠的首要前提。财政部、海关总署、国家税务总局发布了《关于深入实施西部大开发战略有关税收政策问题的通知》（财税〔2011〕58号），规定自2011年1月1日至2020年12月31日，对设在西部地区的鼓励类产业企业减按15%的税率征收企业所得税。上述鼓励类产业企业，指以《西部地区鼓励类产业目录》中规定的产业项目为主营业务，且其主营业务收入占企业收入总额70%以上的企业。优惠到期之后，财政部 税务总局 国家发展改革委发布《关于延续西部大开发企业所得税政策的公告》（2020年第23号），将西部大开发优惠时间延长到2030年12月31日，并且将鼓励类产业企业的主营业务收入比例由70%降低至60%。判断是否属于《西部地区鼓励类产业目录》显得至关重要。

　　《西部地区鼓励类产业目录》包括两大部分：第一部分是国家现有产业目录中的鼓励类产业，即《产业结构调整指导目录》中的鼓励类产业、《外商投资产业指导目录》中的鼓励类产业和《中西部地区外商投资产业目录》中的西部地区产业；第二部分为西部地区新增鼓励类产业，按省、自治区、直辖市分列，并根据实际情况适时修订。

　　2011年3月27日，国家发展和改革委员会发布《产业结构调整指导目录（2011年本）》（第9号令），自2011年6月1日起施行。《产业结构调整指导目录（2005年本）》同时废止。2013年2月16日和2016年3月25日，国家发展和改革委员会对产业结构调整指导目录（2011年本）进行部分条款进行了修改，2019年10月30日国家发展和改革委员会发布《产业结构调整指导目录（2019年本）》，自2020年1月1日起施行。《产业结构调整指导目录（2011年本）（修正）》同时废止。

　　国家发展和改革委员会、商务部2011年12月24日发布《外商投资产业指导目录（2011年修订）》，自2012年1月30日起施行。此后又分别于2015年3月10日和2017年6月28日发布《外商投资产业指导目录（2015年修订）》和《外商投资产业指导目录（2017年修订）》。

　　2008年12月23日，国家发展和改革委员会、中华人民共和国商务部发布了《中西部地区外商投资优势产业目录（2008年修订）》，此后又分别于2013年5月9日和2017年2月17日发布《中西部地区外商投资优势产业目录（2013年修订）》和《中西部地区外商投资优势产业目录（2017年修订）》。

　　2019年6月30日，国家发展和改革委员会、中华人民共和国商务部发布《鼓励外商投资产业目录（2019年版）》，自2019年7月30日起施行。《外商投资产业指导目录（2017年修订）》鼓励类和《中西部地区外商投资优势产业目录（2017年修订）》同时废止。

　　企业在享受西部大开发税收优惠时，之所以对《西部地区鼓励类产业目录》高度关注，主要是因为目录覆盖行业领域广，专业性较强，一般企业财务人员在判定企业是否属于《西部地区鼓励类产业目录》范围内时，存在一定困难。以《产业结构调整指导目录（2019年本）（修正）》为例，内容多涉及"建设""开发与应用"等字眼，与企业日常经营的收入形式（例如，销售收入、其他业务收入）较难匹配，所以，企业自行判断会比较困难。

尽管判定存在一定的困难，但并不是没有办法。在公司内部召开与业务部门的沟通研讨会，梳理出目录中涉及的业务、财务、税务各类对应关系。经过沟通和梳理，使得公司对税收优惠政策的适用性更加明确、清晰。同时及时与当地税务部门和发改部门沟通以及借助专业服务机构的力量，是企业的另一个选择。对于一些我们常规认为不可能符合条件的，比如房地产开发行业同样有公司拿到了资质。

【案例7-11】 房地产公司享受西部大开发优惠政策

财信国兴地产发展股份有限公司于2018年1月30日在《证券时报》、巨潮资讯网（www.cninfo.com.cn）刊登了《关于北岸江山东区获得西部大开发税收优惠确认的公告》，2018年2月1日又刊登了《关于国兴·北岸江山东区获得西部大开发税收优惠确认的补充公告》，财信国兴地产发展股份有限公司（以下简称"公司"）的全资子公司重庆国兴置业有限公司（以下简称"重庆国兴公司"）开发的"国兴·北岸江山"项目按照绿色生态住宅小区标准建设。重庆国兴公司分别于2018年1月19日和1月26日，取得了《重庆市城乡建设委员会关于授予万元科蔡家项目M14/03地块绿色生态住宅小区设计标识和银翔翡翠谷B组团二期等项目绿色生态住宅小区称号的通知》（渝建〔2018〕46号）和《重庆市江北区发展和改革委员会关于确认重庆国兴置业有限公司西部地区鼓励类产业项目的批复》（江发改体〔2018〕39号），授予由重庆国兴公司所开发的"重庆原天原化工厂项目二期工程一标段"项目"绿色生态住宅小区"称并可享受国家及重庆市有关经济激励政策。根据文件精神，重庆国兴公司2015—2017年企业所得税符合减按西部大开发15%优惠税率，故将在2017年度冲回2015—2016年度计提10%的所得税费用，同时2017年调整为按15%计提当期所得税费用。经过与会计师事务所沟通，调整重庆国兴公司2017年度会计处理，2017年度企业所得税减按15%计提，减少约2 000万元当期所得税费用。同时，将2015年、2016年计提企业所得税中10%的部分共计4 215.90万元所得税优惠金额冲减当期所得税费用，合计整体影响将使2017年度公司的净利润相应增加约6 215.90万元（具体情况以会计师年度审计确认后的结果为准）。

2016 年 1 月 26 日，中天城投集团股份有限公司（以下简称"公司"）全资子公司中天城投集团贵阳国际金融中心有限责任公司（下称"国际金融中心有限公司"）、贵阳金融控股有限公司（以下简称"贵阳金控"）分别收到《企业所得税优惠事项备案表》，根据《财政部 海关总署 国家税务总局关于深入实施西部大开发战略有关税收政策问题的通知》（财税〔2011〕58 号）、《国家税务总局关于深入实施西部大开发战略有关企业所得税问题的公告》（国家税务总局公告 2012 年第 12 号）、《西部地区鼓励类产业目录》（国家发展和改革委员会令第 15 号）及《国家税务总局关于执行有关企业所得税问题的公告》（国家税务总局公告 2015 年第 14 号）等相关政策，国际金融中心有限公司与贵阳金控开发的贵阳国际金融中心项目（以下简称"金融中心项目"）经贵州省住房和城乡建设厅《关于同意"贵阳国际金融中心"为贵州省省级绿色生态示范城区的批复》（黔建科字〔2016〕30 号）批准成为省级绿色生态示范城区；经贵州省发展和改革委员会《省发展改革委员会关于中天城投集团贵阳国际金融中心有限责任公司申请认定主营业务属于西部地区鼓励类产业有关事宜的复函》（黔发改西开〔2016〕93 号），金融中心项目符合《产业结构调整指导目录（2011 年本）》（发改委令 2011 年第 9 号）中明确的鼓励类产业（即第二十二类"城镇园林绿生态小区建设"）。根据《企业会计准则》等相关规定，上述两家企业自 2015 年起减按 15% 税率缴纳企业所得税，并将对公司以后年度经营业绩产生积极影响。经测算，上述所得税优惠政策将增加公司 2015 年度净利润约 12 000 万元，最终数据以年度会计师审计的数据为准。

2. 民族自治地区税收优惠

相较于其他地区，大多数少数民族地区经济基础薄弱，物质财富不足，地方可以分配的收入有限，少数民族地区民众的收入远远落后于其他地区，虽然近年来，民族地区经济得到了极大发展，民众收入增长较快，但是从整体而言，少数民族民众收入和其他地区民众收入差距在进一步拉大，大多数民族地区经济发展依然处于一种贫困状态。改革开放初期，国家实施的税收优惠政策主要集中在东部沿海地区，有少量税收优惠政策惠及少数民族地区，如"国家对边疆县和民族自治县乡镇企业免除工商所得税 5 年""国家对少数民族八省区基建企业按降低成本额三七分成"，"国家对边疆贸易实行税收优惠政策"等。随着改革开放不断深入，东西部地区经济发展差距逐渐拉大，西部大开发战略应运而生，国家出台了一系列税收优惠政策扶持少数民族地区发展，其中最为明显的为企业所得税。

《中华人民共和国企业所得税法》相关规定如下。

第二十九条　民族自治地方的自治机关对本民族自治地方的企业应缴纳的企业所得税中属于地方分享的部分，可以决定减征或者免征。自治州、自治县决定减征或者免征的，须报省、自治区、直辖市人民政府批准。

《中华人民共和国企业所得税法实施条例》相关规定如下。

第九十四条　企业所得税法第二十九条所称民族自治地方，是指依照《中华人民共和国民族区域自治法》的规定，实行民族区域自治的自治区、自治州、自治县。

对民族自治地方内国家限制和禁止行业的企业，不得减征或者免征企业所得税。

《财政部 国家税务总局关于贯彻落实国务院关于实施企业所得税过渡优惠政策有关问题的通知》（财税〔2008〕21号）相关规定如下。

第三条　根据《中华人民共和国企业所得税法》（以下称"新税法"）第二十九条有关"民族自治地方的自治机关对本民族自治地方的企业应缴纳的企业所得税中属于地方分享的部分，可以决定减征或者免征"的规定，对2008年1月1日后民族自治地方批准享受减免税的企业，一律按新税法第二十九条的规定执行，即对民族自治地方的企业减免企业所得税，仅限于减免企业所得税中属于地方分享的部分，不得减免属于中央分享的部分。民族自治地方在新税法实施前已经按照《财政部 国家税务总局 海关总署总关于西部大开发税收优惠政策问题的通知》（财税〔2001〕202号）第二条第2款有关减免税规定批准享受减免企业所得税（包括减免中央分享企业所得税的部分）的，自2008年1月1日起计算，对减免税期限在5年以内（含5年）的，继续执行至期满后停止；对减免税期限超过5年的，从第六年起按新税法第二十九条规定执行。

与西部大开发税收优惠政策略有不同的是，民族地区减免地方分享部分可以与高新技术企业以及小微企业优惠叠加，而西部大开发地区的高新技术企业叠加享受以后不能低于法定税率的50%即12.5%，西部大开发地区的小微企业则只能在小微企业与西部大开发优惠之间选择最优惠待遇，不能叠加，而且民族地区税收减免不受行业限制。

《吉林省人民政府关于对我省少数民族地方的企业实行税收优惠政策的通知》（吉政明电〔1994〕90号）相关规定如下。

为了扶持我省少数民族自治地方的经济发展，对我省延边朝鲜自治州、前郭尔罗斯蒙古族自治县、伊通满族自治县和长白朝鲜族自治县实行以下优惠政策：

一、对新办的乡镇企业，经主管税务机关批准，自投产经营月份起免征企业所得税3年。

二、对城镇新办的集体工业企业，经主管税务机关批准，自投产经营月份起免征企业所得税2年。

三、对经县（市）以上民委、税务局确认的定点生产民族用品的企业，自投产经营月份起减半征收所得税 3 年。如减税期满后纳税仍有困难的，可报经主管税务机关批准再继续给予定期减税照顾。民族用品是指具有民族传统特色的少数民族生产生活用品，如民族服装、民族靴鞋、民族手工艺品、民族家具和特需小商品等。

四、少数民族地区的其他企业所得税优惠政策，一律按国家和省现行规定执行。

五、本通知从 1994 年 1 月 1 日起执行。过去省内有关政策与本通知有抵触的，一律按本通知执行。

【案例7-12】 广东省三个少数民族自治县税收优惠政策

《广东省财政厅 广东省地方税务局 广东省国家税务局关于继续执行少数民族自治地区企业所得税优惠政策的复函》（粤财法〔2017〕11 号）相关规定如下。

为支持我省民族地区加快发展，根据《中华人民共和国企业所得税法》第二十九条规定，同意清远市连山壮族瑶族自治县、连南瑶族自治县、韶关市乳源瑶族自治县免征本地区企业应缴纳企业所得税中属于地方分享部分（含省级和市县级），自 2018 年 1 月 1 日起至 2025 年 12 月 31 日止执行。凡是在连南瑶族自治县注册公司，申报缴纳企业所得税即可享受减免 40% 企业所得税。

某企业 2019 年应纳税所得额 4 000 万元，按税法规定应缴纳企业所得税 1000 万元；但根据该减免政策，若该企业在连南瑶族自治县注册公司可减免企业所得税地方分享部分 400 万元，只需缴纳企业所得税 600 万元，相当于企业所得税税负由 25% 降至 15%。

如果该公司被认定为国家需要重点扶持的高新企业，按照税法规定企业所得税减按 15% 征收，应纳企业所得税 600 万元。在此优惠政策上，还可享受叠加减免 40% 企业所得税（地方分享部分）240 万元，只需缴纳企业所得税 360 万元，相当于企业所得税税负由 15% 降至了 9%。

同样，如果该企业这小型微利型企业，例如全年应纳税所得额为 100 万元，按税法规定应纳企业所得税 5 万元，在此优惠政策上，还可享受叠加减免 40% 企业所得税（地方分享部分）2 万元，只需缴纳企业所得税 3 万元，相当于企业所得税税负只有 3%。

《广西壮族自治区人民政府关于印发促进中国（广西）自由贸易试验区高质量发展支持政策的通知》（桂政发〔2019〕53 号）相关规定如下。

新设立的符合广西自贸试验区主导产业方向的电子信息、装备制造、新能源汽车、人工智能、生物医药、绿色化工等企业，经认定为高新技术企业或符合享受西部大开发企业所得税优惠政策条件的，自取得第一笔主营业务收入起，免征地方分享部分企业所得税 5 年（即相当于对应税所得额按 9% 的税率征收企业所得税）。新设立的符合广西自贸试验区主导产业方向的现代物流、数字经济、文化创意、医疗康养、融资租赁、人力资源服务等企业，经认定为高新技术企业或符合享受西部大开发企业所得税优惠政策条件的，自取得第一笔主营业务收入起，免征地方分享部分企业所得税 5 年（即相当于对应税所得额按 9% 的税率征收企业所得税）。

《国家税务总局宁夏回族自治区税务局关于明确办理企业所得税地方分享部分优惠政策事项留存备查资料的公告》（国家税务总局宁夏回族自治区税务局公告 2019 年第 1 号）相关内容见下表。

序号	文件名称	文件号	主要内容节选
1	自治区人民政府关于加快文化产业发展的若干政策意见的通知	宁政发〔2009〕8 号	（十一）投资额在 300 万元以上的新办文化企业，自获利年度起，其实际缴纳的企业所得税地方留成部分，5 年内继续用于该企业扩大再生产
			（十二）新办的文化企业自工商登记之日起 3 年内，可免征企业所得税地方留成部分
2	自治区人民政府办公厅关于印发《自治区财政支持节能减排工作意见的通知》	宁政办发〔2009〕45 号	（十五）实行企业所得税地方留成部分全部免征优惠政策。对自治区内生产制造节能设备或产品的企业，所生产设备、产品对推进自治区节能减排工作作用明显，或对推进自治区节能减排工作效果特别显著，但因价格等因素制约其推广的重大节能设备和产品，经自治区财政、经济和信息化委、环境保护、国税、地税等部门共同量化认定，自认定起 3 年内，企业所得税地方留成部分全部免征
3	宁夏回族自治区人民政府关于印发《宁夏回族自治区发展汽车产业的若干规定》的通知	宁政发〔2009〕49 号	第十一条　对汽车企业应缴纳的企业所得税中属于地方分享的部分予以 5 年免征
4	自治区人民政府办公厅关于加快新能源装备制造业发展的意见	宁政办发〔2010〕98 号	（三）实行税收优惠政策。对新能源装备制造成套企业和关键部件专业制造企业，从生产之日起，免征企业所得税地方分享部分
5	宁夏回族自治区人民政府关于金融支持小型微型企业和"三农"发展的若干实施意见	宁政发〔2012〕72 号	（九）做大做强小额贷款公司。对设立在中部干旱带、南部山区和对口帮扶生态移民的小额贷款公司，自注册登记之日起 5 年内免征企业所得税地方留成部分

序号	文件名称	文件号	主要内容节选
6	自治区人民政府关于促进贺兰山东麓葡萄产业及文化长廊发展的意见	宁政发〔2012〕85号（宁政发〔2014〕45号修改）	（十）规划区内从事鼓励类葡萄、文化、旅游等产业的企业，自取得第一笔生产经营收入所属纳税年度起，免征企业所得税地方分享部分5年；企业从事符合条件的公共基础设施项目、节能节水项目及环境保护项目所得可自项目取得第一笔生产经营收入所属纳税年度起，第1年至第3年免征企业所得税，第4年至第6年减半征收企业所得税
7	自治区人民政府关于印发《宁夏回族自治区"飞地工业园"发展优惠政策》的通知	宁政发〔2012〕96号	第十二条　进入"飞地工业园"的企业享受国家西部大开发、《宁夏回族自治区招商引资优惠政策》和当地招商引资优惠政策
8	自治区人民政府关于印发《宁夏回族自治区招商引资优惠政策（修订）》的通知	宁政发〔2012〕97号	第七条　属于鼓励类的新办工业企业或者新上工业项目，除享受西部大开发的优惠税率外，从取得第一笔收入的纳税年度起，第1年至第3年免征企业所得税地方分享部分，第4年至第6年减半征收企业所得税地方分享部分
			第八条　新办的投资在3 000万元以上（权益性出资人实际出资中固定资产、无形资产等非货币性资产的累计出资额占新办企业注册资金的比例不得超过25%）的工业企业以及从事不属于国家鼓励类的项目，或者投资在3 000万元以上的新上非鼓励类工业项目（该项目收入占企业收入总额的70%以上），从其取得第一笔收入的纳税年度起，第1年至第3年，免征企业所得税地方分享部分
			第十条　新办的现代服务业企业，从其取得第一笔收入纳税年度起，免征企业所得税地方分享部分5年
			第十一条　在南部山区（包括固原市原州区、西吉县、隆德县、泾源县、彭阳县、同心县、盐池县、红寺堡区、海原县）新办的不属于国家禁止或限制的工业企业，从取得第一笔收入的纳税年度起，第1年至第3年免征企业所得税地方分享部分；第4年至第7年，减半征收企业所得税地方分享部分
			第十二条　企业收购、兼并自治区境内资不抵债和长期亏损企业，从收购、兼并的次年起，第1年至第3年免征企业所得税地方分享部分，第4年至第6年减半征收企业所得税地方分享部分
9	自治区人民政府关于印发宁夏慈善园区招善引资优惠政策的通知	宁政发〔2012〕106号	第五条　入园企业自取得第一笔收入起免征企业所得税地方留成部分5年，6年至10年内减半征收企业所得税地方留成部分

序号	文件名称	文件号	主要内容节选
10	自治区人民政府关于加快固原盐化工循环经济扶贫示范区发展的若干意见	宁政发〔2012〕126号	（五）在示范区投资、合资、合作新办的现代服务企业，从其取得第一笔收入的纳税年度起，免征地方分享部分企业所得税5年
11	自治区人民政府关于印发银川综合保税区优惠政策的通知	宁政发〔2013〕86号	第三条 被认定为高新技术企业的，除减按15%的税率征收企业所得税外，从其取得的第一笔经营收入的纳税年度起，免征企业所得税地方留成部分3年
12	自治区党委 人民政府关于加快发展非公有制经济的若干意见	宁党发〔2013〕7号	（二十四）落实西部大开发税收优惠政策。对自治区新办的大中型非公有制企业，自取得第一笔收入的纳税年度起，免征地方分享部分企业所得税5年；已注册成立的非公有制企业，凡符合西部大开发鼓励类目录的，执行西部大开发15%的优惠税率，同时符合自治区招商引资政策的，可再执行自治区招商引资税收优惠政策
13	关于融入"一带一路"加快开放宁夏的意见	宁党发〔2015〕22号	12.加大招商引资力度。对在宁投资新办且从事国家不限制或鼓励发展的产业，符合西部大开发税收优惠政策的企业，除减按15%税率征收企业所得税外，从其取得第一笔生产经营收入纳税年度起，第1至第3年免征企业所得税地方分享部分，第4至第6年减半征收企业所得税地方分享部分
			14.深化科技和人才交流合作。实施"大众创业、万元众创新"带头人行动，深化科技特派员、农村科技创新创业工作，支持事业单位、科技人员开展创新创业活动，对创办的科技合作实体，凡被认定为高新技术企业的，除减按15%税率征收所得税外，对所得税地方分享部分给予"三免三减半"优惠
			19.推动金融服务便利化。对新设立的银行、证券、保险、信托、期货、财务、金融租赁、融资租赁、消费金融、资产管理、第三方支付、小额贷款、融资性担保以及股权投资类企业等现在金融服务企业，从取得第一笔收入纳税年度起，免征企业所得税地方分享部分5年
14	自治区人民政府办公厅关于转发自治区财政厅扶财税支持小微企业做大做强的意见的通知	宁政办发〔2015〕102号	（一）个体工商户升级为小微企业的以个体工商户转企前一年度缴纳入库的个人所得税地方留成部分为基数，企业所得税地方留成增量部分转企后前3年给予免征，后2年减半征收
			（十六）支持小微企业升级为规模以上工业企业。对小微企业首次入规模的企业上年度缴纳入库的企业所得税地方留成部分为基数，增量部分前3年给予免征，后2年减半征收
15	自治区人民政府办公厅关于进一步加快云计算产业发展的若干意见	宁政办发〔2015〕149号	七、投资在1000万元及以上的云计算企业，从投产运营之日起，免交企业所得税地方分享部分5年

序号	文件名称	文件号	主要内容节选
16	自治区人民政府办公厅关于支持农民工等人员返乡创业的实施意见	宁政办发〔2015〕164号	对返乡农民工等人员返乡投资兴办且从事国家不限制或鼓励发展的产业，从其取得第一笔生产经营收入所属纳税年度起，第1年至第3年免征企业所得税地方分享部分
17	自治区人民政府办公厅关于加快发展服务贸易的实施意见	宁政办发〔2015〕168号	（三）扩大税收支持范围。符合西部大开发税收优惠政策的现代服务企业，从其取得第一笔生产经营收入所属纳税年度起，第1年至第3年免征企业所得税地方分享部分；第4年至第6年，减半征收企业所得税地方分享部分
18	关于力争提前两年实现"两个确保"脱贫目标的意见	宁党发〔2016〕9号	对在贫困县和各生态移民安置区投资兴办、符合西部大开发税收优惠或高新技术条件的企业，除减按15%税率征收企业所得税外，从其取得第一笔生产经营收入所属纳税年度起，企业所得税地方分享部分实行"三免三减半"优惠
19	自治区人民政府办公厅关于进一步印发加强农业招商引资工作的意见	宁政办发〔2016〕11号	符合西部大开发企业税收优惠政策的企业，除减按15%税率征收企业所得税外，从取得第一笔生产经营收入所属纳税年度起，第1年至第3年免征企业所得税地方分享部分，第4年至第6年减半征收企业所得税地方分享部分
20	自治区人民政府关于促进创业投资持续健康发展的实施意见	宁政发〔2017〕43号	依法享受"西部大开发税收优惠政策"各项优惠政策，除减按15%税率征收企业所得税外，从其取得第一笔生产经营收入所属纳税年度起，第1年至第3年免征企业所得税地方分享部分；第4年至第6年减半征收企业所得税地方分享部分
21	自治区党委 人民政府关于推进创新驱动战略的实施意见	宁党发〔2017〕26号	对区外科技型企业、创新团队和技术成果持有人，来宁设立科技型企业的，落地后即认定为自治区科技型中小企业，对符合西部大开发税收优惠政策的，除减按15%税率征收企业所得税外，从其取得第一笔生产经营收入所属纳税年度起，第1年至第3年免征企业所得税地方分享部分；第4年至第6年，减半征收企业所得税地方分享部分
22	自治区党委办公厅 自治区人民政府办公厅印发《关于实施人才强区工程助推创新驱动发展战略的意见》的通知	宁党办〔2018〕1号	引进人才创办的高新技术企业，企业所得税减按15%的税率征收，首次认定的高新技术企业地方分享部分免征3年

《西藏自治区人民政府关于印发西藏自治区招商引资优惠政策若干规定（试行）的通知》（藏政发〔2018〕25号）相关规定如下。

第四条 企业自2018年1月1日至2020年12月31日，从事《西部地区鼓励类产业目录》产业且主营业务收入占企业收入总额70%以上的，执行西部大开发15%的企业所得税优惠税率。

第五条　企业符合下列条件之一的，2018年1月1日至2021年12月31日，减半征收企业应缴纳的企业所得税中属于地方分享部分。

1.企业吸纳西藏常住人口达到企业职工总数50%（含本数）以上的；

2.企业在西藏的营业收入占全部营业收入比重40%（含本数）以上的（利用西藏资源生产产品或产品原产地属于西藏的企业不受40%比例限制）。

本条款不适用于从事限制类、淘汰类行业的企业。

第六条　企业符合下列条件之一的，自2018年1月1日至2021年12月31日，免征企业所得税地方分享部分。

1.从事特色优势农林牧产品生产、加工的企业或项目；

2.符合条件的扶贫企业或项目；

3.生产经营民族手工产品、具有民族特色的旅游纪念品及民族习俗生产生活用品的企业或项目；

4.从事新型建筑材料生产和装配式建筑产业的企业或项目；

5.符合条件的创新创业的企业或项目；

6.符合国家环境保护要求的污水处理、垃圾回收、再生资源回收的企业或项目；

7.投资太阳能、风能、地热等绿色新能源建设并经营的企业或项目；或符合条件的节能服务公司实施的合同能源管理项目和符合国家环境保护、节能减排要求的其他绿色产业或项目；

8.经国家认定为高新技术企业且高新技术产品产值达到国家规定比例的（产值达不到国家规定比例的，仅对该产品进行免税）；

9.从事新药研究、开发和生产，传统藏药二次开发和规模化生产，中（藏）药材种植、养殖、加工的企业或项目；

10.符合条件的科技型中小企业；

11.福利院、养老院、陵园、图书馆、展览馆、纪念馆、博物馆等从事与其主业有关的生产经营所得；

12.报刊业、图书出版业、广播影视业、音像业、网络业、广告业、旅游业、艺术产业和体育产业等九类产业中提供文化制品和服务的文化企业和项目，及其涵盖上述产业的文化创意企业和项目；

13.天然饮用水、电力、燃气的生产和供应等自治区重点扶持和鼓励发展的产业和项目；

14.吸纳我区农牧民、残疾人员、享受城市最低生活保障人员、高校毕业生及退役士兵五类人员就业人数达到企业职工总数30%（含本数）以上的；或吸纳西藏常住人口就业人数达到企业职工总数 70%（含本数）以上的企业。

【案例7-13】 设立在西藏自治区企业所得税优惠政策

A 企业和 B 企业于 2019 年 1 月 1 日分别在其他省市和西藏注册成立，2019 年，A 企业和 B 企业企业所得税应纳税所得额均为 1 000 万元，按照 A 企业和 B 企业当地适用企业所得税税率计算如下：

A 企业：1 000×25%（适用税率）＝ 250（万元）

B 企业：1 000×15%（适用税率）＝ 150（万元）

享受西藏财税政策全额减免企业所得税地方征收部分 40% 的纳税额，故 B 企业实际缴纳税额为：150 － 150×40% ＝ 90（万元）。

【案例7-14】 设立在西藏自治区的企业增值税返还

A 企业和 B 企业于 2020 年 1 月 1 日分别在其他省市和西藏注册成立，A 企业和 B 企业 2020 年 5 月增值税不含税销售额为 1 000 万元，按照 A 企业和 B 企业当地适用增值税税率计算如下：（此案例中企业适用 13% 的增值税率）

A 企业：1 000×13% ＝ 130（万元）

B 企业：1 000×13% ＝ 130（万元）

享受西藏财税政策返还形成实际财力的 50%，故 B 企业实际得到税收奖励为：增值税收入地方政府与中央政府各占 50% 计算。

第一次：130×50% ×50% ＝ 32.5（万元）

增值税收入地方政府与中央政府各占 50% 计算，地方财政首先返还。

第二次：130×50% ×70% ×50% ＝ 22.75（万元）

次年，中央政府支持地方增值税收入按 70% 计算，分两期依次返还，第一期享受次月税收返还的 25%，当年满足条件后 30 个工作日内即可开始申报；第二期享受税收返还的 17.5% 在次年的第一季度完成奖励。

3. 新疆维吾尔自治区税收优惠

由于历史、自然、社会等多方面因素的影响，新疆总体经济发展比较落后，区域和城乡不平衡矛盾突出。中央新疆工作座谈会对推进新疆跨越式发展和长治久安作出了全面部署。

《财政部 国家税务总局关于新疆困难地区及喀什、霍尔果斯两个特殊经济开发区新办企业所得税优惠政策的通知》（财税〔2021〕27号）规定如下。

一、2021年1月1日至2030年12月31日，对在新疆困难地区新办的属于《新疆困难地区重点鼓励发展产业企业所得税优惠目录》（以下简称《目录》）范围内的企业，自取得第一笔生产经营收入所属纳税年度起，第一年至第二年免征企业所得税，第三年至第五年减半征收企业所得税。

享受上述企业所得税定期减免税政策的企业，在减半期内，按照企业所得税25%的法定税率计算的应纳税额减半征税。

新疆困难地区包括南疆三地州、其他脱贫县（原国家扶贫开发重点县）和边境县市。

二、2021年1月1日至2030年12月31日，对在新疆喀什、霍尔果斯两个特殊经济开发区内新办的属于《目录》范围内的企业，自取得第一笔生产经营收入所属纳税年度起，五年内免征企业所得税。

三、属于《目录》范围内的企业是指以《目录》中规定的产业项目为主营业务，其主营业务收入占企业收入总额60%以上的企业。

四、第一笔生产经营收入，是指产业项目已建成并投入运营后所取得的第一笔收入。

五、财政部、税务总局会同有关部门另行发布《目录》。

六、属于《新疆困难地区重点鼓励发展产业企业所得税优惠目录（试行）（2016版）》（以下简称《2016版目录》）范围内的企业，2020年12月31日前已经进入优惠期的，可按《财政部国家税务总局关于新疆困难地区新办企业所得税优惠政策的通知》（财税〔2011〕53号）和《财政部国家税务总局关于新疆喀什、霍尔果斯两个特殊经济开发区企业所得税优惠政策的通知》（财税〔2011〕112号）规定享受至优惠期满为止，如属于《目录》与《2016版目录》相同产业项目范围，可在剩余期限内按本通知规定享受至优惠期满为止；未进入优惠期的，不再享受财税〔2011〕53号和财税〔2011〕112号文件规定的税收优惠，如属于《目录》与《2016版目录》相同产业项目范围，可视同新办企业按本通知规定享受相关税收优惠。

七、税务机关在后续管理中，不能准确判定企业主营业务是否属于《目录》中规定的产业项目时，可提请省级以上（含省级）有关行业主管部门出具意见。

在此基础之上，新疆还基于民族自治和招商引资出台了财政奖励和返还的优惠政策。

《新疆维吾尔自治区人民政府关于新疆困难地区及喀什、霍尔果斯经济开发区企业所得税优惠政策有关问题的通知》（新政发〔2021〕66号）规定如下。

一、2021年1月1日至2030年12月31日期间，对符合新疆困难地区企业所得税优惠政策条件的新办企业，自取得第一笔生产经营收入所属纳税年度起，在享受两年免征企业所得税后，第三年至第五年减半征收企业所得税期内，免征企业所得税地方分享部分。

二、2021年1月1日至2030年12月31日期间，对符合喀什、霍尔果斯经济开发区企业所得税优惠政策条件的新办企业，自取得第一笔生产经营收入所属纳税年度起，在享受五年免征企业所得税后，第六年至第十免征企业所得税地方分享部分。

三、各地及相关部门要严格按照《新疆困难地区重点鼓励发展产业企业所得税优惠目录》范围，落实税收优惠政策，不得违规扩大政策享受范围，严禁擅自出台税收优惠政策，不得制定与税收挂钩的财政支出政策。

四、要加强政策宣介，通过多种渠道广泛宣传国家、自治区税收优惠政策，吸引企业在疆落地。税务部门要做好政策的精准推送，引导和帮助纳税人知晓政策、应享尽享。

五、在税务机关后续管理中，出现不能准确判定企业是否属于享受优惠政策范围的，由自治区发展改革委牵头，建立联席会议机制，会同自治区工信厅、财政厅、商务厅、农业农村厅、科技厅、新疆税务局等相关部门研究提出意见。

4.海南自由贸易港优惠政策

为落实《海南自由贸易港建设总体方案》，2020年6月23日，财政部、税务总局联合颁布《关于海南自由贸易港企业所得税优惠政策的通知》（财税〔2020〕31号），7月31日发布《国家税务总局海南省税务局关于海南自由贸易港企业所得税优惠政策有关问题的公告》（国家税务总局 海南省税务局公告2020年第4号），旨在吸引国内外更多优质企业参与海南自由贸易港建设和促进海南自由贸易港发展。为有效落实上述企业所得税优惠政策，根据这两个文件，国家税务总局海南省税务局、海南省财政厅及海南省市场监督管理局在2021年联合下发了《关于海南自由贸易港鼓励类产业企业实质性运营有关问题的公告》（国家税务总局海南省税务局公告2021年第1号），该文明确了实质性运营的四个要素及不同适用对象的具体要求，旨在为享受自海南自由贸易港鼓励类产业企业所得税优惠政策的企业提供清晰的政策指引和监管要求，积极释放税收红利。

《关于海南自由贸易港企业所得税优惠政策的通知》（财税〔2020〕31号）相关规定如下。

为支持海南自由贸易港建设，现就有关企业所得税优惠政策通知如下：

一、对注册在海南自由贸易港并实质性运营的鼓励类产业企业，减按15%的税率征收企业所得税。

本条所称鼓励类产业企业，是指以海南自由贸易港鼓励类产业目录中规定的产业项目为主营业务，且其主营业务收入占企业收入总额60%以上的企业。所称实质性运营，是指企业的实际管理机构设在海南自由贸易港，并对企业生产经营、人员、账务、财产等实施实质性全面管理和控制。对不符合实质性运营的企业，不得享受优惠。

海南自由贸易港鼓励类产业目录包括《产业结构调整指导目录（2019年本）》《鼓励外商投资产业目录（2019年版）》和海南自由贸易港新增鼓励类产业目录。上述目录在本通知执行期限内修订的，自修订版实施之日起按新版本执行。

对总机构设在海南自由贸易港的符合条件的企业，仅就其设在海南自由贸易港的总机构和分支机构的所得，适用15%税率；对总机构设在海南自由贸易港以外的企业，仅就其设在海南自由贸易港内的符合条件的分支机构的所得，适用15%税率。具体征管办法按照税务总局有关规定执行。

二、对在海南自由贸易港设立的旅游业、现代服务业、高新技术产业企业新增境外直接投资取得的所得，免征企业所得税。

本条所称新增境外直接投资所得应当符合以下条件：

（一）从境外新设分支机构取得的营业利润；或从持股比例超过20%（含）的境外子公司分回的，与新增境外直接投资相对应的股息所得。

（二）被投资国（地区）的企业所得税法定税率不低于5%。

本条所称旅游业、现代服务业、高新技术产业，按照海南自由贸易港鼓励类产业目录执行。

三、对在海南自由贸易港设立的企业，新购置（含自建、自行开发）固定资产或无形资产，单位价值不超过500万元（含）的，允许一次性计入当期成本费用在计算应纳税所得额时扣除，不再分年度计算折旧和摊销；新购置（含自建、自行开发）固定资产或无形资产，单位价值超过500万元的，可以缩短折旧、摊销年限或采取加速折旧、摊销的方法。

本条所称固定资产，是指除房屋、建筑物以外的固定资产。

四、本通知自2020年1月1日起执行至2024年12月31日。

《国家税务总局海南省税务局关于海南自由贸易港企业所得税优惠政策有关问题的公告》（国家税务总局海南省税务局公告2020年第4号）相关规定如下所示。

一、鼓励类产业企业减按15%税率征收企业所得税问题

（一）注册在海南自由贸易港（以下简称自贸港）并实质性运营的鼓励类产业企业，减按15%的税率征收企业所得税。本款规定所称企业包括设立在自贸港的非居民企业机构、场所。

（二）对总机构设在自贸港的企业，仅将该企业设在自贸港的总机构和分支机构（不含在自贸港以外设立的二级以下分支机构在自贸港设立的三级以下分支机构）纳入判断是否符合规定条件范围，设在自贸港以外的分支机构不纳入判断范围；对总机构设在自贸港以外的企业，仅就设在自贸港的分支机构（不含在自贸港以外设立的二级以下分支机构在自贸港设立的三级以下分支机构）判断是否符合规定条件，设在自贸港以外的总机构和分支机构不纳入判断范围。

（三）鼓励类产业企业减按15%税率征收企业所得税政策，在预缴申报时可按规定享

受，主要留存备查资料为：

1. 主营业务属于自贸港鼓励类产业目录中的具体项目、属于目录的主营业务收入占企业收入总额 60% 以上的说明；

2. 企业进行实质性运营的相关情况说明，包括企业资产总额、收入总额、人员总数、工资总额等，并说明在自贸港设立的机构相应占比。

二、旅游业、现代服务业、高新技术产业企业新增境外直接投资取得的所得免征企业所得税问题

（一）通知第二条所称新增境外直接投资是指企业在 2020 年 1 月 1 日至 2024 年 12 月 31 日期间新增的境外直接投资，包括在境外投资新设分支机构、境外投资新设企业、对已设立的境外企业增资扩股以及收购境外企业股权。

（二）旅游业、现代服务业、高新技术产业企业新增境外直接投资取得的所得免征企业所得税政策，在年度纳税申报时可按规定享受，主要留存备查资料为：企业属于自贸港鼓励类产业目录中的旅游业、现代服务业、高新技术产业以及新增境外直接投资所得符合条件的说明。

三、新购置的资产一次性扣除或加速折旧和摊销问题

（一）自行开发的无形资产，按达到预定用途的时间确认购置时点。

（二）无形资产在可供使用的当年一次性扣除或开始加速摊销。

（三）企业购置的无形资产按通知第三条规定缩短摊销年限或采取加速摊销方法的，可比照《国家税务总局关于企业固定资产加速折旧所得税处理有关问题的通知》（国税发〔2009〕81 号）相关规定执行。

（四）新购置的资产一次性扣除或加速折旧和摊销政策，在预缴申报时可按规定享受，主要留存备查资料为：

1. 有关资产购进时点的资料（如以货币形式购进资产的发票，以分期付款或赊销方式购进资产的到货时间说明，自行建造固定资产的竣工结算说明，自行开发的无形资产达到预定用途情况说明）；

2. 有关资产记账凭证；

3. 核算有关资产税务处理与会计处理差异的台账。

（五）设立在自贸港实行查账征收的二级分支机构及非居民企业机构、场所可以享受一次性扣除或加速折旧和摊销政策。

四、本公告自 2020 年 1 月 1 日起至 2024 年 12 月 31 日止执行。相关文件发布前未及时享受优惠的，可按规定在以后月（季）度预缴申报时一并享受或在 2020 年度汇算清缴时一并享受优惠。

《关于海南自由贸易港鼓励类产业企业实质性运营有关问题的公告》（国家税务总局海南省税务局公告 2021 年第 1 号）相关规定如下。

一、本公告适用于注册在自贸港的居民企业、居民企业设立在自贸港的分支机构以及非居民企业设立在自贸港的机构、场所。

二、注册在自贸港的居民企业，从事鼓励类产业项目，并且在自贸港之外未设立分支机构的，其生产经营、人员、账务、资产等在自贸港，属于在自贸港实质性运营。

对于仅在自贸港注册登记，其生产经营、人员、账务、资产等任一项不在自贸港的居民企业，不属于在自贸港实质性运营，不得享受自贸港企业所得税优惠政策。

三、注册在自贸港的居民企业，从事鼓励类产业项目，在自贸港之外设立分支机构的，该居民企业对各分支机构的生产经营、人员、账务、资产等实施实质性全面管理和控制，属于在自贸港实质性运营。

四、注册在自贸港之外的居民企业在自贸港设立分支机构的，或者非居民企业在自贸港设立机构、场所的，该分支机构或机构、场所具备生产经营职能，并具备与其生产经营职能相匹配的营业收入、职工薪酬和资产总额，属于在自贸港实质性运营。

五、注册在自贸港的居民企业，其在自贸港之外设立分支机构的，或者注册在自贸港之外的居民企业，其在自贸港设立分支机构的，应严格按照《国家税务总局关于印发〈跨地区经营汇总纳税企业所得税征收管理办法〉的公告》（国家税务总局公告 2012 年第 57 号）的规定，计算总机构及各分支机构应纳税所得额和税款，并按规定缴纳企业所得税。

六、设立在自贸港的非居民企业机构、场所符合规定条件汇总缴纳企业所得税的，应严格按照《国家税务总局 财政部 中国人民银行关于非居民企业机构场所汇总缴纳企业所得税有关问题的公告》（国家税务总局公告 2019 年第 12 号）的规定，计算应纳税所得额和税款，并按规定缴纳企业所得税。

七、符合实质性运营并享受自贸港鼓励类产业企业所得税优惠政策的企业，应当在完成年度汇算清缴后，按照《国家税务总局海南省税务局关于海南自由贸易港企业所得税优惠政策有关问题的公告》（国家税务总局海南省税务局公告 2020 年第 4 号）的规定，归集整理留存相关资料，以备税务机关核查。

八、企业享受税收优惠政策，应执行查账征收方式征收企业所得税。

九、本公告自 2020 年 1 月 1 日起至 2024 年 12 月 31 日执行。

5. 经济特区和上海浦东新区（深圳、珠海、汕头、厦门和海南、上海浦东新区）

《国务院关于经济特区和上海浦东新区新设立高新技术企业实行过渡性税收优惠的通知》（国发〔2007〕40 号）规定如下：

对经济特区和上海浦东新区内在 2008 年 1 月 1 日（含）之后完成登记注册的国家需要重点扶持的高新技术企业（以下简称新设高新技术企业），在经济特区和上海浦东新区内取得的所得，自取得第一笔生产经营收入所属纳税年度起，第 1 年至第 2 年免征企业所得税，第 3 年至第 5 年按照 25% 的法定税率减半征收企业所得税。国家需要重点扶持的高新技术企业，是指拥有核心自主知识产权，同时符合《中华人民共和国企业所得税法实施条例》第九十三条规定的条件，并按照《高新技术企业认定管理办法》认定的高新技术企业。经济特区和上海浦东新区内新设高新技术企业同时在经济特区和上海浦东新区以外的地区从事生产经营的，应当单独计算其在经济特区和上海浦东新区内取得的所得，并合理分摊企业的期间费用；没有单独计算的，不得享受企业所得税优惠。经济特区和上海浦东新区内新设高新技术企业在按照本通知的规定享受过渡性税收优惠期间，由于复审或抽查不合格而不再具有高新技术企业资格的，从其不再具有高新技术企业资格年度起，停止享受过渡性税收优惠；以后再次被认定为高新技术企业的，不得继续享受或者重新享受过渡性税收优惠。

这个文件虽然说是过渡期优惠，但是却只有开始时间，没有终止时间，所以公布至今仍然有效。不过看似这是现存为数不多的区域性定期减免了，在实务中却很难真正能享受到，因为新设立的企业需要马上开始研发，注册自主知识产权，进行科技成果转化。高新企业收入达到全部收入的 60% 以上，对于一般的企业而言，从取得的第一笔收入起两年能够认定为高新技术企业已经算是很快的了，这也就意味着免税期已过，同样从取得的第一笔收入起 5 年能够认定为高新技术企业的数量可能也不会太多，也就是说最终能够享受到减半征收一至两年的企业都很少，而且其优惠是从 25% 降到法定税率的一半即 12.5%，优惠力度有限，这也许是真正的政策出发点就是要重点扶持那些研发能力强、成果转化快的企业。

6. 广东横琴新区、福建平潭综合实验区和深圳前海深港现代服务业合作区

《财政部 国家税务总局关于广东横琴新区 福建平潭综合实验区 深圳前海深港现代服务业合作区企业所得税优惠政策及优惠目录的通知》（财税〔2014〕26 号）规定，对设在横琴新区、平潭综合实验区和前海深港现代服务业合作区的鼓励类产业企业减按 15% 的税率征收企业所得税。

7. 中国（上海）自贸试验区临港新片区

《财政部 税务总局关于中国（上海）自贸试验区临港新片区重点产业企业所得税政策的通知》（财税〔2020〕38 号）规定，新片区内从事集成电路、人工智能、生物医药、民用航空等关键领域核心环节相关产品（技术）业务，并开展实质性生产或研发活动的符合条件的法人企业，自设立之日起 5 年内减按 15% 的税率征收企业所得税。

二、地方政府财政奖励形成的税收洼地

为推动区域经济发展，一些地区和部门对特定企业及其投资者（或管理者）等，在税收、非税等收入和财政支出等方面实施了优惠政策（以下统称税收等优惠政策），一定程度上促进了投资增长和产业集聚。

以广西为例，《广西壮族自治区人民政府关于印发促进中国（广西）自由贸易试验区高质量发展支持政策的通知》（桂政发〔2019〕53号）相关规定如下。

（五）鼓励先进制造业发展壮大。新设立的符合广西自贸试验区主导产业方向的电子信息、装备制造、新能源汽车、人工智能、生物医药、绿色化工等企业，经认定为高新技术企业或符合享受西部大开发企业所得税优惠政策条件的，对其自取得第一笔主营业务收入起5年内，按其当年对地方经济贡献的70%予以奖励。

（七）激发现代服务业发展活力。新设立的符合广西自贸试验区主导产业方向的现代物流、数字经济、文化创意、医疗康养、融资租赁、人力资源服务等企业，经认定为高新技术企业或符合享受西部大开发企业所得税优惠政策条件的，对其自取得第一笔主营业务收入起5年内，按其当年对地方经济贡献的70%予以奖励。

（九）支持贸易类企业发展。在各片区新设立的贸易类企业，自其取得第一笔主营业务收入起5年内，当年形成地方经济贡献50万元（含）以上的，按其当年对地方经济贡献的60%给予奖励。

（十）支持互联网经济新平台新业态发展。对各片区管理机构签约引进的以互联网、新媒体等为依托的新经济服务平台类企业、电商企业、区块链企业，自设立之日起5年内，按其当年对地方经济贡献的70%予以奖励。

（十一）鼓励构建中国—东盟特色优势跨境产业链。鼓励开展国际产能合作，支持国内外企业以中国和东盟为主要市场、以广西为基地，将制造业的重要环节布局在广西自贸试验区内，打造内联外合、承上接下的区域性国际加工制造基地。鼓励围绕跨境产业链重要环节发展加工贸易产业，提高加工贸易增值率（不低于8%）。鼓励发展边境贸易商品落地加工产业，带动沿边产业发展。鼓励以跨境产业链带动跨境物流、跨境贸易、跨境金融服务、合作研发、服务外包等跨境服务链发展，支持在各片区内设立产业投资基金、风险投资基金、研发中心、设计中心、检测维修中心、国家级实验室、展示营销中心、结算中心、人力资源服务机构等，支持依托中国—东盟博览会和中国—东盟商务与投资峰会，推动会展业集聚发展。上述产业中未能列入《西部地区鼓励类产业目录》的，新设立的企业符合广西自贸试验区产业布局、环保、能耗要求的，视其对国际产能合作或沿边经济发展的综合贡献，自取得第一笔主营业务收入起5年内，按其当年对地方经

济贡献的 50%—70% 予以奖励。

（十二）支持设立各类交易平台。对新设立的大宗商品交易平台企业，5 年内按其当年对地方经济贡献的 70% 予以奖励，扶持平台形成集聚效应。对新设立的开展权益类交易平台企业，实缴注册资本在 2 000 万元以上的，自设立之日起 5 年内，按其当年对地方经济贡献的 70% 予以奖励，奖励金额最高不超过 300 万元。对新设立的大宗商品交易平台、权益类交易平台、保税交割、供应链服务、区域性结算中心等企业，按规定暂停征收地方水利建设基金。

全国各地以招商引资名义出台的各类税收返还不胜枚举，例如常见的上海崇明和奉贤、江西萍乡和共青城、天津宝坻、江苏沛县和宿迁、重庆黔江、湖北通山等。

三、核定征收形成的税收洼地

核定征收是指由于纳税人的会计账簿不健全，资料残缺难以查账，或者其他原因难以准确确定纳税人应纳税额时，由税务机关采用合理的方法依法核定纳税人应纳税款的一种征收方式。这种征收方式一直存在，甚至成为部分税收洼地的利器，因为税收返还严格意义上来讲是违反国家法律违背税收法定原则的，而核定征收却是正常的征管手段。2018 年，《中华人民共和国个人所得税法》修订以后，为了公平查账征收和核定征收纳税人税负，确保核定征收的经营所得纳税人能够按规定享受到减税红利，部分地方税务局对核定征收应税所得率进行适度的调整，也正是这些调整文件的出台引起了部分税务筹划人员的注意，把一些原本不是洼地的也看作了洼地，其中典型的是深圳市 2019 年出台经营所得核定征收个人所得税的公告之后，基于社会舆论压力，能够按照核定征收批准的企业并不多。

《国家税务总局深圳市税务局关于经营所得核定征收个人所得税有关问题的公告》（国家税务总局深圳市税务局公告 2019 年第 3 号）相关规定如下。

根据《中华人民共和国个人所得税法实施条例》《中华人民共和国税收征收管理法实施细则》以及相关税收法律法规的规定，现将深圳市经营所得核定征收个人所得税有关问题公告如下：

一、经营所得核定征收纳税人范围

经营所得核定征收个人所得税，适用于深圳市范围内核定征收"经营所得"项目应纳个人所得税的个体工商户业主、个人独资企业投资者和合伙企业个人合伙人，以及虽未取得经营证照，但办理了临时税务登记证、有固定经营场所从事持续生产经营的个人纳税人（以下均简称"纳税人"）。

对增值税一般纳税人及国务院税务主管部门明确的特殊行业、特殊类型的纳税人，原则上不得采取定期定额、事先核定应税所得率等方式征收个人所得税。

二、核定征收方式

核定征收个人所得税方式包括定期定额征收、核定应税所得率征收、定率征收。

（一）定期定额征收方式的计算

1. 实行定期定额征收方式的，应纳所得税额的计算公式如下：

应纳所得税额＝收入总额 × 核定征收率

收入总额为不含增值税收入额。

2. 核定征收率的标准按《个人所得税核定征收率表》执行。

（二）核定应税所得率征收方式的计算

1. 实行核定应税所得率征收方式的，应纳所得税额的计算公式如下：

应纳所得税额＝应纳税所得额 × 适用税率

应纳税所得额＝收入总额 × 应税所得率

或＝成本费用支出额 ÷（1－应税所得率）× 应税所得率

收入总额为不含增值税收入额。

其中涉及合伙企业的，应当再按照分配比例，确定每个合伙人的应纳税所得额。

2. 应税所得率的标准按《个人所得税核定应税所得率表》执行。

3. 经营多业的，无论其经营项目是否单独核算，均应当根据其主营业务确定适用的应税所得率。

（三）定率征收方式的计算

1. 实行定率征收方式的，应纳所得税额的计算公式如下：

应纳所得税额＝收入总额 × 核定征收率

收入总额为不含增值税收入额。

2. 核定征收率的标准按 0.8% 执行。

三、按照税务机关核定征收缴纳个人所得税的纳税人采取偷税手段隐瞒收入额或者不进行纳税申报，不缴或者少缴应纳个人所得税进入税务检查程序的，税务机关对采取定期定额征收的纳税人依照附件 1 规定的征收率计算其应纳税额，对采取其他征收方式的纳税人依据附件 2 规定的应税所得率计算其应纳税额，追缴其不缴或者少缴的税款。

《国家税务总局大连市税务局关于调整核定征收经营所得个人所得税征收问题的公告2019 年第 1 号》规定如下。

为贯彻落实修改后的《中华人民共和国个人所得税法》，进一步规范经营所得个人所得税征收管理，根据《财政部 国家税务总局关于印发〈关于个人独资企业和合伙企业投资者征收个人所得税的规定〉的通知》（财税〔2000〕91 号）相关规定，现对我市核定征收经营所得个人所得税的相关征收事项公告如下：

一、对实行核定征收的个体工商户业主、个人独资企业和合伙企业自然人投资者以及对企业单位承包经营、承租经营者的个人所得税应税所得率进行调整，具体详见附件。

二、对定期定额的个体工商户业主经营所得，月收入额核定在 30 000 元以下（含 30 000 元）且当期实际收入未超定额的，个人所得税应纳税额核定为 0；月收入额核定超过 30 000 元的，全额按照本公告第一条规定的应税所得率征收个人所得税。

三、本公告自 2019 年 1 月 1 日起施行。

核定征收原本是为了简化征管手段，节约征管成本，对于没有建账或者是会计核算不健全的纳税人而言，在一定程度上可以说是惩罚性措施，但在实务中却逐渐成为一种"税收优惠"。

这一情况也引起了高层的关注。2021 年 3 月 24 日，中共中央办公厅、国务院办公厅印发了《关于进一步深化税收征管改革的意见》，指出加强重点领域风险防控和监管。对逃避税问题多发的行业、地区和人群，根据税收风险适当提高"双随机、一公开"抽查比例。对隐瞒收入、虚列成本、转移利润以及利用"税收洼地"、"阴阳合同"和关联交易等逃避税行为，加强预防性制度建设，加大依法防控和监督检查力度。在此背景下，对于各地核定征收开始收紧和清理。国家税务总局贵州省税务局发布关于严格执行《优化税收营商环境"十五条禁令"》的公告，不准擅自扩大核定征收范围，不准未经调查、未按规定流程随意核定、调整纳税人定额，不准违反法律法规的规定提前征收、延缓征收或者摊派税款，不准征收无实质交易行为，虚假签订合同所涉及的税收。

基于核定征收的风险，相应的管理越来越严格，待到时机成熟后，取消核定征收将是必然趋势！

第三节　税收洼地筹划的操作要点

2021 年 6 月 7 日，中华人民共和国审计署公布《国务院关于 2020 年度中央预算执行和其他财政收支的审计工作报告》，提出汽车销售、农产品收购、高收入人群个税三大板块存在"涉税涉票""违规返还税款造成财政收入流失"等问题，并提出加大整改力度。

财政部、国家税务总局共同成立工作专班，建立协同工作机制，以整改违规返还税收收入等问题为重点，在全国范围内组织开展整治财政收入虚假问题专项行动。系统梳理违规返还税款异地引税、先征后返等虚假收入典型问题，推动地方财税部门自查复查、整改问责、建章立制。

关于"个人所得税核定征收存在漏洞，部分高收入人员借此逃"的问题。国家税务总局核查了有关人员逃税避税的主要方式，通过深入分析论证和评估，研究确定了纳税调整和追征税款的处理方式。国家税务总局对个人所得税核定征收进行规范，已在 15 个省份两批开展试点，共调整规范近 8 万户企业，将适时向全国推开。

在税收洼地筹划要把握四点：一是远离虚开发票；二是选择国家层面洼地；三是开展实质性运营活动；四是结合总分机构汇总纳税。

一、远离虚开发票

在以票控税的大环境下，税务管理演变成为如何更多地获取成本发票降低税负，而完全没有考虑相应的税务风险。

根据《中华人民共和国发票管理办法（2010 修订）》（国务院令第 587 号）第二十二条的规定，任何单位和个人不得有下列虚开发票行为：为他人、为自己开具与实际经营业务情况不符的发票；让他人为自己开具与实际经营业务情况不符的发票；介绍他人开具与实际经营业务情况不符的发票。

《最高人民法院关于适用〈全国人民代表大会常务委员会关于惩治虚开、伪造和非法出售增值税专用发票犯罪的决定〉的若干问题的解释》（法发〔1996〕30 号）规定，具有下列行为之一的，属于"虚开增值税专用发票"：

（1）没有货物购销或者没有提供或接受应税劳务而为他人、为自己、让他人为自己、介绍他人开具增值税专用发票；

（2）有货物购销或者提供或接受了应税劳务但为他人、为自己、让他人为自己、介绍他人开具数量或者金额不实的增值税专用发票；

（3）进行了实际经营活动，但让他人为自己代开增值税专用发票。

类别	法律依据	标准	法律责任
行政责任	《中华人民共和国发票管理办法（2010 修订）》（国务院令第 587 号）	虚开金额在 1 万元以下的	可以并处 5 万元以下的罚款
		虚开金额超过 1 万元的	并处 5 万元以上 50 万元以下的罚款
	《企业所得税税前扣除凭证管理办法》（国家税务总局公告 2018 年第 28 号）		不得作为税前扣除凭证
			税务机关发现后告知之日起 60 日内补开的，可以扣除（自 2018 年 7 月 1 日起）
	《中华人民共和国税收征收管理法》	在账簿上多列支出或者不列、少列收入	对纳税人偷税的，由税务机关追缴其不缴或者少缴的税款、滞纳金，并处不缴或者少缴的税款 50% 以上 5 倍以下的罚款

类别	法律依据	标准	法律责任
行政责任	**虚开专用发票**《最高人民法院关于虚开增值税专用发票定罪量刑标准有关问题的通知》（法〔2018〕226号）	虚开的税款数额在5万元以上的	以虚开增值税专用发票罪处3年以下有期徒刑或者拘役，并处2万元以上20万元以下罚金
		虚开的税款数额在50万元以上的，认定为刑法第二百零五条规定的"数额较大"	处3年以上10年以下有期徒刑，并处5万元以上50万元以下罚金
		虚开的税款数额在250万元以上的，认定为刑法第二百零五条规定的"数额巨大"	处10年以上有期徒刑或者无期徒刑，并处5万元以上50万元以下罚金或者没收财产
刑事责任	**虚开普通发票**《最高人民检察院、公安部关于公安机关管辖的刑事案件立案追诉标准的规定（二）的补充规定》（公通字〔2011〕47号）	虚开发票100份以上或者虚开金额累计在40万元以上的；虽未达到上述数额标准但5年内因虚开发票行为受过行政处罚两次以上又虚开发票的	情节严重的，处2年以下有期徒刑、拘役或者管制，并处罚金；情节特别严重的，处2年以上7年以下有期徒刑，并处罚金

到税收洼地设立公司，通过核定征收或者财政奖励获得最终的税收利益极容易走向虚开发票，而税务系统对于一些常见的虚开发票手段已经完全掌握。

【案例7-15】 舍近求远异地采购，引发税务疑点

2017年6月，信宜市税务机关稽查选案人员在分析比对企业申报数据时发现，F纺织品公司购进原材料的进项发票有异常：该公司作为生产型出口企业，主要生产毛织制品，产品全部用于出口。自2015年2月成立以来，企业共申请办理出口退税865万元。F纺织品公司用于生产的主要原材料为毛纱，但是其进项发票显示，其生产原材料毛纱全部从外省市采购，而信宜市附近的东莞市就是毛纱商贸集散地，购进原材料舍近求远，这与企业经营常规不符。

选案人员随即联系风控部门，利用"金税三期"系统、电子底账系统对F纺织品公司的进项发票进行分析，了解上游开票企业的生产状况，并通过全国企业信息公示系统，查询上游开票企业在工商部门公示的信息，进一步发现该企业采购行为异常：一是交易金额大，交易频次少，单价波动大。F纺织品公司的进项发票信息显示，其原材料来自宁夏、辽宁、吉林、黑龙江、江苏等省13户上游企业，其与这些上游企业的交易多为一次性交易，发票顶额开具的居多。二是上游开票企业生产经营状况异常。选案人员查询发现，F纺织

品公司 13 户上游开票企业有 11 户是以农产品为原材料的加工生产企业，并且开设时间较短，其中 10 户企业因受到工商部门处罚等原因已被列入经营异常企业名录。三是上游企业经营行为比较"特殊"。通过电子底账查询发现，F 纺织品公司 13 户上游开票企业具有销项数据较大，取得抵扣增值税专用发票较少的特点，而且这些上游开票企业的产品均销往外省市，在当地均无销售行为。

综合前期数据核查分析结果，稽查部门认为 F 纺织品公司具有虚开发票骗取出口退税嫌疑，决定成立专案组对该企业立案调查。

办案人员去函向 F 纺织品公司上游供应商宁夏、辽宁、吉林等省 13 户企业主管税务机关调查了解企业经营状况。回函结果显示，13 户上游企业经营状态大多异常：13 户企业中，有的企业法定代表人已失联；有的涉嫌虚开发票，正被税务机关立案检查；有的则生产能力异常。其中，3 户企业因涉嫌虚开发票正被当地税务机关立案调查，F 纺织品公司接受这 3 家企业的发票涉及票面金额共 1 649 万元。此外，上游企业主管税务机关核查证实，F 纺织品公司取得的 35 份进项发票为失控发票，票面金额 350 万元，涉及进项税额近 60 万元。

二、选择国家层面洼地，警惕政策变化

2014 年 11 月 27 日，由于部分地区的一些税收优惠政策在促进投资增长的同时扰乱了市场秩序，影响国家宏观调控政策效果，于是，国务院发布《国务院关于清理规范税收等优惠政策的通知》（国发〔2014〕62 号），明确提出"统一税收政策制定权限，规范非税等收入管理，严格财政支出管理"。但在 2015 年 5 月中旬，国务院又发布《关于税收等优惠政策相关事项的通知》（国发〔2015〕25 号），并暂停之前"国发〔2014〕62 号"的实施。而"国发〔2015〕25 号文"的推出并非否定"国发〔2014〕62 号"对于不规范税收优惠政策的清理，只是为其提供了过渡期和缓冲期，已兑现的部分不溯及既往。

对有些企业来讲就是奔着地方政府的优惠政策去的，如果取消了优惠，一些已签订的投资项目就要停下来。而对地方政府来说，当初对企业有优惠承诺，继续执行是违反规定，不执行又面临"违约"风险，陷入进退两难境地。"国发〔2014〕62 号"出台后，很多地方用基金的方式来推动招商，各地纷纷开始借助地方政府引导基金的方式对入驻企业进行资金支持，以替代原有的财政补贴与税收优惠措施。

清理地方和部门的税收优惠等政策，对于维护公平的市场竞争环境，无疑具有重要意义。从长远看，规范税收优惠政策、填平"税收洼地"是大势所趋。总体上看，国家

对制定税收优惠政策的权限是收紧的。地方政府招商引资和企业投资经营，不能总是依赖优惠政策。

相对地方政府出台的政策，国家层面的政策稳定性就会好很多，在实务中也不乏地方政府不能兑现当初的优惠政策而与企业对簿公堂的例子。

三、开展实质性运营活动

近年来，企业通过税收洼地支付费用来转移利润的趋势较为明显，给税务部门的工作带来挑战。在后续管理中，税务部门已经将重点放在向税收洼地的支付业务，尤其是大额关联支付，《关于海南自由贸易港企业所得税优惠政策的通知》（财税〔2020〕31号）首次明确提出实质性运营的要求，但是由于信息不对称，对于劳务提供的必要性认识不足，如何证明是否存在实质性经营活动以及劳务定价的合理性等是较为棘手的问题。在各方舆论压力之下，税收洼地的政府部门也在收紧政策的口子。例如，杜绝一址多证、要求缴纳员工社保、不定期抽查等，对于向税收洼地的支付，税务部门会要求企业提供相应的证据资料，以证明其在税收洼地确实开展了实质性经营活动，而且该笔支付与在税收洼地发生的实质性经营活动相关。但是，到底怎样的资料可以证明其实质性经营活动目前没有明确的依据。"财税〔2020〕31号"指出实质性运营是指企业的实际管理机构设在海南自由贸易港，并对企业生产经营、人员、账务、财产等实施实质性全面管理和控制。

【案例7-16】 400万元咨询费到底咨询的是什么

某市税务局在发票协查中查到受票方从新疆某公司取得数张400万元咨询费普通发票，并已经入账。税务局质问该受票方企业负责人，400万元咨询业务是什么？企业负责人答非所问、闪烁其词。

经查，该公司采用假发票入账、伪造银行转账流水等方式，虚构与设立在新疆企业的咨询服务业务，虚列成本，偷逃企业所得税。针对该企业违法行为，税务机关依法对其作出补缴税款、加收滞纳金并处1倍罚款，共计200余万元的处理决定。

在税收洼地设立公司开票，如果没有实质运营业务，很容易触发虚开的红线。因此洼地注册企业必须要有经营场所、常驻人员，以及正常申报缴纳个人所得税和社保，在注册地召开股东会或者形成股东决定，同时对于货物贸易应当确保合同、发票、物流信息相符，对于服务贸易则除了合同和发票之外，应当有提供服务的相关证据、服务记录、阶段性的服务成果等。

四、结合总分机构汇总纳税

对于投资型企业和服务类企业等轻资产行业，在洼地设立企业相对简单，而对于众多制造业或者是房地产等特定行业，要把公司搬到洼地显然是不现实的，没有企业会仅仅为了税收利益而大张旗鼓把公司搬迁到洼地去，尽管出台税收优惠政策的本意是吸引投资促进地区均衡发展。既然这样，是否意味着重资产或者特殊行业的企业就无法利用洼地政策呢？其实不然，如果结合总分机构汇总纳税，同样可以实现享受洼地税收优惠。

国家税务总局关于印发《跨地区经营汇总纳税企业所得税征收管理办法》的公告（国家税务总局公告 2012 年第 57 号）规定，汇总纳税企业实行"统一计算、分级管理、就地预缴、汇总清算、财政调库"的企业所得税征收管理办法。汇总纳税企业按照《中华人民共和国企业所得税法》规定汇总计算的企业所得税，包括预缴税款和汇算清缴应缴应退税款，50% 在各分支机构间分摊，各分支机构根据分摊税款就地办理缴库或退库；50% 由总机构分摊缴纳，其中 25% 就地办理缴库或退库，25% 就地全额缴入中央国库或退库。具体的税款缴库或退库程序按照"财预〔2012〕40 号"文件第五条等相关规定执行。对于按照税收法律、法规和其他规定，总机构和分支机构处于不同税率地区的，先由总机构统一计算全部应纳税所得额，然后按本办法第六条规定的比例和按第十五条计算的分摊比例，计算划分不同税率地区机构的应纳税所得额，再分别按各自的适用税率计算应纳税额后加总计算出汇总纳税企业的应纳所得税总额，最后按本办法第六条规定的比例和按第十五条计算的分摊比例，向总机构和分支机构分摊就地缴纳的企业所得税款。

【案例 7-17】 房地产公司在西部设立分公司

某房地产公司在广东广州开发一个楼盘，预计 2021 年竣工验收，项目利润 5 亿元，需要缴纳企业所得税 1.25 亿元（5×25%）。

该公司 2020 年在江西赣州设立赣州分公司，承接某小区的物业管理服务，预计每年利润 20 万元，公司未设立其他分公司。2020 年，赣州分公司不参与汇总纳税，2021 年参与汇总纳税，物业服务属于鼓励类产业，符合西部大开发优惠条件，因此 2021 年公司应缴纳企业所得税为：

总公司应缴纳企业所得税＝（50 000 ＋ 20）×50%×25% ＝ 6 252.50（万元）

赣州分公司应缴纳企业所得税＝（50 000 ＋ 20）×50%×15% ＝ 3 751.50（万元）

合计应缴纳企业所得税＝ 6 252.50 ＋ 3751.50 ＝ 10 004（万元）

节约企业所得税＝ 12 500 － 10 004 ＝ 2 496（万元）

【案例7-18】二级分公司变为三级分公司

某公司在全国设立10家分公司，均不在税收优惠地区，公司总分机构全年应纳税所得额2亿元，需要缴纳企业所得税5 000万元（20 000×25%）。

2020年，公司对组织架构进行整合，在广西设立华南分公司，将华南地区的其他省市分公司设计为华南分公司的三级分公司，同理在江西赣州设立华东分公司，在内蒙古设立华北分公司，这样一来，除了西部地区省市以外，这几个大区的分公司基本可以覆盖非税收优惠地区。如果产品属于鼓励类产业，则均可以符合西部大开发条件，由于《跨地区经营汇总纳税企业所得税征收管理办法》只有二级分支机构可以就地预缴和汇总清算，而三级分支机构则并入二级分支机构计算，因此2021年公司应纳企业所得税计算过程如下：

总公司应缴纳企业所得税＝10 000×50%×25%＝1 250（万元）

二级分公司应缴纳企业所得税＝10 000×50%×15%＝750（万元）

合计应缴纳企业所得税＝1 250＋750＝2 000（万元）

节约企业所得税＝2 500－2 000＝500（万元）

第八章

影响政策

在依法治国，依法行政的前提下，无论采用哪种筹划方法，纳税人的税收安排都必须在政策框架以内。对于大多数人而言，只要尽可能地去满足政策的要求，然而最高级的筹划并非创造一切条件去符合政策规定，而是通过各种渠道，在政策制订阶段影响政策的走向，或者是在政策理解不一致的情况下，拿到对自己有利的特殊待遇。

第一节　个案批复化解危机

近几年来，国家税务总局高度重视税收业务工作规范化，着力内控机制建设，相继出台《税务部门规章制定实施办法》《税务规范性文件制定管理办法》，明确了税务部门规章、税收规范性文件的制定程序和规则。在现实税收业务工作中，各级税务机关还有一些以特定纳税人为对象的税收业务个案批复，这其中存在着一些不容忽视的问题，包括批复办理程序缺乏制约、不公开，个案批复数量过多，批复主体不清等，使这类工作存在较大的执法风险和廉政风险。2012 年 3 月 1 日起实施的《税收个案批复工作规程（试行）》就是为了解决此类问题，以规范权力运行，预防执法风险和廉政风险。规程从制度衔接、批复方式、办理流程、责任追究等方面规范了税务部门个案批复工作。规程规范了发文形式，体现分权制衡的原则，实现由主办部门内部封闭运行向对外公开阳光操作的转变。国家税务总局办公厅关于进一步规范税收个案批复类文件办理工作的通知（税总办发〔2015〕184 号）规定，除涉密文件外，税收个案批复类文件信息公开选项应一律选择"主动公开"。《税务规范性文件制定管理办法》明确上级税务机关对下级税务机关有关特定税务行政相对人的特定事项如何适用法律、法规、规章或者税务规范性文件的请示所作的批复，需要普遍适用的，应当按照规定的制定规则和制定程序另行制定税务规范性文件。《税收个案批复工作规程（试行）》一方面规范税务机关个案批复的操作，另一方面也表明有相关资源的企业和机构就会充分利用这一规程实施筹划的目的，而拿到个案批复之后就可以降低税负且从源头上化解税务风险。

【案例 8-1】 委托贷款视同统借统还的个案批复

// 案例背景

安迪苏集团是一家世界著名的专门从事蛋氨酸、维生素及生物酶制品生产的动物营养饲料添加剂公司，由英国 CVC 集团全面控股，在全球拥有 5 家主要生产工厂，同时拥有 792 项技术专利和世界最先进的蛋氨酸生产技术。安迪苏公司的经销网络遍及全球 140 个国家和地区，是全球唯一一家能够同时生产固体和液体两种蛋氨酸产品的公司。2004 年已成为蛋氨酸领域全球第二大生产商，市场份额占全球总量的 29％。除此之外，安迪苏集团生产的维生素 A 和维生素 E 的市场份额居全球第三，其生物酶的产量则名列全球第五。2005 年 10 月 19 日，中国化工集团总经理任建新率团考察欧洲，签署了由中国化工集团旗下的中国蓝星（集团）总公司投资 4 亿欧元全资收购法国安迪苏公司 100% 股权的正式协议。2006 年 1 月 17 号，在比利时正式签署对安迪苏集团的交割协议。

中国蓝星（集团）总公司（以下简称"中国蓝星"）通过设立于香港的全资子公司蓝星国际投资控股有限公司（以下简称"香港蓝星"），收购法国安迪苏集团公司。由于国家外汇管理政策的限制，中国蓝星从国家开发银行借入资金，通过渣打银行北京分行以委托贷款方式将所借资金分拨给香港蓝星，并按借款利率向香港蓝星收取利息用于归还国家开发银行。

// 案例分析

部分金融机构为减少和防止不良贷款，确保信贷资金安全，有时出现不愿受理中小企业贷款申请的情况。中小企业为解决融资困难，往往由其主管部门或所在企业集团的核心企业统一向金融机构贷款并统一归还。

1. 委托贷款业务收取的利息收入是否征税

根据《贷款通则》的定义，"委托贷款，是指由政府部门、企事业单位及个人等委托人提供资金，由贷款人（即受托人）根据委托人确定的贷款对象、用途、金额期限、利率等代为发放、监督使用并协助收回的贷款。贷款人（受托人）只收取手续费，不承担贷款风险"。受托的金融机构（商业银行）在整个委托贷款的业务中只负责代为发放、监管使用、协助收回，并从中收取一定手续费之外，不会对任何形式的贷款风险承担责任。

根据《国家税务总局关于印发〈营业税税目注释（试行稿）〉的通知》（国税发〔1993〕149 号）规定，贷款是指将资金贷与他人使用的业务，包括自有资金贷款和转贷。《国家税务总局关于印发〈营业税问题解答（之一）〉的通知》（国税函发〔1995〕156 号）规定，贷款属于"金融保险业"税目的征收范围，而贷款是指将资金贷与他人使用的行为。根据这一规定，不论金融机构还是其他单位，只要是发生将资金贷与他人使用的行为，均应视为发生贷款行为，按"金融保险业"税目征收营业税。《财政部 国家税务总局关于全面推开营业税改征增值税试点的通知》（财税〔2016〕36 号）规定，贷款是指将资金贷与他人使用而取得利息收入的业务活动。

无论是营业税时代，还是"营改增"以后，委托贷款均需要依法缴纳营业税或者增值税，对以自有资金委托贷款给他人使用收取利息缴税是比较好理解的，但对从金融机构借款后再提供给其他公司使用并收取利息时又不符合统借统还贷款的条件，同样需要缴纳营业税或者增值税，并且不能差额征税，按照常规的思维会觉得难以接受。至于采用委托贷款则是为了满足金融监管的要求，并不会因此影响征税。

2. 统借统还贷款流转税的规定

《财政部 国家税务总局关于非金融机构统借统还业务征收营业税问题的通知》（财税字〔2000〕7号）规定，对企业主管部门或企业集团中的核心企业等单位（以下简称"统借方"）向金融机构借款后，将所借资金分拨给下属单位（包括独立核算单位和非独立核算单位），并按支付给金融机构的借款利率水平向下属单位收取用于归还金融机构的利息不征收营业税。统借方将资金分拨给下属单位，不得按高于支付给金融机构的借款利率水平向下属单位收取利息，否则，将视为具有从事贷款业务的性质，应对其向下属单位收取的利息全额征收营业税。

《国家税务总局关于贷款业务征收营业税问题的通知》（国税发〔2002〕13号）规定，企业集团或集团内的核心企业（以下简称"企业集团"）委托企业集团所属财务公司代理统借统还贷款业务，从财务公司取得的用于归还金融机构的利息不征收营业税；财务公司承担此项统借统还委托贷款业务，从贷款企业收取贷款利息不代扣代缴营业税。以上所称企业集团委托企业集团所属财务公司代理统借统还业务，是指企业集团从金融机构取得统借统还贷款后，由集团所属财务公司与企业集团或集团内下属企业签订统借统还贷款合同并分拨借款，按支付给金融机构的借款利率向企业集团或集团内下属企业收取用于归还金融机构借款的利息，再转付企业集团，由企业集团统一归还金融机构的业务。

《国家税务总局关于明确若干营业税问题的公告》（国家税务总局公告2015年第92号）规定，企业集团或企业集团中的核心企业以发行债券形式取得资金后，直接或委托企业集团所属财务公司开展统借统还业务时，按不高于债券票面利率水平向企业集团或集团内下属单位收取的利息，按照《财政部 国家税务总局关于非金融机构统借统还业务征收营业税问题的通知》（财税字〔2000〕7号）和《国家税务总局关于贷款业务征收营业税问题的通知》（国税发〔2002〕13号）的规定，不征收营业税。

企业集团统借统还营业税政策在"营改增"之后平移到了增值税中，《财政部 国家税务总局关于全面推开营业税改征增值税试点的通知》（财税〔2016〕36号）《附件3：营业税改征增值税试点过渡政策的规定》第一条第十九款第七项规定：统借统还业务中，企业集团或企业集团中的核心企业以及集团所属财务公司按不高于支付给金融机构的借款利率水平或者支付的债券票面利率水平，向企业集团或者集团内下属单位收取的利息，免征增值税。统借方向资金使用单位收取的利息，高于支付给金融机构借款利率水平或者支付的债券票面利率水平的，应全额缴纳增值税。统借统还业务是指：①企业集团或者企业集团中的核心企业向金融机构借款或对外发行债券取得资金后，将所借资金分拨给下属单位（包括独立核算单位和非独立核算单位，下同），并向下属单位收取用于归还金融机构或债券购买方本息的业务。②企业集团向金融机构借款或对外发行债券取得资金后，由集团所属财务公司与企业集团或者集团内下属单位签订统借统还贷款合同并分拨资金，向企业集团或者集团内下属单位收取本息，再转付企业集团，由企业集团统一归还金融机构或债券购买方的业务。

从统借统还贷款的营业税政策变化来看，我们也可以看出其口径是在不断地放宽，由最初资金通过集团公司直接分拨给下属单位到允许委托集团财务公司开展统借统还业务，由最初资金来源只能是金融机构借款到允许发行企业债券。在"国家税务总局公告2015年第92号"出台之前，曾经有上市公司发行债券时明确募集资金的用途为某子公司的建设项目，发行后将资金下拨给子公司。然而尴尬的事情来了，利息支出在上市公司列支，上市公司向子公司按照债券利率收取利息时未及时申报缴纳营业税，最终被稽查补税，公司对此难以理解。认为统借统贷业务之所以不征收营业税，主要原因就是统借方是代表其他企业统一借款，税收上就按照实质重于形式的原则并未将其作为企业之间的拆借应税行为来处理。随着企业融资渠道逐步多元化，集团企业统一融资的来源不仅仅是金融机构了，也包括其他形式，比如企业债券，融资后的运作方式与统借统贷是一致的，只是资金来源不同而已，从本质属性上来说都是集团企业融资的一种方式，并不是统借方和用款单位之间的拆借行为，并且统借方也没有从中取得收益，因此从道理上说统借方比照统借统贷的规则不缴纳营业税也有其合理之处。实践中，很多大型的企业集团从金融机构以外融资都没缴纳营业税。但是从税务机关执法的角度看，税务机关不让统借方比照统借统还来处理也有其合理性，税务机关执法既要遵循税收的基本原理，也要依据相关的规范性文件，而之前的文件指的是从金融机构的借款，如果税务机关允许企业这么处理，客观上也存在着一定的执法风险。

"国家税务总局公告2015年第92号"的出台也是在某种程度上存在"跑部进京"的影子，虽然可能不是某个企业直接找到国家税务总局，但是确实有很多大企业集团和税务机关通过自己熟悉的不同渠道向政策制定部门反馈这个问题，最终得以解决，从根本上降低税负，防范税务风险。

3. 针对中国蓝星的特别批复

2006年9月8日，财政部、国家税务总局下发《关于中国蓝星（集团）总公司利用统借统还贷款收购法国安迪苏公司向下属单位收取利息征收营业税问题的通知》（财税〔2006〕134号）回复北京市财政局、地方税务局，明确对中国蓝星按支付给国家开发银行的借款利率水平向香港蓝星收取的用于归还国家开发银行的利息，按照《财政部 国家税务总局关于非金融机构统借统还业务征收营业税问题的通知》（财税字〔2000〕7号）的有关规定，不征收营业税。这就意味着，如果没有这一批文，中国蓝星按借款利率向香港蓝星收取的利息支出属于委托贷款性质，应当依法纳税。

【案例 8-2】 国企改制的特殊规定

// 案例背景

中国长江电力股份有限公司在中国长江三峡工程开发总公司（以下简称三峡总公司）下属的原葛洲坝水力发电厂的基础上改制设立。经原国家经济贸易委员会《关于同意设立中国长江电力股份有限公司的批复》（国经贸企改〔2002〕700 号文）批准，三峡总公司作为主发起人，以葛洲坝水力发电厂所有发电资产及与发电业务密切相关的辅助性生产设施等资产配比相应负债作为出资，联合华能国际电力股份有限公司、中国核工业集团公司、中国石油天然气集团公司、中国葛洲坝水利水电工程集团有限公司和长江水利委员会长江勘测规划设计研究院等 5 家发起人以发起方式设立。

三峡工程设计安装 26 台发电机组，根据国务院批准的改制重组方案、发起人协议及公司章程，除 2003 年收购 4 台机组外，中国长江电力股份有限公司逐步收购三峡工程陆续投产的其余 22 台发电机组。预计于 2015 年左右完成全部收购，收购资金总额约 1 200 亿元（以实施收购时评估值为准），其中 20% 左右将通过权益融资方式筹集，其余部分通过债务融资等方式解决。

// 相关政策

《财政部 国家税务总局关于中国长江电力股份有限公司上市及收购三峡发电资产有关税收问题的通知》（财税〔2003〕第 235 号）相关规定如下。

为支持中国长江三峡工程开发总公司（以下简称三峡总公司）重组改制和中国长江电力股份有限公司（以下简称长江电力）上市的顺利进行，经国务院批准，现对有关税收问题通知如下：

一、对三峡总公司向长江电力出让发电资产（26 台发电机组及相关发电设施）过程中应缴纳的增值税、营业税及其附征的城市维护建设税、教育费附加予以免征。

二、对三峡总公司和长江电力在重组改制过程中因资产转移所签订的产权转移书据免征印花税；对长江电力成立时启用的资金账簿中，改制前已贴花的资金免征印花税，未贴花的资金及以后增加的资金照章征收印花税；对长江电力收购三峡总公司发电资产过程中发生的契税予以免征。

三、对三峡总公司所属葛洲坝电厂的资产评估增值应缴企业所得税款不征收入库，直接转记三峡总公司的资本公积金，作为国有资本金；三峡总公司将评估增值部分再注入到长江电力，作为长江电力的国有股权；三峡总公司投入到长江电力的资产，长江电力可按评估后的价值计提折旧或摊销，并在企业所得税前扣除。

// 案例分析

根据上述政策分析如下。

1. 资产重组营业税与增值税政策变迁

2011 年，国家税务总局先后发布《关于纳税人资产重组有关增值税问题的公告》（国家税务总局公告 2011 年第 13 号）和《国家税务总局关于纳税人资产重组有关营业税问题的公告》（国家税务总局公告 2011 年第 51 号），第一次统一了资产重组中增值税与营业税政策。"营改增"之后，《财政部 国家税务总局关于全面推开营业税改征增值税试点的通知》（财税〔2016〕36 号）平移了此项政策，其对资产重组过程中涉及货物、不动产和土地使用权转移不征税的基本前提是纳税人在资产重组过程中，通过合并、分立、出售、置换等方式，将全部或者部分实物资产以及与其相关联的债权、负债和劳动力一并转让给其他单位和个人。

在此之前，国家税务总局针对个别企业的资产重组涉及资产转移的税务处理作出了批复，包括《国家税务总局关于转让企业产权不征营业税问题的批复》（国税函〔2002〕165 号）、《国家税务总局关于深圳高速公路股份有限公司产权转让不征营业税问题的批复》（国税函〔2003〕1320 号）、《国家税务总局关于鞍山钢铁集团转让部分资产产权不征营业税问题的批复》（国税函〔2004〕316 号）、《国家税务总局关于中国石化集团销售实业有限公司转让成品油管道项目部产权营业税问题的通知》（国税函〔2008〕916 号）、《国家税务总局关于转让企业全部产权不征收增值税问题的批复》（国税函〔2002〕420 号）、《国家税务总局关于纳税人资产重组有关增值税政策问题的批复》（国税函〔2009〕585 号）、《国家税务总局关于中国直播卫星有限公司转让全部产权有关增值税问题的通知》（国税函〔2010〕350 号）。不能绝对地说这些企业都是靠"跑腿"拿到的专项批复，甚至在《国家税务总局关于转让企业产权不征营业税问题的批复》（国税函〔2002〕165 号）和《国家税务总局关于转让企业全部产权不征收增值税问题的批复》（国税函〔2002〕420 号）出台之后，虽然"国税函〔2002〕165 号"和"国税函〔2002〕420 号"是针对个案的特别批复，实际上很多地方已经在参照执行了，后面的几家因为有些并不是转让全部产权，因此，有必要再拿到专项批复才能有效防范税务风险。

2. 国有企业改制评估增值所得税处理

针对国有企业（纳入中央或地方国有资产监督管理范围的国有独资企业或国有独资有限责任公司）股份制改制，财政部、国家税务总局增发《关于企业改制上市资产评估增值企业所得税处理政策的通知》（财税〔2015〕65 号），对符合条件的国有企业改制上市过程中发生资产评估增值所得税处理如下：

（一）国有企业改制上市过程中发生的资产评估增值，应缴纳的企业所得税可以不征收入库，作为国家投资直接转增该企业国有资本金（含资本公积，下同），但获得现金及其他非股权对价部分，应按规定缴纳企业所得税。

（二）国有企业 100% 控股（控制）的非公司制企业、单位，在改制为公司制企业环节发生的资产评估增值，应缴纳的企业所得税可以不征税入库，作为国家投资直接转增改制后公司制企业的国有资本金。

（三）经确认的评估增值资产，可按评估价值入账并按有关规定计提折旧或摊销，在计算应纳税所得额时允许扣除。

"财税〔2015〕65号"文件同时明确，通知所称国有企业改制上市，主要包含三种情形：

（一）国有企业以评估增值资产，出资设立拟上市的股份有限公司；

（二）国有企业将评估增值资产，注入已上市的股份有限公司；

（三）国有企业依法变更为拟上市的股份有限公司。

2017年9月22日，国家税务总局发布《关于全民所有制企业公司制改制企业所得税处理问题的公告》（国家税务总局公告2017年第34号），明确全民所有制企业改制为国有独资公司或者国有全资子公司，改制中资产评估增值不计入应纳税所得额；资产的计税基础按其原有计税基础确定；资产增值部分的折旧或者摊销不得在税前扣除。

很多人对于国有企业"公司制改制"和"上市改制"采取差别对待无法理解，简单地认为都是不征税，为何上市改制可以对增值部分计提折旧或者摊销，而公司制改制则对于增值部分的折旧或者摊销不得在税前扣除。其实本质上对于评估增值是确定要征税而并非不征税，公司制改制实行的是所得税递延政策，即暂不征税的同时也不变更计税基础，上市改制是以"税"转增资本金的变通做法，既然要征收的税款转增为国家资本金，相当于国家征收税款以后再投入到公司，当然应当允许对评估增值部分计提折旧和摊销。

针对国有企业改制中的资产评估增值，在"财税〔2015〕65号""国家税务总局公告2017年第34号"文件出台之前，财税主管部门曾经不止一次针对个案企业（一般为大型央企）发布文件，旨在支持并落实国家推进央企改制的决策。例如《财政部 国家税务总局关于大秦铁路改制上市有关税收问题的通知》（财税〔2006〕32号）、《财政部 国家税务总局关于中国工商银行股份有限公司重组改制过程中资产评估增值有关企业所得税问题的通知》（财税〔2006〕第81号）、《财政部 国家税务总局关于中国长江航运（集团）总公司改组改制过程中有关企业所得税政策问题的通知》（财税〔2007〕105号）、《财政部 国家税务总局关于中国中材集团有限公司重组改制过程中资产评估增值有关企业所得税政策问题的通知》（财税〔2008〕42号）等均采用了以"税"转增资本金的做法，在某种程度上可能也是需要事先沟通，毕竟好事并不一定会从天而降，还是要自己去积极争取的。

3. 长江电力改制特别税收规定的影响

对于国企改制上市评估增值以"税"转增资本金，虽然表面上没有征收入库，但是其实质已经征税，因此只是影响现金流，在税收上并没有享受任何优惠，但是对于三峡总公司向长江电力出让发电资产免征增值税、营业税及其附征的城市维护建设税、教育费附加则是实实在在的大礼包了。

在实际实施过程中，2003年11月即企业上市当年，长江电力通过上市首批融资和自有资金先后购买三峡发电厂中的2号、3号、5号、6号共4台发电机，评估价值为1 835 119.95万元；2004年9月30日的评估1号、4号发电机的价值为9 990 1.94万元；2007年5月"长电CWB1"认股权证成功行权募集资金65.55亿元全部用于收购三峡7号、8号机组。2009年收购三峡水电站9号—26号共18台单机容量为70万千瓦、合计装机容量为1 260万千瓦的发电机组及对应的大坝、发电厂房、共用发电设施（含装机容量为2×5万千瓦的电源电站）等主体发电资产以及与发电业务直接相关的生产性设施，包括坝区通信调度大楼、西坝办公大楼及三峡坝区供水、供电、仓储和水文站等生产配套设施，以成本法评估的评估价值为10 683 789.65万元。本次交易的对价支付方式包括：一是承接债务；二是向中国三峡总公司非公开发行股份和支付现金。四次收购历时6年实际交易总价约1 400亿元，因三峡总公司出让发电资产中包含的不动产与设备的比例不得而知，按照17%的增值税率和5%的营业税率合理预计三峡总公司免征的增值税、营业税及其附征的城市维护建设税、教育费附加应当超过100亿元。

第二节　两会议案存在利好消息

随着落实税收法定原则的进程，针对单个企业发布税收文件的情形已经不复存在。对于有相关资源的企业而言，通过积极发声影响政策的走向也是一种高明的手法。其中一个重要的渠道就是一些企业负责人担任各级人大代表和政协委员，尤其是全国人大代表和政协委员通过提交议案和提案，或者接受媒体采访公开表达诉求直接影响政策制订部门的决策。典型案例如格力电器董明珠在全国两会期间多次表示应提高个人所得税费用扣除标准至1万元，虽然这一提法并不是直接针对企业本身，但是事实上在2018年《中华人民共和国个人所得税法》修订中还是充分考虑了人大代表的意见，只不过并非简单地提高费用扣除标准，而是采用了更加人性化的合理方案，从中我们还是可以看到在不可能针对单个企业发布税收文件的情况下，利用人大代表和政协委员参政议政的有利条件为企业谋福利并非完全不可能。

2013年，国家税务总局共收到两会涉税议案、建议和提案304件，其中人大代表议案、建议209件、政协提案95件。2015年税务总局共办理两会议案、建议、提案349件，其中议案3件、建议244件、提案102件。2016年，税务总局共办理两会建议、提案301件，其中建议177件、提案124件。

一件建议或提案"抵达"税务总局后，具体流程：第一时间伴随着办理单位、办理人员、完成时限一同被列入动态跟踪的办理台账，同时纳入绩效考评体系进行过程监控，并由承办司局主要领导负第一责任、分管领导亲自主抓。在流转办理的过程中，办理人员把"人来人往"和"文来文往"相结合，与建议、提案代表委员充分沟通，建立办理前询问、办理中沟通、办理后交流的全程协商机制，确保建议提案与相关代表委员信息互下、沟通顺畅。

2020年，国家税务总局党委先后多次召开局领导专题会议，研究部署工作，建立了局领导分工负责、办公厅统筹协调、承办司局逐级负责办理的工作机制，做到一级抓一级，层层抓落实。按照"办理一份建议提案，赢得一份支持理解"的要求，坚持"办理前沟通，办理中汇报、办理后回访"的全程联系机制，主动加强与代表委员的沟通联系，汇报情况、解释政策、讨论协商，赢得代表委员理解支持。2020年，国家税务总局共集中接收建议提案338件，其中人大建议209件、政协提案129件，均按时回复。

税务总局在办理建议提案过程中，充分吸纳代表委员的真知灼见，将其转化为推动税收工作的硬招实招，支持统筹做好常态化疫情防控和服务经济社会发展各项工作，全力服务"六稳""六保"大局，取得了较好成效。

2020年，全国新增减税降费超过2.5万亿元，有效减轻了市场主体负担。

针对部分代表委员对优化税收营商环境的意见建议，国家税务总局认真落实党中央、国务院关于深化"放管服"改革优化营商环境部署，充分运用信息技术手段，大力推进"非接触式"办税缴费，梳理发布涵盖214个税费事项的网上办理清单，效率大幅提升。目前，企业纳税人有90%以上的业务量可通过网上办理，其中纳税申报业务网上办理率达99%以上。

【案例8-3】 破产企业因欠税无法注销的政协提案

// 案例背景

按照《中华人民共和国税收征收管理法实施细则》第十六条规定，纳税人在办理注销税务登记前应结清应纳税款、滞纳金。破产企业由于欠缴的税款、滞纳金在破产程序中往往不能得到全部清偿，不符合结清应纳税款、滞纳金的注销条件。2019 年 3 月，政协十三届全国委员会第二次会议期间，针对实践中存在有的税务机关对未结清税款、滞纳金的破产企业不予办理税务注销的问题，政协委员提交了编号 1976 号提案，提出通过修订《中华人民共和国税收征收管理法实施细则》第十六条予以解决。

// 相关政策

国家税务总局于 2019 年 5 月制发《关于深化"放管服"改革 更大力度推进优化税务注销办理程序工作的通知》（税总发〔2019〕64 号），明确规定，经人民法院裁定宣告破产的纳税人，持人民法院终结破产程序裁定书向税务机关申请税务注销的，税务机关即时出具清税文书，按照有关规定核销"死欠"。该文件于 2019 年 7 月 1 日施行。

// 案例分析

税务核销"死欠"第一次出现是在国家税务总局《欠缴税金核算管理暂行办法》（国税发〔2000〕193 号）中，但是核销死欠的执行过程中出现了问题，因此，2002 年国家税务总局下发《关于核销"死欠"有关问题的补充通知》（国税函〔2002〕803 号），明确《办法》中的核销"死欠"仅指税收会计在账务处理上的核销，是一种内部会计处理方法，并不是税务机关放弃追缴税款的权利。省税务机关不得直接对纳税人批复核销税款，对下级机关的核销税款批复文件也不得发给纳税人。

按照《中华人民共和国税收征收管理法实施细则》第十六条规定，针对破产企业欠税无法注销存在障碍，对于税务机关而言，确实存在执法风险，巧合的是 2019 年 3 月政协委员上交提案，2019 年 5 月，国家税务总局就发文明确可以核销"死欠"，为破产企业顺利注销扫清障碍。

【案例 8-4】 破产企业纳税信用修复的人大建议

// 案例背景

破产重整是以企业复兴为目标的再建型债务清理制度，也是目前世界各国公认的挽救企业、预防破产最有力的法律制度之一。与破产清算相比，破产重整同时将债务清偿与企业拯救作为实施目标，优先保障税款债权在重整程序中得到清偿，还帮助企业获得重生，为国家税收提供可持续的来源，破产重整成为防止濒临危困的债务人进入破产清算，帮助债务人摆脱财务困境、恢复营业能力的重要手段。然而，要使企业通过重整真正走出困境，实现重整目的，需要修复的不仅是企业的生产经营活动，还有依附企业的信用。存续型的重整，保留了原企业的法人主体资格，在原企业的外壳之内进行重整后，原企业的不良信用记录直接由重整企业承继，面对信用管税时直接处于不利境地，处处碰壁。因此，破产重整后的纳税信用修复成了重整企业的迫切需求。

2017 年 3 月，第十二届全国人大五次会议期间人大代表提交了编号 7352 号建议，提出完善破产重整企业信用修复机制。2018 年 3 月，十三届全国人大一次会议期间人大代表提交了编号 2368 号建议，提出完善破产重整企业的纳税信用管理。2019 年 3 月，全国政协委员、河北省高级人民法院副院长、民革中央委员甄树清出席全国政协十三届二次会议时表示，建议完善《中华人民共和国企业破产法》中的破产重整企业信用修复制度。

// 相关政策

2019 年 11 月 7 日，国家税务总局发布《关于纳税信用修复有关事项的公告》（国家税务总局公告 2019 年第 37 号）（以下简称《公告》），自 2020 年 1 月 1 日起，对纳入纳税信用管理的企业纳税人通过作出信用承诺、纠正失信行为等方式开展纳税信用修复，进一步鼓励和引导纳税人增强依法诚信纳税意识，积极构建以信用为基础的新型税收监管机制。《公告》明确了 19 种情节轻微或未造成严重社会影响的纳税信用失信行为及相应的修复条件。

第三节　意见征集

根据《中华人民共和国立法法》规定，"税种的设立、税率的确定和税收征收管理等税收基本制度"只能制定法律。《中华人民共和国立法法》第五条规定，立法应当体现人民的意志，发扬社会主义民主，保障人民通过多种途径参与立法活动。第三十四条规定，列入常务委员会会议议程的法律案，法律委员会、有关的专门委员会和常务委员会工作机构应当听取各方面的意见。听取意见可以采取座谈会、论证会、听证会等多种形式。常务委员会工作机构应当将法律草案发送有关机关、组织和专家征求意见，将意见整理后送法律委员会和有关的专门委员会，并根据需要，印发常务委员会会议。第三十五条规定，列入常务委员会会议议程的重要的法律案，经委员长会议决定，可以将法律草案公布，征求意见。各机关、组织和公民提出的意见送常务委员会工作机构。

《规章制定程序条例》第十五条规定，起草规章，应当深入调查研究，总结实践经验，广泛听取有关机关、组织和公民的意见。听取意见可以采取书面征求意见、座谈会、论证会、听证会等多种形式。起草规章，除依法需要保密外，应当将规章草案及其说明等向社会公布，征求意见。向社会公布征求意见的期限一般不少于30日。起草专业性较强的规章，可以吸收相关领域的专家参与起草工作，或者委托有关专家、教学科研单位、社会组织起草。第十六条规定，起草规章，涉及社会公众普遍关注的热点难点问题和经济社会发展遇到的突出矛盾，减损公民、法人和其他组织权利或者增加其义务，对社会公众有重要影响等重大利益调整事项的，起草单位应当进行论证咨询，广泛听取有关方面的意见。起草的规章涉及重大利益调整或者存在重大意见分歧，对公民、法人或者其他组织的权利义务有较大影响，人民群众普遍关注，需要进行听证的，起草单位应当举行听证会听取意见。第十七条规定，起草部门规章，涉及国务院其他部门的职责或者与国务院其他部门关系紧密的，起草单位应当充分征求国务院其他部门的意见。起草地方政府规章，涉及本级人民政府其他部门的职责或者与其他部门关系紧密的，起草单位应当充分征求其他部门的意见。起草单位与其他部门有不同意见的，应当充分协商；经过充分协商不能取得一致意见的，起草单位应当在上报规章草案送审稿（以下简称规章送审稿）时说明情况和理由。

《税务部门规章制定实施办法》第十三条规定，起草税务规章，应当深入调查研究，广泛听取相关司局、基层税务机关和社会公众的意见；相关内容与其他部门关系紧密的，应当征求其他部门的意见。除依法需要保密的外，起草司局应当将税务规章征求意见稿及其说明向社会公开征求意见，期限一般不少于30日。依法需要听证的，起草司局应当举行听证会。起草专业性较强的税务规章，可以吸收相关领域的专家参与，或者委托有关专家、教学科研单位、社会组织起草。

党的十八届三中全会将"落实税收法定"作为财税改革的目标之一，制定税收良法既是税收法治之前提，也是对税制改革成果之确认。根据税收法定原则的内涵，税收法定包含形式法定和实质法定两层含义。前者包括税收要素法定、税收要素明确和稽征合法；后者则强调税收立法应贯彻量能课税、人权保障等原则，从而实现税收公平。无论是税收实体立法，还是税收程序立法都应当以落实税收法定原则为出发点、落脚点，进而制定税收良法。截至目前，我国18个税种中已有12个立法，包括车辆购置税法、车船税法、船舶吨税法、个人所得税法、耕地占用税法、环境保护税法、企业所得税法、烟叶税法、资源税法、契税法、城市维护建设税法、印花税法。

"十三五"期间我国税收立法落实概况

2016 年	2017 年	2018 年	2019 年	2020 年
通过《中华人民共和国环境保护税法》	修订《中华人民共和国企业所得税法》；通过《中华人民共和国烟叶税法》和《中华人民共和国船舶吨税法》	修订《中华人民共和国个人所得税法》和《中华人民共和国企业所得税法》；通过《中华人民共和国车辆购置税法》和《中华人民共和国耕地占用税法》	修订《中华人民共和国车船税法》；通过《中华人民共和国资源税法》	通过《中华人民共和国契税法》和《中华人民共和国城市维护建设税法》

目前，未完成税收立法的税种有 6 个，其中，房地产税将会取代房产税和城镇土地使用税，因此实际需要完成税收立法的税种有 5 个。在这 5 个税种中，增值税、消费税、土地增值税立法处于公众征求意见的阶段，其中以增值税法的征求意见可谓反响强烈。在税收法定进程加速的前提下，只有原本计划在 2019 年底公开征求意见的关税法受国际贸易环节影响而被搁置，以及备受全民关注的房地产税法（城镇土地使用税与房产税合并）于 2021 年 10 月 23 日经全国人大授权即分城市试点，在其他各个税法制订过程中，均依法向公众征求意见，对于部分反映集中的事项最终在法律中体现了，这其实可以算得上是终极筹划，因为政策上允许，那就比想破脑袋设计各种方案，费尽口舌与税务人员沟通要来得轻松得多。

第九章

股权转让筹划专题

经常有朋友问：股权转让要交什么税？其实股权转让所涉及的税种并不多，主要是所得税和印花税。但是由于股权转让交易金额较大，当股权增值较大时，所得税就成为最主要的税收成本。近年来，税务机关对股权转让的监管越来越重视，一元转让、平价转让等以低于市场的价格转让，导致无转让所得或者减少转让所得，实现不纳税或者少纳税。但是却又欠缺"价格明显偏低的合理理由"，从而成为税务隐患。不查则已，一旦被稽查发现不但追补税款加收滞纳金，严重的还会罚款。

现在，随着市场经济的改革，企业间的重组、并购行为越来越多，股权的交易也在企业之间，个人与企业之间频繁发生，股权转让的税务筹划越来越受重视。本节从最基础筹划开始，由浅入深讲述实务中股权转让税务筹划的常用方法，分析其合法性与税务风险。

第一节　企业盈余　先分后转

【案例9-1】 先分后转，免缴冤枉税

// 案例背景

A公司和B公司分别投资500万元设立C公司，各占C公司50%的股权，现A公司准备将其持有股份全部转让给D公司，协商转让价格1 200万元。此时，C公司净资产情况见下表。

金额单位：万元

项目	金额	项目	金额
实收资本	1 000	盈余公积	400
未分配利润	600	净资产合计	2 000

案例背景设置了一个最基本的案例模型。实务中，当然不可能这样简单，但是，万变不离其宗，为理解方便，案例只描述了基本情况。

// 相关政策

《国家税务总局关于贯彻落实企业所得税法若干税收问题的通知》（国税函〔2010〕79号）相关规定如下。

三、关于股权转让所得确认和计算问题

企业转让股权收入，应于转让协议生效、且完成股权变更手续时，确认收入的实现。转让股权收入扣除为取得该股权所发生的成本后，为股权转让所得。企业在计算股权转让所得时，不得扣除被投资企业未分配利润等股东留存收益中按该项股权所可能分配的金额。

《国家税务总局关于企业所得税若干问题的公告》（国家税务总局公告2011年第34号）相关规定如下。

五、投资企业撤回或减少投资的税务处理

投资企业从被投资企业撤回或减少投资，其取得的资产中，相当于初始出资的部分，应确认为投资收回；相当于被投资企业累计未分配利润和累计盈余公积按减少实收资本比例计算的部分，应确认为股息所得；其余部分确认为投资资产转让所得。

// 筹划分析

（1）假设 A 公司适用 25% 企业所得税税率。

应缴纳企业所得税＝股权转让所得 ×25%

股权转让所得＝股权转让收入－初始投资成本

＝股权溢价（股权折价）＋股权对应净资产－初始投资成本

＝股权溢价（股权折价）＋未分配利润＋资本公积＋盈余公积－初始投资成本

（2）以降低计税依据为筹划思路。在 C 公司现状不变的情况下，股权转让价格、初始投资成本均已经确定，所以降低股权转让所得应减少未分配利润、资本公积或盈余公积。

// 筹划方案

【方案一】不做筹划，直接转让股权。

股权转让所得＝ 1 200 － 500 ＝ 700（万元）

A 公司应缴纳企业所得税＝ 700×25% ＝ 175（万元）

因为上式没做任何筹划的，税费较高。

【方案二】降低未分配利润。

拆解：A 公司 700 万元转让所得的构成，见下表。

股权转让所得 700 万元	未分配利润 600×50% ＝ 300（万元）
	盈余公积 400%×50% ＝ 200（万元）
	股权溢价 700 － 300 － 200 ＝ 200（万元）
应纳所得税	700×25% ＝ 175（万元）

显然，未分配利润和盈余公积，作为 C 公司的税后利润留存，已经交过一次企业所得税。股权转让时却构成了股权转让所得的一部分，又要重复交一次企业所得税。

操作：C 公司进行利润分配，A 公司分得 300 万元。C 公司的净资产减少，相应的股权转让价格也会减少 300 万元，转让所得也减少 300 万元。

股权转让价格＝ 1 200 － 300 ＝ 900（万元）

股权转让所得＝ 900 － 500 ＝ 400（万元）

A 公司应缴纳企业所得税＝ 400×25% ＝ 100（万元）

【方案三】降低盈余公积。

盈余公积实际也是企业税后利润提取的，性质上和未分配利润相近，但是却不能直接分配，只能间接分配。

盈利公积转增资本，但是有限制条件：根据《中华人民共和国公司法》，转增后留存的盈余公积数额不得少于注册资本的25%。

注册资本＝1 000×25%＝250（万元）（需要保留盈余公积250万元）

＝400－250＝150（万元）（盈余公积可以转增资本150万元）

A公司占实收资本的50%，A公司相应增加投资成本＝150×50%＝75（万元）

相应股权转让收益就减少了75万元。

股权转让所得＝900－（500＋75）＝325（万元）

A公司应缴纳企业所得税＝325×25%＝81.25（万元）

上述操作后，C公司的税负计算见下表：

股权转让所得 900 － 500 － 75 ＝ 325	未分配利润0
	盈余公积250×50%＝125（万元）
	股权溢价200（万元）
应缴纳所得税	325×25%＝81.25（万元）

A公司的股权转让所得中，仍然包含125万元的盈余公积，重复缴纳企业所得税。

// 筹划分析

前面几种思路，通过分配利润，降低了股权转让价，盈余公积转增资本增加了投资成本，A公司股权转让所得已经变成了325万元。

但是继续前面的思路已经没有其他办法再减少转让收益了。属于A公司的125万元盈余公积是从C公司税后利润中提取的，却被计入了股权转让收益，重复征收了企业所得税。

思考：有什么办法，能把余下的盈余公积也分配了？

【方案四】撤资分家

A股东想把盈余公积全部分配了，办法就是撤资。A公司从C公司撤回全部投资，退出A公司；D公司增资入股C公司，占50%股权。

C公司净资产（万元）		A公司撤资收回金额（万元）	性　　质
实收资本	1 000	500	投资收回
未分配利润	600	300	股息所得
盈余公积	400	200	股息所得
净资产	2 000	1 000	无所得税

A 公司从 C 公司撤回投资，应从 C 公司收回 1 000 万元，这 1 000 万元是 C 公司的累计未分配利润和累计盈余公积中属于 A 公司的部分，与 A 公司的初始投资成本合计之和 1 000 万元不需要缴纳企业所得税。

但是案例中：

A 公司从 C 公司正常撤资应收回 1 000 万元，而股权转让价格是 1 200 万元。

A 公司撤资了，没有股权了，如何将股权转让给 D 公司？

解决方法：A 公司、B 公司、D 公司三方协商同意，A 公司从 C 公司撤资分回 1 200 万元。D 公司向 C 公司投资 1 200 万元，占 C 公司 50% 的股权。

A 公司撤资共获得 1 200 万元，其中 1 000 万元不需缴纳企业所得税，投资转让所得 200 万元。

A 公司应纳企业所得税＝200×25%＝50（万元）

为什么说上述案例是基础的筹划呢？

因为统观整个筹划，并没有为 A 公司减少应交税费，只是让 A 公司少交了冤枉税。未分配利润、盈余公积，都是 C 公司税后利润形成的，本质上都属于股东的税后红利，不应该重复纳税。A 公司转让股权，真正属于股权溢价的转让所得，只有 200 万元，只交 50 万元企业所得税，超过的部分，就是交了冤枉税。

进一步的税务筹划能让 A 公司在合法的条件下缴纳少于 50 万元的税费或推迟缴纳税费。

第二节　不公允增资稀释股权

什么是不公允增资？一般是指"对于以平价增资或以低于每股净资产公允价值的价格增资行为"。不公允增资带来的后果之一是：公司原股东股权被稀释，原股东应享有的净资产份额减少，持有的股权价值减少；新股东投入较少的注册资本，享有高于投入资本的净资产份额，持有高于投入资本的价值的股权。业界对于不公允增资的争议一直很多，一种观点认为，不公允增资是典型的节税行为，应当按"实质课税原则"视作股权转让征税；另一种观点是坚持税收法定，不公允增资没有发生股权转让的交易行为，不应当征税。仅从股权比例变动和净资产份额变动来看，不公允增资是不公平的交易，标的公司、标的公司原股东、新投资者三方达成一致意见，同意不公允增资的原因是什么呢？下面通过几个案例揭开不公允增资的面纱。

【案例 9-2】增资不应视同股权转让

// 案例背景

A 公司是一家建筑公司，持有甲公司 100% 的股权。甲公司已实缴注册资本 500 万元，账面有无形资产－土地使用权 1 000 万元。因土地增值，甲公司公允价值达到 5 000 万元。独立第三方 B 公司准备收购甲公司。

// 筹划分析

（1）假如 B 公司直接收购甲公司的股权，向 A 公司支付对价 5 000 万元。

A 公司股权转让所得＝ 5 000 － 500 ＝ 4 500（万元）

A 公司应缴企业所得税＝ 4 500×25% ＝ 1 125（万元）

（2）要降低应纳税额，最直接的思路仍然是减少股权转让所得。A 公司的股权转让所得来自甲公司的股权增值，假如 A 公司所持有甲公司股权比例减少，相应的股权转让所得也会减少。因此，B 公司可以考虑用增资的方式稀释 A 公司所持有的甲公司股权。

（3）增资价格的设置。假设每单位注册资本 1 元，甲公司注册资本 500 万元，甲公司公允价值 5 000 万元。1 元股权对应的公允价值＝ 5 000÷500 ＝ 10 元。B 公司应当增资 10 元对应每单位注册资本 1 元，9 元作为甲公司的资本公积。

增资方式一：公允增资。

B 公司按甲公司的公允价值计算对应注册资本的份额进行增资，假设 B 公司向甲公司增资 5 000 万元，其中 500 万元作为注册资本，4 500 万元作为资本公积。按照甲公司净资产的公允价值来计算的股权比例，对于 A、B 以及甲公司而言都不会产生所得税纳税义务。增资后，各项目计算如下。

甲公司注册资本＝ 500 ＋ 500 ＝ 1 000（万元）

公允价值＝ 5 000 ＋ 5 000 ＝ 10 000（万元）

A 公司持股比例＝ 500÷1 000 ＝ 50%

A 公司所持股权的公允价值＝ 10 000×50% ＝ 5 000（万元）

A 公司所持股权增值＝ 5 000 － 500 ＝ 4 500（万元）

A 公司股权转让应纳企业所得税＝ 4 500×25% ＝ 1 125（万元）

结论：在公允增资方式下，原股权所持股权的公允价值不变，股权增值不变，收购方向目标公司增资后再收购原股东的股权，不会导致原股东股权转让所得减少，不会产生节税效果。

增资方式二：不公允增资（折价增资）。

假设 B 公司不按公允模式增资，采用低溢价的方式向甲公司增资，当低溢价至最低点时，增资 1 元对应每单位注册资本 1 元，这时的增资就是平价增资。

假设 B 公司向甲公司增资 5 000 万元，全部作为注册资本。增资后各项目计算如下。

甲公司注册资本＝ 500 ＋ 5 000 ＝ 5 500（万元）

公允价值＝ 5 000 ＋ 5 000 ＝ 10 000（万元）

A 公司持股比例＝ 500÷5 500 ＝ 9.09%

A 公司所持股权的公允价值＝ 10 000×9.09% ＝ 909（万元）

A 公司所持股权增值＝ 909 － 500 ＝ 409（万元）

A 公司股权转让应纳企业所得税＝ 409×25% ＝ 102.25（万元）

结论：在不公允增资方式下，原股权比例将被稀释，原所持股权的公允价值将会减少，原股权增值减少。目标公司不公允增资后再收购原股东的股权，将导致原股东股权转让所得减少，会产生节税效果。

// 筹划方案

（1）B 公司向甲公司平价增资 4 500 万元（增资金额可以视实际情况具体调整），作为甲公司的新增注册资本。增资后各项目计算如下。

甲公司注册资本＝ 500 ＋ 4 500 ＝ 5 000（万元）

公允价值＝ 5 000 ＋ 4 500 ＝ 9 500（万元）

A 公司持股比例＝ 500÷5 000 ＝ 10%

A 公司所持股权的公允价值＝ 9 500×10% ＝ 950（万元）

（2）B 公司以公允价值 950 万元收购 A 公司所持有的甲公司 10% 股权。

A 公司股权转让所得＝ 950 － 500 ＝ 450（万元）

A 公司股权转让应纳企业所得税＝ 450×25% ＝ 112.5（万元）

（3）另外，B 公司向 A 公司股东支付股权补偿款，该补偿款不公开支付。

补偿款＝ A 公司原持有股权公允价值－增资后 A 公司持有股权公允价值

$$= 5\ 000 - 950$$

$$= 4\ 050（万元）$$

// 税务风险

此方案看似天衣无缝，实则还是阴阳合同。因为涉及私下额外的补偿金，存在桌下交易，对于增资涉及股权稀释是否要视同股权转让征税，各地方也存在一些不同的处理方式，公允增资不会涉及税负变动，主流的意见都是不应当视为股权转让。笔者也一直持有这种观点，即便是不公允增资，其增资行为本身并不涉及股权转让，因为一是没有交易对手，既然是股权转让，那就必然有转让方和受让方，增资只涉及股东与公司，并不涉及原来的股东；二是原股东没有获得对价，看似股权份额减少了，但是已经不是增资前的股本，虽然份额少了，但是按照新的总额与份额计算的权益并没有发生变化，比如我有一个鸡蛋放在篮子里，现在你也把一个鸡蛋放进篮子里，然后我们两个对这个篮子里的鸡蛋各占 50%，这能说明我存在权益转让吗，显然不是的。又如我原来有一头母猪在猪圈里，然后生了 10 头猪仔。现在你也放进来一头母猪，我们各占 50%，这对于我来说显然是不公平的，但是如果没有存在私下交易的情况下，一个愿打一个愿挨，我并没有转让任何东西给你，我也没有实现任何经济利益，因此征税的基础是不存在的。税务机关不应当考虑不公允增资本身是否要征税，而是要着眼于交易的合理性，是否存在其他不符合商业逻辑的安排。当然这对于税务机关本身存在一些挑战，然而随着信息技术的提升以及部门与金融机构之间协作，私下交易的空间会越来越小，尤其是涉及国有企业、上市公司等基本上都不太可能付了款而不入账。

// 案例延伸

A 公司是一家建筑公司，持有甲公司 100% 股权，甲公司注册资本 500 万元，账面净资产 2 000 万元，公允价值 5 000 万元。由于缺乏成熟的管理经验、充裕的资金、完善的营销渠道，甲公司的项目运作遇到了困难。为了解决甲公司的发展问题，A 公司与 B 公司协商，B 公司向甲公司投资入股，将 B 公司的先进管理经验、品牌效应、渠道资源引进甲公司，促进甲公司的发展。预计在 B 公司的经营管理下，甲公司的业务将得到极大的提升，股东获得更高的回报。作为对等条件，B 公司按甲公司的账面净资产份额增资 2 000 万元，占甲公司股权比例的 50%。

// 案例分析

不是所有的"对于以平价增资或以低于每股净资产公允价值的价格增资行为"都是不公允增资。真实的市场交易行为，各方以独立公平交易的原则为基础，各方都支付了平等的对价。

《中华人民共和国公司法》第二十七条规定：

股东可以用货币出资，也可以用实物、知识产权、土地使用权等可以用货币估价并可以依法转让的非货币财产作价出资；但是，法律、行政法规规定不得作为出资的财产除外。对作为出资的非货币财产应当评估作价，核实财产，不得高估或者低估作价。法律、行政法规对评估作价有规定的，从其规定。

《公司登记管理条例》第十四条规定：

股东的出资方式应当符合《中华人民共和国公司法》第二十七条的规定，但股东不得以劳务、信用、自然人姓名、商誉、特许经营权或者设定担保的财产等作价出资。

因此，B公司的"先进管理经验、品牌效应、渠道资源"等资源不能作为增资财产，但是在独立公平的市场交易中，B公司的这些资源也不可能无偿提供给甲公司。因此，B公司"对于以平价增资或以低于每股净资产公允价值的价格增资行为"并非真正的不公允增资。B公司取得甲公司的股权，支付的对价包括两部分：一部分是作为注册资本投入的货币资金；另一部分是B公司将引入甲公司的先进管理经验、品牌效应、渠道资源等资源，是符合市场规律的真实交易。各方都没有发生股权转让行为，也没有取得财产转让收益，不涉及所得税。

【案例 9-3】 同一控制下的不公允增资行为

// 案例背景

改编自某上市公司公告，自然人陆某等人持有A燃气公司100%股权，A燃气公司注册资本1 000万元。根据资产评估机构出具的评估报告，截至股权转让日，A燃气公司整体股东权益评估价值为7亿元。陆某等人投资成立B合伙企业和C合伙企业，B合伙企业和C合伙企业共同投资成立D能源公司。D能源公司认缴A燃气公司新增注册资本4 000万元，A燃气公司注册资本增至5 000万元。D能源公司持有A燃气公司80%股权，公允价值5.6亿元。

// 案例分析

根据上述资料分析如下。

（1）增资行为不涉税。

该案例是"以低于每股净资产公允价值的价格增资行为"，但是从股权结构可以看出，交易双方A燃气公司与D能源公司具有相同的最终出资人，是由A燃气公司的出资人陆某等人通过D能源公司对A燃气公司的原始出资比例进行增资。该增资并非市场化交易行为，属于同一控制下的股权结构调整。在该增资行为中，最终出资人陆某等的利益并没有发生变化，没有发生利益的输出，因此不会发生其他的补偿支付，也不涉及股权转让的纳税事项。

（2）增资目的可能是为进一步交易筹划。

陆某等人调整股权结构的目的除了公开信息披露之外，可能还存在未披露的进一步交易，增资只是整个计划中的一个环节。比如增资以后再转让股权，又如 B 合伙企业和 C 合伙企业可能在洼地设立，通过转让 D 能源公司从而实现间接转让 A 燃气公司 80% 股权。

【案例 9-4】 涉及补偿的不公允增资行为

// 案例背景

2011 年，A 上市公司关于通过增资取得 B 公司控股权的公告：本公司拟通过增资取得 B 公司 70% 股权，公司将支付给 B 公司原股东（唐某等 3 人）共计人民币 11 134.5 万元（含税），作为其放弃认购增资的补偿款；另支付人民币 4 540 万元对 B 公司进行增资。B 公司增资后注册资本由原先的 660 万元增加到 2 200 万元。其中，本公司占风驰矿业 70% 股权，溢价 3 000 万元形成风驰矿业资本公积。

根据资产评估有限公司出具的评估报告，截至评估基准日 2011 年 3 月 31 日，B 公司整体股东权益评估采用资产基础法，评估价值为 18 769.82 万元，对应 70% 股权的价值为 13 138.87 万元。本次交易公司取得风驰矿业 70% 股权，将支付给原股东补偿款 11 134.5 万元（含税），对 B 公司增资款 4 540 万元，共计 15 674.5 万元。

// 筹划分析

根据上述资料分析如下。

（1）A 公司与 B 公司并非关联企业，增资行为符合独立公平交易的原则，所以 A 公司取得 B 公司的股权，应按公允价值支付对价。

（2）A 公司对 B 公司的增资 4 540 万元，对应 B 公司 70% 股权的价值为 13 138.87 万元，A 公司的增资价格低于 B 公司每股净资产公允价值的价格。从表面上看，属于不公允增资（折价增资）。但是，A 公司取得 B 公司 70% 的股权，另外还向 B 公司的原股东唐某等 3 人支付了 11 134.5 万元补偿款。A 公司取得 B 公司 70% 股权实际支付了共 15 674.5 万元。

①增资前，假设 A 公司认可的 B 公司公允价值是 x 元，即：

$(4\ 540 + x) \times 70\% = 15\ 674.5$（万元）

计算得 $x = 17\ 852.14$（万元）

由此可知，A 公司增资时，B 公司公允价值是按照 17 852.14 万元计算，而不是评估的公允价值 18 769.82 万元。

②增资后，B 公司的公允价值 $= 17\ 852.14 + 4\ 540 = 22\ 392.14$（万元）

增资后，B 公司原股东唐某等 3 人持股比例只有 30%。

原股东增资后持有 30% 股权的公允价值 $= 22\ 392.14 \times 30\% = 6\ 717.64$（万元）

增资后原股东持有股权价值＋原股权稀释补偿款＝增资前 B 公司的公允价值＝ 6 717.64 ＋ 11 134.5 ＝ 17 852.14（万元）

原股东享受有的总利益不变，只是一部分股权利益（11 134.5 万元）变现为货币资金，本质为股权转让收入。

即对于原股东而言，将 B 公司原来 11 134.5 万元的公允价值部分转让给 A 公司。

因此，A 公司是按独立公平交易的原则获得了 B 公司（以 B 公司原公允价值 1 7852 万元为基础）70% 的股权。支付的对价分成两部分：一部分是增资款 4 540 万元；一部分是向原股东支付的补偿款 11 134.5 万元。

③为什么要向原股东支付补偿款 11 134.5 万元。原因就在于增资后，原股东股权被稀释，应享有净资产份额减少，持有的股权价值也减少；而新股东享有高于投入资本的净资产份额，持有高于投入资本价值的股权。这不符合公平原则，对原股东不公平，所以新股东需要向原股东支付补偿。本质上是原股东将其被稀释后的股权转让给新股东所取得的股权转让收入。而本次交易涉及上市公司，如前所述，难以做到付了款而没有名目入账，何况还要公开披露，不像一般的民营企业可以设计账外交易。

④假如不增资，B 公司原股东取得 11 134.5 万元转让款计算应转让了多少股权？

股权转让收入 ÷B 公司公允价值 ＝ 11 134.5÷17 852.14 ＝ 62.37%

62.37% 股权转让所得＝股权转让收入－股权投资成本

＝ 11 134.5 － 660×62.37% ＝ 10 722.86（万元）

原股东应缴纳个人所得税 ＝ 10 722.86×20% ＝ 2 144.57（万元）

⑤假如不增资，B 公司原股东转让 70% 股权应缴纳个人所得税是多少万元？

70% 股权转让收入 ＝ 17 852.14×70% ＝ 12 496.50（万元）

股权转让所得 ＝ 12 496.5 － 660×70% ＝ 12 034.50（万元）

原股东应缴纳个人所得税 ＝ 12 034.5×20% ＝ 2 406.90（万元）

（以上计算均以 A 公司认可的 B 公司公允价值 17 852.14 万元计算，未以评估报告的评估价值 18 769.82 万元计算）

为什么 A 公司对 B 公司增资，而不是向原股东收购 B 公司的股权？

是否有可能是出于税务筹划的考虑呢？规避原股东转让 B 公司股权应缴纳股权转让所得 20% 的个人所得税。筹划初衷有可能是：

A 公司向 B 公司增资，增资导致股东持股比例变更，在工商部门登记时并不属于股权转让。增资是 A 公司与 B 公司之间的交易，A 公司并没有与原股东进行股权转让交易，也不属于《股权转让所得个人所得税管理办法（试行）》（国家税务总局公告 2014 年第 67 号）第三条规定的股权转让行为。

A 公司向原股东支付放弃认购增资的补偿款，并不属于《中华人民共和国个人所得税法》规定的个人所得的征收范围，所以不需缴纳个人所得税。因此，通过增资将股权转让款改为放弃认购增资的补偿款，将应税所得改为非应税所得，规避纳税义务。

// 相关政策

《股权转让所得个人所得税管理办法（试行）》（国家税务总局公告 2014 年第 67 号）相关规定如下。

第三条　本办法所称股权转让是指个人将股权转让给其他个人或法人的行为，包括以下情形：

（一）出售股权；

（二）公司回购股权；

（三）发行人首次公开发行新股时，被投资企业股东将其持有的股份以公开发行方式一并向投资者发售；

（四）股权被司法或行政机关强制过户；

（五）以股权对外投资或进行其他非货币性交易；

（六）以股权抵偿债务；

（七）其他股权转移行为。

《中华人民共和国个人所得税法》相关规定如下。

第二条　下列各项个人所得，应当缴纳个人所得税：

（一）工资、薪金所得；

（二）劳务报酬所得；

（三）稿酬所得；

（四）特许权使用费所得；

（五）经营所得；

（六）利息、股息、红利所得；

（七）财产租赁所得；

（八）财产转让所得；

（九）偶然所得。

《中华人民共和国个人所得税法实施条例》相关规定如下。

财产转让所得，是指个人转让有价证券、股权、合伙企业中的财产份额、不动产、机器设备、车船以及其他财产取得的所得。

// 税务风险

（1）从公司法理论和交易形式上分析，增资不属于股权转让行为。增资的双方当事人是股东与被投资企业，增资是新股东向被投资企业注入资产，从而获得被投资企业的股权，是股权与资产的交易行为，并没有与原股东直接发生关系。原股东不是增资行为的当事人，股东之间并没有资产转移的民事行为或事实行为，没有发生纳税行为，不应发生纳税义务。因此，从形式上看并没有转让股权交易，在工商登记上，公司股权变更上也不是股权转让变更，而是增资股权变更。而股权转让，交易双方是原股东与新股东，原股东将所持有的股权转让给了新股东，产生了股权转让所得，属于《中华人民共和国个人所得税法》规定的财产转让所得，应当按财产转让所得缴纳个人所得税。如果仅发生增资行为，缺乏视作股权转让征税的法律依据。

（2）作为独立公平的市场交易行为，不公允增资需要给予原股东其他的利益补偿。对于本案例中的"放弃认购增资的补偿款"，原股东得到了货币资金补偿，该补偿的部分是由于股权被稀释而产生的，是原股权的公允价值溢价变现而来。所以，在形式上不是股权转让所得，但本质是新股东用增资加补偿款的方式从原股东手上收购被投资企业的股权。"放弃认购增资补偿款"只是改变交易形式，但是没有改变交易实质。因此，税务机关可能要求以"实质课税原则"，对原股东"视同"股权转让交易进行征税。

（3）即使对于没有公开支付补偿款的不公允增资，也有观点认为应该视同股权转让征税。但是因为缺乏法律依据，没有法规文件支持可以对增资"视同"股权转让，如果税务机关据此执法，将带来争议。其中较有代表性的是某市地税 2014 个人所得税热点政策问答第一期第 8 条问答：

> 问：企业增资，尤其是不同比例的增资情形，引起原股东股本结构发生变化，经咨询工商部门，认为该行为不是股权转让，如何处理个人所得税问题？
>
> 答：1. 对于以大于或等于公司每股净资产公允价值的价格增资行为，不属于股权转让行为，不征个人所得税。
>
> 上述行为中，其高于每股净资产账面价值部分应计入资本公积，对于股份制企业，该部分资本公积在以后转增资本时不征收个人所得税；对于其他所有制企业，该部分资本公积转增资本时应按照"利息、股息、红利个人所得税"税目征收个人所得税。
>
> 2. 对于以平价增资或以低于每股净资产公允价值的价格增资行为，原股东实际占有的公司净资产公允价值发生转移的部分应视同转让行为，应依税法相关规定征收个人所得税。

综合上述几个案例，增资分为市场行为和非市场行为。非市场行为一般是同一控制下企业之间的股权结构调整，假如后续不考虑股权转移，仅是增资行为，股权利益仍然属于最终控制人，并没有发生利益的输送，不存在考虑节税问题。因此，所谓的"不公允增资"节税筹划主要是发生市场行为中。对案例进行综合分析可以得到一个基本共识：在增资时，新股东以较少的资金投入享有较高的被投资企业净资产份额。从形式上看，是不公允增资，但是客观分析真实的市场行为，原股东、被投资企业、新股东三方之间不存在关联关系，不会无偿转移利益，所以这样的增资方式肯定有更深层的原因。从独立市场交易的公平原则出发，各方得到的利益应该是平等的，所以，如果原股东的股权被稀释，减少了净资产份额，就会从其他方面获取补偿。这补偿可能是由新股东用非货币资产作出的，比如因为新股东的资源在以后的生产经营中给原股东带来更大的收益，也可能是直接用货币补偿。增资是企业之间的经营合作，考虑的应当是各方的回报，是一种商业行为。当增资作为一种节税手段时，其目的已经不是增资，而是以增资作为形式工具，其所谓的不公允是虚假的。虽然形式上是不公允增资，实际都是对利益转嫁的部分作出了其他方式的补偿。所以，在真正的市场交易方式下，"不公允增资"是伪命题。

企业因经营发展的需要，以增资的方式引进战略投资者，新投资者以低于公允价值的投资取得了较大的股权利益，但是将来需要以投资者自身品牌、资金、运营、管理等各方面资源作为补偿。所以从整体的对价交换上来说，这是公允的增资，并非不公允。而且，在这种情况下的增资，是企业发展的需要，不是税务筹划的考虑。

案例9-2和案例9-4是同一性质的交易，都是形式上属于不公允增资，实质上是另外给股权支付了被稀释股权的补偿款，从而达到原股东转让了股权，取得了股权转让收入。区别在于：案例9-2由于交易双方不是公众公司，不需要公开交易具体情况，所以交易双方采取的是"阴阳合同"的形式，明面上是不公允增资，实际签订的是股权转让合同，股权转让款通过不公开的渠道支付，逃避纳税义务。这是实务中所谓"不公允增资"节税的主要形式，也是导致"不公允增资"备受争议的原因，由此产生一种观点，认为应该对"不公允增资"征税。但是通过案例分析可以明白，问题不在于"增资"上，而是在于"阴阳合同"的虚假交易上。假如案例9-2是真实的"增资"，而不是"阴阳合同"转让股权，不可能出现"不公允"的交易对价。所以真正用来节税的工具不是"增资"，而是"阴阳合同"，这种"不公允增资"的不公允是虚假的。所以，对"增资"行为征税，是不合逻辑的。真实的市场交易行为，不可能导致不公允的结果。对于这种虚假的行为，稽查的难点在于股权转让款的支付难以查实，"阴阳合同"隐蔽性强，税务机关不能获取充分的证据。

案例9-4中由于股权收购方是公众公司，所支付的与股权收购相关的支出需要公告。

因此，不能像案例 9-1 那样进行隐蔽交易，支付给原股东的补偿款必须公告。同样是出于节税的目的，支付给原股东的股权补偿，以"放弃认购增资的补偿款"名义给付，以"放弃认购增资的补偿款"不属于个人所得税应税项目，不属于财产转让所得，从而规避个人所得税义务。虽然公众公司的交易不能采取案例 9-2 中"阴阳合同"的隐蔽方式，但是同样给了税务机关一道难题，如果税务机关按照视同股权转让处理，税务机关缺乏直接的法律法规文件支持，以"实质课税"为由进行反避税处理，税法依据也不足。但是整体而言，案例 9-4 中的补偿方式一旦公开，被征税的可能性相当大，税务风险较高。

因此，所谓"不公允增资"节税，如果交易双方不是关联方，从本质上来讲增资的对价并不是真实的交易，税务机关不需要纠结不公允增资是否征税，而是要着眼于是否存在"阴阳合同"。

第三节 "正当理由"低价转让

根据《中华人民共和国税收征收管理办法》第三十五条第六款规定，纳税人申报的计税依据明显偏低，无正当理由，税务机关有权核定其应纳税款。纳税人的计税依据如果低于市场价格，但尚未达到明显的程度，税务机关也是无权核定应纳税额的。这主要是考虑到纳税人拥有市场定价权，而市场价格受到诸多因素影响，其在一定范围内波动是正常合理的。因此，只有当纳税人的计税依据明显低于市场价格，从而对国家利益产生明显影响时，税务机关才能行使核定应纳税额的权力。

// 相关政策

《股权转让所得个人所得税管理办法（试行）》（国家税务总局公告 2014 年第 67 号）相关规定如下。

第十一条 符合下列情形之一的，主管税务机关可以核定股权转让收入：

（一）申报的股权转让收入明显偏低且无正当理由的；

（二）未按照规定期限办理纳税申报，经税务机关责令限期申报，逾期仍不申报的；

（三）转让方无法提供或拒不提供股权转让收入的有关资料；

（四）其他应核定股权转让收入的情形。

第十二条 符合下列情形之一，视为股权转让收入明显偏低：

（一）申报的股权转让收入低于股权对应的净资产份额的。其中，被投资企业拥有土地使用权、房屋、房地产企业未销售房产、知识产权、探矿权、采矿权、股权等资产的，申报的股权转让收入低于股权对应的净资产公允价值份额的；

（二）申报的股权转让收入低于初始投资成本或低于取得该股权所支付的价款及相关税费的；

（三）申报的股权转让收入低于相同或类似条件下同一企业同一股东或其他股东股权转让收入的；

（四）申报的股权转让收入低于相同或类似条件下同类行业的企业股权转让收入的；

（五）不具合理性的无偿让渡股权或股份；

（六）主管税务机关认定的其他情形。

第十三条　符合下列条件之一的股权转让收入明显偏低，视为有正当理由：

（一）能出具有效文件，证明被投资企业因国家政策调整，生产经营受到重大影响，导致低价转让股权；

（二）继承或将股权转让给其能提供具有法律效力身份关系证明的配偶、父母、子女、祖父母、外祖父母、孙子女、外孙子女、兄弟姐妹以及对转让人承担直接抚养或者赡养义务的抚养人或者赡养人；

（三）相关法律、政府文件或企业章程规定，并有相关资料充分证明转让价格合理且真实的本企业员工持有的不能对外转让股权的内部转让；

（四）股权转让双方能够提供有效证据证明其合理性的其他合理情形。

第十四条　主管税务机关应依次按照下列方法核定股权转让收入：

（一）净资产核定法

股权转让收入按照每股净资产或股权对应的净资产份额核定。

被投资企业的土地使用权、房屋、房地产企业未销售房产、知识产权、探矿权、采矿权、股权等资产占企业总资产比例超过20%的，主管税务机关可参照纳税人提供的具有法定资质的中介机构出具的资产评估报告核定股权转让收入。

6个月内再次发生股权转让且被投资企业净资产未发生重大变化的，主管税务机关可参照上一次股权转让时被投资企业的资产评估报告核定此次股权转让收入。

（二）类比法

1. 参照相同或类似条件下同一企业同一股东或其他股东股权转让收入核定；

2. 参照相同或类似条件下同类行业企业股权转让收入核定。

（三）其他合理方法

主管税务机关采用以上方法核定股权转让收入存在困难的，可以采取其他合理方法核定。

// 筹划分析

（1）减少应纳税额的方法之一是降低计税依据。在股权转让中，减少股权转让收入，从而降低股权转让所得，减少应纳所得税，是个人股权转让中常用的方法。但是根据"国家税务总局公告2014年第67号"文件，股权转让收入明显偏低，又没有正当理由的，主管税务机关可以核定股权转让收入。因此，当低价转让股权的时候，如何利用"正当理由"是关键。

（2）"国家税务总局公告2014年第67号"文件的第十一条、第十二条、第十三条有反避税作用。正如第十条规定，股权转让收入应当按照公平交易原则确定。正常的市场行为，具有公平交易，价格公允的特点。如果交易价格明显偏低，则不排除价格虚假的可能。所以，纳税人应当说明虽然价格明显偏低，是因为有正当理由所致，并没有违背公平交易原则。税务机关则不能核定股权转让收入。

（3）"国家税务总局公告2014年第67号"文件第十三条列举了视为有正当理由的三个具体条件，再加一个兜底条款"其他合理情形"。当股权转让收入明显偏低的时候，纳税人应该围绕这四个条件解释"正当理由"。除第一个条件外，第二、第三和第四个条件比较容易人为达到。

【案例 9-5】 创造低价转让股权的条件

// 案例背景

自然人小明持有A公司30%股权，另一位股东持有A公司70%的股权。A公司注册资本1 000万元。根据资产评估机构出具的评估报告，截至股权转让日，A公司整体股东权益评估价值为2 000万元。小明拟将A公司30%股权按注册资本300万元转让给自然人小红。

小明转让A公司股权的收入是300万元，明显低于股权对应的净资产份额600万元，应视为股权转让收入明显偏低，如果没有正当理由，税务机关可按甲公司30%股权、公允价值600万元核定股权转让收入。

// 筹划方案

【方案一】直系亲属转让

"国家税务总局公告2014年第67号"文件第十三条之（二）规定"继承或将股权转让给其能提供具有法律效力身份关系证明的配偶、父母、子女、祖父母、外祖父母、孙子女、外孙子女、兄弟姐妹以及对转让人承担直接抚养或者赡养义务的抚养人或者赡养人"，即使股权转让收入明显偏低，视为有正当理由。

假如小明和小红属于家族内部成员，实务中可能会有人提出通过虚构婚姻关系完成股权转让之后再解除婚姻关系，然而，股权实现最终以 300 万元转移给小红而无须缴纳个人所得税。关键是首先要明确符合条件的直系亲属的范围，通常容易忽略的是公婆与儿媳妇、岳父母与女婿、堂兄弟姐妹、表兄弟姐妹并不在列举范围，除非能够证明承担赡养义务。

假如小明和小红非家族内部成员，实务中可能会有人提出通过虚构婚姻关系完成股权转让之后再解除婚姻关系，然而这一波操作关键是只怕假戏真做，现实中不乏为了购房假离婚的人，结果赔了夫人又折兵。

【方案二】内部转让

"国家税务总局公告 2014 年第 67 号"文件第十三条之（三）规定"相关法律、政府文件或企业章程规定，并有相关资料充分证明转让价格合理且真实的本企业员工持有的不能对外转让股权的内部转让，即使股权转让收入明显偏低，视为有正当理由"。设置这一条款的原因是基于有一些职工内部股是用于员工股权激励的，而这些股权在方案设置时就明确了退出机制，不能对外转让且约定了退出价格的计算方法，因此是完全符合市场规则的。

（1）假如小红是 A 公司员工，小明在 A 公司担任管理职务。A 公司修改公司章程，规定为保持公司股权结构稳定，股东理念一致。本公司股东和员工持有的股权不能对外转让，只能在企业内部转让。一段时间后，小明提出转让股权，其他股东不愿意购买，小明将股权转让给小红。

（2）假如小红不是 A 公司员工，小红可先对 A 公司少量增资，成为 A 公司股东。A 公司修改公司章程，规定为保持公司股权结构稳定，股东理念一致。本公司股东和员工持有的股权不能对外转让，只能在企业内部转让。一段时间后，小明提出转让股权，其他股东不愿意购买，小明将股权转让给小红。

【方案三】公开转让

"国家税务总局公告 2014 年第 67 号"文件第十三条之（四）规定"股权转让双方能够提供有效证据证明其合理性的其他合理情形"，即使股权转让收入明显偏低，视为有正当理由"。这条兜底条款为纳税人提供了一定的筹划空间。

（1）小明为转让股权寻找合适的买家，在省级报纸上公开登报转让，初始转让价格为股权评估价值 600 万元，邀请有意收购方洽商。但是有意向者寥寥无几，并且给出的收购价格远低于股权评估价。经过连续三次登报，小明将股权转让价格由评估价降至投资成本价，最后小红以投资成本 300 万元收购了小明的股权。

（2）股权转让价格明显偏低的理由：一是弱势的私营企业小股东，在企业中的权益难以得到主张，所以私营企业的小比例股权市场价值远低于其所占企业整体评估价值的比例，没有买家愿意以评估价购买，导致只能低价转让；二是三次登报公开转让，均无法以高于成本价成交，说明转让价格符合真实的市场价格，小明最终以投资成本 300 万元转让股权有合理理由。

（3）关键词：有效的证据、合理性。

小明采用登报的方式来证明转让价格的合理性，登报三次，连续降价，高于投资成本 300 万元无人购买，无奈按投资成本价转让，所以价格是合理的。

有效的证明资料：登报的记录。

（4）还可结合现实加以解释：私营企业中的小股权跟独立的资产是有区别的，独立的资产公允价值比较真实，购买人成交后，能够控制这个资产。但是股权不一样，小股东并不能控制企业的经营和决策，权利往往受到很大的约束，而现行的法律，对小股东的权利保障上有许多无奈之处。所以小股权的公允价值，很可能只是纸上的富贵，购买方并没有买到实际的股权利益。而当企业出现经营风险的时候，却要承担债务风险。所以，小股权的市场转让公允价值不能仅凭账面资产的公允价值等方法来确定，还要考虑到权利的受限与受让风险。从而除了内部转让之外，对外转让并不容易找到买家。

（5）在操作中也许大家会有疑虑，万一登报以后真有人要买怎么办，难道要贱卖吗？现实显然不是的，比如登报之后有人咨询和报名，因为最终交易与否完全是自己控制的，一是可以告知对方交易已经结束，有意向者通常也就不会再过问了；二是即便真遇到一些钻牛角尖的，可以随时终止交易，并不需要承担任何法律后果。比如现在一些电商平台常玩的"一元起拍"都是卖家控制节奏的，价值几千元的手机一元起拍，真有这种好事吗，如果没有人跟拍，那么这一交易可能就成为事实了，只要有他人跟拍，卖家就一定会把价值涨上去。要么跟拍者知难而退，要么价格直接涨到公允价值以上。类似的股权同样可以通过这种拍卖方式来操作，如果真的有人来参加拍卖，可能就在无形之中成了"托"即便是被搅局者真的拍到了公允价值以上，因为最终竞得者还是自己人，还是可以终止交易的，并不会产生税费，损失的无非是拍卖费。

【方案四】权利瑕疵

A 公司章程规定股东不按照出资比例分取红利。出资 30% 的股东小明可分取 15% 股利。由于小明所持有 A 公司 30% 股权不能享有 30% 的分红权利，所以该股权的价值也不应以 A 公司的整体公允价值乘以 30% 计算。小明按 A 公司的整体公允价值 ×15% ＝

2 000×15% ＝ 300 万元转让该股权，有合理的理由。

// 税务风险

（1）股东小明转让甲公司 30% 股权给小红，转让价格是确定的，并不会因为上述各种"理由"而真的改变转让价格。假如事实上是低价转让，按照市场公平交易规则，当然有真实的合理的低价理由。假如是公允价格转让，因为要节税而杜撰各种理由，说到底是绕不开"阴阳合同"、场外交易的套路，仍然是偷税行为，并不是合法筹划。

（2）对于"正当理由"，税务机关有一定的裁量权，即使股权转让双方把资料做得再充分，假的总是假的，仍然有被税务机关识破的风险。除追缴税款外，甚至可能承担逃税的法律责任。

第四节　操纵核算　降低价值

在股权转让交易中，转让价格是否公允，股权转让收入是否明显偏低，其中最常用的一个参考数据就是被投资企业的净资产，当股权转让方申报的股权转让收入低于股权对应的净资产份额，而又无正当理由时，税务机关可以核定股权转让收入。被投资企业的净资产是直接反映在财务报表上的，税务机关直接就能获得净资产的数据。

纳税人为了避免被税务机关以"股权转让收入低于股权对应的净资产份额"为由，认定股权转让收入明显偏低，可能会采取两种方式处理：一是将股权转让价格设定高于股权对应的净资产份额；二是降低净资产。

// 相关政策

《股权转让所得个人所得税管理办法（试行）》（国家税务总局公告 2014 年第 67 号）相关规定如下。

第十二条　符合下列情形之一，视为股权转让收入明显偏低：

（一）申报的股权转让收入低于股权对应的净资产份额的。其中，被投资企业拥有土地使用权、房屋、房地产企业未销售房产、知识产权、探矿权、采矿权、股权等资产的，申报的股权转让收入低于股权对应的净资产公允价值份额的；

（二）申报的股权转让收入低于初始投资成本或低于取得该股权所支付的价款及相关税费的；

（三）申报的股权转让收入低于相同或类似条件下同一企业同一股东或其他股东股权

转让收入的；

（四）申报的股权转让收入低于相同或类似条件下同类行业的企业股权转让收入的；

（五）不具合理性的无偿让渡股权或股份；

（六）主管税务机关认定的其他情形。

// 筹划分析

通过会计核算降低账面净资产。

（1）财务报表是根据一定的编制基础编制的，不同的编制基础，可以编制出不同的会计报表。一般企业可以选择采用《企业会计准则》《小企业会计准则》或《企业会计制度》进行会计核算并编制财务报表。选择的会计制度不同，会计报表上的净资产有可能不同。

（2）即使企业已经选择相应的会计核算制度，企业还可以在制度的框架内制定合适的会计政策。例如选择坏账准备的计提方法、资产减值损失的计提方法、投资性房地产采用成本计量还是公允价值计量，等等。这些会计政策的制定，会直接影响企业的账面净资产。而这些会计政策的选择是企业的自由，税务机关无法干涉，然而在判断股权转让收入是否低于净资产时却要依据企业自己的核算结果。

【案例 9-6】 改变投资的核算方法降低净资产

// 案例背景

自然人小明持有 A 公司 100% 股权，A 公司投资 100 万元参股 B 公司，持有 B 公司 40% 的股权，B 公司有累计盈余 200 万元且不分红，B 公司为非公众公司。小明准备将来转让 A 公司的股权时，按 A 公司账面净资产申报股权转让收入。

// 筹划分析

（1）对比成本法和权益法核算长期股权投资的账面价值如下：

A 公司对长期股权投资采用成本法核算，则"长期股权投资——B 公司"的账面价值 100 万元。

A 公司对长期股权投资采用权益法核算，则"长期股权投资——B 公司"的账面价值 $= 100 + 200 \times 40\% = 180$ 万元。

两种核算方法对 A 公司净资产的影响是 $180 - 100 = 80$ 万元。小明准备按 A 公司账面净资产申报股权转让收入，所以"筹划"将 A 公司的账面净资产降低。

（2）会计核算基础的选择。《小企业会计准则》对长期股权投资采用成本法核算；《企业会计准则》对长期股权投资视不同情况采用成本法或权益法、金融资产核算。《企业会计制度》对长期股权投资视不同情况采用成本法或权益法核算，A 公司持有 B 公司 40%的股权，一般情况下应采用权益法核算。选择的标准各有不同，可以通过变更会计核算基础，实现长期股权投资核算办法的选择。

（3）长期股权投资选择成本法核算，账面价值一般是初始投资成本；选择权益法核算，账面价值会包括被投资企业按持股比例确认的未分配盈余，或者亏损。当被投资企业账面有盈余时，权益法核算的长期股权投资账面价值大于成本法核算的长期股权投资账面价值；当被投资企业账面亏损时（需结合资本公积、盈余公积计算），权益法核算的长期股权投资账面价值大于成本法核算的长期股权投资账面价值。

（4）B 公司有累计盈余 200 万元且不分红，A 公司采用成本法核算对 B 公司的股权投资，净资产将减少 80 万元。

// 筹划方案

（1）A 公司会计核算执行《小企业会计准则》，可以直接采用成本法核算；

（2）A 公司会计核算执行《企业会计准则》《企业会计制度》，但是 A 公司对 B 公司无共同控制无重大影响，例如签署书面文件不参与经营，没有经营决策权，或者在 B 公司董事会没有成员，等等，A 公司对 B 公司的投资采用成本法核算；

（3）符合条件的，执行《企业会计制度》可以变更为执行《小企业会计准则》；

（4）注意会计制度要保持一贯性，不可随意变化，如变更需要有合理的理由。

【案例 9-7】 计提减值准备，降低净资产价格

// 案例背景

自然人小明持有 A 公司 100% 股权，A 公司实收资本 500 万元。A 公司账面应收账款余额 500 万元，存货余额 150 万元，无形资产余额 100 万元，净资产 700 万元。小明预计将来转让 A 公司的股权时，A 公司账面累计盈余约 200 万元，小明计划按 A 公司账面净资产申报股权转让收入，所以提前布局减少 B 公司的净资产价格。

// 筹划分析

（1）企业制定的会计政策，会影响会计核算，从而产生影响企业的净资产。A 公司应根据公司的实际情况，制定适当的会计政策。

（2）坏账准备、资产减值准备等具体会计政策是企业根据实际情况按规定制定的。

有的企业为了核算简便，并没有计提相应的资产减值准备。按照《企业会计准则》和《企业会计制度》的要求，企业选择会计政策应保持一贯性，出于会计谨慎性原则，企业应当在定期或者年度终了时，合理地估计各项资产可能发生的损失，计提坏账准备或资产减值损失。

（3）A公司根据经营情况，制定计提坏账准备政策、资产减值准备等会计政策，并且一直执行，保持会计核算的一贯性。当小明转让A公司的股权的时候，A公司账面已共计提应收账款坏账准备、存货减值准备、无形资产减值准备等200万元。小明按A公司的账面净资产申报股权转让收入，没有产生股权转让所得。

// 税务风险

纳税人通过操纵会计核算调节财务报表，同时利用税务机关不能全面掌握企业会计核算详细过程，以财务报表上的净资产价格作为判断股权转让收入是否明显偏低的依据之一的特点，人为调节净资产，达到逃避纳税的目的。没有税务风险吗？税务机关怎么应对？

（1）纳税人很可能是通过"阴阳合同"逃避纳税。

股权真实的转让价格不会因为会计核算而改变，所以上述会计核算对净资产的操纵，说到底还是股权交易双方采用"阴阳合同"交易，或者有其他的利益补偿，然后让税务局误以为转让股权没有低于净资产的价格，收入没有明显偏低，实现虚假申报的目的。

（2）虚假评估。

"国家税务总局公告2014年第67号"文件第十二条规定："被投资企业拥有土地使用权、房屋、房地产企业未销售房产、知识产权、探矿权、采矿权、股权等资产的，申报的股权转让收入低于股权对应的净资产公允价值份额的"，视为股权转让收入明显偏低。所以，案例9-6中A公司持有B公司的股权，A公司的净资产需要确认公允价值，此时可能就需要对A公司进行评估，从而延伸到对其持有的B公司股权进行评估。不管A公司对B公司的股权投资采取何种核算办法，都不会影响评估的公允价格。以此看来，似乎长期股权投资采取何种核算方法都没有节税的意义。这个规定可以防范会计核算对股权投资账面价值的人为操纵。

然而，实务中评估价值是有一定的浮动空间，长期股权投资所属的企业经常也未必配合评估。

（3）税务机关调整股权转让收入，并不是以净资产价格作为唯一判断因素，但是净资产的数据比较容易确定，一般先以净资产作出判断，这也是实务中纳税人操纵净资产的原因。

总的说来，上面这些手法，钻的就是征纳双方信息不透明、政策执行习惯的空子实现偷税的可能，并不是合法税务筹划。随着征管手段的提升，信息数据越来越透明，这些操作的空间将会越来越小。

第五节　结合洼地　增资转股

既然不能直接对增资行为征税，而同一控制下的企业净资产利益转移又不需要支付补偿款，所以也不能对补偿款征税。这给了另外一种筹划思路：先用增资方式实现股权在同一控制下的企业之间转移，股权转移至低税负的企业名下，再进行股权转让，股权转让所得由低税负企业纳税，达到节税的目的。

【案例 9-8】 股权转让所得转移到洼地，实现降低税负

// 案例背景

A 上市公司拟收购甲公司 80% 的股权，甲公司的注册资本 1 000 万元。转让前，据资产评估机构出具的评估报告，甲公司整体股东权益评估价值为 6 亿元，80% 的股权公允价值 4.8 亿元。双方约定按截至股权转让日的评估价值确定股权收购价格，如果直接将甲公司的股权转让给 A 公司，甲公司的股东乙等自然人需要缴纳大额个人所得税。

// 筹划分析

（1）A 公司是上市公司，重大资产交易需要公开并接受有关部门的监管，交易双方不能采用违法的手段进行逃避纳税的操作。同时，受"雄震矿业增资"等案例的影响，也不会再采取向甲公司的股东支付补偿款并对甲公司折价增资的方式。

（2）不能以增资方式转移股权，股权转让的价格必须公开，降低股权转让申报收入就不可能了。转变思路，考虑降低税率。而目前的税务筹划中，降低税率最常用的方法是选择税收洼地作为纳税地点。

// 筹划方案

（1）A 公司成立一个全资子公司 C 公司，作为股权收购方。

（2）甲公司的股东乙等人在税收洼地成立 D 合伙企业作为持股平台。

（3）D 合伙企业在税收洼地投资 1 亿元成立 E 公司。

（4）E 公司向甲公司增资 4 000 万元，持有甲公司 80% 的股权。

（5）C 公司以 5.4 亿元收购 E 公司，从而间接持有甲公司 80% 的股权。

（6）D 合伙企业转让 E 公司的股权，按"生产经营"所得，合伙人乙在洼地按低税负纳税。

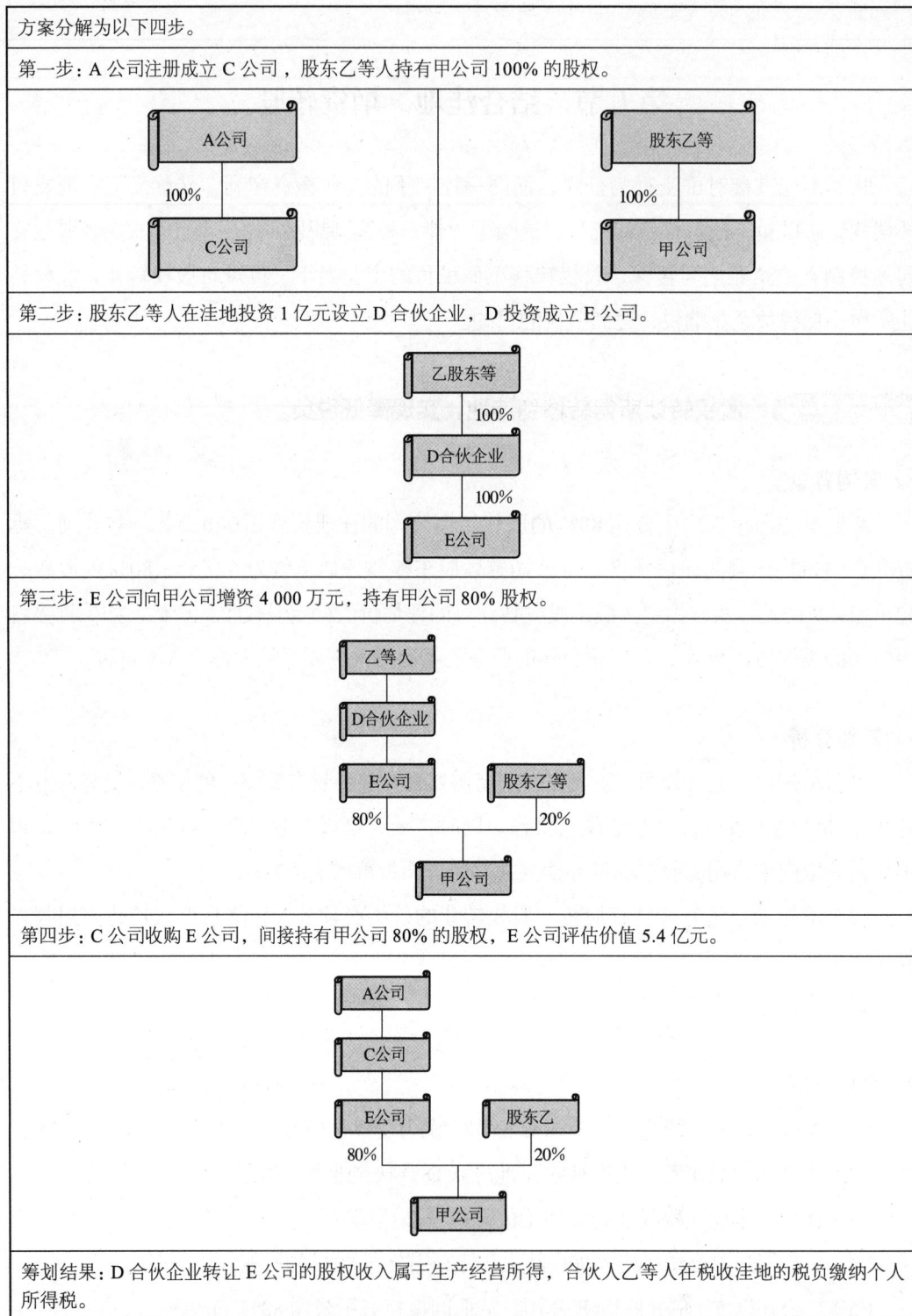

方案分解为以下四步。
第一步：A 公司注册成立 C 公司，股东乙等人持有甲公司 100% 的股权。 A公司 —100%— C公司　　　股东乙等 —100%— 甲公司
第二步：股东乙等人在洼地投资 1 亿元设立 D 合伙企业，D 投资成立 E 公司。 乙股东等 —100%— D合伙企业 —100%— E公司
第三步：E 公司向甲公司增资 4 000 万元，持有甲公司 80% 股权。 乙等人 — D合伙企业 — E公司 —80%— 甲公司 —20%— 股东乙等
第四步：C 公司收购 E 公司，间接持有甲公司 80% 的股权，E 公司评估价值 5.4 亿元。 A公司 — C公司 — E公司 —80%— 甲公司 —20%— 股东乙
筹划结果：D 合伙企业转让 E 公司的股权收入属于生产经营所得，合伙人乙等人在税收洼地的税负缴纳个人所得税。

// 筹划结果

（1）E公司以原始出资比例增资甲公司的方式，甲公司原注册资本1 000万元，E公司增资4 000万元，占有甲公司80%的股权。以不公允增资的方式，增资4 000万元，获得了公允价值4.8亿元的股权。将股权从原股东名下转移到E公司名下。

（2）在税收洼地成立合伙企业D，以合伙企业持股E公司，由D合伙企业转让E公司的股权，从而将股权增值带来的转让收益转至D合伙企业中，享受洼地税收政策。乙股东等人转让甲公司的股权，变成D合伙企业转让E公司的股权。

乙股东等自然人股东原按20%税率缴纳个人所得税，变成税收洼地的合伙企业合伙人低税负纳税。

（3）筹划前：

甲公司的股东乙等人直接转让甲公司80%股权，按投资成本 = 1 000×80% = 800万元计算，转让价格4.8亿元。

应纳所得税 = （48 000 − 800）×20% = 9 440（万元）

（4）筹划后个人所得税缴纳情况。

D合伙企业转让E公司股权所得 = 54 000 − 10 000 = 44 000（万元）

D合伙企业设在税收洼地，具体纳税金额视洼地政策和征收方式确定，但可预计税负将大大降低。如果按10%核定应税所得，再按"经营所得"个人所得税税率35%计算，综合税负不到3.5%，此外可能还享受当地财政奖励返还政策。

// 税务风险

（1）关于E公司向甲公司增资，E公司以原始出资比例增资甲公司的方式，增资4 000万元，获得了公允价值4.8亿元的股权。折价增资的争议在上一节已经详细讨论，此处不再重复。

（2）甲公司刚刚接受E公司增资4 000万元，成为持股80%的新股东。E公司的整体价值评估为5.4亿元，而E公司的资产主要就是甲公司80%的股权。假如股东乙等人直接转让甲公司的股权，应当按数亿元的股权转让所得纳税。其中个人股权转让所得个人所得税征收以被投资企业（即甲公司）所在地税务机关为主管税务机关。筹划后纳税地点转移到了洼地，造成了甲公司所在地税源的流失了和该股权交易整体应纳税额的大量减少。根据《中华人民共和国个人所得税法》，个人实施其他不具有合理商业目的的安排而获取不当税收利益的，税务机关有权按照合理方法进行纳税调整。

// 相关政策

《中华人民共和国个人所得税法》相关规定如下：

第八条　有下列情形之一的，税务机关有权按照合理方法进行纳税调整：

（一）个人与其关联方之间的业务往来不符合独立交易原则而减少本人或者其关联方应纳税额，且无正当理由；

（二）居民个人控制的，或者居民个人和居民企业共同控制的设立在实际税负明显偏低的国家（地区）的企业，无合理经营需要，对应当归属于居民个人的利润不作分配或者减少分配；

（三）个人实施其他不具有合理商业目的的安排而获取不当税收利益。

税务机关依照前款规定作出纳税调整，需要补征税款的，应当补征税款，并依法加收利息。

第六节　认缴增资　转移税负

通过增资稀释股权，间接实现转让股权的方法中，增资所需资金可能比较大，资金压力也是影响筹划方案的因素之一。增资一定要马上实缴吗？不一定，《中华人民共和国公司法》规定公司出资可以认缴，所以增资也能先认缴。既然增资是合法的，认缴也是合法的，那么两者结合，认缴增资，不实缴，不仅能稀释股权，而且能暂时减轻资金压力。

【案例 9-9】 转移股权转让所得降低税负方案

// 案例背景

甲公司注册资本 100 万元，A 公司出资 20 万元，持有甲公司 20% 股权，B 自然人出资 80 万元，持有甲公司 80% 股权。现 A、B 两股权拟将甲公司股权全部转让给 C 公司，甲公司公允价值 1 000 万元。

// "筹划"分析

（1）延续前面两个案例的思路，通过增资将股权转移到低税负的关联企业，再进行股权转让。在税收洼地设立合伙企业或个人独资企业，核定征收所得税。再对甲公司增资。

（2）增资后，甲公司的公允价值会增加，导致收购方 C 公司支付的对价也会增加。假如实缴增资，将对增资方和收购方都构成一定的资金压力。考虑以增资认缴的方式获得股权，并在公司章程中约定股东按持股比例享有公司权益。完成股权转让后，甲公司可以减资。

// 相关政策

《中华人民共和国个人所得税法》相关规定如下：

第八条　有下列情形之一的，税务机关有权按照合理方法进行纳税调整：

（一）个人与其关联方之间的业务往来不符合独立交易原则而减少本人或者其关联方应纳税额，且无正当理由；

（二）居民个人控制的，或者居民个人和居民企业共同控制的设立在实际税负明显偏低的国家（地区）的企业，无合理经营需要，对应当归属于居民个人的利润不作分配或者减少分配；

（三）个人实施其他不具有合理商业目的的安排而获取不当税收利益。

税务机关依照前款规定作出纳税调整，需要补征税款的，应当补征税款，并依法加收利息。

最高人民法院关于适用《中华人民共和国公司法》若干问题的规定（三）

第十八条　有限责任公司的股东未履行或者未全面履行出资义务即转让股权，受让人对此知道或者应当知道，公司请求该股东履行出资义务、受让人对此承担连带责任的，人民法院应予支持；公司债权人依照本规定第十三条第二款向该股东提起诉讼，同时请求前述受让人对此承担连带责任的，人民法院应予支持。

《中华人民共和国公司法》相关规定如下。

第一百七十七条　公司需要减少注册资本时，必须编制资产负债表及财产清单。

公司应当自作出减少注册资本决议之日起十日内通知债权人，并于三十日内在报纸上公告。债权人自接到通知书之日起三十日内，未接到通知书的自公告之日起四十五日内，有权要求公司清偿债务或者提供相应的担保。

// 筹划方案

（1）A 公司的实际控制人与自然人 B 在税收洼地设立普通合伙企业或有限合伙企业 D，出资份额分别为 20% 和 80%。如需避免关联交易的嫌疑，可以无关联的第三人代为持有合伙企业的份额。

（2）D 合伙企业对甲公司认缴增资 900 万元（认缴金额视实际情况可作调整），甲公司章程规定出资期限为若干年内。增资后甲公司注册资本 1 000 万元，A 公司出资 20 万元，持有甲公司 2% 股权，B 自然人出资 80 万元，持有甲公司 8% 股权，D 合伙企业认缴出资 900 万元，持有甲公司 90% 股权。甲公司章程约定，股东按持股比例享有公司权益。

（3）A公司、自然人B、D合伙企业分别与C公司协商，签订股权转让协议，将甲公司的股权以公允价值转让给C公司。其中，A公司转让甲公司2%的股权，转让价格20万元，B自然人转让甲公司8%股权，转让价格80万元，D合伙企业转让甲公司90%的股权，转让价格900万元，合同中明确约定由C公司履行未到位的出资义务。股权转让完成后C公司持有甲公司100%的股权。

（4）甲公司减少注册资本900万元，恢复注册资本100万元。

// 筹划结果

（1）筹划前应缴企业所得税。

A公司直接转让甲公司20%的股权，投资成本＝20万元，公允价值200万元。

A公司应纳企业所得税＝（200－20）×25%＝45（万元）

自然人B直接转让甲公司80%的股权，投资成本＝80万元，公允价值800万元。

自然人B应纳个人所得税＝（800－80）×20%＝144（万元）

合计缴纳所得税＝45＋144＝189（万元），综合税负18.9%。

（2）筹划后应缴企业所得税。

A公司转让甲公司2%的股权，投资成本＝20万元，公允价值20万元。

A公司应纳企业所得税＝（20－20）×20%＝0（万元）

自然人B转让甲公司8%股权，投资成本＝80万元，公允价值80万元。

自然人B应纳个人所得税＝（80－80）×20%＝0万元

D合伙企业转让甲公司90%股权，投资成本＝0万元，公允价值900万元。

D合伙企业转让甲公司股权所得＝900－0＝900（万元）

D合伙企业设在税收洼地，具体纳税金额视洼地政策和征收方式确定，但可预计税负将大大降低。如果按10%核定应税所得，再按最高35%的"经营所得"个人所得税税率，综合税负不到3.5%，此外可能还享受当地财政奖励返还政策。

// 税务风险

（1）D合伙企业未履行出资义务即转让股权，C公司明知此情况仍受让股权，C公司将对此出资义务承担连带责任。因此，在甲公司减资前，C公司将承担900万元出资的连带责任。

（2）甲公司减资需要履行法定的程序，债权人有权要求公司清偿债务或者提供担保。假如甲公司不能清偿债务或提供担保，未全面履行出资义务的股东应在减资范围内对甲公司的债务承担补充赔偿责任。

（3）自2014年新《中华人民共和国公司法》规定，除法律、行政法规以及国务院决定对公司注册资本实行实缴制外，一般实行认缴制。在认缴制下，注册资本认缴后未实际出资转让股权，对这类股权转让该如何核定其转让收入，已经成为税务机关关注的问题，如何纳税在税务上存在争议，税务机关可能会对A公司和自然人B的股权转让价格提出质疑。

（4）根据《中华人民共和国个人所得税法》，个人实施其他不具有合理商业目的的安排而获取不当税收利益的，税务机关有权按照合理方法进行纳税调整。

【案例9-10】 股权转让所得转移到亏损企业降低税负

// 案例背景

甲公司注册资本100万元，A公司出资20万元，持有甲公司20%股权；B自然人出资80万元，持有甲公司80%股权。A公司账面有即将到期的企业所得税未弥补亏损800万元，预计到期前公司无足够的税前利润弥补亏损。现A、B两股权拟将甲公司股权全部转让给C公司，甲公司公允价值1 000万元。

// 筹划分析

根据上述资料分析。

（1）A公司的企业所得税未弥补亏损800万元即将到期，股权转让所得弥补亏损后，仍然尚有大额亏损未弥补，造成税收利益的浪费。

（2）甲公司全部股权转让所得＝1 000－100＝900万元，假如将股权转让所得向A公司倾斜，A公司未弥补亏损将得到充分的弥补。

（3）增加A公司对甲公司的持股份额，可以采用增资的方式。增资后甲公司的公允价值会增加，导致收购方C公司支付的对价也会增加。假如实缴增资，将对增资方和收购方都构成一定的资金压力。考虑以增资认缴的方式获得股权，并在公司章程中约定股东按持股比例享有公司权益。完成股权转让后，甲公司可以减资。

// 筹划方案

（1）A公司对甲公司认缴增资300万元（认缴金额视实际情况可作调整），甲公司章程规定出资期限为若干年内。增资后甲公司注册资本400万元，A公司出资320万元，持有甲公司80%股权，B自然人出资80万元，持有甲公司20%股权。甲公司章程约定，股东按持股比例享有公司权益。

（2）A公司、自然人B分别与C公司协商，签订股权转让协议，将甲公司的股权以公允价值转让给 C 公司。其中，A 公司转让甲公司 80% 股权，转让价格 800 万元，合同中明确约定由 C 公司履行未到位的出资义务。B 自然人转让甲公司 20% 股权，转让价格 200 万元。股权转让完成后 C 公司持有甲公司 100% 股权。

// 筹划结果

金额单位：万元

甲公司	公允价值	A 公司	B 个人	备注
增资前				
注册资本 100 万元	1 000	20	80	实缴
转让收入		200	800	
计税基础		20	80	
所得税		0	156	156
增资后				
注册资本 400 万元	1 000	320	80	A 认缴 300 万元
转让收入		800	200	
计税基础		20	80	
所得税		0	24	24

// 税务风险

本该属于自然人 B 的股权转让所得，通过认缴增资转移给了 A 公司，而自然人 B 并无补偿。这不符合市场交易规则，所以 A 公司需要给自然人 B 支付补偿，将股权转让所得中本该属于自然人 B 的部分支付给自然人 B，如前文所述，该补偿存在税务风险。

// 案例拓展

甲公司注册资本 100 万元，A 公司出资 20 万元，持有甲公司 20% 股权，B 自然人出资 80 万元，持有甲公司 80% 股权。现 A、B 两股权拟将甲公司股权全部转让给 C 公司，甲公司公允价值 1 000 万元。

甲公司收购亏损"壳公司"D 公司，D 公司有大额税前未弥实亏损。D 公司对甲公司认缴增资 300 万元（认缴金额视实际情况可作调整），占甲公司股权比例 75%。甲公司章程规定出资期限为若干年内。A 公司、自然人 B、D 公司分别将股权转让给 C 公司。

案例分析与前文基本一致，不再重复。

// 拓展讨论

案例中税务机关是否有依据对认缴增资后转让股权进行纳税调整

问题一：股东认缴出资，所持有的股权比例是否合法？

合法。《中华人民共和国公司法》规定注册资本认缴登记制合法。经公司股东会决议，公司股东认缴增资，工商部门依法办理股权变更。

问题二：税法是否认可认缴出资所持的股权比例？

税法没有对股东持股比例作出调整的规定，股东持股比例属于股东依据《中华人民共和国公司法》的规定，股东会作出决议并进行工商登记的事项。

问题三：增资后自然人 B 转让甲公司股权，是否可以依据《股权转让所得个人所得税管理办法（试行）》（国家税务总局公告 2014 年第 67 号）第十一条"（四）其他应核定股权转让收入的情形"采用第十四条"（三）其他合理方法"进行调整？

股权转让所得个人所得税管理办法（试行）（国家税务总局公告 2014 年第 67 号）

第十一条 符合下列情形之一的，主管税务机关可以核定股权转让收入：

（一）申报的股权转让收入明显偏低且无正当理由的；

（二）未按照规定期限办理纳税申报，经税务机关责令限期申报，逾期仍不申报的；

（三）转让方无法提供或拒不提供股权转让收入的有关资料；

（四）其他应核定股权转让收入的情形。

第十四条 主管税务机关应依次按照下列方法核定股权转让收入：

（一）净资产核定法；

（二）类比法；

（三）其他合理方法。

有观点认为：该案例的节税漏洞，税务机关早已经利用 67 号文的上述规定堵上了。可以作为"（四）其他应核定股权转让收入的情形。"然后用"（三）其他合理方法"调整自然人 B 的股权转让收入。

应纳税额＝（股权转让收入－股权计税基础）× 税率

自然人 B 对甲公司出资 80 万元，所以股权计税基础 80 万元，不存在调整；股权转让所得个人所得税税率20%，也不能调整。只能讨论股权转让收入能否调整。

能否将自然人 B 的股权转让收入从 200 万元调整为 800 万元？

如果可以，即是税法否认认缴制下的持股比例。那么，反过来看，在目前大量认缴出资的公司中，未实缴出资的股东转让股权时，是否按 0 持股比例，0 元转让征税呢？从而不需要纳税呢？显然并不是。

A、B 两个股东分别转让股权，从法律形式上看，C 公司进行了两个独立公正的交易，合同真实有效。C 公司以公允价格向 A 公司受让甲公司 80% 的股权，向自然人 B 受让 20% 的股权。如果调整，就要将 A 与 C 的交易，B 与 C 的交易，两个交易视为一揽子交易进行调整。调减 A 公司的收入，调增 B 自然人的收入。但是股权转让合同真实有效，A、B 两个股东对甲公司的持股比例法律并不禁止，C 公司的出价公允合理。到底以何种依据调整转让收入呢？即使以第 67 号文的"（三）其他合理方法"作为调整依据，调整股权转让收入。要调股权转让收入就要先调整持股比例，还原到原来的持股比例来计算转让收入，所以真正调整的是自然人 B 的股权比例，但是用 67 号文调整持股比例，依据并不充分。

问题四：能依据《中华人民共和国税收征收管理法》调整吗？

《中华人民共和国税收征收管理法》第三十五条　纳税人有下列情形之一的，税务机关有权核定其应纳税额：……（六）纳税人申报的计税依据明显偏低，又无正当理由的，税务机关核定应纳税额的具体程序和方法由国务院税务主管部门规定。

A 公司持股 80%，申报 800 万元的股权转让收入符合公允价值，申报的计税依据不存在明显偏低的情况。自然人 B 转让 20% 的股权，申报 200 万元的转让收入符合公允价值，申报的计税依据不存在明显偏低的情况。

问题五：能依据《中华人民共和国企业所得税法》对 A 公司的股权转让收入作特别纳税调整吗？

根据《中华人民共和国企业所得税法》相关规定如下。

第四十七条　企业实施其他不具有合理商业目的的安排而减少其应纳税收入或者所得额的，税务机关有权按照合理方法调整。

《中华人民共和国企业所得税法实施条例》相关规定如下。

第一百二十条　企业所得税法第四十七条所称不具有合理商业目的，是指以减少、免除或者推迟缴纳税款为主要目的。

根据《特别纳税调整实施办法（试行）》相关规定如下。

第一章　总则

第二条　办法适用于税务机关对企业的转让定价、预约定价安排、成本分摊协议、受控外国企业、资本弱化以及一般反避税等特别纳税调整事项的管理。

第八条　一般反避税管理是指税务机关按照所得税法第四十七条的规定，对企业实施其他不具有合理商业目的的安排而减少其应纳税收入或所得额进行审核评估和调查调整等工作的总称。

…………

第十章　一般反避税管理

⋯⋯⋯⋯

第九十二条　税务机关可依据所得税法第四十七条及所得税法实施条例第一百二十条的规定对存在以下节税安排的企业，启动一般反避税调查：

（一）滥用税收优惠；

（二）滥用税收协定；

（三）滥用公司组织形式；

（四）利用节税港节税；

（五）其他不具有合理商业目的的安排。

⋯⋯⋯⋯

第九十七条　一般反避税调查及调整须呈报国家税务总局批准。

有观点认为：能以"其他不具有合理商业目的的安排"为依据，呈报国家税务总局批准作出一般反避税调查及调整。但是依据仍不充分，因为调整最终要落实到具体事项的调整上，如前文所述，只能调整股权转让收入，但是股权转让收入是符合市场交易公平原则的，并且调整 A 公司的股权转让收入，必然需要相应调整自然人 B 的股权转让收入，但是上述依据不适用于个人所得税的调整。能否再结合《中华人民共和国个人所得税法》中"个人实施其他不具有合理商业目的的安排而获取不当税收利益。"同时对自然人 B 作纳税调整也存在商榷，并且自然人 B 并没有作出任何安排，增资是 A 公司的行为。

第七节　不按投资比例分红节税

曾经听过一个故事：很久很久以前，有一家国有企业 A 公司，准备改制。A 公司原法定代表人小明决定购买 A 公司，但是小明没钱，于是将 A 公司的资产评估作价，采用以资产作抵押的方式向银行贷款。贷款到账后，A 公司将钱借给法定代表人小明，法定代表人小明再将钱支付给有关部门，购买 A 公司100%股权，成为 A 公司的股东。从此以后，A 公司账面"其他应收款——小明"长年挂账。这个故事有几个关键点：

（1）小明没有花自己一分钱，就买到了 A 公司。

（2）有人认为这没问题，小明购买了 A 公司之后，A 公司以后的经营利润就是小明的，A 公司用利润归还贷款和利息，相当于小明用自己的钱偿还贷款和利息。

（3）这个观点正确吗？A 公司贷款等于小明贷款吗？A 公司的利润等于小明的钱吗？当然不是。小明是自然人，A 公司分配利润给小明，小明需要按20%税率缴纳个人所得税缴纳。故事中 A 公司在分配给小明之前，代替小明把钱还给银行，省掉了小明的个人所得税。

（4）故事后遗症："其他应收款——小明"长年挂账，需要想办法消化掉，否则存在视同分红的风险。

为什么要讲这个故事，因为这个故事让笔者想起了曾经遇到的一个"筹划方案"：股权转让中，利用标的公司以后的利润来支付股权转让款，规避所得税。

有税友可能说：股权转让上的"点子"那么多，有"阴阳合同""不公允增资"等，只申报一部分股权转让收入，另一部分转让收入账外处理，需要还要这么麻烦吗？

账外操作是违规的！合规性要求比较高的大型企业和公众公司，是不会采用这样的违规操作的，账外操作更是不可能。那还有什么方法可以既然做到形式合法，又能节税呢？下面就来说笔者曾经看到的"方案"。

【案例 9-11】利润预分配降低股权转让所得

// 案例背景

B 公司持有某房地产项目公司（A 公司）100% 股权，A 公司注册资本 5 000 万元。现 B 公司拟将 A 公司转让给 C 公司，A 公司评估价值 1 亿元，双方协商作价 3 亿元，B 公司适用 25% 企业所得税税率。

// 筹划分析

地产项目由于土地增值大，土地是稀缺资源，可能存在有价无市的情况。A 公司评估的时候，选择不同的评估方法对价值的影响比较大，比如采用资产法，评估土地使用权时根据基准地价作调整，这些方法注重个别资产的评估，没有考虑整个项目的前景，而房地产项目由于房价居高不下，利润可观，所以评估的价值可能远低真实成交价。尤其资产是对土地为主的房地产项目公司评估，资产评估价低于公司实际整体出售价是很常见的。

（1）直接转让，B 公司需要缴纳企业所得税＝（30 000 － 5 000）×25% ＝ 6 250 万元，转让时需要缴纳大额的所得税。

（2）从前面的计算过程可知，B 公司要减少税费，一是降低应税收入，二是降低适用税率。降低所得税税率，不是说降就能降的事，所以 B 公司考虑降低应税收入。降低应税收入却又不能降低真正的转让收入，需要将征税收入转换为不征税收入或免税收入。什么收入是免税的呢？企业之间分配利润是免税收入。

// 相关政策

根据《中华人民共和国企业所得税法》相关规定如下。

第二十六条 企业的下列收入为免税收入：

（二）符合条件的居民企业之间的股息、红利等权益性投资收益；

// 筹划方案

（1）B公司与C公司签订股权转让合同，以1亿元转让A公司100%股权。股权转让款1亿元由C公司直接支付给B公司。

（2）B公司与C公司签订补充协议：股权转让前，A公司提前分配2亿元利润给B公司。该利润分配款由C公司暂时代A公司支付，或者是由A公司先向C公司借款以后再向B公司分配。B公司共收到3亿元。1亿元是股权转让款，2亿元是分红。

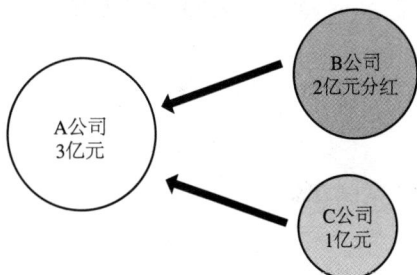

（3）会计处理如下：

①股权转让前，A公司分配利润2亿元给股东B，A公司作会计分录如下。

借：利润分配 200 000 000

　　贷：应付股利——B公司 200 000 000

②签订三方协议后，准股东C支付2亿元给B公司，代A公司支付股利。A公司作会计分录如下。

借：应付股利——B公司 200 000 000

　　贷：其他应付款——C公司 200 000 000

（4）股权转让完成后，B公司申报股权转让收入1亿元，股权转让所得5 000万元；申报股息红利收入2亿元，免征企业所得税。

B公司应缴企业所得税＝5 000×25%＝1 250（万元）

（5）两年后，A公司项目完工获利，用银行存款支付其他应付款——C公司的2亿元。

借：其他应付款——C公司 200 000 000

　　贷：银行存款 200 000 000

结果：6 250－1 250＝5 000万元，不但少缴纳企业所得税5 000万元，还避免了账外资金违规操作。

// 税务风险

（1）补充协议不能公开，其本质仍然是"阴阳合同"。

（2）A 公司提前分配以后的利润，违反《中华人民共和国公司法》，钻的是公司分红缺乏监管的漏洞。

（3）B 公司申报企业所得税时，2 亿元的分红免税需要准备备案资料，可能会让税务机关发现 A 公司提前分配利润的违规操作，认定 2 亿元不属于分红，不能享受免税。

【案例9-12】 股权转让款变投资分红降低税负（1）

针对案例 9-12 存在的筹划风险，本案例是对案例 9-12 的改良版。

// 案例背景

B 公司持有某房地产项目公司（A 公司）100% 股权，A 公司注册资本 5 000 万元。现 B 公司拟将 A 公司转让给 C 公司，A 公司评估值 1 亿元，双方协商作价 3 亿元，B 公司适用 25% 企业所得税税率。

// 筹划分析

延续案例 9-12 的基本思路，股权转让收入转换成免税的投资分红。案例 9-12 的违法风险在于提前分红，违反《中华人民共和国公司法》，因此，改良方案不能提前分红，应当在 A 公司有经营利润之后才能分红。所以 B 公司不能完全退出 A 公司，需要适当持有 A 公司的股权，为日后的分红提供合法依据。

《中华人民共和国公司法》第三十四条规定："股东按照实缴的出资比例分取红利；公司新增资本时，股东有权优先按照实缴的出资比例认缴出资。但是，全体股东约定不按照出资比例分取红利或者不按照出资比例优先认缴出资的除外"。因此，企业可以不按照股权出资比例进行利润分配。A 公司可以通过多分利润的方式，对 B 公司支付股权转让款。

// 筹划方案

（1）B 公司与 C 公司签订股权转让合同，B 公司将 A 公司的 90% 股权转让给 C 公司，转让价格 0.9 亿元。

B 公司应纳企业所得税＝（9 000 － 5 000×90%）＝ 1 125（万元）

转让比例可由双方协商确定，本案例设计为 90% 是为了计算方便。

（2）A公司修改章程，对利润分配作出约定：股权转让后的经营利润，优先分配1.8亿给B公司，余下的利润按持股比例分配。

（3）B公司与C公司签订借款协议，B公司向C公司借款1.8亿元。以A公司日后的利润偿还。还款时间为A公司分配利润的当天。假如A公司利润不足以偿还借款，C公司豁免B公司剩余债务。

（4）C公司支付B公司2.7亿元。其中0.9亿元是股权转让款，1.8亿元是借款。

（5）假设项目完工，销售完毕后A公司盈利4亿元，优先分配1.8亿元给B公司。B公司偿还C公司1.8亿元借款。

（6）余下2.2亿元利润按持股比例分配，B公司分得0.22亿元。C公司分得1.98亿元；或者此时B公司撤资退出A公司，收回投资0.22亿元。

应纳企业所得税＝（2 200 － 5 000×10%）×25% ＝ 425（万元）

// 筹划结果

（1）B公司按评估价值转让A公司的股权，形式上满足税法对转让定价的要求。

（2）B公司与C公司之间的借款，企业之间资金往来也是正常的活动，并不违法。

（3）规避了"阴阳合同"的违法风险，同股不同权分配利润，法律并不禁止。

（4）整个交易的形式合法，虽然双方真正收购的意愿是A公司整体作价3亿元，但该意愿在全交易流程中并没有体现出来，税务机关不能主观认定双方交易价。

（5）B公司实际获得了2.7亿元的股权转让款，只申报了0.9亿元的股权转让收入，而另外1.8亿元的转让收入变成了投资分红，免交企业所得税。

// 税务风险

也许大家会有一个疑虑，如果A公司股权转让后，没有1.8亿元的利润分配给B公司怎么办呢？其实这种情形基本上不可能发生，因为C公司投资该项目时必然会进行投资分析，A公司的股权溢价，基本是A公司的土地溢价，考虑A公司的项目开发价值后，A公司的价值应该是3亿元，而现在的方案是股权转让方式拿地，也就是土地溢价部分并不会转化为公司的成本，而是会成为公司开发后的利润，A公司在项目开发后公司账面利润包括土地溢价和正常的开发利润两部分，而支付给B公司的只是土地溢价部分，正常情况下，A公司会产生超过1.8亿元的利润。双方协商是建立在实际情况上的。假如A公司不能产生1.8亿元的利润，C公司不可能以3亿元收购。

（1）利息的风险，B公司与C公司之间的借款，存在调整利息收入的风险。实务中，房地产公司账面一般存在大量的无息往来款，是正常现象。即使视同销售服务调整利息收入，仍然能达到节税效果，具体不再分析。

（2）政策风险，是否会被税务机关以不具有合理商业目的进行纳税调整？

有观点认为，根据《中华人民共和国税收征收管理法》第三十六条规定，企业或者外国企业在中国境内设立的从事生产、经营的机构、场所与其关联企业之间的业务往来，应当按照独立企业之间的业务往来收取或者支付价款、费用；不按照独立企业之间的业务往来收取或者支付价款、费用，而减少其应纳税的收入或者所得额的，税务机关有权进行合理调整。同时，《中华人民共和国企业所得税法》第四十一条规定，企业与其关联方之间的业务往来，不符合独立交易原则而减少企业或者其关联方应纳税收入或者所得额的，税务机关有权按照合理方法调整。

税务机关没有充分理由将分红认定为股权转让收入，而且，从股权转让到分红，已经过去相当长时间，股权转让的价格也是按照评估价，并没有违反税法规定。所以，不能将分红调整为股权转让收入。而 B 公司与 C 公司同为有限责任公司，A 公司的利润不管是分配给 B 公司还是 C 公司，均享受免税优惠，税负一致，不存在调整的基础。税务机关没有理由把分给 B 公司的利润调整给 C 公司，也没有调整的意义。

假如，A 公司的两个股东分别是自然人和有限公司，自然人股东从 A 公司取得的股息红利，需要按照"利息、股息、红利所得"项目，适用 20% 的税率缴纳个人所得税，而 C 公司从 A 公司取得的股息红利，免缴企业所得税。此时，就存在税负差，假如 A 公司不能提供充分资料证明其分配方案具有合理商业目的，则有可能被调整，而且新《中华人民共和国个人所得税法》也对个人所得税规定了反避税条款。

【案例 9-13】 股权转让款变投资分红降低税负（2）

// 案例背景

2020 年初，"新冠肺炎疫情"突然而来，医用口罩大量紧缺。A 公司是一家生产净化器的企业，具有生产场所和足够的生产工人，公司管理层估计，口罩在一段时期内仍然会紧缺，就决定临时上马口罩生产项目，但是考虑到生产口罩并非公司的主营业务，只是临时项目，不确定市场需求量和需求周期，大规模投资经营风险较高，并且时间就是金钱，A 公司不打算采购大量的口罩生产设备。B 设备公司是一家口罩机生产企业，但是缺乏资金和人手。A 公司与 B 公司迅速达成合作协议：

（1）合作项目：KN95 口罩生产线。

（2）合作期间：2020 年 3 月 20 日－ 2020 年 9 月 20 日。

（3）合作方式：A 公司提供生产场所和生产管理，以 A 公司为项目运营主体；B 公司提供口罩生产设备（设备价值约 500 万元），B 公司不入股 A 公司，项目结束后，B 公司收回口罩生产设备。

（4）项目分配：A 公司和 B 公司各享 50% 项目收益。2020 年 10 月，双方结束合作，核算项目利润，口罩销售收入 3 亿元，相关成本费用共 2.2 亿元，税前利润 8 000 万元，A 公司按 8 000×25% ＝ 2 000 万元扣除应缴企业所得税，拟分配 B 公司 3 000 万元。

B 公司不同意上述分配方案，认为 A 公司应分配其项目利润 4 000 万元分配。

双方协商不成，各自聘请会计师和律师，拟对簿公堂。

问题：A 公司、B 公司应该如何对口罩合作项目进行税务处理？

// 相关政策

根据《中华人民共和国企业所得税法》相关规定如下。

第二十六条　企业的下列收入为免税收入：

…………

（三）符合条件的居民企业之间的股息、红利等权益性投资收益。

《中华人民共和国企业所得税法实施条例》相关规定如下。

第八十三条　企业所得税法第二十六条第（二）项所称符合条件的居民企业之间的股息、红利等权益性投资收益，是指居民企业直接投资于其他居民企业取得的投资收益。企业所得税法第二十六条第（二）项和第（三）项所称股息、红利等权益性投资收益，不包括连续持有居民企业公开发行并上市流通的股票不足 12 个月取得的投资收益。

// 案例分析

（1）A 公司分配给 B 公司 3 000 万元，是否属于免税投资收益？

《中华人民共和国企业所得税法实施条例》第八十三条规定，符合条件的居民企业之间的股息、红利等权益性投资收益，是指居民企业直接投资于其他居民企业取得的投资收益。A 公司与 B 公司是临时项目合作，B 公司并非投资入股 A 公司。所以，B 公司所分得的项目利润，不属于税法规定的"居民企业之间的股息、红利等权益性投资收益"，对 B 公司而言，不免企业所得税，应税所得。对 A 公司而言，不属于税后利润分配，应作为税前支出，取得企业所得税合法凭证后税前扣除。

（2）A 公司扣除项目经营利润的应纳企业所得税后，再分配税后利润给 B 公司，B 公司却需要再缴一次企业所得税。B 公司要求按税前利润分配，就是为了避免重复缴纳企业所得税。但是 A 公司假如分配税前项目利润 4 000 万元给 B 公司，该 4 000 万元支出却无合法的凭证在税前列支，A 公司仍然需要按营业利润 8 000 万元计算缴纳企业所得税，相当于 A 公司为 B 公司承担了一道企业所得税。

情况一：分配税后利润 3 000 万元。

A 公司应缴企业所得税 ＝ 8 000×25% ＝ 2 000（万元）

B 公司应缴企业所得税 ＝ 3 000×25% ＝ 750（万元）

合计应缴企业所得税 ＝ 2 000 ＋ 750 ＝ 2 750（万元）

A 公司股东实获利润 ＝ 8 000 － 2 000 － 3 000 ＝ 3 000（万元）

B 公司实获利润 ＝ 3 000 － 750 ＝ 2 250（万元）

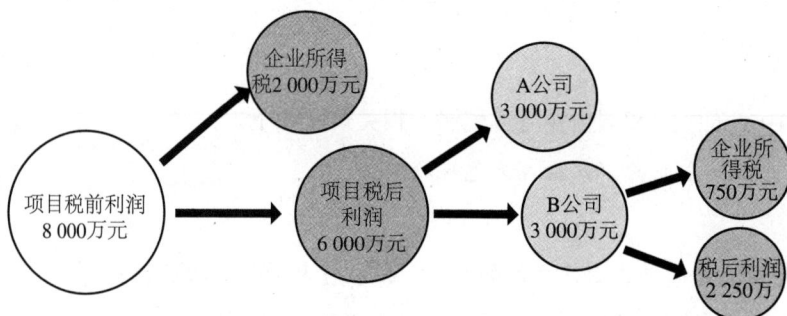

情况二：分配税前 4 000 万元。

A 公司应缴企业所得税 ＝ 8 000×25% ＝ 2 000（万元）

B 公司应缴企业所得税 ＝ 4000×25% ＝ 1 000（万元）

合计应缴企业所得税 ＝ 2 000 ＋ 1 000 ＝ 3 000（万元）

A 公司股东实获利润 ＝ 8 000 － 4 000 － 2 000 ＝ 2 000（万元）

B 公司实获利润 ＝ 4 000 － 1 000 ＝ 3 000（万元）

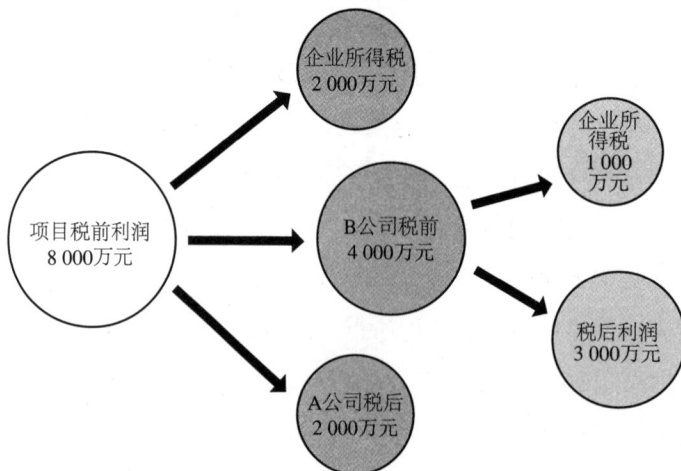

双方由于项目紧急上马，仓促合作，没有筹划税务问题，至项目结束分配时，已成定局，难以找到比较好的解决方法。如果不能作为权益性投资收益，该如何补救？

// 筹划方案

【方案一】将项目合作改变为设备租赁

假如 A 公司向 B 公司税前分配 4 000 万元，A 公司就要解决税前列支的问题，B 公司需要向 A 公司提供税前扣除凭证。既然 4 000 万元项目利润不属于免税投资收益，就要重新定性 B 公司 4 000 万元收入的性质，B 公司为项目提供了生产设备，并因此获得收益分配，所以 4 000 万元可以作为设备使用费。

（1）B 公司将 4 000 万元作为生产设备租赁收入，为 A 公司开具租赁发票，A 公司凭发票税前列支设备租赁费用 4 000 万元。

（2）设备租赁适用 13% 增值税税率，4 000×（1 + 13%）= 4 520 万元，B 公司为 A 公司开具含税增值税专用发票 4 520 万元，不含税收入 4 000 万元。A 公司抵扣增值税进项 520 万元，4 000 万元租赁费计入项目成本。

（3）A 公司应缴企业所得税 =（8 000 − 4 000）×25% = 1 000（万元）

B 公司应缴企业所得税 = 4 000×25% = 1 000（万元）

合计应缴企业所得税 = 1 000 + 1 000 = 2 000（万元）

A 公司股东实获利润 = 8 000 − 4 000 − 1 000 = 3 000（万元）

B 公司实获利润 = 4 000 − 1 000 = 3 000（万元）

（4）租赁发票增值税等税费的承担方式由双方具体协商，销项税额和进项税额互抵后，实际税负为 0。

// 税务风险

（1）口罩项目获利较高，超过合作预期，A 公司支付的项目收益分配金额 4 000 万元远超过正常的设备租赁费用，甚至远超过设备的价值，A 公司需要解释高额设备租赁费的合理原因。

（2）双方没有签订口罩设备租赁合同，以合作协议开具租赁发票，可能被税务机关质疑。

【方案二】提前筹划设备投资分红

假如 A 公司和 B 公司提前规划税费，可将应分配给 B 公司的项目利润规划为符合税法规定的免税权益性投资收益。

（1）A 公司与 B 公司签订口罩项目合作协议，B 公司以设备增资入股 A 公司（设备价值 500 万元），只占 A 公司 1% 股权（比例双方协商），余额计入 A 公司资本公积。口罩项目结束后，B 公司撤资退出 A 公司。

（2）A 公司修改章程，章程约定不按持股比例分配利润，股东 B 公司可分配口罩项目税后利润的 50%，不能分配 A 公司其他业务的利润。

（3）合作期满，双方核算项目利润，A 公司扣除应缴企业所得税后，对 B 公司分配利润 3 000 万元。B 公司撤资退出 A 公司，按投资成本收回口罩生产设备。

（4）A 公司应缴企业所得税＝8 000×25%＝2 000（万元）

B 公司应缴企业所得税＝0（万元）

合计应缴企业所得税＝2 000（万元）

A 公司实获利润＝8 000－2 000－3 000＝3 000（万元）

B 公司实获利润＝3 000（万元）

（5）设备投资增值税等税费的承担方式由双方具体协商，销项税额和进项税额互抵后，实际税负为 0。而且收回投资时销项税额又回转了，因此基本上可以不考虑。

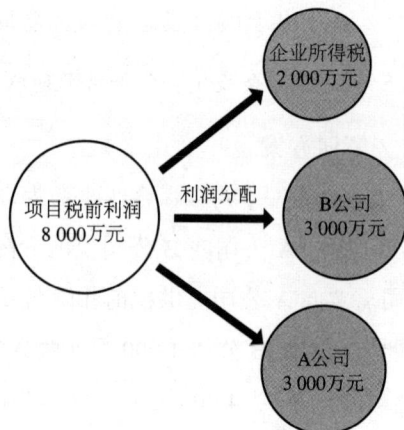

// 税务风险

（1）B 公司以口罩生产设备对 A 公司增资，A 公司只在形式上给予 B 公司适当的股权，为利润分配提供依据。同时避免以后产生股权纠纷，因为口罩项目只是短期行为，A 公司另有主营业务，是正常经营的实体，合作项目结束后，B 公司必须退出 A 公司。

（2）B 公司退出 A 公司时，撤资方式是收回口罩生产设备，价值大约 500 万元。如投资时 B 公司的持股权比例太少，撤资时收回投资金额与所持 A 公司股权比例对应的价值存在较大差异，可能会产生争议。

// 拓展阅读

不按投资比例分红是否可以享受企业所得税免税政策的相关问答如下。

> 问：实务中不按股权比例分红的情况下，取得的投资收益是否可享受企业所得税的投资收益免税优惠？
>
> 答复时间：2020 — 04 — 07
>
> 国家税务总局厦门市 12366 纳税服务中心答复：
>
> 尊敬的纳税人（扣缴义务人、缴费人）您好！您提交的网上留言咨询已收悉，现答复如下：

一、根据《中华人民共和国企业所得税法》（中华人民共和国主席令第 63 号）第二十六条规定：企业的下列收入为免税收入：

……

（二）符合条件的居民企业之间的股息、红利等权益性投资收益；

（三）在中国境内设立机构、场所的非居民企业从居民企业取得与该机构、场所有实际联系的股息、红利等权益性投资收益。

二、根据《中华人民共和国企业所得税法实施条例》（中华人民共和国国务院令第 512 号）第八十三条规定：企业所得税法第二十六条第（二）项所称符合条件的居民企业之间的股息、红利等权益性投资收益，是指居民企业直接投资于其他居民企业取得的投资收益。企业所得税法第二十六条第（二）项和第（三）项所称股息、红利等权益性投资收益，不包括连续持有居民企业公开发行并上市流通的股票不足 12 个月取得的投资收益。

因此，若你司取得的投资收益符合上述文件规定，则可适用免税优惠。

问：某有限公司由 A（法人）和 B（法人）及 C（自然人）出资组成，出资比例为 3∶3∶4，公司章程规定分红比例为 4∶4∶2。2012 年度公司分红 100 万元，那么 A 和 B 各分得的 40 万元是否可以免税？

国家税务总局答复：

您好：

您在我们网站上提交的纳税咨询问题收悉，现针对您所提供的信息简要回复如下：

《中华人民共和国税收征收管理法》第三十六条规定，企业或者外国企业在中国境内设立的从事生产、经营的机构、场所与其关联企业之间的业务往来，应当按照独立企业之间的业务往来收取或者支付价款、费用；不按照独立企业之间的业务往来收取或者支付价款、费用，而减少其应纳税的收入或者所得额的，税务机关有权进行合理调整。据此，有限公司不按出资比例分红，而减少自然人其应纳税所得额的，税务机关有权进行合理调整。

上述回复仅供参考。有关具体办理程序方面的事宜请直接向您的主管或所在地税务机关咨询。

欢迎您再次提问。

国家税务总局

2013-05-17

第八节　股权代持　物归原主

股权代持又称委托持股、隐名投资或假名出资，是指实际出资人与他人约定，以该人名义代实际出资人履行股东权利义务的一种股权或股份处置方式。代持的方式有自然人为自然人代持，企业为企业代持，自然人为企业代持，企业为自然人代持。代持的原因更是多种多样，不一一阐述。

关于规范股权代持税务处理的文件，除了《国家税务总局关于企业转让上市公司限售股有关所得税问题的公告》（国家税务总局公告 2011 年第 39 号）（以下简称 39 号公告）有关于代持限售股的规定外，国家税务总局对一般的股权代持并没有发布规定。实务中一般认为税务机关倾向于按形式征税，因为在法律形式上，名义股东才是经工商登记的股东，税务局难以认定股权代持之间的民事关系。行政执法应依法进行，按照法律规定，经市场监管部门登记的股东是公司法律上的股东，所以，税务应对名义股东进行征收管理。

2020 年 7 月 28 日，《国家税务总局厦门市税务局关于市十三届政协四次会议第 1112 号提案办理情况答复的函》（厦税函〔2020〕125 号）对股权代持的税务处理作出公开的答复。在业内引起了很大的关注，其答复意见反映了目前税务机关对股权代持税务处理的主流观点。

股权代持的税务处理问题集中在两方面：

1. 股息红利

名义股东获得股息红利，应全额申报纳税。当名义股权把股息红利返还给实际股东时，实际股东应作何收入处理，是否需要纳税？如果名义股东与实际股东，一方是自然人，一方是企业，则对于股息红利的处理，自然人应缴纳个人所得税，企业应作为免税的投资收益。假如两者之间的收益返还公开披露在账面上，那么税务上应当如何征税？

2. 返还股权

名义股东在适当的时候，将股权返还给实际股东，税务上应当如何征税。按照实质课税原则，名义股东将股权返还给实际股东，未取得收入，未发生纳税义务；还是按照法律形式，按股权转让征税。实务中有三种意见：一是平价转让，名义股东按出资额将股权转让给实际股东，没有产生投资收益，不需缴纳所得税；二是公允价值转让，名义股东按公允价格将股权转让给实际股东，并申报纳税；三是通过司法程序确权，通过司法程序判决股权权益由实际股东享有，双方持法院文书到工商部门办理股权变更，再到税务机关做股权变更确认，此情况下税务机关一般不会要求按股权转让纳税。

因此，司法程序确权成为返还代持股权的免税方法，并可能由此成为一种节税手段。

下面，先模拟一个通过司法程序确认返还股权的案例。

【案例9-14】司法确权返还股权

// 案例背景

小明投资 100 万元入股 A 公司，持有 A 公司 30% 的股权，因小明居住地离 A 公司所在地较远，日常出席 A 公司会议、文件签署等事项很不方便。因此，小明与小红签订《股权代持协议》，委托小红作为名义股东代持其在 A 公司的股权，小红以自身名义代小明持有该代持股份所形成的股东权益，但对该等出资所形成的股东权益不享有任何收益权或处置权。当小明要求返还股权时，小红应无条件协助将股权过户至其名下。

2019 年，因 A 公司发展顺利，经济效益良好，股权升值明显。小明要求小红返还持有的股权，并协助将股权过户至其名下。小红咨询税务机关股权返还是否需要征税。税务机关回复应按股权转让纳税。经测算，如按股权转让按公允价值计算纳税，将缴纳大额的个人所得税。小红认为，返还代持的股权并不是股权转让，按照实质，股权本身属于小明所有，股权返还给小明实际持有人并未发生变更，小红也没有取得股权转让所得，无所得，不征税，所以返还代持股还原不需要缴税。

// 筹划方案

经专业人员建议，小明向法院提起确权之诉，称小红为他代持 A 公司的股权，现要求法院判决小红及 A 公司协助将股权过户至其名下，并提供了当初出资款的转账记录以及《股权代持协议》等资料。法院认为，原、被告于 2015 年签订的《股权代持协议书》是双方真实意思表示，未违反法律法规禁止性规定，为有效合同。该协议仅对原、被告具有约束力，不能对抗 A 公司的其他股东。原、被告均按《股权代持协议书》履行了各自的义务，《股权代持协议书》是双方真实意思表示，合法有效。协议约定，当原告要求返还股权时，被告应无条件协助将股权过户至其名下，该约定并未违反法律强制性规定。

法院确认小红所代持的 A 公司股权权益为小明所有。

小明与小红再次与税务机关沟通，出示法院的确认判决，要求税务机关认可代持关系，对股权过户不征税。税务机关要求小红补充代持协议、出资证明书、资金流水、被投资企业的相关股东会决议、分红纳税情况、分红转入实际股东的流水等相关资料后，认可了双方的代持关系，对股权过户不征税。

假如税务机关仍然不认可代持关系，要求按股权转让征税。小红对税务机关的征税决定提出行政诉讼。

小红认为，根据《中华人民共和国个人所得税法》，个人所得税最基本的规定是对"所得"征税，无所得则不征税。双方就是代持股权关系，股权不属于小红，现在物归原主，小红并未产生财产转让所得，中华人民共和国不应纳税。并且双方代持关系经过了法院的判决确认。小红向法院提交了上次法院确权判决资料。

// 相关政策

根据《中华人民共和国个人所得税法》相关规定如下。

第二条　下列各项个人所得，应当缴纳个人所得税：

（八）财产转让所得；

《中华人民共和国个人所得税法实施条例》相关规定如下。

第六条　个人所得税法规定的各项个人所得的范围：

（八）财产转让所得，是指个人转让有价证券、股权、合伙企业中的财产份额、不动产、机器设备、车船以及其他财产取得的所得。

税务机关认为，根据《股权转让所得个人所得税管理办法（试行）》的规定，该交易应该按股权转让征税，转让价格明显偏低，税务机关可以核定。即使股权被司法或行政机关强制过户，也应按股权转让征税。

《股权转让所得个人所得税管理办法（试行）》（国家税务总局公告 2014 年第 67 号）规定如下。

第三条　本办法所称股权转让是指个人将股权转让给其他个人或法人的行为，包括以下情形：

…………

（四）股权被司法或行政机关强制过户。

法院认为，案例并非属于"股权被司法或行政机关强制过户"的情况，而是因为双方解除委托代持关系，没有发生股权转让行为，没有取得财产转让"所得"，所以不属于《中华人民共和国个人所得税法》规定的征税范围内。

// 案例分析

上述案例为模拟杜撰。

（1）纳税人坚持返还代持股权不具备征税条件，归还代持股权没有取得收入。个人所得税的基本规定是对所得征税，纳税人能证明其无所得，就没有了征税的基础。假如要法院确权之后，税务机关仍然要按股权转让征税，纳税人继续提出第二次诉讼，法院应该认同第一次诉讼的确权判决，从而承认代持关系成立，返还股权是无偿过户，纳税人无所得，从而无纳税义务。实务中，笔者暂时没有发现纳税人提出第二次诉讼的情况，合理猜测在取得法院确权文书的情况下，税务机关将承认代持关系。

（2）对于真实代持关系的纳税人，如果税局坚持征税，通过法院确认不失为一个维护权益的办法。但是，却可能会有实为转让，虚称代持，利用虚假诉讼进行确权，从而逃避纳税的所谓"税务筹划"。

// 应用场景

【场景一】2015年，小明投资100万元入股A公司，持有A公司30%的股权。2019年，小明需要资金投资另一项目，拟将A公司的股权转让给小红。因A公司发展顺利，经济效益良好，股权升值明显，小明所持股权公允价值1 000万元。如正常转让，小明需缴纳个人所得税＝（1 000－100）×20%＝180万元。小明咨询专业人员，希望能少纳或者不纳税。

经专业人员建议，小红向法院提起确权诉讼，称小明为其代持A公司的股权，现要求法院判决小明及A公司协助将股权过户至其名下，并提供双方的《股权代持协议》。法庭上，小明承认代持关系，仅对其中细节问题提出异议，但不影响代持关系的成立。法庭判决双方代持关系真实有效。

小明持法院判断与税务机关沟通，按股权无偿过户或平价转让纳税，小明未取得股权转让所得，无个人所得税纳税义务。

【场景二】2015年，小明投资100万元入股A公司，持有A公司30%的股权。投资前（或投资后，时间不能偏差太远），小明向小红借款100万元，后又陆续借款共900万元。2019年，小明不能偿还小红债务，双方协商以A公司股权抵债，A公司发展顺利，经济效益良好，股权升值明显，小明所持股权公允价值1000万元。以股权抵债视同股权转让交税，小明需缴纳个人所得税＝（1 000－100）×20%＝180万元。小明咨询专业人员，希望能少缴或者不纳税。

经专业人员建议，小红向法院提起确权诉讼，称小明为其代持A公司的股权，现要求法院判决小明及A公司协助将股权过户至其名下，并提供双方的《股权代持协议》及当初小明向小红借款100万元的资金流水。法庭上，小明不承认代持关系，但无法解释《股权代持协议》及100万元的资金流水的由来。法庭判决双方代持关系真实有效。

小明持法院判决书与税务机关沟通，按股权无偿过户或平价转让纳税，小明未取得股权转让所得，无个人所得税纳税义务。

// 筹划风险

上述案例以虚假的股权代持关系为由，借助虚假诉讼，逃避纳税义务。同时发生了偷税的法律责任和虚假诉讼的法律责任。监督虚假诉讼，维护司法秩序，检察院对打击虚假诉讼日益重视。立法上对虚假诉讼的规制也越来越严厉。2013 年施行的《民事诉讼法》明确规定了对虚假诉讼行为人可采取罚款、拘留等惩戒措施，2015 年正式施行的《刑法修正案（九）》则明确设立了虚假诉讼罪名。刑法规定，以捏造的事实提起民事诉讼，妨害司法秩序或者严重侵害他人合法权益的，处三年以下有期徒刑、拘役或者管制，并处或者单处罚金；情节严重的，处三年以上七年以下有期徒刑，并处罚金。

所以，这属于严重违法的行为，而不是"税务筹划"。

在委托代持股权之前，纳税人就应当考虑税务处理，采取适当的方法解决股息红利分配和返还股权时的税务风险，提前考虑税务机关如果按形式征税，股权返还视同股权转让征税。有没有解决办法呢？笔者提出一个不成熟的构想，抛砖引玉。

【案例9-15】股权代持

// 案例背景

A 公司和 B 公司有共同的母公司，经集团安排，A 公司投资 2 亿元入股 C 公司，持有 C 公司 20% 的股权。由于某些特殊的考虑，A 公司将投资款 2 亿元转账给 B 公司，委托 B 公司向 C 公司投资并代持股权。协议约定，持股期间 C 公司分配利润，B 公司获得分红后应将分红支付给 A 公司；当 A 公司要求返还股权时，B 公司应无条件协助将股权过户至 A 公司名下，股权投资风险由 A 公司承担。

// 筹划思路

按一般的股权代持，投资款 2 亿元的资金流水为：

实际股东（A 公司）→名义股东（B 公司）→标的公司（C 公司）

代持股权期间，C 公司分红的资金流水为：

标的公司（C 公司）→名义股东（B 公司）→实际股东（A 公司）

C 公司分配利润时，名义股东 B 公司获得分红应全额申报为免税收益。当 B 公司把分红返还给 A 公司时，A 公司应作何收入？是否应并入应税所得缴纳企业所得税。税法规定居民企业直接投资于其他居民企业取得的投资收益免征企业所得税，但是 A 公司并非直接投资所得，是否免税可能存在税务争议。

将 B 公司代收代支的 C 公司分红，变成真正的分红，具体如下：

（1）A 公司向 B 公司转账的 2 亿元投资款，作为 A 公司对 B 公司的投资，视实际情况持有 B 公司适当股权比例；

（2）B 公司章程约定，A 公司所持股权不按持股比例分配利润，B 公司对 A 公司的分红以 C 公司对 B 公司的分红为依据。以此解决了 B 公司返还分红时 A 公司的税务问题。

（3）B 公司向 C 公司投资 2 亿元，持有 C 公司 20% 股权。持股期间，C 公司如果分红，B 公司获得分红后，再向 A 公司分配利润，分配金额为所获 C 公司分红的金额。

返还股权的处理：B 公司将 C 公司的股权返还给 A 公司时，A 公司从 B 公司减资 2 亿元，B 公司将所持 C 公司 20% 股权作为减资的对价支付给 A 公司。以此解决返还股权时视同转让的问题。

// 筹划风险

（1）此思路仅能解决企业间的股权代持问题，不能解决所有的股权代持情况。

（2）股权代持期间存在许多不确定性，未必能实现筹划目的。比如分红，假如 B 公司没有足够利润，即使取得了 C 公司的分红，也无法以利润分配的方式支付给 A 公司。归还股权时，A 公司减资 2 亿元，B 公司以 C 公司 20% 股权作为对价支付，可能因为 C 公司 20% 股权公允价值不等于 2 亿元而导致其他税务问题。

// 延伸阅读：股权代持还原案例——按股权转让征税

北京锋尚世纪文化传媒股份有限公司（以下简称锋尚有限公司）创业板首次公开发行股票招股说明书（申报稿 2019 年 1 月 4 日报送），发行人关于公司设立以来股本演变情况的说明如下。

2007 年 2 月 8 日，锋尚有限公司完成工商变更登记。本次增资完成后，锋尚有限公司的股权结构具体见下表。

序号	股东名称	认缴出资（万元）	实缴出资（万元）	出资比例
1	沙晓岚	150	150	75%
2	王芳韵	50	50	25%
	合计	200	200	100%

....

（1）2007 年 9 月，锋尚有限公司第二次股权转让。

2007 年 9 月 5 日，锋尚有限公司召开股东会，同意沙晓岚、王芳韵分别将其持有的锋尚有限公司 75.00%、25.00% 股权转让给金典文化。同日，沙晓岚、王芳韵与金典文化签署股权转让协议。

2007 年 9 月 11 日，锋尚有限公司完成工商变更登记。本次股权转让完成后，锋尚有限公司的股权结构具体见下表。

股东名称	认缴出资（万元）	实缴出资（万元）	出资比例
金典文化	200	200	100%
合计	200	200	100%

经核查，本次股权转让系沙晓岚、王芳韵委托金典文化代为持有锋尚有限公司股权，未实际支付股权转让款。

（2）2007 年 12 月，锋尚有限公司第二次增资。

2007 年 11 月 15 日，锋尚有限公司召开股东会，同意将注册资本由 200 万元增至 1 200 万元，新增 1 000 万元注册资本由股东以锋尚有限公司未分配利润出资。

2007 年 10 月 30 日，北京真诚会计师事务所有限公司出具"京真诚验字〔2007〕3311 号"验资报告，确认上述新增注册资本已全部到位。

2007 年 12 月 6 日，锋尚有限公司完成工商变更登记。本次增资完成后，锋尚有限公司的股权结构具体见下表。

股东名称	认缴出资（万元）	实缴出资（万元）	出资比例
金典文化	1 200	1 200	100%
合计	1 200	1 200	100%

（3）2008 年 5 月，锋尚有限公司第三次股权转让。

2008 年 4 月 5 日，锋尚有限公司召开股东会，同意金典文化将其持有的锋尚有限 75%、25% 的股权分别转让给沙晓岚，王芳韵。同日，金典文化与沙晓岚、王芳韵签署了股东股权转让协议书。

2008 年 5 月 4 日，锋尚有限公司完成工商变更登记。本次股权转让完成后，锋尚有限公司的股权结构具体见下表。

序号	股东名称	认缴出资（万元）	实缴出资（万元）	出资比例
1	沙晓岚	900	900	75%
2	王芳韵	300	300	25%
	合计	1200	1200	100%

根据沙晓岚、王芳韵和金典文化的说明，2007 年 9 月，沙晓岚、王芳韵将持有锋尚有限公司的股权转让至金典文化，是委托金典文化进行代持。2008 年 4 月，金典文化将持有锋尚有限公司的股权转让至沙晓岚、王芳韵，对上述股权代持进行还原；2007 年 9 月至 2008 年 4 月期间，沙晓岚、王芳韵实际享有委托代持股权的处分权及收益权，金典文化代表沙晓岚、王芳韵行使处分权和收益权之外的其他股东权利，各方均无异议。基于股权代持及还原的原因，上述过程中金典文化受让及转让发行人股权的价格均为 0 元。

根据沙晓岚、王芳韵和金典文化于 2017 年 8 月签署的股权转让确认书，确认因股权代持和股权代持还原发生的前述股权转让行为均为各方的真实意思表示，沙晓岚、王芳韵与金典文化于 2007 年 9 月签署的股权转让协议及 2008 年 4 月签署的股份转让协议均已履行完毕，上述股权转让实际属于委托持股及解除、还原代持股权，沙晓岚、王芳韵与金典文化均未向对方支付股权转让价款；各方确认，相互之间均不存在任何债权债务；截至全部委托持股关系解除时，锋尚有限股公司权属明确、清晰，沙晓岚、王芳韵与金典文化未发生也不存在任何股权争议、纠纷及潜在争议、纠纷。

沙晓岚、王芳韵委托金典文化代为持有锋尚有限公司的股权是基于业务发展角度考虑，由于当时锋尚有限公司注册资本较小，拟通过未分配利润转增的方式增加注册资本，而法人股东就未分配利润转增注册资本无须缴纳相应税费。

由于沙晓岚、王芳韵将其持有的锋尚有限公司股权转让给金典文化时，未及时申报纳税，存在被主管税务机关征缴的风险。2018 年 10 月 15 日，沙晓岚、王芳韵就上述事项主动申报并缴纳了税款及滞纳金。2018 年 10 月 24 日，国家税务总局北京市东城区税务局出具涉税情况说明：鉴于沙晓岚、王芳韵就上述股权转让事项自行申报补缴个人所得税税款及滞纳金，对其不予进行行政处罚。因此，保荐机构、发行人律师认为，上述事项不构成重大违法违规行为，不存在受到主管税务机关行政处罚的风险，不构成本次发行上市的法律障碍。

// 筹划分析

（1）代持是税务筹划考虑的方案。2007 年，锋尚有限公司的两位自然人股东沙晓岚、王芳韵以股权转让的方式委托金典文化代持股权，转让金额为 0 元。代持原因是锋尚有限公司注册拟通过未分配利润转增的方式增加注册资本，自然人股东就未分配利润转增注册资本需要视同分红缴纳个人所得税，法人股东取得分红无须缴纳企业所得税。

（2）代持还原。增资后，税务筹划的目的已经实现。2008 年，金典文化以股权转让的方式返还股权，转让金额为 0 元。

（3）股权代持和代持还原都是以股权 0 元转让的方式实现，并没有缴纳相关税费。但是实现了以未分配利润转增注册资本免税的筹划，而且没有引起税务机关的注意。2019年，由于锋尚有限公开发行股票（IPO 上市），需要公开上述代持经过和原因，出于合法性的需要，两位自然人股东在 2018 年补缴了税款。

（4）关于补缴税款的计算，可能有两种观点：一是按业务实质征税。代持并没有发生真实的股权转让，股权一直属于自然人股东，所以不应该对股权转让行为征税，但是应就未分配利润 1 000 万元转增注册资本，需要视同分红缴纳个人所得税，滞纳金另计。

应补缴个人所得税＝ 1 000×20% ＝ 200（万元）

二是按业务形式征税。两位自然人股东以股权转让的方式委托金典文化代持股权，应按股权转让征税，税务上认可金典文化为合法股东，对未分配利润 1 000 万元转增注册资本免企业所得税。根据公开资料，主管税务机关认定应在股权转让环节按照锋尚有限公司当时净资产金额核定股权转让价格，两位自然人股东于 2018 年 10 月 15 日向国家税务总局北京市东城区税务局申报缴纳税款及滞纳金合计 1 038.56 万元。其中，沙晓岚应缴财产转让所得个人所得税 259.25 万元、滞纳金 519.67 万元；王芳韵应缴财产转让所得个人所得税 86.42 万元、滞纳金 173.22 万元。

由此可知，两位自然人股东是按股权转让形式补税，股权转让应缴纳个人所得税＝ 259.25 ＋ 86.42 ＝ 345.67 万元。

第十章

企业重组筹划专题

提到企业重组，很多财税朋友都觉得很复杂，认为是与大企业、大集团相关的事项。其实，企业重组正越来越多在中小企业发生。受经济的影响，部分中小企业在考虑转型，涉及股权转让、合并、资产处置等问题，其中就有大量的企业重组业务。比如，如何利用企业重组降低房产、土地等资产交易的税负；中等规模的企业如何利用重组整合资源最大限度地享受国家的普惠性税收优惠政策；企业股东分家时如何利用重组政策降低税负，等等，都是一般企业会遇到的。本章节着重以案例阐述重组政策在税务筹划方面的应用，以实务应用为主，关于重组政策的解读，只略做介绍。

第一节 企业重组的概念和主要政策

一、企业重组的概念

企业重组最著名的文件《财政部 国家税务总局关于企业重组业务企业所得税处理若干问题的通知》（财税〔2009〕59号）提出了企业重组的概念：企业重组，是指企业在日常经营活动以外发生的法律结构或经济结构重大改变的交易，包括企业法律形式改变、债务重组、股权收购、资产收购、合并、分立等。《财政部 国家税务总局关于促进企业重组有关企业所得税处理问题的通知》（财税〔2014〕109号）之后，讨论企业重组税务处理时，一般也将满足特定条件的"股权、资产划转"视作企业重组形式之一。

因此，企业重组包括企业法律形式改变、债务重组、股权收购、资产收购、合并、分立、股权、资产划转等，具体内容见下表。

序号	重组方式	概　念
1	企业法律形式改变	指企业注册名称、住所以及企业组织形式等的简单改变，但符合本通知规定其他重组的类型除外
2	债务重组	指在债务人发生财务困难的情况下，债权人按照其与债务人达成的书面协议或者法院裁定书，就其债务人的债务作出让步的事项
3	股权收购	指一家企业（以下称为"收购企业"）购买另一家企业（以下称为"被收购企业"）的股权，以实现对被收购企业控制的交易。收购企业支付对价的形式包括股权支付、非股权支付或两者的组合
4	资产收购	指一家企业（以下称为"受让企业"）购买另一家企业（以下称为"转让企业"）实质经营性资产的交易。受让企业支付对价的形式包括股权支付、非股权支付或两者的组合
5	合并	指一家或多家企业（以下称为"被合并企业"）将其全部资产和负债转让给另一家现存或新设企业（以下称"合并企业"），被合并企业股东换取合并企业的股权或非股权支付，实现两个或两个以上企业的依法合并
6	分立	指一家企业（以下称为"被分立企业"）将部分或全部资产分离转让给现存或新设的企业（以下称为"分立企业"），被分立企业股东换取分立企业的股权或非股权支付，实现企业的依法分立
7	股权、资产划转	指100%直接控制的居民企业之间，以及受同一或相同多家居民企业100%直接控制的居民企业之间按账面净值划转股权或资产

二、企业重组的交易对价

在企业重组交易中，通常而言并不存在所谓完美的交易方案，能够兼顾各方利益才是最优方案。应体现交易各方的需求，解决交易各方关注的问题。因为企业重组会涉及公司及其股东、标的公司、双方管理层、债权人、职工，甚至监管机构、当地政府诸多方。一个重组方案最终能够达成肯定是平衡了各方利益，打消各方疑虑，让各方都尽量开心和满意。如果只是一味强调单方的利益，最终可能徒劳无功。

在支付方式的安排上，目前比较通行的支付手段包括股份支付、现金支付两种。存在全现金、全股份、部分现金和部分股份的混合支付三种组合。除此之外，也存在以非现金资产作为支付对价。在税务上，仅区分股权支付与非股权支付。股权支付是指企业重组中购买、换取资产的一方支付的对价中，以本企业或其控股企业的股权、股份作为支付的形式；非股权支付，是指以本企业的现金、银行存款、应收款项、本企业或其控股企业股权和股份以外的有价证券、存货、固定资产、其他资产以及承担债务等作为支付的形式。

尽管我们都知道特殊性税务处理的前提之一就是股权支付，但是并不意味着设计股权支付的方案就一定可行。例如，卖方如果偏好现金，或者重组的目的就是为了获取现金解决自身的债务危机，我们在交易结构中就应当尽量安排现金支付；买方认为标的未来的经营有重大不确定性或风险比大，我们会在交易结构设计时考虑分步购买或分期支付的方式；交易各方对交易价格及标的资产未来的盈利能力存在较大分歧时，我们可以在交易结构设计时安排对赌条款；当买方担心交易完成后标的资产核心人员离职，我们可以在交易结构设计时加入核心人员离职补偿条款及竞业禁止条款。因此，交易方案设计的核心在于合规性与商业利益之间的平衡。

各种支付方式均有各自的利弊。第一类使用全现金支付，程序比较简单，不稀释原股东股权的好处。但此种方式的缺点在于无法通过股权方式锁定标的股东，不能将对方收益与公司的长远利益绑定，也不利于业绩对赌的履约。另外，对于标的股东来说，也无法通过这种方式获得公司未来成长的收益。第二类使用混合支付，最近比较多的案例都是采用这种支付方式，主要处于标的股东有迫切的套现需求。比如，股东的借贷资金到期或需要缴纳税负，当支付对价的方式是部分股权加部分现金时，在实际中可以根据标的的特点及对方的诉求，灵活调整现金支付比例。方案设计时，现金支付的节奏也可以根据利润实现的情况分期支付。第三类是纯股权支付对价。如果公司被看好，交易对方拥有足够资金支付税费或支付相关费用时，会采取这种纯股权支付的方式，这需要综合考量各个交易对方基于自身的投资成本，对股权和现金的偏好，对宏观经济和市场走势的判断、公司股权投资价值判断这些因素，这也是各方充分沟通谈判的结果。

三、企业重组的主要交易形式

企业重组主要交易形式包含企业法律形式改变、债务重组、股权收购、资产收购、合并、分立。

1. 企业法律形式改变

企业法律形式改变是指企业注册名称、住所以及企业组织形式等的简单改变，主要包括有限责任公司改建股份公司，有限责任公司转为合伙企业等。但是由于企业重组涉及的是企业所得税，并不涉及个人所得税，因此由个人独资企业、合伙企业转为有限责任公司或股份有限公司，虽然也是企业法律形式改变，但并不是税法所适用的范围。

2. 债务重组

债务重组是指在债务人发生财务困难的情况下，债权人按照其与债务人达成的书面协议或者法院裁定书，就其债务人的债务作出让步的事项。重组方式主要包括以现金清偿债务、非货币资产清偿债务（以物抵债、债权转股权）。需要特别注意的是适用债务重组的前提条件之一是对债务清偿作出让步，如果只是简单地以物抵债或债权转股权，严格上讲并不适用债务重组的税务处理规则，如下图所示。

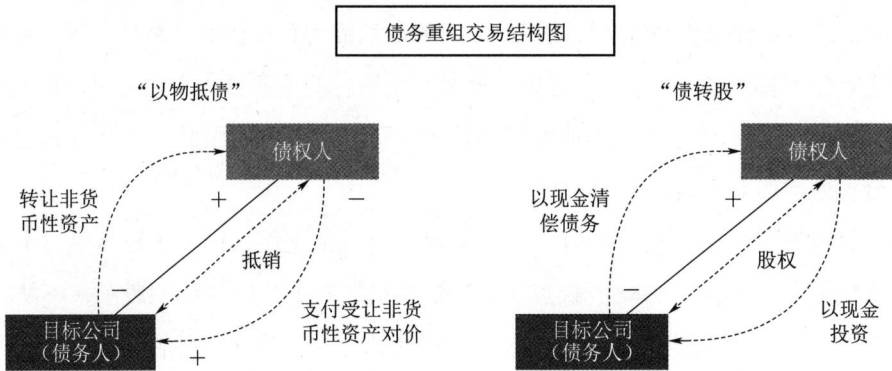

债务重组交易结构图

3. 股权收购

股权收购，是指一家企业（以下称为"收购企业"）购买另一家企业（以下称为"被收购企业"）的股权，以实现对被收购企业控制的交易，如下图所示。

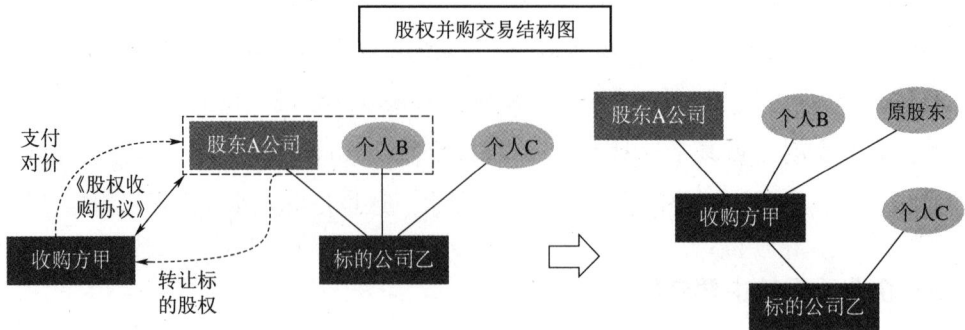

股权并购交易结构图

收购对价支付分为现金支付、非货币资产支付、混合支付；或分为股权支付、非股权支付、混合支付，其中股权支付又可分为以其他公司股权支付、收购方增发股份支付，如下图所示。

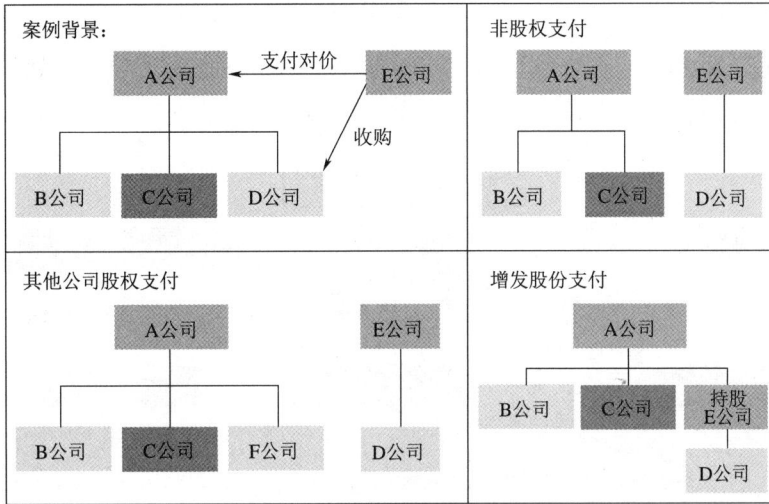

4. 资产收购

资产收购是指一家企业（以下称为"受让企业"）购买另一家企业（以下称为"转让企业"）实质经营性资产的交易。资产收购的支付方式与股权收购相似，包括股权支付、非股权支付或两者的组合。

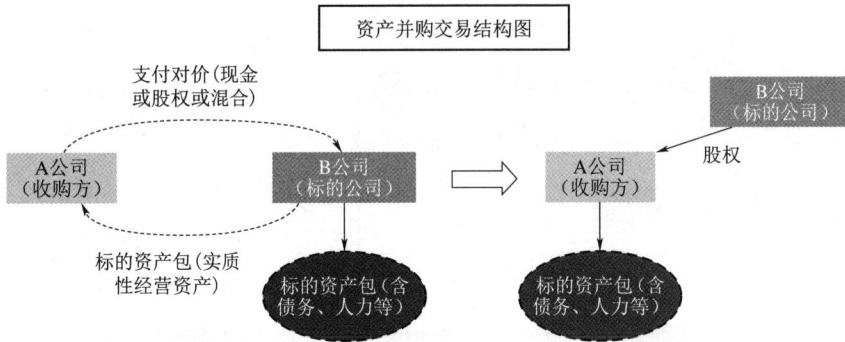

5. 合并

从会计角度讲，企业合并是指将两个或者两个以上单独的企业主体合并形成一个报告主体的交易或事项。包括控股合并、吸收合并和新设合并。从税务角度讲，企业合并，是指一家或多家企业（以下称为"被合并企业"）将其全部资产和负债转让给另一家现存或新设企业（以下称为"合并企业"）。企业合并分为吸收合并和新设合并。

会计上的控股合并是指合并方（或购买方）在企业合并中取得对被合并方（或被购买方）的控制权，被合并方（或被购买方）在合并后仍保持其独立的法人资格并继续经营，合并方（或购买方）确认企业合并形成的对被合并方（或被购买方）的投资。控股合并属于企业重组税务处理的股权收购，应按股权收购的规则进行税务处理。

（1）吸收合并是指一家或多家企业（以下称为被"合并企业"）将其全部资产和负债转让给另一家现存企业（以下称为"合并企业"），被合并企业股东换取合并企业的股权或非股权支付，实现两个或两个以上企业的依法合并。合并后注销被合并方（或被购买方）的法人资格，如下图所示。

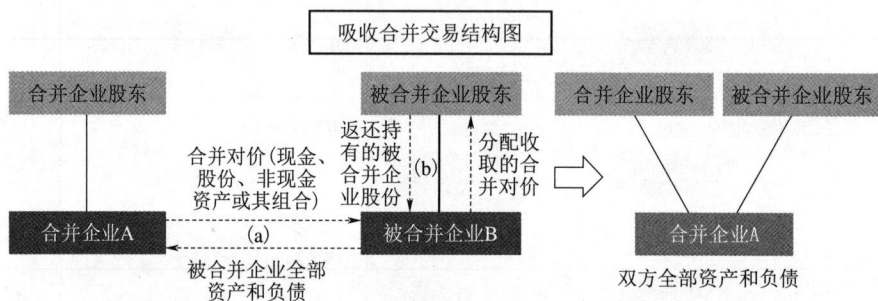

吸收合并交易结构图

注：(a) 被合并企业B将其全部资产和负债整体转让给合并企业A，合并企业A向被合并企业B支付合并对价(现金、股份、非现金资产或其组合)；
(b)被合并企业B在解散注销时将取得的合并企业支付的合并对价分配给其股东，用以交换(回购)其股东持有的自身股份，收回全部股份后予以注销，得以从法律上解散注销。

合并企业向被合并企业支付合并对价的方式分为现金支付、非货币资产支付、混合支付；或分为股权支付、非股权支付、混合支付，其中股权支付又可分为以其他公司股权支付、合并企业增发股份支付，如下图所示。

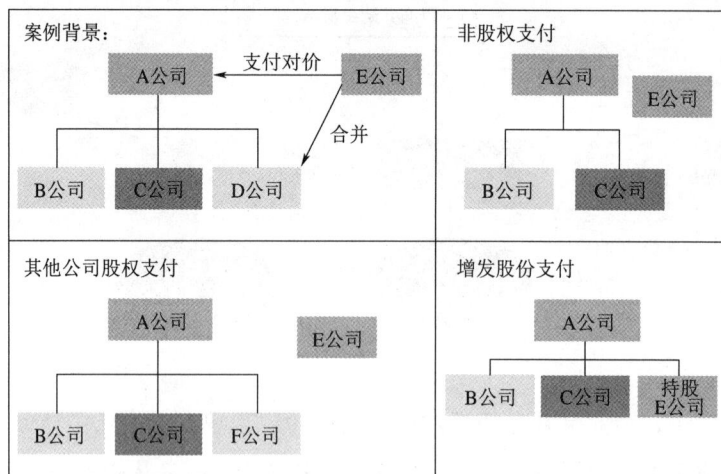

在企业合并中有一种特殊的情形，即同一控制下企业合并，是指参与合并的企业在合并前后均受同一方或相同的多方最终控制且该控制并非暂时性的企业合并。对于同一控制下的企业合并，可将其看作是两个或多个参与合并企业权益的重新整合，原因在于从最终控制方的角度来看，该类企业合并一定程度上并不会造成企业集团整体的经济利

益流入和流出，最终控制方在合并前后实际控制的经济资源并没有发生变化，有关交易事项不能作为出售或购买来处理，甚至在某些时候合并过程并不需要支付对价。例如，母公司将 100% 控股的两家全资子公司合并，因为股权结构未发生变化，母公司并不需要向任何第三方支付对价，如下图所示。

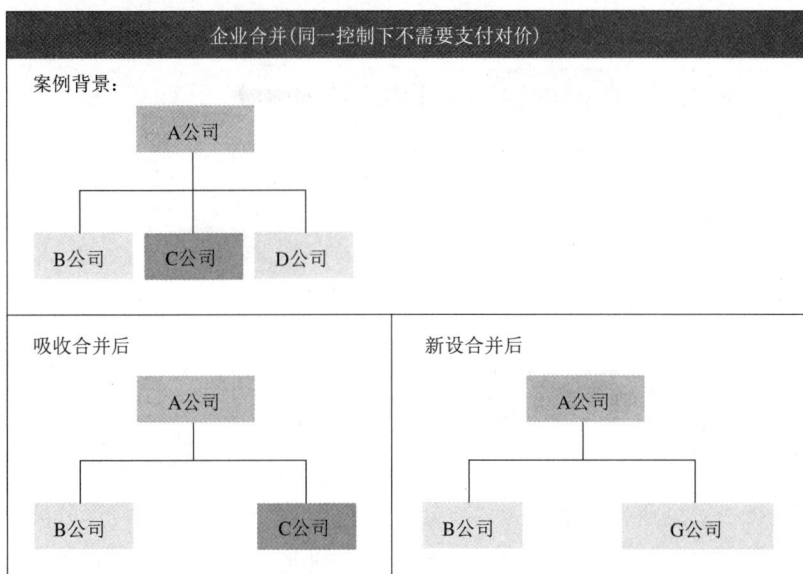

（2）新设合并是指一家或多家企业（以下称为"被合并企业"）将其全部资产和负债转让给新设企业（以下称为"合并企业"），被合并企业股东换取合并企业的股权或非股权支付，实现两个或两个以上企业的依法合并。参与合并的各方在合并后法人资格均被注销，重新注册成立一家新的企业如下图所示。

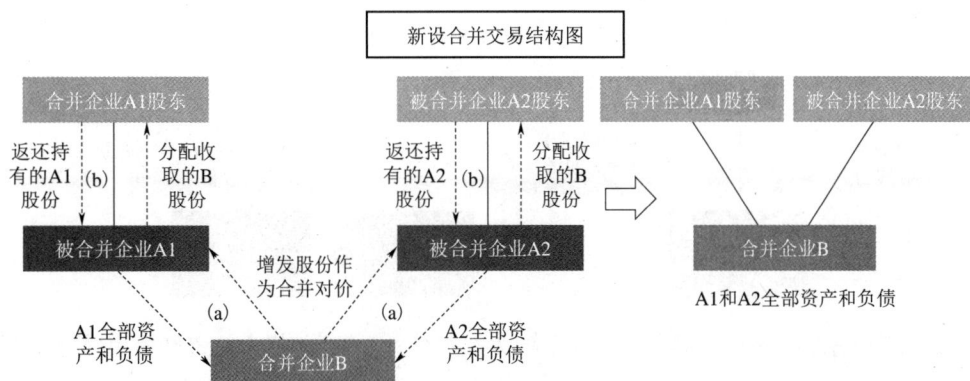

注：(a)被合并企业A1和A2将其全部资产和负债整体转让给合并企业B，合并企业B分别向被合并企业A1和A2支付合并对价（发行股份）；
(b)被合并企业A1和A2在解散注销时将取得的合并企业B发行股份分配给其股东，用以交换（回购）其股东持有的自身股份，收回全部股份后予以注销，得以从法律上解散注销。

在被合并企业的股权结构不同时，合并企业发行股份向被合并企业的股东支付合并对价，通常都是以股权支付方式居多，如果在被合并企业的股权结构完全相同时，则属于同一控制下不需要支付对价的合并，如下图所示。

案例背景：

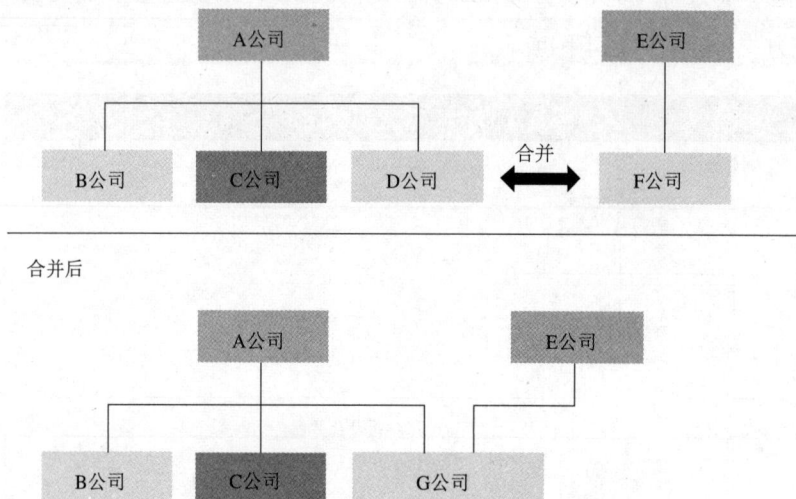

合并后

6. 分立

分立，是指一家企业（以下称为"被分立企业"）将部分或全部资产分离转让给现存或新设的企业（以下称为"分立企业"），被分立企业股东换取分立企业的股权或非股权支付，实现企业的依法分立。企业分立分为存续分立和新设分立。

（1）存续分立，是指一家企业（以下称为"被分立企业"）将部分资产分离转让给新设的企业（以下称为"分立企业"），被分立企业股东换取分立企业的股权或非股权支付，实现企业的依法分立。存续分立在分立后被分立企业法人资格保留，不需要办理注销手续，如下图所示。

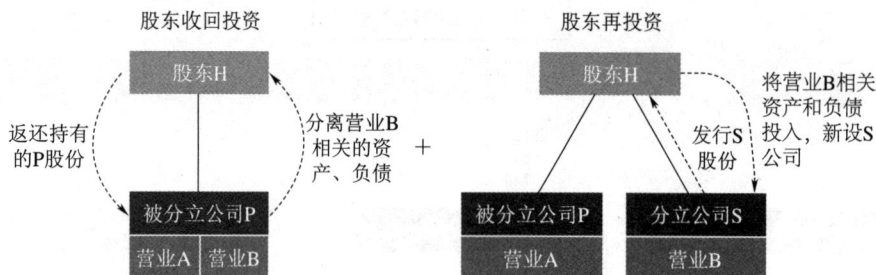

（2）新设分立，是指一家企业（以下称为"被分立企业"）将全部资产分离转让给两家或两家以上新设的企业（以下称为"分立企业"），被分立企业股东换取分立企业的股权或非股权支付，实现企业的依法分立。新设分立在分立后被分立企业法人资格被注销，如下图所示。

案例背景：

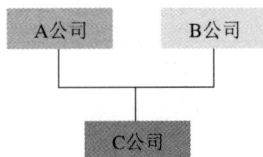

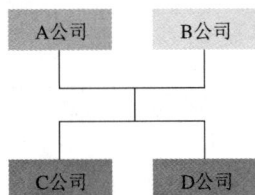

存续分立

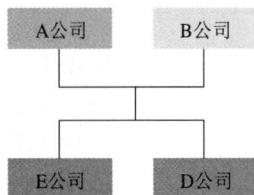

新设分立

四、企业重组的主要税务政策

税收是影响企业重组成本的一个重要因素。企业重组一般会涉及增值税、土地增值税、契税、印花税、企业所得税、个人所得税等。每个税种都有相关的减免税政策规定。企业重组行为在税务上通常可以理解为两个企业或者多个企业之间的交易行为。"财税〔2009〕59号"将其分类定义为"企业重组"。为深入贯彻落实科学发展观，切实加快经济发展方式转变和结构调整，提高发展质量和效益，国家出台了许多政策支持企业重组。税法方面，企业间的交易行为，正常情况下是需要交税的。比如，股权转让所得需要缴纳企业所得税；关于企业分立，"财税〔2009〕59号"定义被分立企业转让资产的行为，涉及企业所得税，增值税等，如果分立的资产中有不动产，还会涉及土地增值税。企业重组交易，并不是全部以货币支付对价的，有相当多是以非货币资产支付，包括股权支付。此时，转让方并没有收到货币资金，却可能马上要面对大额税费，大额税费成了转让方的负担，很可能会阻碍企业重组的进行。

为了促进企业重组，税务出台了多项优惠政策，范围覆盖企业所得税、增值税、契税、土地增值税等主要税种。相关政策见下表。

序号	税种	主要税务文件
1	企业所得税	《财政部 国家税务总局关于企业重组业务企业所得税处理若干问题的通知》（财税〔2009〕59号）
		《财政 国家税务总局关于促进企业重组有关企业所得税处理问题的通知》（财税〔2014〕109号）
		《国家税务总局关于发布〈企业重组业务企业所得税管理办法〉的公告》（国家税务总局公告2010年第4号）
		《国家税务总局关于企业重组业务企业所得税征收管理若干问题的公告》（国家税务总局公告2015年第48号）

续表

序号	税种	主要税务文件
2	增值税	《财政部 国家税务总局关于全面推开营业税改征增值税试点的通知》（财税〔2016〕36号）
		《国家税务总局关于纳税人资产重组有关增值税问题的公告》（国家税务总局公告2011年第13号）
3	土地增值税	《财政部 税务总局关于继续实施企业改制重组有关土地增值税政策的通知》（财税〔2018〕57号）
4	契税	《财政部 税务总局关于继续支持企业事业单位改制重组有关契税政策的通知》（财税〔2018〕17号）
5	印花税	《财政部 国家税务总局关于企业改制过程中有关印花税政策的通知》（财税〔2003〕183号）

1. 企业所得税

企业重组中企业所得税处理按照适用条件不同，将其分为一般性税务处理和特殊性税务处理。如果符合一般性税务处理条件，则应按公允价值确定接受被重组企业各项资产和负债的计税基础，被合并企业也应按公允价值确认因重组转让出去的资产和负债价值，即会有损益产生。如果符合特殊性税务处理规定，则重组企业接受被重组企业资产和负债的计税基础，以被重组企业的原有计税基础确定，即一般情况下不会产生损益，见下表。

重组类型	一般性税务处理	特殊性税务处理
债务重组	（1）以非货币资产清偿债务，应当分解为转让相关非货币性资产、按非货币性资产公允价值清偿债务两项业务，确认相关资产的所得或损失。（2）发生债权转股权的，应当分解为债务清偿和股权投资两项业务，确认有关债务清偿所得或损失。（3）债务人应当按照支付的债务清偿额低于债务计税基础的差额，确认债务重组所得；债权人应当按照收到的债务清偿额低于债权计税基础的差额，确认债务重组损失。（4）债务人的相关所得税纳税事项原则上保持不变	企业债务重组确认的应纳税所得额占该企业当年应纳税所得额50%以上，可以在5个纳税年度的期间内，均匀计入各年度的应纳税所得额。企业发生债权转股权业务，对债务清偿和股权投资两项业务暂不确认有关债务清偿所得或损失，股权投资的计税基础以原债权的计税基础确定。企业的其他相关所得税事项保持不变
股权收购	（1）被收购方应确认股权、资产转让所得或损失。（2）收购方取得股权或资产的计税基础应以公允价值为基础确定。（3）被收购企业的相关所得税事项原则上保持不变	股权收购，收购企业购买的股权不低于被收购企业全部股权的75%，且收购企业在该股权收购发生时的股权支付金额不低于其交易支付总额的85%，可以选择按以下规定处理：（1）被收购企业的股东取得收购企业股权的计税基础，以被收购股权的原有计税基础确定。（2）收购企业取得被收购企业股权的计税基础，以被收购股权的原有计税基础确定。（3）收购企业、被收购企业的原有各项资产和负债的计税基础和其他相关所得税事项保持不变

重组类型	一般性税务处理	特殊性税务处理
资产收购	（1）被收购方应确认股权、资产转让所得或损失。 （2）收购方取得股权或资产的计税基础应以公允价值为基础确定。 （3）被收购企业的相关所得税事项原则上保持不变	资产收购，受让企业收购的资产不低于转让企业全部资产的75%，且受让企业在该资产收购发生时的股权支付金额不低于其交易支付总额的85%，可以选择按以下规定处理： （1）转让企业取得受让企业股权的计税基础，以被转让资产的原有计税基础确定。 （2）受让企业取得转让企业资产的计税基础，以被转让资产的原有计税基础确定
企业合并	（1）合并企业应按公允价值确定接受被合并企业各项资产和负债的计税基础。 （2）被合并企业及其股东都应按清算进行所得税处理。 （3）被合并企业的亏损不得在合并企业结转弥补	企业合并，企业股东在该企业合并发生时取得的股权支付金额不低于其交易支付总额的85%，以及同一控制下且不需要支付对价的企业合并，可以选择按以下规定处理： （1）合并企业接受被合并企业资产和负债的计税基础，以被合并企业的原有计税基础确定。 （2）被合并企业合并前的相关所得税事项由合并企业承继。 （3）可由合并企业弥补的被合并企业亏损的限额＝被合并企业净资产公允价值×截至合并业务发生当年年末国家发行的最长期限的国债利率。 （4）被合并企业股东取得合并企业股权的计税基础，以其原持有的被合并企业股权的计税基础确定
企业分立		企业分立，被分立企业所有股东按原持股比例取得分立企业的股权，分立企业和被分立企业均不改变原来的实质经营活动，且被分立企业股东在该企业分立发生时取得的股权支付金额不低于其交易支付总额的85%，可以选择按以下规定处理： （1）分立企业接受被分立企业资产和负债的计税基础，以被分立企业的原有计税基础确定； （2）被分立企业已分立出去资产相应的所得税事项由分立企业承继； （3）被分立企业未超过法定弥补期限的亏损额可按分立资产占全部资产的比例进行分配，由分立企业继续弥补； （4）被分立企业的股东取得分立企业的股权（以下简称"新股"），如需部分或全部放弃原持有的被分立企业的股权（以下简称"旧股"），"新股"的计税基础应以放弃"旧股"的计税基础确定。如不需放弃"旧股"，则其取得"新股"的计税基础可从以下两种方法中选择确定：直接将"新股"的计税基础确定为0；或者以被分立企业分立出去的净资产占被分立企业全部净资产的比例先调减原持有的"旧股"的计税基础，再将调减的计税基础平均分配到"新股"上

续表

重组类型	一般性税务处理	特殊性税务处理
股权、资产划转	同股权收购、资产收购	对100%直接控制的居民企业之间，以及受同一或相同多家居民企业100%直接控制的居民企业之间按账面净值划转股权或资产，凡具有合理商业目的、不以减少、免除或者推迟缴纳税款为主要目的，股权或资产划转后连续12个月内不改变被划转股权或资产原来实质性经营活动，且划出方企业和划入方企业均未在会计上确认损益的，可以选择按以下规定进行特殊性税务处理： （1）划出方企业和划入方企业均不确认所得。 （2）划入方企业取得被划转股权或资产的计税基础，以被划转股权或资产的原账面净值确定。 （3）划入方企业取得的被划转资产，应按其原账面净值计算折旧扣除

企业所得税方面，在设计重组方案与税务筹划时，通常会优先考虑采用特殊性税务处理，适用特殊性税务处理需要满足几个基本要求，具体见下表。

基本要求	具体内容
合理商业目的	具有合理的商业目的，且不以减少、免除或者推迟缴纳税款为主要目的
股东权益连续性	（1）重组交易对价中涉及股权支付金额不低于其交易支付总额的85%。 （2）企业重组中取得股权支付的原主要股东，在重组后连续12个月内，不得转让所取得的股权
经营连续性	（1）收购企业购买的股权（资产）不低于被收购企业全部股权（资产）的50%。 （2）企业重组后的连续12个月内不改变重组资产原来的实质性经营活动

2. 企业重组其他主要税种优惠

《关于纳税人资产重组有关增值税问题的公告》（国家税务总局公告2011年第13号）相关规定如下。

纳税人在资产重组过程中，通过合并、分立、出售、置换等方式，将全部或者部分实物资产以及与其相关联的债权、负债和劳动力一并转让给其他单位和个人，不属于增值税的征税范围，其中涉及的货物转让，不征收增值税。

《关于纳税人资产重组有关增值税问题的公告》（国家税务总局公告2013年第66号）相关规定如下。

纳税人在资产重组过程中，通过合并、分立、出售、置换等方式，将全部或者部分实物资产以及与其相关联的债权、负债经多次转让后，最终的受让方与劳动力接收方为同一单位和个人的，仍适用《国家税务总局关于纳税人资产重组有关增值税问题的公告》（国家税务总局公告 2011 年第 13 号）的相关规定，其中货物的多次转让行为均不征收增值税。资产的出让方需将资产重组方案等文件资料报其主管税务机关。

《关于纳税人资产重组增值税留抵税额处理有关问题的公告》（国家税务总局公告 2012 年第 55 号）相关规定如下。

增值税一般纳税人在资产重组过程中，将全部资产、负债和劳动力一并转让给其他增值税一般纳税人，并按程序办理注销税务登记的，其在办理注销登记前尚未抵扣的进项税额可结转至新纳税人处继续抵扣。

《财政部 国家税务总局关于全面推开营业税改征增值税试点的通知》（财税〔2016〕36 号）相关规定如下。

在资产重组过程中，通过合并、分立、出售、置换等方式，将全部或者部分实物资产以及与其相关联的债权、负债和劳动力一并转让给其他单位和个人，其中涉及的不动产、土地使用权转让行为属于不征收增值税项目。

《关于继续实施企业改制重组有关土地增值税政策的通知》（财税〔2018〕57 号）相关规定如下。

一、按照《中华人民共和国公司法》的规定，非公司制企业整体改制为有限责任公司或者股份有限公司，有限责任公司（股份有限公司）整体改制为股份有限公司（有限责任公司），对改制前的企业将国有土地使用权、地上的建筑物及其附着物（以下称"房地产"）转移、变更到改制后的企业，暂不征土地增值税。

本通知所称整体改制是指不改变原企业的投资主体，并承继原企业权利、义务的行为。

二、按照法律规定或者合同约定，两个或两个以上企业合并为一个企业，且原企业投资主体存续的，对原企业将房地产转移、变更到合并后的企业，暂不征土地增值税。

三、按照法律规定或者合同约定，企业分设为两个或两个以上与原企业投资主体相同的企业，对原企业将房地产转移、变更到分立后的企业，暂不征土地增值税。

四、单位、个人在改制重组时以房地产作价入股进行投资，对其将房地产转移、变更到被投资的企业，暂不征土地增值税。

五、上述改制重组有关土地增值税政策不适用于房地产转移任意一方为房地产开发企业的情形。

六、企业改制重组后再转让国有土地使用权并申报缴纳土地增值税时，应以改制前取得该宗国有土地使用权所支付的地价款和按国家统一规定缴纳的有关费用，作为该企业"取得土地使用权所支付的金额"扣除。企业在改制重组过程中经省级以上（含省级）国土管理部门批准，国家以国有土地使用权作价出资入股的，再转让该宗国有土地使用权并申报缴纳土地增值税时，应以该宗土地作价入股时省级以上（含省级）国土管理部门批准的评估价格，作为该企业"取得土地使用权所支付的金额"扣除。办理纳税申报时，企业应提供该宗土地作价入股时省级以上（含省级）国土管理部门的批准文件和批准的评估价格，不能提供批准文件和批准的评估价格的，不得扣除。

七、企业在申请享受上述土地增值税优惠政策时，应向主管税务机关提交房地产转移双方营业执照、改制重组协议或等效文件，相关房地产权属和价值证明、转让方改制重组前取得土地使用权所支付地价款的凭据（复印件）等书面材料。

八、本通知所称不改变原企业投资主体、投资主体相同，是指企业改制重组前后出资人不发生变动，出资人的出资比例可以发生变动；投资主体存续，是指原企业出资人必须存在于改制重组后的企业，出资人的出资比例可以发生变动。

《关于继续支持企业、事业单位改制重组有关契税政策的通知》（财税〔2018〕17号）相关规定如下。

一、企业改制

企业按照《中华人民共和国公司法》有关规定整体改制，包括非公司制企业改制为有限责任公司或股份有限公司，有限责任公司变更为股份有限公司，股份有限公司变更为有限责任公司，原企业投资主体存续并在改制（变更）后的公司中所持股权（股份）比例超过75%，且改制（变更）后公司承继原企业权利、义务的，对改制（变更）后公司承受原企业土地、房屋权属，免征契税。

二、事业单位改制

事业单位按照国家有关规定改制为企业，原投资主体存续并在改制后企业中出资（股权、股份）比例超过50%的，对改制后企业承受原事业单位土地、房屋权属，免征契税。

三、公司合并

两个或两个以上的公司，依照法律规定、合同约定，合并为一个公司，且原投资主体存续的，对合并后公司承受原合并各方土地、房屋权属，免征契税。

四、公司分立

公司依照法律规定、合同约定分立为两个或两个以上与原公司投资主体相同的公司，对分立后公司承受原公司土地、房屋权属，免征契税。

五、企业破产

企业依照有关法律法规规定实施破产，债权人（包括破产企业职工）承受破产企业抵偿债务的土地、房屋权属，免征契税；对非债权人承受破产企业土地、房屋权属，凡按照《中华人民共和国劳动法》等国家有关法律法规政策妥善安置原企业全部职工规定，与原企业全部职工签订服务年限不少于三年的劳动用工合同的，对其承受所购企业土地、房屋权属，免征契税；与原企业超过30%的职工签订服务年限不少于三年的劳动用工合同的，减半征收契税。

六、资产划转

对承受县级以上人民政府或国有资产管理部门按规定进行行政性调整、划转国有土地、房屋权属的单位，免征契税。

同一投资主体内部所属企业之间土地、房屋权属的划转，包括母公司与其全资子公司之间，同一公司所属全资子公司之间，同一自然人与其设立的个人独资企业、一人有限公司之间土地、房屋权属的划转，免征契税。

母公司以土地、房屋权属向其全资子公司增资，视同划转，免征契税。

七、债权转股权

经国务院批准实施债权转股权的企业，对债权转股权后新设立的公司承受原企业的土地、房屋权属，免征契税。

八、划拨用地出让或作价出资

以出让方式或国家作价出资（入股）方式承受原改制重组企业、事业单位划拨用地的，不属上述规定的免税范围，对承受方应按规定征收契税。

九、公司股权（股份）转让

在股权（股份）转让中，单位、个人承受公司股权（股份），公司土地、房屋权属不发生转移，不征收契税。

十、有关用语含义

本通知所称企业、公司，是指依照我国有关法律法规设立并在中国境内注册的企业、公司。

本通知所称投资主体存续，是指原企业、事业单位的出资人必须存在于改制重组后的企业，出资人的出资比例可以发生变动；投资主体相同，是指公司分立前后出资人不发生变动，出资人的出资比例可以发生变动。

税种 ＼ 形式	股权收购股权划转	资产收购	企业合并	企业分立	资产划转	投资入股
增值税	不涉及	可筹划不征或免征	可筹划不征或免征	可筹划不征或免征	可筹划不征或免征	征收
土地增值税	不涉及	征收	不征	不征	可筹划不征	不征（改制重组）
契税	不征收	征收	免征	免征	免征	母公司增资子公司免征

五、企业重组筹划的注意事项

企业重组税务筹划过程中要重点关注的四个事项：

1. 交易标的

重组交易标的是资产交易还是股权交易，资产交易的优点是企业历史遗留的税务风险不会跟随资产转移，缺点是资产交易的税费可能比较高，有的资产交易程序复杂，例如需要产权登记过户，等等。股权交易的优点是交易程序简单，税费可能会降低，缺点是企业历史遗留的税务风险会留在原企业，可能会给新股东带来投资损失。

2. 对价支付形式

交易对价是以股权支付，还是非股权支付，两者的税收待遇是不一样的。选择股权支付需要购买方有可供支付的股权，而且不能仅仅考虑本次的交易，如果后续有多步交易要一并考虑，要有综合筹划的全局思维。

3. 重组形式

"财税〔2009〕59号文"规定的六种重组形式再加上"财税〔2014〕109号文"规定的股权（资产）划转、非货币出资，在企业重组的税务筹划中，可以不只选择一种形式，多种形式的选择，能更好地利用不同重组形式的税收优惠。同时，企业重组形式之间并不是毫无关联的，例如资产收购，A企业收购B企业的资产，以A企业的部分股权作为对价支付给B企业。站在A企业的角度，是资产收购，站在B企业的角度，是非货币资产投资入股A企业，所以在企业重组中，收购方以本企业股权作为支付对价时，实际是一种接受投资的行为。又例如，A企业收购B企业的资产，当B企业是A企业的母公司时，母公司把资产转给子公司，子公司增加实收资本，对照109号文，就属于母子公司之间的资产划转。所以，资产收购，以股权作为支付的，如果是在母子公司之间发生，实际就是资产划转，两种重组形式存在了重合。所以灵活的运用各种重组形式，能尽量享受到各个税种的优惠。

4. 交易价格

交易价格是平价、溢价还是折价，交易价格的合理性是否可以作出解释。

第二节　企业重组税务筹划案例

本节企业重组税务筹划案例包括以下几部分内容：利用重组拆分资产或股权、利用重组改变计税基础、特殊重组的永久性差异、利用债转股规避重组所得。

一、利用重组拆分资产或股权

【案例 10-1】 化整为零，享受减免

// 案例背景

A 公司实收资本 3 000 万元，其中甲公司出资 2 000 万元，自然人乙出资 1 000 万元。A 公司有两幢商业房产，一幢位于广州市海珠区，一幢位于广州市番禺区，均是 2016 年 4 月 30 日后取得。A 公司资产总额 6 000 万元，收入主要来自出租，预计 2020 年出租收入 700 万元。资产负债表简单列示见下表。

项目	账面原值	累计折旧	账面价值	公允价值
海珠房产	3 600	600	3 000	10 000
番禺房产	2 400	400	2 000	8 000
应收款项	—	—	1 000	1 000
资产合计	—	—	6 000	19 000
应付款项	—	—	2 500	2 500
实收资本	—	—	3 000	—
其中：甲公司	—	—	2 000	—
乙公司	—	—	1 000	—
未分配利润	—	—	500	

筹划目标：降低整体税负。

// 相关政策

《财政部 税务总局关于实施小微企业普惠性税收减免政策的通知》（财税〔2019〕13 号）相关规定如下。

二、对小型微利企业年应纳税所得额不超过 100 万元的部分，减按 25% 计入应纳税所得额，按 20% 的税率缴纳企业所得税；对年应纳税所得额超过 100 万元但不超过 300 万元的部分，减按 50% 计入应纳税所得额，按 20% 的税率缴纳企业所得税。

上述小型微利企业是指从事国家非限制和禁止行业，且同时符合年度应纳税所得额不超过 300 万元、从业人数不超过 300 人、资产总额不超过 5 000 万元等三个条件的企业。

三、由省、自治区、直辖市人民政府根据本地区实际情况，以及宏观调控需要确定，

对增值税小规模纳税人可以在50%的税额幅度内减征资源税、城市维护建设税、房产税、城镇土地使用税、印花税（不含证券交易印花税）、耕地占用税和教育费附加、地方教育附加。

四、增值税小规模纳税人已依法享受资源税、城市维护建设税、房产税、城镇土地使用税、印花税、耕地占用税、教育费附加、地方教育附加其他优惠政策的，可叠加享受本通知第三条规定的优惠政策。

// 筹划分析

为支持小微企业发展，国家和地方出台了小微企业普惠性税收减免政策：

（1）企业所得税小型微利企业的优惠政策。

（2）增值税小规模纳税人：资源税、城市维护建设税、房产税、城镇土地使用税、印花税（不含证券交易印花税）、耕地占用税和教育费附加、地方教育附加，可享受减半征收。

在方案设计时我们要注意小规模纳税人和小型微利企业的区别，虽然两者在很多时候会出现重叠，但是小规模纳税人是增值税的概念，而小型微利企业是企业所得税的概念，两者并不完全相同。

A公司目前的资产和经营状况不符合小型微利企业的条件，也不符合小规模纳税人的条件。

（1）A公司出租收入700万元，应是一般纳税人，房产是2016年4月30日之后取得的，不属于老项目，适用增值税一般计税。出租服务取得进项税额极少，因此，A公司的增值税税负较高。

（2）房产税从租计征，按12%计算。A公司不是小规模纳税人，不能享受房产税的减半征收优惠，房产税的负担也比较重。

（3）A公司的资产超过5 000万元，不能享受小微企业的所得税优惠政策，企业所得税税率是25%。测算目前情况下，A公司需要缴纳的税费见下表。

金额单位：万元

税种	税额	计算过程
增值税	57.80	$700 \div (1＋9\%) \times 9\%$
城建税	4.05	$57.80 \times 7\%$
教育费附加	2.89	$57.80 \times 5\%$
房产税	77.06	$(700－57.80) \times 12\%$
印花税	0.35	$700 \times 0.5‰$
企业所得税	68.21	$(700－57.80－4.05－2.89－77.06－0.35－6\,000 \times 0.95 \div 20) \times 25\%$

续表

税种	税额	计算过程
合计	210.36	
税费占收入比例	30%	$210.36÷700×100\% = 30\%$

注：企业所得税计算中的 $6000×0.95÷20$ 是固定资产年折旧税前扣除。

全部税费占到了收入的 30%，税负还是相当高的。

要享受上述优惠政策，需要对 A 公司进行重组，使之符合政策条件。

重组目标，将 A 公司的资产成分成 A、B 两个公司持有，各持有一幢房产，即可实现资产减半，收入减半。A 公司的资产总额 3 000 万元，B 公司的资产总额 3 000 万元。都低于 5 000 万元，两家公司的租金收入都在 500 万元以下，利润总额也低于 300 万元。

重组后 A 公司、B 公司需缴纳的税费测算见下表。

金额单位：万元

税种	税额	计算过程
增值税	33.33	$700÷（1 + 5\%）×5\%$
城建税	1.17	$33.33×7\%÷2$
教育费附加	0.83	$33.33×5\%÷2$
房产税	40.00	$（700 - 33.33）×12\%÷2$
印花税	0.18	$700×0.5‰÷2$
企业所得税	28.95	$（700 - 33.33 - 1.17 - 0.83 - 40 - 0.18 - 6\,000×0.95÷20）×10\% - 5$
合计	104.46	
税费占收入比例	14.92%	$104.46÷700 = 14.92\%$

全部税费占到了收入的 15%，税负较重组前降低了一半。

// 筹划方案

【方案一】采用企业分立的方式

分立，是指一家企业（以下称为"被分立企业"）将部分或全部资产分离转让给现存或新设的企业（以下称为"分立企业"），被分立企业股东换取分立企业的股权或非股权支付，实现企业的依法分立。

// 相关政策

1. 增值税

《财政部 国家税务总局关于全面推开营业税改征增值税试点的通知》（财税〔2016〕36号）相关规定如下。

在资产重组过程中，通过合并、分立、出售、置换等方式，将全部或者部分实物资产以及与其相关联的债权、负债和劳动力一并转让给其他单位和个人，其中涉及的不动产、土地使用权转让行为属于不征收增值税项目。

2. 契税

《关于继续执行企业 事业单位改制重组有关契税政策的公告》（财政部 税务总局公告2021年第17号）相关规定如下。

公司依照法律规定、合同约定分立为两个或两个以上与原公司投资主体相同的公司，对分立后公司承受原公司土地、房屋权属，免征契税。

本公告所称投资主体相同，是指公司分立前后出资人不发生变动，出资人的出资比例可以发生变动。

《财政部 税务总局关于继续支持企业事业单位改制重组有关契税政策的通知》（财税〔2018〕17号）相关规定如下。

公司依照法律规定、合同约定分立为两个或两个以上与原公司投资主体相同的公司，对分立后公司承受原公司土地、房屋权属，免征契税。

3. 土地增值税

《财政部 国家税务总局关于继续实施企业改制重组有关土地增值税政策的公告》（财政部 税务总局公告2021年第21号）相关规定如下。

按照法律规定或者合同约定，企业分设为两个或两个以上与原企业投资主体相同的企业，对原企业将房地产转移、变更到分立后的企业，暂不征土地增值税。

本公告所称不改变原企业投资主体、投资主体相同，是指企业改制重组前后出资人不发生变动，出资人的出资比例可以发生变动；投资主体存续，是指原企业出资人必须存在于改制重组后的企业，出资人的出资比例可以发生变动。

《财政部 国家税务总局关于继续实施企业改制重组有关土地增值税政策的通知》（财税〔2018〕57号）相关规定如下。

按照法律规定或者合同约定，企业分设为两个或两个以上与原企业投资主体相同的企业，对原企业将房地产转移、变更到分立后的企业，暂不征土地增值税。

4. 企业所得税

根据《财政部 国家税务总局关于企业重组业务企业所得税处理若干问题的通知》（财

税〔2009〕59号）相关规定如下。

企业分立，当事各方应按下列规定处理（一般性税务处理）：

（1）被分立企业对分立出去资产应按公允价值确认资产转让所得或损失。

（2）分立企业应按公允价值确认接受资产的计税基础。

（3）被分立企业继续存在时，其股东取得的对价应视同被分立企业分配进行处理。

（4）被分立企业不再继续存在时，被分立企业及其股东都应按清算进行所得税处理。

（5）企业分立相关企业的亏损不得相互结转弥补。

企业重组同时符合下列条件的，适用特殊性税务处理规定：

（1）具有合理的商业目的，且不以减少、免除或者推迟缴纳税款为主要目的。

（2）被收购、合并或分立部分的资产或股权比例符合本通知规定的比例。

（3）企业重组后的连续12个月内不改变重组资产原来的实质性经营活动。

（4）重组交易对价中涉及股权支付金额符合本通知规定比例。

（5）企业重组中取得股权支付的原主要股东，在重组后连续12个月内，不得转让所取得的股权。

企业分立，被分立企业所有股东按原持股比例取得分立企业的股权，分立企业和被分立企业均不改变原来的实质经营活动，且被分立企业股东在该企业分立发生时取得的股权支付金额不低于其交易支付总额的85%，可以选择按以下规定处理：

（1）分立企业接受被分立企业资产和负债的计税基础，以被分立企业的原有计税基础确定。

（2）被分立企业已分立出去资产相应的所得税事项由分立企业承继。

（3）被分立企业未超过法定弥补期限的亏损额可按分立资产占全部资产的比例进行分配，由分立企业继续弥补。

（4）被分立企业的股东取得分立企业的股权（以下简称"新股"），如需部分或全部放弃原持有的被分立企业的股权（以下简称"旧股"），"新股"的计税基础应以放弃"旧股"的计税基础确定。如不需放弃"旧股"，则其取得"新股"的计税基础可从以下两种方法中选择确定：直接将"新股"的计税基础确定为零；或者以被分立企业分立出去的净资产占被分立企业全部净资产的比例先调减原持有的"旧股"的计税基础，再将调减的计税基础平均分配到"新股"上。

// 筹划分析

1. 存续分立

A公司将部分或全部资产分离给新设的B公司，分立后A、B公司资产负债简单列示见下表。

金额单位：万元

A公司			B公司		
科目	账面价值	公允价值	科目	账面价值	公允价值
海珠房产	3 000	10 000	番禺房产	2 000	8 000
			应收账款	1 000	
负债	700		负债	1 800	
实收资本	1 800		实收资本	1 200	
其中：甲方	1 200		其中：甲方	800	
乙方	600		乙方	400	
未分配利润	500		未分配利润	0	

2. 企业所得税处理方式选择

（1）采用一般性税务处理，主要税费分析见下表。

当事方	被分立A企业	分立B企业	法人股东	自然人股东
政策规定	分立出去资产应按公允价值确认资产转让所得或损失	按公允价值确认接受资产的计税基础	股东取得的对价应视同被分立企业分配	
增值税	征收（可筹划不征收）			
土地增值税	暂不征收			
获得股权支付对价（股权计税基础）			4 800	3 200
所得税	确认6 000万元所得申报纳税 6000×25%＝1 500（万元）	按8 000万元作为土地计税基础	按照分配确认所得，其中1 200万元作为收回投资，3 600万元为投资收益，居民企业之间权益性投资免税	按照分配确认所得，其中800万元作为收回投资，2 400万元为股息红利所得，缴纳个人所得税480万元

A公司及股东乙自然人均需要缴纳大额税费，即使面临大额的税收压力，合理估计纳税人不会选用一般性税务处理。

（2）采用特殊性税务处理，主要税费分析见下表。

当事方	被分立A企业（有政策）	分立B企业（有政策）	法人股东（有政策）	自然人股东
政策规定	不确认资产转让所得或损失	按被分立企业的原有计税基础确认接受资产的计税基础	股东取得的对价应视同被分立企业分配	当事各方中的自然人应按个人所得税的相关规定进行税务处理
增值税	征收（可筹划不征收）			
土地增值税	暂不征收			
获得股权支付对价（股权计税基础）			4 800/1 200	3 200/3 200
所得税	不确认资产转让所得或损失	按2 000万元确认计税基础	1 200万元作为旧股换新股的成本	按照分配确认所得，其中800万元作为收回投资，2 400万元为股息、红利所得缴纳个人所得税480万元

（3）特殊性税务处理条件适用性判断，见下表。

税种	不征（免征）关键条件	是否符合（如何满足）
增值税	与其相关联的债权、负债和劳动力一并转让	将负债和人员相应划分，可以符合
契税	与原公司投资主体相同	符合
土地增值税	与原公司投资主体相同	符合
	非房地产企业	符合
企业所得税	具有合理的商业目的	资产分布在不同县区，便于管理
	股权支付金额不低于其交易支付总额的85%	符合
	连续12个月内不改变重组资产原来的实质性经营活动	承诺，符合
	重组后连续12个月内，不得转让所取得的股权	承诺，符合
	所有股东按原持股比例取得分立企业的股权	符合

// 筹划结果

（1）A公司分立企业所得税适用特殊性税务处理，分立过程中的增值税、契税、土地增值税、企业所得税均可按政策条件筹划至不征或免征。

（2）A 公司分立过程中自然人股东乙是否需要缴纳个人所得税，实务中，也有不少不征个人所得税的案例。假如本案例也不需要缴纳个人所得税，则分立的税费几乎可以忽略不计。

// 筹划风险

1. 实务中存在自然人股东适用特殊税务处理，不征个人所得税

如前所述，企业分立中自然人股东的税务处理，实际执行中税务机关也有不同的理解，并且因为存在一定的操作困难，不征个人所得税的案例也不少见。其中有观点认为，在企业分立中，被分离的资产只是从被分立企业转移至分立企业，股东没有发生变化，相当于是从股东的左口袋转到右口袋，股东实际并没有所得，主张不征收个人所得税。

2. 按现行税法，企业分立中自然人股东应按规定征收个人所得税

《国家税务总局关于企业重组业务企业所得税征收管理若干问题的公告》（国家税务总局公告 2015 年第 48 号）相关规定如下。

重组交易中，股权收购中转让方、合并中被合并企业股东和分立中被分立企业股东，可以是自然人。

当事各方中的自然人应按个人所得税的相关规定进行税务处理。

目前对于分立中自然人股东如何纳税没有明确规定。但是从理论上而言，A 企业分立，按现有规定，自然人股东需要视为对 A 企业收回投资纳税的。即视为自然人股东收回 A 公司的投资后，再投资 B 公司；又或者视为 A 公司以资产对外投资设立了 B 公司，再将 B 公司的股权分配给自然人股东，自然人股东以 B 公司的股权作为收回 A 公司投资的对价。

但不管怎样理解，自然人股东都是收回了对 A 公司的部分投资，而重组的特殊性税务处理仅适用于企业所得税，所以自然人股东需要按收回投资缴纳个人所得税。

如采用企业分立的方案，则可能存在自然人股东乙需要缴纳个人所得税的风险，取决于同税务机关的沟通。当然如果本次交易征收个税，则以后股权转让的成本即为本次交易后的评估价格。

// 拓展阅读

1. 地方税务文件举例

《海南省地方税务局关于印发企业重组中分立业务所得税税收风险特征的通知》（琼地税函〔2014〕467 号）相关规定如下。

企业分立重组中，一般拆分为股东收回投资和再投资两个税收行为，对涉及个人股东权益变动或变更的，应按照个人所得税法的股息、利息、红利所得或财产转让所得规定计征税款。

《大连市地方税务局关于加强企业注销和重组自然人股东个人所得税管理的通知》(大地税函〔2009〕212号)相关规定如下。

企业分立后,被分立企业存续的,其自然人股东取得的对价应当视为被分立企业的分配,在扣除投资成本后确认为所得,按"利息、股息、红利所得"项目计算征收个人所得税。

企业分立后,被分立企业不存续的,企业注销税务登记按照《财政部 国家税务总局关于企业清算业务企业所得税处理若干问题的通知》(财税〔2009〕60号)规定清算的,股东分得的剩余资产扣除投资成本后的余额,按照"利息、股息、红利所得"项目计算征收个人所得税。

2.12366相关问答

问题1:符合特殊重组条件的派生分立中的自然人股东是否需要缴纳个人所得税?

留言时间:2020—03—16

咨询对象:浙江省税务局

问题内容:甲公司现有两处厂房,分别经营不同的业务。甲公司资本金为1 000万元,有A和B两个自然人股东,各自持有50%的股权。

现甲公司股东决定将其中一处厂房和相关的经营业务派生分立成立乙公司,派生分立后甲公司的资本金由1 000万元减为500万元。

新公司(乙公司)的资本金为500万元,股权结构和甲公司一致。从甲公司转入的资产均按原账面价值在乙公司入账。甲公司的分立符合企业所得税特殊重组,不需要缴纳企业所得税。

由于分立到乙公司的资产中土地价值增值500万元,问A和B两个自然人股东是否需要缴纳个人所得税?

浙江省税务局12366服务中心答复如下。

您好:您在网站上提交的纳税咨询问题收悉,现针对您所提供的信息简要回复如下:

1.参照非货币性资产评估增值处理,即主要看分立后企业的注册资本是否发生变化。如果注册资本增加就代表非货币性资产增值,需要缴纳个人所得税。

2.分立或合并涉及个人所得税主要是依据非货币性资产投资的政策,如果个人原股权原值小于新企业股权原值,就说明有增值,需要缴纳个人所得税。没有这两个情况就不涉及个人所得税。具体文件可参看《财政部 国家税务总局关于个人非货币性资产投资有关个人所得税政策的通知》(财税〔2015〕41号)。

重组问题比较复杂,要根据实际情况才能具体判断,企业可以带重组资料交主管税务机关进一步确认。

上述回复仅供参考。

问题2：企业分立重组上层自然人股东是否缴纳个人所得税？

留言时间：2020 — 04 — 14

咨询对象：河南省税务局

问题内容：A公司计划分立为A公司和B公司（原公司存续），上层股东仍为原来的自然人股东。A和B之间按照一定比例划分原有资产、负债等。在这个重组过程中，自然人股东需要缴纳个人所得税吗？

河南省税务局答复：

您好！您所咨询的问题收悉。现针对您所提供的信息回复如下：

一、根据《中华人民共和国个人所得税法》（中华人民共和国主席令第9号）规定，第三条 个人所得税的税率：……（三）利息、股息、红利所得，财产租赁所得，财产转让所得和偶然所得，适用比例税率，税率为百分之二十。……第六条 应纳税所得额的计算：……（五）财产转让所得，以转让财产的收入额减除财产原值和合理费用后的余额，为应纳税所得额。

二、根据《中华人民共和国个人所得税法实施条例》（国令第707号）规定，第六条 个人所得税法规定的各项个人所得的范围：……（八）财产转让所得，是指个人转让有价证券、股权、合伙企业中的财产份额、不动产、机器设备、车船以及其他财产取得的所得。

三、根据《财政部 国家税务总局关于个人非货币性资产投资有关个人所得税政策的通知》（财税〔2015〕41号）规定，一、个人以非货币性资产投资，属于个人转让非货币性资产和投资同时发生。对个人转让非货币性资产的所得，应按照"财产转让所得"项目，依法计算缴纳个人所得税。

四、根据《国家税务总局关于个人终止投资经营收回款项征收个人所得税问题的公告》（国家税务总局公告2011年第41号）文件规定，一、个人因各种原因终止投资、联营、经营合作等行为，从被投资企业或合作项目、被投资企业的其他投资者以及合作项目的经营合作人取得股权转让收入、违约金、补偿金、赔偿金及以其他名目收回的款项等，均属于个人所得税应税收入，应按照"财产转让所得"项目适用的规定计算缴纳个人所得税。

五、根据《国家税务总局关于企业重组业务企业所得税征收管理若干问题的公告》（国家税务总局公告2015年第48号）规定，一、按照重组类型，企业重组的当事各方是指：……（五）分立中当事各方，指分立企业、被分立企业及被分立企业股东。上述重组交易中，股权收购中转让方、合并中被合并企业股东和分立中被分立企业股东，可以是自然人。当事各方中的自然人应按个人所得税的相关规定进行税务处理。

因此，根据上述文件及您的描述，如您企业上层自然人股东涉及以非货币性资产投资，或转让股权的，应按照"财产转让所得"项目，依法计算缴纳个人所得税。因暂不清楚您单位重组处理情况，且业务较为特殊，您可参考上述文件规定，具体事宜建议联系税务机关进一步确认。

感谢您的咨询！上述回复仅供参考，若您对此仍有疑问，请联系 12366 纳税服务热线或主管税务机关。

【方案二】采用资产收购（投资入股）方式

以 A 公司的情况，分离资产应该是最合适的选择。既然企业分立存在个人所得税风险，那就还可考虑出售资产或以资产投资的方式。但是直接出售房产需要缴纳多种税费，而且 A 公司也没有打算出售资产。以资产投资成立新公司也需要缴纳企业所得税和增值税等税费。所以不能采用直接出售资产，或者投资新设公司的方式。在企业重组的方式中，还有资产收购、资产划转也能实现资产的分离，满足条件时企业所得税也可以适用特殊税务处理。所以，考虑采用资产收购、资产划转的方式。

资产收购，是指一家企业（以下称为"受让企业"）购买另一家企业（以下称为"转让企业"）实质经营性资产的交易。受让企业支付对价的形式包括股权支付、非股权支付或两者的组合。

// 筹划分析

第一步：收购需要双方，现在只有 A 公司一方，A 公司以货币出资方式设立全资子公司 B 公司。

第二步：B 公司收购 A 公司的实质经营性资产——番禺房产，与番禺房产相关管理人员的劳动关系一并转移。支付对价的形式是以 B 公司的股权作为支付，无货币支付。

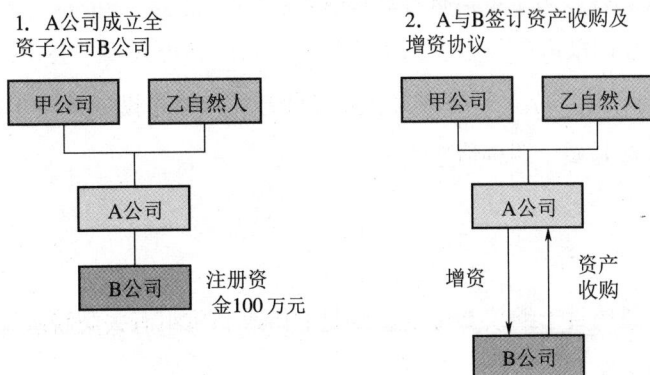

资产收购后 A 公司、B 公司资产负债简表列示如下。

金额单位：万元

A 公司			B 公司		
科目	账面价值	公允价值	科目	账面价值	公允价值
海珠房产	3 000	10 000	番禺房产	2 000	8 000
长期股权投资	1 200		应收账款	1 000	
负债	700		负债	1 800	
实收资本	1 800		实收资本	1 200	
其中：甲方	1 200		其中：甲方	800	
乙方	600		乙方	400	
未分配利润	500		未分配利润	0	

注：如果收购海珠房产，则可以满足全部资产50%的比例，番禺房产则不满足，所以将应收款项一并计算，则可能满足超过50%的条件。

筹划结果：A 公司番禺房产过户给 B 公司，A 公司、B 公司同为增值税小规模纳税人，该方案可以全程不交税（资本缴纳印花税除外）。

// 筹划分析

（一）增值税

《财政部 国家税务总局关于全面推开营业税改征增值税试点的通知》（财税〔2016〕36 号）相关规定如下：

在资产重组过程中，通过合并、分立、出售、置换等方式，将全部或者部分实物资产以及与其相关联的债权、负债和劳动力一并转让给其他单位和个人，其中涉及的不动产、土地使用权转让行为属于不征收增值税项目。

适用性分析：公司以房产与相应的负债、劳动力一并投入到子公司，能够满足条件。虽然文件中只提到合并、分立、出售、置换四种方式，但是投资入股在税务上是当作为出售来对待的，因此是属于四种情形之一。

（二）契税

《财政部 税务总局关于继续支持企业事业单位改制重组有关契税政策的通知》（财税〔2018〕17 号）相关规定如下：

同一投资主体内部所属企业之间土地、房屋权属的划转，包括母公司与其全资子公司之间，同一公司所属全资子公司之间，同一自然人与其设立的个人独资企业、一人有限公司之间土地、房屋权属的划转，免征契税。

母公司以土地、房屋权属向其全资子公司增资，视同划转，免征契税。

适用性分析：A 公司首先以货币出资设立全资子公司 B 公司，之后再以房产对 B 公司增资，可满足免契税条件。

《关于继续执行企业 事业单位改制重组有关契税政策的公告》（财政部 税务总局公告 2021 年第 17 号）规定如下。

同一投资主体内部所属企业之间土地、房屋权属的划转，包括母公司与其全资子公司之间，同一公司所属全资子公司之间，同一自然人与其设立的个人独资企业、一人有限公司之间土地、房屋权属的划转，免征契税。

母公司以土地、房屋权属向其全资子公司增资，视同划转，免征契税。

（三）土地增值税

《财政部 国家税务总局关于继续实施企业改制重组有关土地增值税政策的通知》（财税〔2018〕57 号）相关规定如下：

单位、个人在改制重组时以房地产作价入股进行投资，对其将房地产转移、变更到被投资的企业，暂不征土地增值税。

适用性分析：B 公司收购 A 公司的实质性经营资产，属于资产收购，同时 B 公司以自身股权作为支付对价，同时增加 B 公司的实收资本。其实质是 A 公司以房产对 B 公司增资，可满足免契税条件。

《财政部 税务总局关于继续实施企业改制重组有关土地增值税政策的公告》（财政部 税务总局公告 2021 年第 21 号）规定如下。

四、单位、个人在改制重组时以房地产作价入股进行投资，对其将房地产转移、变更到被投资的企业，暂不征土地增值税。

（四）企业所得税

《财政部 国家税务总局关于非货币性资产投资企业所得税政策问题的通知》（财税〔2014〕116 号）相关规定如下。

企业发生非货币性资产投资，符合《财政部 国家税务总局关于企业重组业务企业所得税处理若干问题的通知》（财税〔2009〕59 号）等文件规定的特殊性税务处理条件的，也可选择按特殊性税务处理规定执行。

《财政部 国家税务总局关于企业重组业务企业所得税处理若干问题的通知》（财税〔2009〕59 号）相关规定如下。

企业重组同时符合下列条件的，适用特殊性税务处理规定：

（一）具有合理的商业目的，且不以减少、免除或者推迟缴纳税款为主要目的。

（二）被收购、合并或分立部分的资产或股权比例符合本通知规定的比例。

（三）企业重组后的连续 12 个月内不改变重组资产原来的实质性经营活动。

（四）重组交易对价中涉及股权支付金额符合本通知规定比例。

（五）企业重组中取得股权支付的原主要股东，在重组后连续 12 个月内，不得转让所取得的股权。

资产收购，受让企业收购的资产不低于转让企业全部资产的 50%，且受让企业在该资产收购发生时的股权支付金额不低于其交易支付总额的 85%，可以选择按以下规定处理：

（一）转让企业取得受让企业股权的计税基础，以被转让资产的原有计税基础确定。

（二）受让企业取得转让企业资产的计税基础，以被转让资产的原有计税基础确定。

适用性分析见下表。

关键条件	是否符合 / 如何满足
具有合理的商业目的	资产分布不同区域不便于管理
股权支付金额不低于其交易支付总额的 85%	符合
连续 12 个月内不改变重组资产原来的实质性经营活动	承诺，符合
重组后连续 12 个月内，不得转让所取得的股权	承诺，符合
受让企业收购的资产不低于转让企业全部资产的 50%	转让番禺房产及部分应收账款，可以符合

【案例 10-2】 矿山收购，资产剥离

// 案例背景

甲公司为某商贸企业，与自然人李某、王某投资成立 A 公司。注册资本金 1 000 万元，甲公司出资 200 万元，占 20%，自然人李某出资 400 万元，占 40%，王某出资 400 万元，占 40%。A 公司从事矿山经营，为非房地产企业。A 公司 2018 年 6 月账面资产、负债及权益情况见下表。

金额单位：万元

科目	金额	市场价值	科目	金额
办公楼（2015 建成）	1 000	1 500（含税价格）	其他应付款	4 000
工业用地（2013 年取得，矿山用地）	500	600（含税价格）	应付股东借款	6 500
在建厂房工程	2 000	2 100（含税价格）	实收资本	1 000
设备及库存材料	3 000	3 500（含税价格）	未分配利润	− 1 500
矿山资产经营权（尚余 10 年）账面净值	500	评估价格不透明，没公开竞价市场		
其他应收款	3 000	3 000		
合计	10 000		合计	10 000

假定甲公司及其他两股东一致决定拟出售其采矿权（即矿山资产经营权账面价值 500 万元及矿山用地账面价值 500 万元），整体作价 9 000 万元，甲公司及其他两股东按持股比例取得相应收入。该采矿权为 A 公司独占，不能单独对外转让，对方希望半年内能取得经营权。假定在转让时点其他应收应付款项均能正常收付，不考虑城建税及附加、合同印花税等，只考虑增值税、土地增值税、契税、企业所得税和个人所得税。办公楼及在建工程转让适用增值税简易计税方法——差额征税，设备及库存材料对应的增值税进项税额已抵扣，适用税率为 17%。

问题：上述个案中，由于收购方只收购矿山资产经营权，请设计不低于两种交易模式并比较各自税负及风险（其他未披露事项可自行设计）。

// 筹划分析

由于上述资料部分信息不完整，为了设计方案作出如下假设：

（1）税务可弥补亏损与未分配利润——1 500 万元一致；

（2）资料中只有矿山用地，未披露办公楼与在建工程占地，而且在计算土地增值税时还涉及旧房的评估价值。假定办公楼与在建工程中的成本均包含土地成本，具体数据见下表。

金额单位：万元

资产	办公楼	在建工程	资产	办公楼	在建工程
账面价值	1 000	2 000	评估价值	1 500	2 100
其中：土地	300	400	其中：土地	700	500
房屋	700	1 600	房屋	800	1 600

（3）矿山资产经营权评估值 8 400 万元。

（4）契税税率 3%。

（5）应付股东借款为各股东按照股权比例共同借款。

（6）不采用阴阳合同、虚假评估、制造虚假交易和不纳税申报等违法筹划方式。

// 筹划思路

鉴于该采矿权为 A 公司独占，不能单独对外转让，因此方案均涉及两个方面：资产剥离与股权转让。

（一）资产剥离

资产剥离可以采用的方式主要有交易过户、投资入股、企业分立、资产划转，相应的税收政策依据及内容如下：

（1）增值税征收规定。

交易过户：根据《中华人民共和国增值税暂行条例》和"财税〔2016〕36 号"的规定正常征收。如连同相关联的债权、负债和劳动力一并转让，则可以适用"财税〔2016〕36 号"和"2011 年第 13 号"的不征税条件，不征收增值税。

投资入股：根据《中华人民共和国增值税暂行条例》和"财税〔2016〕36 号"的规定正常征收。

企业分立：《营业税改征增值税试点有关事项的规定》（财税〔2016〕36 号）规定，在资产重组过程中，通过合并、分立、出售、置换等方式，将全部或者部分实物资产以及与其相关联的债权、负债和劳动力一并转让给其他单位和个人，其中涉及的不动产、土地使用权转让行为。《国家税务总局关于纳税人资产重组有关增值税问题的公告》（2011 年第 13 号公告）规定，纳税人在资产重组过程中，通过合并、分立、出售、置换等方式，将全部或者部分实物资产以及与其相关联的债权、负债和劳动力一并转让给其他单位和个人，不属于增值税的征税范围，其中涉及的货物转让，不征收增值税。

资产划转：不属于不征增值税情形，正常征收。

（2）土地增值税征收规定。

交易过户：正常征收。

投资入股：《财政部 国家税务总局关于继续实施企业改制重组有关土地增值税政策的通知》（财税〔2018〕57 号）规定，单位、个人在改制重组时以房地产作价入股进行投资，对其将房地产转移、变更到被投资的企业，暂不征土地增值税。

企业分立：《财政部 国家税务总局关于继续实施企业改制重组有关土地增值税政策的通知》（财税〔2018〕57号）规定，按照法律规定或者合同约定，企业分设为两个或两个以上与原企业投资主体相同的企业，对原企业将房地产转移、变更到分立后的企业，暂不征土地增值税。

资产划转：不属于"财税〔2018〕57号"规定的三种情形，虽然对于资产划转是否能够视同投资入股，不征土地增值税目前存在较大争议。为减少税务风险，从谨慎性角度出发，在没有明确税收政策规定的情况下本方案对资产划转按征税对待。

（3）契税征收规定。

交易过户：正常征收。

投资入股：《中华人民共和国契税法》第二条规定，以作价投资、偿还债务、划转、奖励等方式转移土地、房屋权属的，应当依照本法规定征收契税。《财政部 国家税务总局关于继续支持企业、事业单位改制重组有关契税政策的通知》（财税〔2018〕17号）规定，母公司以土地、房屋权属向其全资子公司增资，视同划转，免征契税。因此如果要免契税，则必须先设立公司并以货币注资到位，然后再以房产、土地增资。

企业分立：《财政部 税务总局关于继续支持企业、事业单位改制重组有关契税政策的通知》（财税〔2018〕17号）规定，公司依照法律规定、合同约定分立为两个或两个以上与原公司投资主体相同的公司，对分立后公司承受原公司土地、房屋权属，免征契税。

资产划转：《财政部 税务总局关于继续支持企业、事业单位改制重组有关契税政策的通知》（财税〔2018〕17号）规定，同一投资主体内部所属企业之间土地、房屋权属的划转，包括母公司与其全资子公司之间，同一公司所属全资子公司之间，同一自然人与其设立的个人独资企业、一人有限公司之间土地、房屋权属的划转，免征契税。

（4）企业所得税征收规定。

交易过户：正常征收。

投资入股：《财政部 国家税务总局关于非货币性资产投资企业所得税政策问题的通知》（财税〔2014〕116号）规定，企业以非货币性资产对外投资，应对非货币性资产进行评估并按评估后的公允价值扣除计税基础后的余额，计算确认非货币性资产转让所得。居民企业以非货币性资产对外投资确认的非货币性资产转让所得，可在不超过5年期限内，分期均匀计入相应年度的应纳税所得额，按规定计算缴纳企业所得税。企业在对外投资5年内转让上述股权或投资收回的，应停止执行递延纳税政策，并就递延期内尚未确认的非货币性资产转让所得，在转让股权或投资收回当年的企业所得税年度汇算清缴时，一次性计算缴纳企业所得税。企业发生非货币性资产投资，符合《财政部 国家税务总局关于企业重组业务企业所得税处理若干问题的通知》（财税〔2009〕59号）等文件规定的特殊性税务处理条件的，也可选择按特殊性税务处理规定执行。由于收购方需要在半年内完成采矿权的收购，故递延纳税与特殊重组没有任何意义，本方案按正常征税对待。

企业分立：《财政部 国家税务总局关于企业重组业务企业所得税处理若干问题的通知》（财税〔2009〕59号）规定，企业重组同时符合下列条件的，适用特殊性税务处理规定：

（一）具有合理的商业目的，且不以减少、免除或者推迟缴纳税款为主要目的；

（二）被收购、合并或分立部分的资产或股权比例符合本通知规定的比例；

（三）企业重组后的连续12个月内不改变重组资产原来的实质性经营活动；

（四）重组交易对价中涉及股权支付金额符合本通知规定比例；

（五）企业重组中取得股权支付的原主要股东，在重组后连续12个月内，不得转让所取得的股权。由于收购方需要在半年内完成采矿权的收购，故不符合特殊重组的条件，本方案按正常征税对待。

资产划转：《财政部 国家税务总局关于促进企业重组有关企业所得税处理问题的通知》（财税〔2014〕109号）规定，对100%直接控制的居民企业之间，以及受同一或相同多家居民企业100%直接控制的居民企业之间按账面净值划转股权或资产，凡具有合理商业目的、不以减少、免除或者推迟缴纳税款为主要目的，股权或资产划转后连续12个月内不改变被划转股权或资产原来实质性经营活动，且划出方企业和划入方企业均未在会计上确认损益的，可以选择按以下规定进行特殊性税务处理：

（一）划出方企业和划入方企业均不确认所得；

（二）划入方企业取得被划转股权或资产的计税基础，以被划转股权或资产的原账面净值确定。

（三）划入方企业取得的被划转资产，应按其原账面净值计算折旧扣除。

（5）个人所得税征收规定。

《国家税务总局关于企业重组业务企业所得税征收管理若干问题的公告》（国家税务总局公告2015年第48号）第一条规定：按照重组类型，企业重组的当事各方是指：（五）分立中当事各方，指分立企业、被分立企业及被分立企业股东。上述重组交易中，分立中被分立企业股东，可以是自然人。当事各方中的自然人应按个人所得税的相关规定进行税务处理。

根据《关于企业重组业务企业所得税处理若干问题的通知》（财税〔2009〕59号）规定，在一般性税务处理下，存续分立时，被分立企业股东取得的对价应视同被分立企业分配进行处理（企业所得税口径，这里的股东应为法人股东，非自然人股东）。

在企业分立条件下，即使是在股权比例未发生变化的情况下，自然人股东取得的对价并没有直接确认到自然人名下，如土地使用权、房屋产权并没有先过户到自然人股东名下再作价投资到分立企业，而是依法直接变更到分立企业，通常会认为不存在分配股息、红利或以非货币性资产作价投资，然而分立以后所获得的相应股权可以视为对被分立企业的投资收回，如前所述，全国有部分地方对此作出了明确：

《海南省地方税务局关于印发企业重组中分立业务所得税税收风险特征的通知》（琼地税函〔2014〕467号）……二、企业重组分立涉及所得税税务处理的政策规定（二）个人所得税：企业分立重组中，一般拆分为股东收回投资和再投资两个税收行为，对涉及个人股东权益变动或变更的，应按照个人所得税法的股息、利息、红利所得或财产转让所得规定计征税款。

《大连市地方税务局关于加强企业注销和重组自然人股东个人所得税管理的通知》（大地税函〔2009〕212号）规定，企业分立后，被分立企业存续的，其自然人股东取得的对价应当视为被分立企业的分配，在扣除投资成本后确认为所得，按"利息、股息、红利所得"项目计算征收个人所得税。

如果该交易发生在海南和大连，采用分立方式则涉及个人所得税，其他地方目前并不明确，而且该事项是否征税存在争议，如果涉及税务行政复议或诉讼，海南与大连的税收文件并不一定被采纳。

各种资产剥离方式对应的税收待遇对比见下表。

资产剥离方式	交易过户	投资入股	企业分立	资产划转
增值税	正常征收 符合条件不征	正常征收	符合条件不征	正常征收
土地增值税	正常征收	暂不征	暂不征	正常征收
契税	正常征收	正常征收 全资增资：免征	免征契税	全资：免征
企业所得税	正常征收	正常征收	正常征收	符合条件不征

各项税费计算如下

（1）增值税＝$3\,500 \div 1.17 \times 0.17 + (2\,100 + 1\,500 - 2\,000 - 1\,000) \div 1.05 \times 0.05 = 537.12$（万元）

（2）土地增值税＝$[(1\,500 + 2\,100) \div 1.05 - (300 + 800 + 2\,000)] \times 30\% = 98.57$（万元）

（3）契税＝（1 500＋2 100）÷1.05×3%＝102.86（万元）

（4）企业所得税计算如下：

A. 正常征收增值税和土地增值税时的转让所得

＝3 500÷1.17＋（1 500＋2 100）÷1.05－3 000－（2 000＋1 000）÷1.05－98.57＝464.31（万元）

B. 正常征收增值税但不征收土地增值税时的转让所得＝3 500÷1.17＋（1 500＋2 100）÷1.05－3 000－（2 000＋1 000）÷1.05＝562.88（万元）

C. 正常征收土地增值税但不征收增值税时的转让所得

＝3 500＋（1 500＋2 100）－3 000－（2 000＋1 000）－98.57＝1 001.43（万元）

弥补亏损以后应缴企业所得税为零（在不同的交易方式下，如果可弥补的税务亏损低于上述额度则涉及企业所得税）。

资产剥离的交易方式及相应的税金，有六种设计方案。

方式一：甲公司与自然人李某、王某共同投资成立 B 公司。A 公司将办公楼、在建厂房工程、设备及库存材料按照公允价值作价 7 100 万元转让给 B 公司。

方式二：甲公司与自然人李某、王某共同投资成立 B 公司，A 公司将办公楼、在建厂房工程、设备及库存材料以及与之相关的其他应收款、其他应付款和应付股东借款 6 100万元按公允价值转让给 B 公司，双方不涉及补价。

方式三：A 公司以办公楼、在建厂房工程、设备及库存材料作价 7 100 万元投资设立B 公司，之后 A 公司再将持有的 B 公司股权转让给甲公司与自然人李某、王某（因为公允价值不变，不会产生所得税）。

方式四：A 公司以设备及库存材料作价 3 500 万元投资设立 B 公司，再以办公楼、在建厂房工程作价 3 600 万元向 B 公司增资，之后 A 公司再将持有的 B 公司股权转让给甲公司与自然人李某、王某（因为公允价值不变，不会产生所得税）。

方式五：A 公司分立为 A 公司与 B 公司，A 公司保留工业用地（矿山用地）和矿山资产经营权，其余资产和债权、债务全部过户给 B 公司。A、B 公司的股权比例完全一致。

方式六：A 公司以货币资金 100 万元投资设立 B 公司，再将办公楼、在建厂房工程、设备及库存材料划转给 B 公司作为资本投入（资本公积），之后 A 公司再将持有的 B 公司股权转让给甲公司与自然人李某、王某（因为公允价值不变，不会产生所得税）。

各种交易方式对应的税金见下表。

金额单位：万元

交易方式	增值税	土地增值税	契税	企业所得税	合计
方式一	537.12	98.57	102.86	0	738.55
方式二	0	98.57	102.86	0	201.43
方式三	537.12	0	102.86	0	639.98
方式四	537.12	0	0	0	537.12
方式五	0	0	0	0	0
方式六	537.12	98.57	0	0	635.69

上述交易方式中，方式一、三、四、六虽然需缴纳增值税 537.12 万元，但是由于可以开票给 B 公司抵扣，因此实际增值税综合税负为 0。方式三、四、六还将涉及 A 公司转让 B 公司的股权时，受让方需向 A 公司支付对价，导致资金回流到 A 公司，交易难度增加。通过综合对比，优先考虑方式四和方式五，同时还需要考虑与股权转让的配合操作。

（二）股权转让

股权转让涉及企业所得税和个人所得税，企业所得税如充分利用特殊重组的税收政策可以实现免税，而个人所得税难以实现免征，唯一可以做到的是递延 5 年纳税。相关税收政策如下：

《财政部 国家税务总局关于企业重组业务企业所得税处理若干问题的通知》财税〔2009〕59 号）规定：企业重组符合本通知第五条规定条件的，交易各方对其交易中的股权支付部分，可以按以下规定进行特殊性税务处理：

（一）企业发生债权转股权业务，对债务清偿和股权投资两项业务暂不确认有关债务清偿所得或损失，股权投资的计税基础以原债权的计税基础确定。企业的其他相关所得税事项保持不变。

（二）股权收购，收购企业购买的股权不低于被收购企业全部股权的 75%，且收购企业在该股权收购发生时的股权支付金额不低于其交易支付总额的 85%，可以选择按以下规定处理：

（1）被收购企业的股东取得收购企业股权的计税基础，以被收购股权的原有计税基础确定。

（2）收购企业取得被收购企业股权的计税基础，以被收购股权的原有计税基础确定。

（3）收购企业、被收购企业的原有各项资产和负债的计税基础和其他相关所得税事项保持不变。

《国家税务总局关于企业重组业务企业所得税征收管理若干问题的公告》（2015年第48号）按照重组类型，企业重组的当事各方是指：

（三）资产收购中当事各方，指收购方、转让方。上述重组交易中，股权收购中转让方、合并中被合并企业股东和分立中被分立企业股东，可以是自然人。当事各方中的自然人应按个人所得税的相关规定进行税务处理。

《财政部 国家税务总局关于促进企业重组有关企业所得税处理问题的通知》（财税〔2014〕109号）规定：将《财政部 国家税务总局关于企业重组业务企业所得税处理若干问题的通知》（财税〔2009〕59号）第六条第（二）项中有关"股权收购，收购企业购买的股权不低于被收购企业全部股权的75%"规定调整为"股权收购，收购企业购买的股权不低于被收购企业全部股权的50%"。

《财政部 国家税务总局关于个人非货币性资产投资有关个人所得税政策的通知》（财税〔2015〕41号）规定：

一、个人以非货币性资产投资，属于个人转让非货币性资产和投资同时发生。对个人转让非货币性资产的所得，应按照"财产转让所得"项目，依法计算缴纳个人所得税。

二、个人以非货币性资产投资，应按评估后的公允价值确认非货币性资产转让收入。非货币性资产转让收入减除该资产原值及合理税费后的余额为应纳税所得额。

三、纳税人一次性缴税有困难的，可合理确定分期缴纳计划并报主管税务机关备案后，自发生上述应税行为之日起不超过5个公历年度内（含）分期缴纳个人所得税。

··········

五、本通知所称非货币性资产，是指现金、银行存款等货币性资产以外的资产，包括股权、不动产、技术发明成果以及其他形式的非货币性资产。本通知所称非货币性资产投资，包括以非货币性资产出资设立新的企业，以及以非货币性资产出资参与企业增资扩股、定向增发股票、股权置换、重组改制等投资行为。

《国家税务总局关于个人非货币性资产投资有关个人所得税征管问题的公告》（2015年第20号）规定：

纳税人以股权投资的，该股权原值确认等相关问题依照《股权转让所得个人所得税管理办法（试行）》（国家税务总局公告2014年第67号发布）有关规定执行。

国家税务总局关于发布《股权转让所得个人所得税管理办法（试行）》的公告（2014 年第 67 号）规定：

股权转让是指个人将股权转让给其他个人或法人的行为，包括以下情形：

…………

（五）以股权对外投资或进行其他非货币性交易。

（三）综合方案

【方案一】债转股＋分立

A 公司将股东借款 6 500 万元以债转股方式转为资本，之后以存续分立方式分立为 A 公司与 B 公司。A 公司保留工业用地（矿山用地）和矿山资产经营权，其余资产和债权债务全部过户给 B 公司。A、B 公司的股权比例完全一致。分立后 A 公司资产负债状况，见下表。

金额单位：万元

科目	金额	科目	金额
工业用地（2013 年取得，矿山用地）	500	实收资本	2 500
矿山资产经营权（尚余 10 年）账面净值	500	未分配利润	− 1 500
合计	1 000	合计	1 000

B 公司资产负债状况见下表。

科目	金额（万元）	科目	金额（万元）
办公楼（2015 建成）	1 000	其他应付款	4 000
在建厂房工程	2 000		
设备及库存材料	3 000		
其他应收款	3 000	实收资本	5 000
合计	9 000	合计	9 000

甲公司、李某、王某将持有的 A 公司股权作价 9 000 万元全部转让给收购方，股权转让所得 ＝ 9000 − 2 500 ＝ 6 500（万元）

甲公司应缴企业所得税 ＝ 6 500×20%×25% ＝ 325（万元）

李某应缴个人所得税 ＝ 6 500×40%×20% ＝ 520（万元）

王某应缴个人所得税 ＝ 6 500×40%×20% ＝ 520（万元）

综合税负见下表。

金额单位：万元

交易方式	税金	备注
增值税	0	
土地增值税	0	
契税	0	
企业所得税（A公司）	0	弥补亏损
企业所得税（甲公司）	325	
个人所得税（李某）	520	
个人所得税（王某）	520	
合计	1 365	

// 筹划风险

此方案看似比较大幅度降低了税负，但是硬伤还是分立方式涉及个人所得税，虽然仅有部分地方税务政策明确，但大部分基层税务机关对此也没有意识，毕竟存在较大税务风险。因此在具体操作时与税务机关进行良好沟通显得尤为重要。

【方案二】

A公司将股东借款中的400万元以债转股方式转为资本，此时按照公允价值A公司估值为9 000万元。此时收购方以9 000万元人民币对A公司增资，占股权50%，其中1 400万元作为注册资本、7 600万元作为资本公积。增资后A公司资产负债状况见下表。

金额单位：万元

科目	金额	科目	金额
货币资金	9 000	其他应付款	4 000
工业用地（2013年取得，矿山用地）	500	应付股东借款	6 100
矿山资产经营权（尚余10年）账面净值	500		
办公楼（2015建成）	1 000		
在建厂房工程	2 000	实收资本	2 800
设备及库存材料	3 000	资本公积	7 600
其他应收款	3 000	未分配利润	－ 1 500
合计	19 000	合计	19 000

之后以存续分立方式分立为 A 公司与 B 公司，A 公司保留工业用地（矿山用地）和矿山资产经营权，其余资产和债权债务全部过户给 B 公司。A、B 公司的股权比例完全一致。分立后 A 公司资产负债状况见下表。

金额单位：万元

科目	金额	科目	金额
工业用地（2013 年取得，矿山用地）	500	实收资本	2 500
矿山资产经营权（尚余 10 年）账面净值	500	未分配利润	－ 1500
合计	1 000	合计	1 000

A 公司中收购方占股 50%、甲公司占股 10%、李某和王某分别占股 20%。

A 公司市值为 9 000 万元（600 ＋ 8 400）。

B 公司资产负债状况见下表。

科目	金额（万元）	科目	金额（万元）
货币资金	9 000	其他应付款	4 000
办公楼（2015 建成）	1 000	应付股东借款	6 100
在建厂房工程	2 000		
设备及库存材料	3 000	实收资本	300
其他应收款	3 000	资本公积	7 600
合计	18 000	合计	18 000

B 公司中收购方占股 50%、甲公司占股 10%、李某和王某分别占股 20%。

B 公司市值为 9 000 万元（9 000 ＋ 1 500 ＋ 2 100 ＋ 3 500 ＋ 3 000 － 4 000 － 6 100）。

收购方以持有的 B 公司 10% 的股权换取甲公司持有 A 公司 10% 的股权；以持有 B 公司 20% 的股权换取李某持有 A 公司 20% 的股权；以持有 B 公司 20% 的股权换取王某持有 A 公司 20% 的股权。股权收购完成后，各方股权在 12 个月内不转让股权。

收购方和甲公司股权收购可以适用特殊重组税务处理，需缴纳的企业所得税为 0。

李某应缴个人所得税 ＝（股权转让收入 － 股权原值）× 20% ＝（9 000 × 20% － 2 500 × 20%）× 20% ＝ 260（万元）

王某应缴个人所得税 ＝（股权转让收入 － 股权原值）× 20% ＝（9 000 × 20% － 2 500 × 20%）× 20% ＝ 260（万元）

综合税负见下表。

金额单位：万元

交易方式	税金	备注
增值税	0	
土地增值税	0	
契税	0	
企业所得税（A公司）	0	弥补亏损
企业所得税（甲公司）	0	
个人所得税（李某）	260	可递延5年纳税
个人所得税（王某）	260	可递延5年纳税
合计	520	

存在的税务风险如下：

（1）股权收购中适用特殊重组税务处理必须具有合理的商业目的，如果被税务机关认定不具有合理商业目的，则收购方与甲公司均涉及企业所得税。

（2）股权收购完成后12个月不得改变经营实质，不得进行股权转让。

【案例10-3】股东分家，股权置换

// 案例背景

2015年，甲公司与乙公司共同投资经营A公司、B公司。其中：A公司实收资本7 000万元，甲公司出资3 500万元，乙公司出资3 500万元，各占A公司股权的50%。A公司总资产账面价值10 000万元，净资产4000万元，因A公司拥有土地使用权和厂房，不动产增值导致A公司净资产公允价值15 000万元。

B公司实收资本13 000万元，甲公司出资3 900万元，乙公司出资9 100万元，分别持有B公司30%和70%的股权。B公司总资产账面价值30 000万元，净资产8 000万元，因B公司拥有土地使用权和厂房，不动产增值导致B公司净资产公允价值20 000万元。

金额单位：万元

公司名称	股东名称	股比	实收资本	账面净资产	净资产评估值	增值额	简称
A公司	甲公司	50%	7 000	4 000	15 000	11 000	股权①
	乙公司	50%					股权②
B公司	甲公司	30%	13 000	8 000	20 000	12 000	股权③
	乙公司	70%					股权④

筹划要求：因经营管理需要，甲公司和乙公司拟进行"分家"，各单独持有一家公司。

分法一：甲公司100%持有A公司，乙公司100%持有B公司。

分法二：甲公司100%持有B公司，乙公司100%持有A公司。

选择上述两种分法之一，合理降低税费。

// 相关政策

《财政部 国家税务总局关于企业重组业务企业所得税处理若干问题的通知》（财税〔2009〕59号）相关规定如下。

二、本通知所称股权支付，是指企业重组中购买、换取资产的一方支付的对价中，以本企业或其控股企业的股权、股份作为支付的形式；所称非股权支付，是指以本企业的现金、银行存款、应收款项，本企业或其控股企业股权和股份以外的有价证券、存货、固定资产、其他资产以及承担债务等作为支付的形式。

四、企业重组，除符合本通知规定适用特殊性税务处理规定的外，按以下规定进行税务处理：

…………

（三）企业股权收购、资产收购重组交易，相关交易应按以下规定处理：

（1）被收购方应确认股权、资产转让所得或损失。

（2）收购方取得股权或资产的计税基础应以公允价值为基础确定。

（3）被收购企业的相关所得税事项原则上保持不变。

六、企业重组符合本通知第五条规定条件的，交易各方对其交易中的股权支付部分，可以按以下规定进行特殊性税务处理：

…………

（二）股权收购，收购企业购买的股权不低于被收购企业全部股权的75%，且收购企业在该股权收购发生时的股权支付金额不低于其交易支付总额的85%，可以选择按以下规定处理：

（1）被收购企业的股东取得收购企业股权的计税基础，以被收购股权的原有计税基础确定。

（2）收购企业取得被收购企业股权的计税基础，以被收购股权的原有计税基础确定。

（3）收购企业、被收购企业的原有各项资产和负债的计税基础和其他相关所得税事项保持不变。

// 筹划分析

（1）甲公司和乙公司的分家要求，可以通过甲公司和乙公司交换 A 公司、B 公司的股权实现。

分法一：甲公司所持有 B 公司的 30% 股权（股权③）交换乙公司所持有 A 公司 50% 股权（股权②）。

交换后，各项目情形见下表。

金额单位：万元

公司名称	股东名称	股比	实收资本	账面净资产	净资产评估值	增值额
A 公司	甲公司	100%	7 000	4 000	15 000	11 000
B 公司	乙公司	100%	13 000	8 000	20 000	12 000

分法二：甲公司所持有 A 公司的 50% 股权（股权①）交换乙公司所持有 B 公司 70% 股权（股权④）。

交换后，各项目情形见下表。

金额单位：万元

公司名称	股东名称	股比	实收资本	账面净资产	净资产评估值	增值额
A 公司	乙公司	100%	7 000	4 000	15 000	11 000
B 公司	甲公司	100%	13 000	8 000	20 000	12 000

（2）分法一中，甲公司和乙公司交换股权③和股权②，应分解为甲公司向乙公司转让股权②，同时甲公司向乙公司收购股权③两个交易。甲公司和乙公司应分别按公允价值计算股权转让所得缴纳企业所得税。分法二同理。

（3）股权交易所涉及企业所得税和印花税，为方便讨论，印花税忽略不计。

（4）分别计算按一般性税务处理时甲公司和乙公司应缴纳的税费。

分法一税费计算如下：

应缴税费＝企业所得税＋印花税

甲公司应缴税费＝ 12 000×30%×25% ＋（ 20 000×30% ＋ 15 000×50% ）×0.05% ＝ 906.75（万元）

乙公司应缴税费＝ 11 000×50%×25% ＋（ 20 000×30% ＋ 15 000×50% ）×0.05% ＝ 1 381.75（万元）

合计应缴税费＝ 906.75 ＋ 1 381.75 ＝ 2 288.50（万元）

分法二税费计算如下。

应缴税费＝企业所得税＋印花税

甲公司应缴税费＝ 11 000×50%×25% ＋（ 20 000×70% ＋ 15 000×50%）×0.05% ＝ 1385.75（万元）

乙公司应缴税费＝ 12 000×70%×25% ＋（ 20 000×70% ＋ 15 000×50%）×0.05% ＝ 2110.75（万元）

合计应缴税费＝ 1 385.75 ＋ 2 110.75 ＝ 3 496.5（万元）

（5）从上面计算可知，要实现两股东的"分家"目标，如果选择一般性税务处理，将要缴纳大额税费。想减轻税负，应考虑选择企业重组的特殊性税务处理政策，实现暂时不缴纳企业所得税。

// 筹划方案

为避免与前文重复，下面方案内容不再完整复述特殊性税务处理的完整条件，仅列示与方案相关的关键条件，同时视同满足具体适用特殊性税务处理的合理商业目的。为计算简便，印花税忽略不计。

【方案一】股权收购

关键条件：被收购的股权比例不低于 50%，收购方以股权支付的比例不低于 85%。

收购前公司股权结构见下表。

金额单位：万元

公司名称	股东名称	股比	净资产评估值	简称	股权公允价值	计税基础
A 公司	甲公司	50%	15 000	股权①	7 500	3 500
	乙公司	50%		股权②	7 500	3 500
B 公司	甲公司	30%	20 000	股权③	6 000	3 900
	乙公司	70%		股权④	14 000	9 100

分法一：股权②与股权③交换，以股权②作为被收购股权，股权③作为股权支付对价。

收购比例＝ 50%，满足不低于 50% 的条件。

股权支付比例＝ 6 000÷7 500 ＝ 80%<85%，不满足支付比例要求。

解决方法：提高股权支付比例。

对价支付方式一：支付现金补价。

85% 支付比例＝ 7 500×85% ＝ 6 375（万元）

占乙公司股权比例＝ 6 375÷20 000 ＝ 31.875%（为计算简便，后面取 32%）

假如股权③的比例提高到 32%，则可实现股权支付 ≥ 85%

计算步骤如下：

（1）乙公司向甲公司转让 B 公司 2% 股权，转让后甲公司持有乙公司 32% 股权。

股权转让价格 = 20 000×2% = 400（万元）

乙公司应缴企业所得税 = 12 000×2%×25% = 60（万元）

（2）甲公司收购乙公司所持有 A 公司 50% 的股权（股权②），以甲公司所持有乙公司 32% 的股权支付，另外支付补价 = 7 500 − 20 000×32% = 1 100（万元）。

（3）选择特殊性税务处理，补价部分对应的资产转让所得或损失 =（被转让资产的公允价值 − 被转让资产的计税基础）×（非股权支付金额 ÷ 被转让资产的公允价值）

= （7 500 − 3 500）×（1 100÷7 500） = 586.80（万元）

乙公司收到补价应缴企业所得税 = 586.80×25% = 146.70（万元）

（4）对符合条件的特殊重组业务，与股权支付额相对应的部分暂不征税，计税基础要连续计算；与非股权支付额相对应的部分则应即时征税，计税基础要重新计算。收购完成后，双方取得的股权计税基础如何确定？

股权②作为被收购股权，其在乙公司的原计税基础是 3 500（万元）。

将交易分解为"资产销售"和"重组递延"两项交易事项并分别计算占比。

　　"资产销售"占比 = 1 100÷7 500×100% = 14.67%（已确认收入）

　　"重组递延"占比 = 6 400÷7 500×100% = 85.33%

乙公司取得股权③计税基础 = 3 500×85.33% = 2 986.55（万元）

或：乙公司取得股权③计税基础 = 3 500 − 1 100 + 586.80 = 2 986.80（万元）

两种计算方法存在差异是由计算重组递延比例四舍五入的原因造成的。甲公司取得股权②计税基础按卖家对应的"重组递延"的计税基础连续计算，即确认 2 986.55 万元；与非股权支付额相对应的"资产销售"乙公司已完税，甲公司"资产购买"的计税基础为 1 100 万元。

甲公司取得股权②计税基础 = "重组递延"计税基础 + "资产购买"计税基础 = 2 986.55 + 1100 = 4 086.55（万元）

金额单位：万元

被收购企业	被收购股权	支付股权	原计税基础	收购后计税基础
乙公司	股权②		3 500	4 086.55
甲公司		股权③	4 300	2 986.55

收购前后计税基础对比见下表。

金额单位：万元

公司名称	股东名称	股比	简称	股权公允价值	计税基础	股东名称	计税基础
A 公司	甲公司	50%	股权①	7 500	3 500	甲公司	3 500
	乙公司	50%	股权②	7 500	3 500		4 086.55
合计		100%		15 000	7 000		7 586.55
B 公司	甲公司	32%	股权③	6 400	4 300	乙公司	2 986.55
	乙公司	68%	股权④	13 600	8 700		8 700
合计		100%		20 000	13 000		11 686.55

乙公司合计应缴所得税 = 60.24 + 146.67 = 206.91（万元）

对价支付方式二：不支付现金补价。

100% 股权支付占 B 公司的股权比例 = 7 500÷20 000 = 37.5%

假如股权③的比例提高到 37.5%，则可实现 100% 股权支付，不需要支付补价。

计算步骤如下：

（1）乙公司向甲公司转让 B 公司 7.5% 的股权，转让后甲公司持有乙公司 37.5% 股权（股权③），公允价值 7 500 万元。

股权转让价格 = 20 000×7.5% = 1 500（万元）

乙公司应缴企业所得税 = （1 500 − 13 000×7.5%）×25% = 131.25（万元）

（2）甲公司收购乙公司所持有 A 公司 50% 的股权（股权②），以甲公司所持有 B 公司 37.5% 的股权支付，不需要支付补价。

（3）收购完成后，股权②作为被收购股权，其在乙公司的原计税基础是 3 500 万元。故甲公司取得股权②计税基础 = 3 500 元，同时乙公司取得股权③计税基础 = 3 500 元。

金额单位：万元

被收购企业	被收购股权	支付股权	原计税基础	收购后计税基础
乙公司	股权②		3 500	3 500
甲公司		股权③	5 400	3 500

收购前后计税基础对比，见下表。

金额单位：万元

公司名称	股东名称	股比	简称	股权公允价值	计税基础	股东名称	计税基础
A 公司	甲公司	50%	股权①	7 500	3 500	甲公司	3 500
	乙公司	50%	股权②	7 500	3 500		3 500

续表

公司名称	股东名称	股比	简称	股权公允价值	计税基础	股东名称	计税基础
合计		100%		15 000	7 000		7 000
B公司	甲公司	32%	股权③	6 400	5 400	乙公司	3 500
	乙公司	68%	股权④	13 600	7 600		7 600
合计		100%		20 000	13 000		11 100

　　在此要特别关注，在大多数人的概念中，特殊重组只是税收的递延，然而通过这一案例对比，我们发现因股权收购后，双方所持股权的计税基础按"以被收购股权的原有计税基础"确定，可能导致收购方原来的股权计税基础发生变化，带来税收利益的变化。该方案将导致甲公司持有 B 公司 37.5% 的股权（股权③）的原计税基础是 5 400 万元，交换股权②后，甲公司持有股权②的计税基础变成 3 500 万元，以后如果甲公司要处置股权②时，将带来永久性的税收损失。

　　支付方式一和支付方式二对比见下表。

金额单位：万元

支付方式	公司名称	股东名称	股比	计税基础	应缴税费
现金补价	A公司	甲公司	100%	7 586.55	0
无现金补价				7 000	0
现金补价	B公司	乙公司	100%	11 686.55	206.91
无现金补价				11 100	131.25

　　对比两种支付方式，第一种方式下甲公司实际支付的款项为股权转让 400 万元加上现金补价 1 100 万元，共计 1 500 万元。与第二种方式下实际支付的补价 1 500 万元相等，然而在第一种支付方式下甲公司持有 A 公司股权的计税基础多出 586.55 万元，而乙公司第一种支付方式下需要多缴 75.66 万元企业所得税，相应的股权计税基础增加 586.55 万元，也就是甲公司和乙公司所持有对应的股权计税基础同时增加了 586.55 万元，共计 1 173.10万元，对应的隐含企业所得税利益为 293.28 万元，因此，第一种支付方式相对第二种支付方式更优。

　　当然我们必须注意到，在第一种支付方式下甲公司所持有 A 公司的股权计税基础增加 586.55 万元，但是乙公司持有 B 公司的股权计税基础却减少了 1 313.45 万元，综合以后甲公司和乙公司所持有对应的股权计税基础共计减少 726.90 万元（隐含的所得税181.73 万元），同时需要缴纳 206.91 万元企业所得税。

如果采用一般计税方法，则：

乙公司应缴企业所得税=（7 500－3 500）×25%＝1 000（万元）

甲公司应缴企业所得税=（6 000－3 900）×25%＝525（万元）

交易完成以后甲公司持有A公司股权计税基础＝3 500＋7 500＝11 000（万元）

乙公司持有B公司股权计税基础＝6 000＋9 100＝1 5100（万元）

甲乙公司合计缴纳企业所得税1 525万元，股权计税基础相应增加6 100万元（隐含的所得税1 525万元）。

如果不考虑缴税的资金成本，则反而采用一般计税方式更节税。

若交换股权①及股权④，可参照上述操作。但是股权①和股权④的公允价值相差较大，涉的税费会更多，不是适当的方案。

【方案二】债转股＋股权收购

方案一股权收购中第二种支付方式的思路是：将交换的两个股权公允价值调整成一致再交换。

要将股权②与股权③交换的公允价值变成一致，除了通常的股权转让外，还可以通过增资增加股权③的比例，而增资既可以是货币方式增资，也可以是非货币增资，或者是债转股。货币增资对资金有一定的要求，非货币增资虽然也可以递延纳税，但是最终仍然是存在税负的，债转股在条件具备的情况下通常是可以优先考虑的方式。

通过进一步分析案例背景中的数据，可知A公司、B公司账面有大量的负债，并且主要是对股东的负债。

金额单位：万元

A公司			B公司		
项目	账面价值	公允价值	项目	账面价值	公允价值
资产	10 000	21 000	资产	30 000	42 000
负债	6 000	6 000	负债	22 000	22 000
净资产	4 000	15 000	净资产	8 000	20 000
其中：实收资本	7 000		其中：实收资本	13 000	
未分配利润	－3 000		未分配利润	－5 000	

操作步骤：

（1）甲公司以债权对B公司增资，增加股权③的公允价值至7 500万元。

$20\,000 \div 13\,000 = 1.54$（元 / 股）

$2\,000 \div (20\,000 \div 13\,000) = 1\,300$（股）

甲公司以债权 1 500 万元对 B 公司增资，其中 975 万元转增资本，525 万元转为资本公积。

债转股后股权比例及公允价值见下表。

金额单位：万元

公司名称	股东名称	股比	实收资本	账面净资产	净资产评估值	简称	公允价值	计税基础
A 公司	甲公司	50%	7 000	4 000	15 000	股权①	7 500	3 500
	乙公司	50%				股权②	7 500	3 500
B 公司	甲公司	34.88%	13 975	9 500	21 500	股权③	7 500	3 500
	乙公司	65.12%				股权④	14 000	9 100

（2）股权②与股权③交换，企业所得税选择特殊性税务处理。

（3）股权收购后的情况见下表。

金额单位：万元

股东名称	公司名称	股比	应缴税费	计税基础
甲公司	A 公司	100%	0	7 000
乙公司	B 公司	100%	0	12 600

这种方案实现了全程递延纳税，但是股权计税基础却减少了 1 900 万元（13 000 ＋ 1 500 － 12 600），隐含的所得税为 475 万元。

补充说明：

（1）若 B 公司的债务中，对甲公司的负债不足 1 500 万元，甲公司与乙公司之间可以进行债权转让，使公司的债权达到 1 500 万元，双方之间平价转让债权不涉及所得税。

（2）若甲公司与乙公司均无足够债权，甲可选择货币资金增资。

（3）若选择股权①与股权④交换，可重复上述过程。但是股权①和股权④的公允价值相差较大，需要转增资本的债权或货币资金更多，不是适当的方案。

（4）因股权收购后，双方的所持股权计税基础按"以被收购股权的原有计税基础"确定。可能导致收购方原来的股权计税基础发生变化，带来税收利益的变化。

【案例 10-4】 企业上市，风险隔离

因前面几个案例已经示了详细的计算过程，本案例以分析筹划思路为主，不再详细计算。

// 案例背景

C 公司由 A 公司和 B 公司投资成立。2014 年，C 公司收购 D 公司 100% 股权，收购成本 8 000 万元，D 公司的主要资产是土地与厂房，但暂未开始生产，目前将厂房用于出租。2020 年，C 公司拟筹划上市，上市前拟将部分优质资产剥离，其中包括 D 公司的土地厂房，由于 D 公司尚未开始生产经营，所以剥离方式可以是剥离土地、厂房或者剥离 D 公司。C 公司股权架构如上图所示。

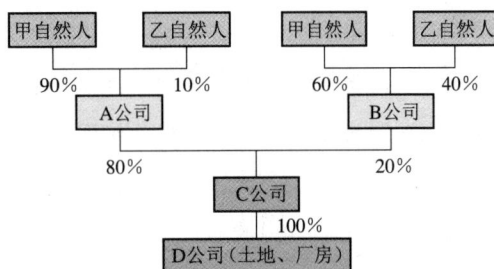

D 公司资产负债表简单列示见下表。

金额单位：万元

会计科目	账面价值	公允价值
土地、厂房	2 000	8 000
应收款	8 000	8 000
总资产	10 000	16 000
实收资本	16 000	
未分配利润	− 6 000	
净资产	10 000	16 000

// 相关政策

《财政部 国家税务总局关于促进企业重组有关企业所得税处理问题的通知》（财税〔2014〕109 号）相关规定如下。

三、关于股权、资产划转

对 100% 直接控制的居民企业之间，以及受同一或相同多家居民企业 100% 直接控制的居民企业之间按账面净值划转股权或资产，凡具有合理商业目的，不以减少、免除或者推迟缴纳税款为主要目的，股权或资产划转后连续 12 个月内不改变被划转股权或资产原来实质性经营活动，且划出方企业和划入方企业均未在会计上确认损

益的，可以选择按以下规定进行特殊性税务处理：

（1）划出方企业和划入方企业均不确认所得。

（2）划入方企业取得被划转股权或资产的计税基础，以被划转股权或资产的原账面净值确定。

（3）划入方企业取得的被划转资产，应按其原账面净值计算折旧扣除。

《财政部 国家税务总局关于企业重组业务企业所得税处理若干问题的通知》（财税〔2009〕59号）相关规定如下。

六、企业重组符合本通知第五条规定条件的，交易各方对其交易中的股权支付部分，可以按以下规定进行特殊性税务处理：

…………

（二）股权收购，收购企业购买的股权不低于被收购企业全部股权的50%，且收购企业在该股权收购发生时的股权支付金额不低于其交易支付总额的85%，可以选择按以下规定处理：

1. 被收购企业的股东取得收购企业股权的计税基础，以被收购股权的原有计税基础确定。

2. 收购企业取得被收购企业股权的计税基础，以被收购股权的原有计税基础确定。

3. 收购企业、被收购企业的原有各项资产和负债的计税基础和其他相关所得税事项保持不变。

// 筹划分析

本案例可以剥离D公司，或者剥离D公司的房产土地，都能实现C公司在上市前剥离优质资产的目的，下面以剥离D公司进行税务筹划。

（1）C公司的股东决定剥离D公司的目的是将优质资产留给股东持有，不作为上市公司资产，并不是为了对外部转让D公司，D公司剥离后仍然由最终控制人甲和乙控制。

（2）C公司剥离D公司常规思路是股权转让，但是D公司的净资产公允价值16 000万元，C公司对D公司的投资计税成本是8 000万元。按一般性税务处理，C公司转让D公司应缴纳企业所得税＝（16 000 － 8 000）×25% ＝ 2 000万元。

若C公司转让D公司的股权或者划转D公司的股权，适用特殊性税务处理，则不需缴纳企业所得税。

（3）股权收购适用性分析。

C公司的股东决定剥离D公司的目的是将优质资产留给股东持有，不作为上市公司资产，并不是为了对外部转让D公司。所以，如果选择股权收购，D公司也必须由最终同一控制下的公司收购。分析C公司的股权架构图可知，C公司没有兄弟公司，只有上层持股公司。假如由A公司作为收购方，收购D公司，A公司可以自身股权支付，也可以子公司股权支付，但是 A 公司除 C 公司外没有其他子公司，分析见下表。

特殊税务处理要求	本案例情况	适用性
被收购股权不低于 50%	100% 收购	适用
股权支付金额不低于 85%	以 A 公司股权支付	适用

所以，A 公司收购 D 公司，若选择特殊性税务处理，只能以 A 公司的股权支付。这将构成 A 公司和 C 公司交叉持股，C 公司持有 A 公司股权，从而间接持有 D 公司股权，并不能实现完全剥离 D 公司的目的。

同时，股权收购为适用特殊性税务处理，要求股权支付金额不低于 85%，D 公司净资产公允价值 16 000 万元，16000×85% = 13 600 万元，A 公司需要支付大额的股权。

因此，直接收购 D 公司的股权不是适合的方案。

（4）股权划转适用性分析。

如前分析，C 公司没有兄弟公司，只有上层持股公司。假如 C 公司向 A 公司划转 D 公司的股权，适用性分析见下表。

特殊税务处理要求	本案例情况	适用性
100% 直接控制的居民企业之间	80% 直接控制	不适用
受同一或相同多家居民企业 100% 直接控制	受相同自然人共同控制	不适用

如果直接将 D 公司划转给 A 公司，由于 A 公司不是 100% 持股 C 公司，A 公司与 C 公司也不是受相同多家居民企业 100% 直接控制，所以，不符合"财税〔2014〕109 号文"中"对 100% 直接控制的居民企业之间，以及受同一或相同多家居民企业 100% 直接控制的居民企业之间"的条件。

因此，直接划转 D 公司的股权不适用特殊性税务处理。

（5）创造条件，使之符合划转特殊性税务处理。

【方案一】创造"100% 直接控制"的母子公司关系

将 A 公司和 C 公司的股权关系变成符合"财税〔2014〕109 号文"的条件，现 A 公司持有 C 公司 80% 的股权。假如，A 公司向 B 公司收购 C 公司 20% 的股权，即可 100% 直接控制 C 公司，满足"对 100% 直接控制的居民企业之间"的条件。

缺点：（1）A 公司向 B 公司收购 C 公司 20% 的股权，按公允价值收购。假如 C 公司资产存在增值，也可能涉及大额企业所得税。

（2）改变了 C 公司的上层股权结构，C 公司将变成一人有限责任公司。从 C 公司原来的股权架构可以看出，最终控制人自然人甲和自然人乙让 A 公司和 B 公司分别持股 C 公司，是经过安排的，改变现有持股架构未必是 C 公司想要的结果。

【方案二】创造"受同一或相同多家居民企业 100% 直接控制"的兄弟公司关系

（1）分析客户的需求，目的是为把 D 公司从 C 公司中剥离，为实现这个目的，并非一定要将 D 公司划转给 A 公司，也可以划转给 100% 同一控制下的兄弟公司。

（2）特殊性税务处理除了适用于母子公司之间的划转外，还适用于兄弟公司之间的划转（受同一或相同多家居民企业 100% 直接控制的居民企业之间）。方案一创设了 100% 持股的母子公司关系，还可以考虑创设兄弟公司，把 D 公司划给兄弟公司。

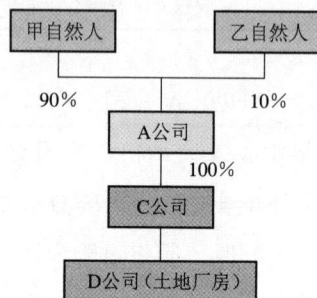

（3）案例中，C 公司没有兄弟公司。因此，需要 A 公司和 B 公司给 C 公司设立一个兄弟公司，则新设一个 E 公司，E 公司与 C 公司受 A 公司和 B 公司 100% 直接控制，如下图所示。

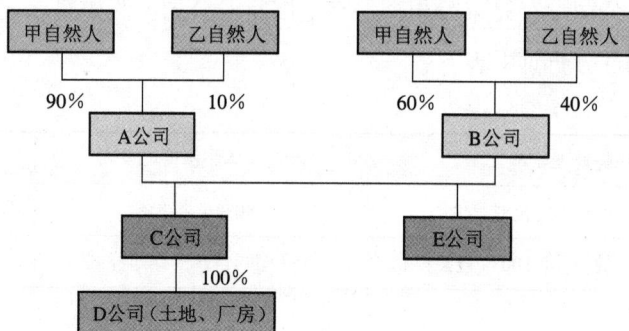

（4）C 公司将 D 公司划转给 E 公司，如下图所示，适用企业所得税特殊税务处理。

①划出方 C 公司和划入方 D 公司均不确认所得。

②划入方 E 公司取得被划转 D 公司股权的计税基础，以 C 公司原持有 D 公司股权的计税基础 8 000 万元确定。

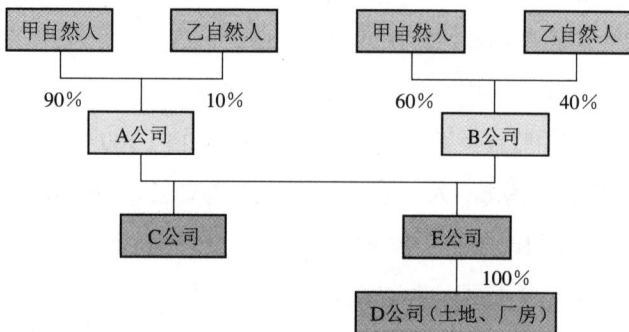

二、利用重组改变计税基础

利用重组改变计税基础的筹划方式，可以通过几个案例了解相关政策、案例分析以及如何设计。

【案例10-5】股权置换，由谁主导

// 案例背景

税月公司是 A 公司的母公司，持有 A 公司100%的股权，投资成本 1 000 万元。红红公司是 B 公司的母公司，持有 B 公司100%的股权，投资成本 3 000 万元。A 公司和 B 公司的公允价值都是 5 000 万元。因经营需要，税月公司决定收购 B 公司，并以 A 公司的股权作为支付对价，即税月公司与红红公司交换 A 公司、B 公司的股权，相关资料见下表。

金额单位：万元

股东名称	子公司名称	股权计税基础	子公司公允价值
税月公司	A 公司	1 000	5 000
红红公司	B 公司	3 000	5 000

// 相关政策

《财政部 国家税务总局关于企业重组业务企业所得税处理若干问题的通知》（财税〔2009〕59 号）相关规定如下。

六、企业重组符合本通知第五条规定条件的，交易各方对其交易中的股权支付部分，可以按以下规定进行特殊性税务处理：

…………

（二）股权收购，收购企业购买的股权不低于被收购企业全部股权的50%，且收购企业在该股权收购发生时的股权支付金额不低于其交易支付总额的85%，可以选择按以下规定处理：

1.被收购企业的股东取得收购企业股权的计税基础，以被收购股权的原有计税基础确定。

2.收购企业取得被收购企业股权的计税基础，以被收购股权的原有计税基础确定。

3.收购企业、被收购企业原有各项资产和负债的计税基础和其他相关所得税事项保持不变。

《国家税务总局关于企业重组业务企业所得税征收管理若干问题的公告》（国家税务

总局公告 2015 年第 48 号）相关规定如下。

（二）股权收购，主导方为股权转让方，涉及两个或两个以上股权转让方，由转让被收购企业股权比例最大的一方作为主导方（转让股权比例相同的可协商确定主导方）。

// 筹划分析

（1）股权收购特殊性税务处理适用性分析见下表。

特殊税务处理要求	本案例情况	适用性
被收购股权不低于 50%	100% 收购	适用
股权支付金额不低于 85%	全额以股权支付	适用

（2）被收购方的选择。红红公司与税月公司是互换子公司的股权，也是互相收购对方子公司的股权。

①红红公司作为收购方，收购 A 公司，A 公司作为被收购企业。

②税月公司作为收购方，收购 B 公司，B 公司作为被收购企业。

方式	收购方	转让方	被收购企业
方案一	红红公司	税月公司	A 公司
方案二	税月公司	红红公司	B 公司

（3）对比两个方案的差异，见下表。

金额单位：万元

对比	股东名称	子公司名称	股权计税基础	被收购企业
收购前	税月公司	A 公司	1 000	
	红红公司	B 公司	3 000	
方案一	税月公司	B 公司	1 000	A 公司
	红红公司	A 公司	1 000	
方案二	税月公司	B 公司	3 000	B 公司
	红红公司	A 公司	3 000	

（4）差异原因分析。根据《财政部 国家税务总局关于企业重组业务企业所得税处理

若干问题的通知》〔财税（2009）59号〕的规定，股权收购适用特殊性税务处理时："被收购企业的股东取得收购企业股权的计税基础，以被收购股权的原有计税基础确定。收购企业取得被收购企业股权的计税基础，以被收购股权的原有计税基础确定。"收购方和转让方，所取得的新股权计税基础均为被收购股权的原有计税基础。

	计税基础	被收购股权	差异对比
转让方原持有股权 x	x		
收购方原持有股权 y	y		
收购后			
转让方持股权 y	x	股权计税基础 x	不变
收购方持有股权 x	x		$y - x$

所以，当"被收购股权"是A公司时，收购后双方所取得新股权的计税基础均为A公司股权原有的计税基础1 000万元。当"被收购股权"是B公司时，收购后双方所取得新股权的计税基础均为A公司股权原有的计税基础3 000万元。

（5）如何选择。

应选择方案二，红红公司和税月公司所获得新股权的计税基础均是3 000万元，红红公司原股权计税基础本就是3 000万元。但税月公司原股权计税基础仅为1 000万元，现新股权计税基础变成3 000万元。税月公司的长期股权投资计税基础凭空增加了2 000万元。

当税月公司处理该长期股权投资时，因为计税基础增加，股权处置收益减少2 000万元，企业所得税减少500万元（2 000×25%）。

股权收购的特殊性税务处理，会改变转让方所持股权的计税基础，运用得当，将使转让方所持股权的计税基础增加，从而获取税收利益。

【案例10-6】　货币变股权，收购变置换

// 案例背景

A公司是一家生产火锅食品的企业，持有甲公司100%的股权，股权计税基础1 000万元。甲公司因账面无形资产——土地使用权增值明显，甲公司的公允价值5 000万元，B公司想收购甲公司，双方协商按公允价值5 000万元作为收购价。A公司适用25%企业所得税税率，A公司和B公司可能会怎样筹划？

// 筹划分析

（1）看完案例背景后，很多朋友可能会认为 B 公司其实是想收购甲公司的土地资产，为了规避风险直接购买土地使用权而产生的土地增值税和增值税等税费，一般会筹划为收购公司的股权，从而间接持有该土地使用权。关于通过收购股权实现收购不动产的筹划在之前已经讨论过，本案例不再讨论收购不动产的土地增值税筹划，进一步讨论股权收购的企业所得税筹划。当然，两者可以整合成一个完整的案例。

（2）甲公司的公允价值是 5 000 万元，A 公司所持股权的计税基础仅为 1 000 万元，假如直接转让甲公司的股权。

A 公司应缴纳企业所得税＝（5 000 － 1 000）×25% ＝ 1 000（万元）

要减少应纳税所得额，A 公司要么降低股权转让价，要么提高股权计税基础。

（3）结合【案例10-5】可知，在股权收购中，以股权支付对价，并适用特殊性税务处理，可以改变收购方的股权计税基础。假设 B 公司以某个计税基础较高的乙公司股权，交换 A 公司所持有的甲公司股权，并以乙公司作为被收购企业，A 公司作为收购方，B 公司作为转让方，则在收购完成后，A 公司所持股权的计税基础将会增加。

（4）A 公司和 B 公司协商以 5 000 万元收购甲公司，并非股权交换。因此，要将货币支付变成股权支付，先要将货币资金转换成股权。

（4）如何将 5 000 万元转换成股权？先以 5 000 万元投资设立乙公司，再用乙公司的股权交换甲公司的股权。

// 筹划方案

（1）B 公司投资成立从事餐饮服务的乙公司，实收资本 5 000 万元。配备一定的人手、设备开展经营活动。B 公司持有乙公司的股权计税基础为 5 000 万元。

（2）A 公司管理层决定进一步扩大产品的销售推广，拟成立专门的餐饮服务公司对接火锅餐厅。

（3）A 公司拟成立餐饮服务服务公司，B 公司扩大生产想收购甲公司。经协商，A 公司收购乙公司，以甲公司的股权作为支付对价。甲公司与乙公司公允价值均是 5 000 万元，无须支付对价。适用特殊性税务处理，转让方为 B 公司，收购方为 A 公司，被收购企业是乙公司。

（4）收购完成后，A 公司和 B 公司的持股情况见下表。

金额单位：万元

对比	股东名称	子公司名称	股权计税基础	被收购企业
收购前	A公司	甲公司	1 000	
	B公司	乙公司	5 000	
收购后	A公司	乙公司	5 000	乙公司
	B公司	甲公司	5 000	

（5）12个月后，因为营销策略发生变化，A公司决定注销乙公司，收回资金5000万元。因股权计税基础是5 000万元，A公司处置乙公司应纳企业所得税0元。

// 筹划风险

（1）政策风险。分析方案是否满足重组特殊性税务处理政策的要求，见下表：

关键条件	是否符合（如何满足）
具有合理的商业目的，且不以减少、免除或者推迟缴纳税款为主要目的	具备（公司营销商业需求）
股权支付金额不低于其交易支付总额的85%	符合条件（全额以甲公司股权支付）
连续12个月内不改变重组资产原来的实质性经营活动	符合（承诺并履行）
重组后连续12个月内，不得转让所取得的股权	符合（承诺并履行）
购买的股权不低于被收购企业全部股权的50%	符合（收购乙公司100%的股权）

从上表可知，适用特殊性税务处理关键指标是12个月、50%、85%。本案例都是充分满足的，适用条件中的定量标准满足。还有一个定性条件，就是"具有合理的商业目的，且不以减少、免除或者推迟缴纳税款为主要目的"，定性条件是否符合带有主观的判断，存在与税务机关意见不一致的风险。

（2）执法上的风险，也可以理解为不可控风险。

在实务中，可能地方税务机关会制定另外的规定，不完全执行"财税〔2009〕59号"的规定。例如：要求收购方与转让方各按原来的计税基础的，又或者要求A公司在收购环节就要确认4 000万元的股权转让所得，缴纳企业所得税。这类风险不是纳税人单方面能控制的，因为税务筹划本身是在税收政策的框架内，建立在税务机关按政策执法的基础上的。脱离了依法征税的基础，筹划的风险就是不可控的。

// 拓展阅读

上海市浦东新区的国税局 2010 年度企业所得税汇算清缴的答疑

问：符合特殊性税务处理条件的股权收购、资产收购，收购方以其控股企业的股权作为支付对价，其取得的股权（或资产）的计税基础应如何计算确认？

答：根据"财税〔2009〕59 号""国家税务总局公告 2010 年第 4 号"的有关规定，收购方以其控股企业的股权作为支付对价，收购被收购企业股权（或资产），若符合特殊性税务处理条件且选择特殊性税务处理的，其收购的股权或资产的计税基础以换出股权的原计税基础确认。涉及补价的，应按"财税〔2009〕59 号"第六条第（六）款规定调整计算计税基础。

【案例 10-7】 补价变增资，改变计税基础

// 案例背景

税月公司是 A 公司的母公司，持有 A 公司 100% 的股权，投资成本 1 000 万元，A 公司公允价值 5 000 万元。红红公司是 B 公司的母公司，持有 B 公司 100% 的股权，投资成本 1 000 万元。B 公司的公允价值 3 000 万元。因经营需要，税月公司决定收购 B 公司，并以 A 公司的股权作为支付对价，即税月公司与红红公司交换 A 公司、B 公司的股权。

金额单位：万元

股东名称	子公司	股权计税基础	子公司公允价值
税月公司	A 公司	1 000	5 000
红红公司	B 公司	1 000	3 000

// 筹划思路

双方交换股权，应分解为双方分别转让所持股权，再分别受让对方股权，一买一卖，应对转让股权所得缴纳企业所得税。

税月公司应纳企业所得税＝（5 000 － 1 000）×25% ＝ 1 000（万元）

红经公司应纳企业所得税＝（3 000 － 1 000）×25% ＝ 500（万元）

合计应纳企业所得税＝ 1 000 ＋ 500 ＝ 1 500（万元）

一般性税务处理需要缴纳大额企业所得税。

因此筹划总思路是，应用企业重组中股权收购的企业所得税特殊性税务处理政策。

（1）税月公司与红红公司交换 A 公司、B 公司的股权，可以设计两个方案：①税月公

司收购 B 公司，以 A 公司股权作为支付对价，并收取对方 2 000 万元差价；②红红公司收购 A 公司，以 B 公司作为支付对价，并支付对方 2 000 万元补价。

选择企业所得税特殊性税务处理对比见下表。

金额单位：万元

对比	股东名称	子公司	收购方	转让方	被收购企业	差价
收购前	税月公司	A 公司				
	红红公司	B 公司				
方案一	税月公司	B 公司	税月公司	红红公司	B 公司	2 000
	红红公司	A 公司				
方案二	税月公司	B 公司	红红公司	税月公司	A 公司	2000
	红红公司	A 公司				

（2）方案一特殊性税务处理适用性分析见下表。

特殊税务处理要求	方案一情况	适用性
被收购股权不低于 50%	100% 收购	适用
股权支付金额不低于 85%	全额以股权支付，另收取 2 000 万元差价	适用

税月公司收购 B 公司，以其子公司 A 公司作为对价，B 公司不仅是全额以股权支付，且没有支付任何货币资金，反过来还收到对方返回的差价 2 000 万元，满足"股权支付金额不低于 85%"的条件。

问题：税月公司收到的 2 000 万元差价如何缴纳企业所得税，交换后的股权计税基础如何确定？

（3）方案二特殊性税务处理适用性分析见下表。

特殊税务处理要求	方案二情况	适用性
被收购股权不低于 50%	100% 收购	适用
股权支付金额不低于 85%	以 B 公司股权支付 3 000 万元，支付补价 2 000 万元	不适用股权支付比例 60%

方案二的股权支付比例不满足企业所得税特殊性税务处理的条件。

问题：如何创设条件，让方案二能适用特殊性税务处理。

// 筹划分析

【方案一】具体分析

接前文，方案一中税月公司作为收购方，收购B公司，以A公司的股权作支付对价，并收回差价2 000万元，适用企业所得税特殊性税务处理。2 000万元差价是否需要缴纳企业所得税，如何缴纳？

（1）A公司的股权分成两部分：

交易一：60%的股权用于支付收购B公司的对价；

交易二：40%的股权转让给红红公司，转让价格2 000万元。

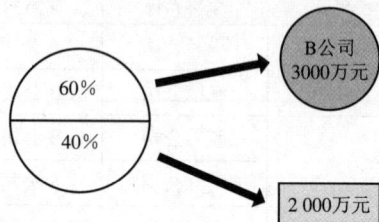

（2）交易一适用企业所得税特殊性税务处理，交易完成后相关资料见下表。

金额单位：万元

股东名称	被收购股权	支付对价	交易后	计税基础
税月公司		A公司60%股权	B公司	1 000
红红公司	B公司		A公司60%	1 000

（3）交易二适用一般性税务处理，税月公司转让A公司40%的股权，转让价格2 000万元。

40%的股权计税基础＝1 000×40%＝400（万元）

税月公司应纳企业所得税＝（2 000－400）×25%＝400（万元）

金额单位：万元

股东名称	被收购股权	支付对价	交易后	计税基础
税月公司	A公司40%		2 000	
红红公司		2 000	A公司60%	2 000

（4）综合交易一和交易二，双方完成子公司的交易，红红公司取得A公司共支付对价＝B公司＋2 000万元。故红红公司持有A公司股权的计税基础＝B公司原计税基础＋2 000万元＝3 000万元。相关资料见下表。

金额单位：万元

股东名称	子公司	计税基础	企业所得税
税月公司	B公司	1 000	400
红红公司	A公司	B公司＋2 000＝3 000（万元）	无

（5）风险分析。

税务机关有可能不接受分解交易的理解，也不认可 B 公司是被收购企业，坚持 A 公司是被收购企业。红红公司收购 A 公司，以 B 公司股权支付对价，并补价 2 000 万元，股权支付比例只占 60%，不适用特殊性税务处理。此时，企业要么据理力争；要么按照一般性税务处理缴纳企业所得税；要么分两次签订合同，分开时间交易。

【方案二】具体分析如下。

红红公司收购 A 公司，以 B 公司作为支付对价，并支付对方 2 000 万元补价。

方案二不适用企业所得税特殊性税务处理的原因是股权支付金额只有 60%，小于 85%。因此，红红公司需要创设条件，提高股权支付金额比例。怎样提高？通过增加 B 公司的公允价值达到股权支付比例。

那么怎样提高 B 公司的公允价值？通过给 B 公司注入资产达到目的。

怎样注入资产？方法是增资，计算如下。

（1）$5\,000 \times 85\% = 4\,250$（万元）

差额 $= 4\,250 - 3\,000 = 1250$（万元）

补价 $= 5\,000 - 4\,250 = 750$（万元）

（2）红红公司向 B 公司增资 1 250 万元，增资后 B 公司公允价值为 4 250 万元。红红公司持有 B 公司的股权计税基础 $= 1\,000 + 1\,250 = 2250$ 万元。

（3）红红公司收购 A 公司，以 B 公司作为支付对价，并支付税月公司 750 万元补价。

（4）税月公司收到补价 750 万元。

税月公司应纳企业所得税 $= (5\,000 - 1\,000) \times (750 \div 5\,000) \times 25\% = 150$（万元）

金额单位：万元

股东名称	被收购股权	支付对价	交易后	股权计税基础	企业所得税
税月公司	A 公司		B 公司 + 750	850	150
红红公司		B 公司 + 750	A 公司	1 600	

（5）风险分析。

红红公司对 B 公司增资后，股权计税基础已经提高到 2 250 万元，而税月公司持有 A 公司的股权计税基础仅仅是 1 000 万元。此时，以 A 公司作为被收购企业，采用特殊性税务处理，税月公司持有 A 公司的股权计税基础是 1 000 万元，若以 A 公司为被收购企业，红红公司收购 A 公司的股权计税基础将为原计税基础 1 000 万元扣除非股权支付部分对应的计税基础，从而导致计税基础减少 1 150 万元，这将给红红公司在以后处置 B 公司股权时造成税收利益的损失。

方案二有两点不足：一是 B 公司增资后再交换股权，以 A 公司作为被收购企业，导致 B 公司股权计税基础减少；二是仍然需要支付补价，缴纳部分企业所得税。

解决方法：一是变更被收购企业，以股权计税基础较高的 B 公司作为被收购企业；二是减少补价，直接补价为 0，则不需要缴纳企业所得税。

方案分解：

（1）红红公司对 B 公司增资，增资金额 2 000 万元。增资后，B 公司公允价值 5 000 万元，股权计税基础 3 000 万元。

（2）税月公司收购 B 公司，以 A 公司股权作为支付对价，A 公司和 B 公司公允价值相同。

（3）股权收购适用企业所得税特殊性税务处理，不需要缴纳企业所得税，相关资料见下表。

收购前后情况对比

金额单位：万元

股东名称	收购前		被收购企业	收购后	
	股权名称	计税基础	B 公司	股权名称	计税基础
税月公司	A 公司	1 000	计税基础	B 公司	3 000
红红公司	B 公司	3 000	3 000	A 公司	2 000

（4）改良方案优点：① 收购完成后，股权的计税基础提高至 3 000 万元；② 无须缴纳企业所得税。

（5）筹划风险。税务机关不认可股权收购后的计税基础变成 3 000 万元，要求收购方与转让方按各自原来的计税基础，又或者要求税月公司在收购环节就要确认 2 000 万元的股权转让所得，缴纳企业所得税。

三、特殊重组的永久性差异

数学课程中有一节内容叫自定义运算，就是由人为制定运算规则，设置运算符号，然后用这些自定的规则和符号进行题目的运算。这种自定义是小范围的，只适用于特定的情况，不可能影响通用的运算规则。一般的数学计算题，加、减、乘、除等通用运算规则是设定好的，适用于所有的题目，这些通用计算规则是不可逾越的界线。

如果把税费的计算看成一道数学题，税法的规定就是题目的计算规则，就像数学题加、减、乘、除的计算规则一样，一般情况下所有纳税人都必须按统一的规定计算税费。但是，与数学题不同的是，数学规则包含科学规律，是不能人为改变的；而税法的规则是可以自定义的，税收优惠、特殊处理等政策就是一般规则之外的自定义规则，这些规则越过了原来的规则边界。企业重组的特殊性税务处理，就像是自定义运算，但是区别在于自定义运算直接改变了一般规则。特殊性税务处理的原意本是不改变原来的计税规定，只是边界外延了一点，并没有突破界线，最后还是回到原来的计算上，只是产生了时间性差异。

但是，正如数学一样，自定义的规则很难融进通用规则中去。同样，税法自定义的规则也可能在数学逻辑上出现漏洞，就不能与原有的通用规则无缝融合，从而偏离了原来计税结果，形成永久性差异，而不是时间差异。比如数据的变换，数学强调等量代换，才不会影响计算结果，而税法的特殊政策，有时不是等量代换，而是直接变换，因此造成了永久差异。而这些永久性差异，可能导致纳税人少交税。

本节举例讨论特殊税务处理政策导致的税费差异，包括股权（资产）划转、股权收购、债务重组等。实务中可能存在与本节案例类似的筹划，能否落地视具体情况而定，细节不一一描述，只作分享。

【案例10-8】 股权收购特殊性税务处理未必节税

一般认为，企业重组时企业所得税特殊性税务处理只是递延缴纳企业所得税，并没有起到增加或减少税费的作用，但是特殊性税务处理政策改变了资产的计税基础，计税基础增加，将导致企业所得税减少；计税基础减少，将导致企业所得税增加。所以，特殊性税务处理时，应尽量避免计税基础减少。

是不是重组时选择特殊性税务处理，起码可以享受到递延纳税的优惠，百利无一害呢？

下面的案例，通过简单的数学计算分析，来推翻这个观点。

// 案例背景

甲公司持有A公司100%股权，计税基础1 000万元，估值5 000万元，甲、乙公司达成协议，乙公司收购A公司，增发2 500万元股股票给甲公司，价值5 000万元。一年后，双方又各自再转让所持有的上述股权。为方便计算，假设再次转让的价值均为6 000万元。

// 案例分析

（1）本案例甲公司一共进行了两次股权交易。

第一次，甲公司向乙公司转让 A 公司的股权，乙公司增发 2 500 万股股票支付给甲公司。

第二次，甲公司转让乙公司 2 500 万股股票，转让价格 6 000 万元。

同样，乙公司也进行了两次股权交易。

第一次，乙公司向甲公司收购 A 公司，乙公司增发 2 500 万股股票支付甲公司。

第二次，乙公司转让 A 公司，转让价格 6 000 万元。

（2）第一次交易可选择一般性税务处理或特殊性税务处理，见下表。

特殊税务处理要求	本案例情况	适用性
被收购股权不低于 50%	100% 收购	适用
股权支付金额不低于 85%	全额以股权支付	适用

第二次交易适用一般性税务处理。

（3）分别计算选择一般性税务处理和特殊性税务处理的税费，见下表。

一般性税务处理　　　　　　　　　　　　　　金额单位：万元

转让次数	公司名称	计税基础	转让价格	转让所得	企业所得税
第一次转让	甲公司	1 000	5 000	4 000	1 000
	乙公司	不涉及	不涉有	不涉及	不涉及
第二次转让	甲公司	5 000	6 000	1 000	250
	乙公司	5 000	6 000	1 000	250
	小计	—	—	—	1500

特殊性税务处理　　　　　　　　　　　　　　金额单位：万元

转让次数	公司名称	计税基础	转让价格	转让所得	企业所得税
第一次转让	甲公司	1 000	5 000	不确认	不涉及
	乙公司	不涉及	不涉及	不涉及	不涉及
第二次转让	甲公司	1 000	6 000	5 000	1 250
	乙公司	1 000	6 000	5 000	1 250
	小计	—	—	—	3 500

（4）差异产生的原因。

第一次交易时，乙公司增发 2 500 万股股票，公允价值是 5 000 万元，用于收购 A 公司，所以乙公司对 A 公司的投资成本是 5 000 万元，股权计税基础应是 5 000 万元。如果适用特殊性税务处理，乙公司收购 A 公司的股权计税基础，以甲公司原持有 A 公司的股权计税基础确定，即是 1 000 万元。因此，特殊性税务处理，让乙公司收购 A 公司的计税基础减少了 4 000 万元，为乙公司将来处置 A 公司时埋下了潜在税收损失，见下表。

不同税务处理的结果

金额单位：万元

类型	收购方	转让方	被转让企业	计税基础	收购价格	企业所得税	收购后计税基础
一般性税务处理	乙公司	甲公司	A 公司	1 000	5 000	1 000	5 000
特殊性税务处理	乙公司	甲公司	A 公司	1 000	5 000	不缴纳	1 000

// 小结

从上表对比可知，一般性税务处理缴纳的税费与特殊性税务处理缴纳的税费有明显的差异，特殊性税务处理未必享受到税收优惠。一般性税务处理缴纳的税费是正常计算出来的税费，与特殊税务处理为什么有差异呢，原因仍然是在计税基础上，把双方本来不同的计税基础，都统一成了"被收购股权的原有计税基础"。

【案例 10-9】　利用划转向低税负企业转移利润

// 案例背景

在前面我们分析了同一控制下利用划转剥离资产的筹划，假如并非同一控制下内部剥离资产，而是对外转让资产，可以同样利用划转筹划吗？

// 案例背景

C 公司由 A 公司和 B 公司投资成立。2014 年，C 公司收购 D 公司 100% 股权，收购成本 8000 万元，D 公司的主要资产是土地、厂房，但暂未开始生产，目前将厂房用于出租。2020 年，C 公司因经营发生变化，需要资金周转，拟出售 D 公司。由于 D 公司的土地、厂房增值较大，C 公司企业所得税适用税率为 25%，C 公司直接转让 D 公司股权，C 公司股权将产生较大的应纳企业所得税。C 公司股权架构如下图所示：

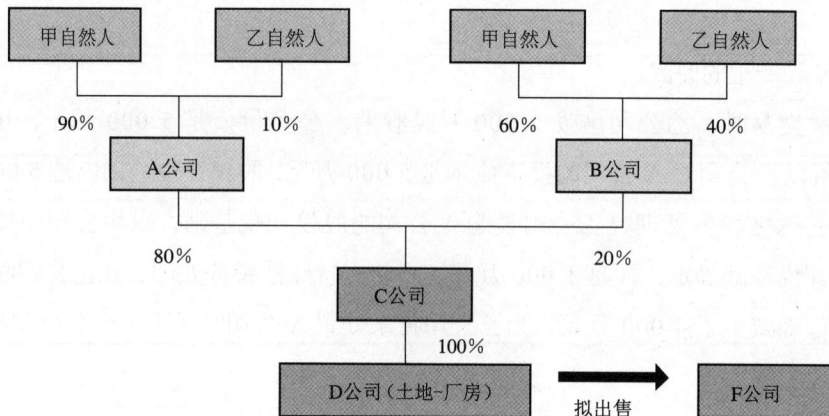

D 公司资产负债表简单列示见下表。

金额单位：万元

会计科目	账面价值	公允价值
土地、厂房	2 000	6 000
应收款	8 000	8 000
总资产	10 000	14 000
实收资本	16 000	
未分配利润	− 6 000	
净资产	10 000	14 000

// 相关政策

《财政部 国家税务总局关于促进企业重组有关企业所得税处理问题的通知》（财税〔2014〕109 号）规定如下。

三、关于股权、资产划转

对 100% 直接控制的居民企业之间，以及受同一或相同多家居民企业 100% 直接控制的居民企业之间按账面净值划转股权或资产，凡具有合理商业目的，不以减少、免除或者推迟缴纳税款为主要目的，股权或资产划转后连续 12 个月内不改变被划转股权或资产原来实质性经营活动，且划出方企业和划入方企业均未在会计上确认损益的，可以选择按以下规定进行特殊性税务处理：

（一）划出方企业和划入方企业均不确认所得。

（二）划入方企业取得被划转股权或资产的计税基础，以被划转股权或资产的原账面净值确定。

（三）划入方企业取得的被划转资产，应按其原账面净值计算折旧扣除。

// 筹划分析

（1）C公司因经营决策发生变化转让D公司股权，并需要资金周转，说明股权转让支付对价的方式是货币资金，不适用股权收购的特殊性税务处理政策。

（2）C公司转让D公司产生6 000万元股权转让所得，C公司企业所得税适用税率为25%，C公司若能将D公司转移到企业所得税税负低于25%的关联企业，关联企业再转让D公司，两者之间存在税负差，可实现节税的筹划目的。

（3）划转可实现在母子公司或兄弟公司之间转移资产。

// 筹划方案

【方案一】划转给现成的亏损兄弟公司

假如C公司有受相同企业100%直接控制的兄弟公司（E公司），并且该E公司有大额税前未弥补亏损。

（1）C公司将D公司划转给E公司，适用企业所得税特殊税务处理。

（2）划出方C公司和划入方E公司均不确认所得。

（3）划入方E公司取得被划转D公司股权的计税基础，以C公司原持有D公司股权的计税基础8 000万元确定。

（4）12个月后，E公司向F公司转让D公司股权，按公允价值14 000万元计算转让价格，8 000万元计税基础，E公司取得6 000万元股权转让收益，先用于弥补税前亏损，弥补后有余额再缴纳企业所得税。

（5）节税效果＝E公司未弥补亏损（以6 000万元为限）×25%＝1 500（万元）。

【方案二】收购亏损公司再划转

假如C公司没有现成的亏损兄弟公司，则需要先收购一个亏损公司。

（1）C公司的股东A公司和B公司收购E公司，E公司有大额税前未弥补亏损。

（2）C公司将D公司划转给E公司，适用企业所得税特殊税务处理。

余下步骤与方案一相同。

【方案三】划转给享受优惠税率的兄弟公司

假如C公司有受相同企业100%直接控制的兄弟公司（E公司），并且E公司适用15%企业所得税优惠税率。

C公司将D公司划转给E公司，适用企业所得税特殊税务处理：

（1）划出方C公司和划入方E公司均不确认所得。

（2）划入方E公司取得被划转D公司股权的计税基础，以C公司原持有D公司股权的计税基础8 000万元确定。

（3）12个月后，E公司向F公司转让D公司股权，按公允价值14 000万元计算转让价格，8 000万元计税基础，E公司取得6 000万元股权转让收益，按15%税率计税应缴企业所得税。

（4）节税效果＝6 000×（25%－15%）＝600（万元）

【方案四】划转给设立在洼地的兄弟公司

假如C公司没有现成的优惠税率兄弟公司，则考虑先在税收"洼地"成立一个。

（1）C公司的股东A公司和B公司在税收洼地成立E公司，E公司享受15%优惠税率。

（2）C公司将D公司划转给E公司，适用企业所得税特殊税务处理：

余下步骤与方案三相同。

// 筹划风险

（1）上述筹划是利用划转政策改变了征税对象的漏洞。划转前转让股权，征税对象是C公司，划转后转让股权，征税对象是E公司。如开头所言，特殊的税务处理，直接改变了原来的计算规则，而非是数学计算中的等量代换，所以导致改变前后，可能带来计算结果的不同。划转改变了征税对象，从而改变了应纳税所得税额或者适用税率，导致划转前后转让股权的税费差异。

（2）方案落地的风险。合理商业目的是风险之一，纳税人是否能为划转找到适当的理由，从而能适用特殊税务处理。收购亏损企业是风险之二，是否能够找到合适的亏损企业，以合适的价格收购，并且该亏损企业不存在隐藏的潜在风险。"洼地"设立兄弟公司是风险之三，设立的新公司未必符合当地的优惠政策，从而未必能享受优惠税率。此时，可考虑民族自治地区的优惠政策。

（3）时间风险，被划转的股权在12个月之后才能转让，因此，需要提前规划。

【案例10-10】 非同一控制公司之间划转资产

// 案例背景

C公司由A公司和B公司投资成立。2014年，C公司收购D公司100%股权，收购成本8 000万元，D公司的主要资产是土地、厂房，但暂未开始生产，目前将厂房用于出租。2020年，C公司因经营决策发生变化，决定将D公司转让给E公司，E公司是A

公司的全资子公司。由于 D 公司的土地、厂房增值较大，C 公司企业所得税适用税率为25%，C 公司直接转让 D 公司股权，C 公司股权将产生较大的应纳企业所得税。C 公司和E 公司架构如下图所示。

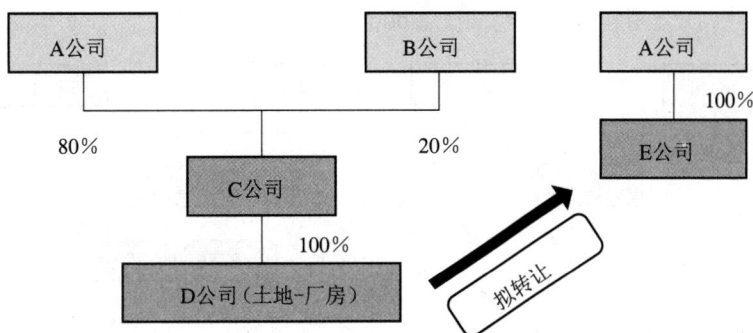

D 公司资产负债表简单列示见下表。

金额单位：万元

会计科目	账面价值	公允价值
土地、厂房	2 000	8 000
应收款	8 000	8 000
总资产	10 000	14 000
实收资本	16 000	
未分配利润	− 6 000	
净资产	10 000	14 000

// 筹划分析

（1）假如 C 公司向 E 公司直接出售 D 公司股权，采取一般税务处理，需要缴纳1 500 万元企业所得税。

（2）C 公司与 E 公司是关联企业，有共同的母公司 A 公司，但是 C 公司由 A 公司和B 公司共同持股，而 E 公司由 A 公司独家持股，两者不满足"受同一或相同多家居民企业 100% 直接控制"的条件。因此，假如 C 公司向 E 公司划转 D 公司股权，不适用股权收购的特殊性税务处理政策。

（3）创设条件，使 C 公司和 E 公司满足共同直接 100% 控制的条件。

// 筹划方案

（1）B 公司向 E 公司增资，成为 E 公司的股东。增资后，C 公司和 E 公司"受 A 公司和 B 公司 100% 直接控制"，增资比例视实际情况而定，本例以较极端的 1% 为例，股权转让如下图所示。

（2）C公司将D公司划转给E公司，适用企业所得税特殊税务处理：①划出方C公司和划入方D公司均不确认所得；②划入方E公司取得被划转D公司股权的计税基础，以C公司原持有D公司股权的计税基础8 000万元确定。

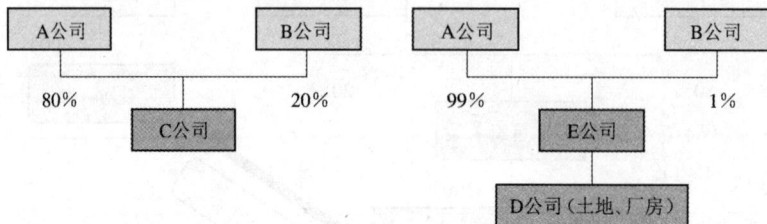

（3）12个月后，B公司退出E公司。

// 筹划风险

（1）政策理解差异的风险。"受同一或相同多家居民企业100%直接控制的居民企业之间"是否要求这多家企业对划出方和划入方有共同的持股比例？按"财税〔2014〕109号"的字义理解，并没有对持股比例做出限制，所以并不需要有共同的持股比例，只要是共同100%控制即可。例如上图中的A公司和B公司，对C公司和E公司的持股比例并不相同，但是满足100%直接控制，然而实务中可能有税务人员不认可这种观点。

（2）划转前，B公司间接持有D公司20%的权益，而划转后，B公司持有的权益视增资比例而定。如果增资后的股东权益份额不一致，兄弟公司无偿划转侵害了股东B公司的利益，很容易让人联想到是不是存在私下交易，A公司账外向B公司支付了补偿。如果要避免阴阳合同，则可以在乙公司增资的对价上考虑，也可以在划转完成12个月以后B公司退出时，再按照原公允价值转让B公司所持有的E公司股权（按原实际享有的20%份额计算对价），虽然涉及企业所得税，但只是B公司对应的部分需要缴税，对于A公司享有的80%部分则成功节税。

四、利用债转股回避重组所得

有朋友曾问笔者一个问题：债务重组中的债转股，选择特殊性税务处理，会造成不征税（而不是递延）吗？

这是什么意思呢？

税法上的债务重组，是指在债务人发生财务困难的情况下，债权人按照其与债务人达成的书面协议或者法院裁定书，就其债务人的债务作出让步的事项。既然债权人作出了让步，债务人通常会产生重组所得，如果债务重组当成数学计算题的话，一方有所得，一方有损失；一方所得税前当作收入，一方所得税当作损失，税收上达到了平衡。

但是，如果是债转股呢？债务人因债权人让步得到的利益，是否需要纳税呢？

下面先看几个政策文件与案例来进行对比与分析。

// 相关政策

《财政部　国家税务总局关于企业重组业务企业所得税处理若干问题的通知》（财税〔2009〕59 号）规定如下。

（二）企业债务重组，相关交易应按以下规定处理：

1. 以非货币资产清偿债务，应当分解为转让相关非货币性资产、按非货币性资产公允价值清偿债务两项业务，确认相关资产的所得或损失。

2. 发生债权转股权的，应当分解为债务清偿和股权投资两项业务，确认有关债务清偿所得或损失。

3. 债人应当按照支付的债务清偿额低于债务计税基础的差额，确认债务重组所得；债权人应当按照收到的债务清偿额低于债权计税基础的差额，确认债务重组损失。

4. 债务人相关所得税的纳税事项，原则上保持不变。

六、企业重组符合本通知第五条规定条件的，交易各方对其交易中的股权支付部分，可以按以下规定进行特殊性税务处理：

（一）企业债务重组确认的应纳税所得额占该企业当年应纳税所得额 50% 以上，可以在 5 个纳税年度的期间内，均匀计入各年度的应纳税所得额。

企业发生债权转股权业务，对债务清偿和股权投资两项业务暂不确认有关债务清偿所得或损失，股权投资的计税基础以原债权的计税基础确定。企业的其他相关所得税事项保持不变。

《关于企业清算业务企业所得税处理若干问题的通知》（财税〔2009〕60 号）相关规定如下。

四、企业的全部资产可变现价值或交易价格，减除资产的计税基础、清算费用、相关税费，加上债务清偿损益等后的余额，为清算所得。

企业应将整个清算期作为一个独立的纳税年度计算清算所得。

【案例10-11】巨亏公司注销方式选择

// 案例背景

税月公司账面资产总额300万元，负债1 000万元（其他应付款——股东小明），公司企业所得税未弥补亏损500万元。税月公司准备注销，同时无力偿还股东欠款。税月公司应该怎样处理能省税？

// 筹划方案

【方案一】直接注销

因无力偿还借款，注销时账面其他应付款不能支付，股东小明豁免税月公司债务，税月公司产生债务豁免收入1 000万元，弥补亏损500万元之后，需缴纳企业所得税＝（1 000 － 500）×25% ＝ 125万元。

缺点：这是很悲摧的方案，股东收不回债权，公司还要交税。虽然有限责任公司股东以出资为限对公司承担责任，如果最终资不抵债，即使是存在清算所得也需要缴纳所得税，但会出现无纳税能力的问题。在实务中各个地方税务局的态度也不一致。而本案例中公司还有资产，也就是有纳税能力，在清算过程中税收是列在普通债权之前分配的。

【方案二】增资还债

股东小明以货币资金对税月公司增资1 000万元，税月公司再把增资进来的1 000万元用于清偿对小明的负债。清偿负债后税月公司再注销。注销时无债务豁免收入，无须缴纳企业所得税。

缺点：需要大额的资金周转，对于一般企业，除对股东的负债外，还有对其他债权人的负债，增资的资金进来后，如果全部用于清偿对股东的负债，公司清算时不能清偿其他债权人的欠款，将面临其他债权人重新分配，公平清偿的要求。

【方案三】债务重组—债转股

税月公司与股东小明协商债务重组，小明作出让步，不要求货币资金清偿，将债权1 000万元转为对税月公司的股权投资。适用特殊性税务处理，12个月以后税月公司再注销，无须缴纳企业所得税。

这是一个老案例，在各种渠道流传多年，实务中也存在类似的处理。本章节不是为了讨论这个案例的正确性，只是作为一个导入。为什么同样是债务重组，案例中债转股之后，债务人税月公司却没有缴纳企业所得税？

一般的债务重组，债务豁免会产生豁免所得，债务人需要缴纳企业所得税，但是符合条件的债转股，即不会产生豁免所得，债务人不需要缴纳企业所得税。是暂时不需要缴纳，还递延到以后缴纳？或是以后都不需要缴纳？先看第二个案例。

【案例10-12】债务豁免不如债转股

// 案例背景

税月公司资产负债情况简单列示见下表

税月公司资产负债情况

项目	金额
资产	1 400
其他应付款——红红公司（万元）	1 000
注册资本（万元）	1 000
净资产（万元）	200
净资产公允价值（万元）	200

税月公司出现债务困难，无力偿还红红公司债务，与红红公司协商债务重组，税月公司提出两个重组方案如下。

【方案一】部分豁免

税月公司以货币资金偿还600万元，红红公司豁免余下400万元债务。

税收待遇：税月公司确认债务重组所得400万元，红红公司确认债务重组损失400万元。同时可以享受递延纳税优惠，如果税月公司债务重组确认的应纳税所得额占当年应纳税所得额50%以上，并且符合特殊性税务处理的其他条件，可以在5个纳税年度的期间内，均匀计入各年度的应纳税所得额。

【方案二】债转股

红红公司以1 000万元债权对税月公司增资，持有税月公司50%股权，对应税月公司净资产公允价值600万元，即（200＋1 000）×50%＝600万元。税月公司以公允价值600万元的股权，清偿1 000万元的债权，产生的债务重组所得400万元。

一般性税务处理：税月公司确认债务重组所得400万元；红红公司确认债务重组损失400万元。

特殊性税务处理：对债务清偿和股权投资两项业务暂不确认有关债务清偿所得或损失，红红公司股权投资的计税基础以原债权的计税基础确定（即1 000万元），企业的其他相关所得税事项保持不变。

债转股后，税月公司资产负债简单列示如下：

金额单位：万元

项目	金额
资产	1 400
其他应付款——红红公司	0
注册资本	2 000
净资产	1 200
净资产公允价值	1 200

税务影响：双方不确认重组所得或损失。红红公司股权投资计税基础 1 000 万元。税月公司以自身公允价值 600 万元的股权，清偿 1 000 万元的债权，产生的债务重组所得 400 万元怎么办？暂不确认债务清偿所得，不用缴纳企业所得税。

// 筹划分析

通过对比可以发现：

第一，债务重组如果以货币资金清偿，并豁免部分债务，债务人所获得的重组所得应计入企业所得税应纳税所得额；

第二，债务重组如以债权转股权，如果适用一般性税务处理，债务人所获得的重组所得应计入企业所得税应纳税所得额；

第三，债务重组如以债权转股权，如果适用特殊性税务处理，债务人暂不确认债务清偿所得，不需缴纳企业所得税。

进一步分析，债务人"暂不确认"的债务清偿所得，在何时确认？是政策导致的永久性差异，还是递延的时间性差异？进一步分析债权转股权并适用特殊性税务处理的后续情况。

（1）本案例中，税月公司处于亏损状态。假设直至税月公司开始清算，仍然持续处于亏损状态，即税月公司一直不需要缴纳企业所得税。净资产份额小于股权投资成本，投资人不能足额收回投资（假设红红公司仅收回 600 万元），而红红公司可以确认投资损失 400 万元。（注：此种情况即使确认债务重组所得 400 万元，全额用于弥补亏损后，并不需要缴纳企业所得税。适用一般税务处理还是适用特殊税务处理，对税月公司来说并没有差别，均不会产生企业所得税。）

（2）假设税月公司以后盈利，弥补到公司清算时，股东所分配资产足以收回投资并且有投资收益。此时，红红公司分配清算剩余财产超过 1 000 万元，假设最终分配金额为 1 100 万元，其中 1000 万元作为收回投资成本处理，如果债转股时选择特殊性税务处理，则剩余 100 万元作为投资收益；而如果债转股时选择了一般性税务处理，红红公司当时确认重组损失 400 万元，此次清算应确认投资收益 500 万元。对于债权人而言，何时确认债务重组损失仅是时间性差异。

（3）税月公司清算处置资产，清算所得等于企业的全部资产可变现价值或交易价格，减除资产的计税基础、清算费用、相关税费，加上债务清偿损益等后的余额，因为之前的债转股并不会影响企业资产的计税基础，因此资产处置不会产生税会差异，而债务清偿损益则可能存在一定的争议。"财税〔2009〕59 号"提到满足条件的债转股可以暂时不确认债务清偿所得，至于后续在资产处置甚至企业清算时，债务的计税基础如何确认并不明确。以本案例为例，如果将债权转股权分解为债务清偿和股权投资两项业务，确认有关债务清偿所得，则债务的计税基础自然清零，然而现在以 1 000 万元债权转股权，而股权的实际价值为 600 万元，在此情形下债务的计税基础为 400 万元还是清零呢？如果清零，则企业清算时无清算所得，债转股时暂未确认的债务清偿所得变成永久性差异，而如果认定债务的计税基础为 400 万元，则实际清偿金额为零，形成清算所得 400 万元，债转股时暂未确认的债务清偿所得在企业清算时实现了，只是时间上的递延。对此我们更倾向于不需要计算债务清偿所得，因为其性质可以理解为与不公允增资的性质类似，也就是说虽然债转股时净资产为 200 万元，如果红红公司以 1 000 万元现金对公司增资占 50% 的股权，增资以后公司再以 1 000 万元偿还红红公司的债务，这样一来是不会出现债务清偿所得或损失的，自然也不就会出现清算时再来补计债务清偿所得，至于以 1 000 万元货币资金增资而实际价值只有 600 万元，这种不公允增资方式在前面章节已经讨论过，在此不再重复。

对债务重组的债权转股权，如果选择特殊性税务处理，对债权人产生递延税前扣除的时间性差异；而对于债务人产生债务清偿所得则有可能不需要缴纳企业所得税，从而形成永久性差异，也就是说债权转股权，应优先选择特殊性税务处理，存在债务豁免时，如能筹划成债权转股权，并选择特殊性税务处理，通常可实现节税。

【案例10-13】债务豁免变成撤资

// 案例背景

税月公司资产负债情况简单列示见下表。

金额单位：万元

项目	金额
资产	1 400
其他应付款——红红公司	1 000
注册资本	1 000

项目	金额
净资产	200
净资产公允价值	200

税月公司欠红红公司 1 000 万元，税月公司因财务困难，双方协商债务重组，税月公司货币资金偿还 600 万元，红红公司豁免其余 400 万元。

// 筹划分析

（1）按双方协商债务重组方式，税月公司应确认重组所得 400 万元，红红公司确认重组损失 400 万元。

（2）筹划债权转股权，节税确认重组所得。

// 筹划方案

（1）红红公司以债权对税月公司增资 1 000 万元，占税月公司 50% 股权，公允价值 600 万元，适用特殊性税务处理。双方不确认重组所得或损失，红红公司股权投资计税基础 1 000 万元。

（2）一年后，红红公司将股权以公允价值 600 万元转让给股东小明，红红公司确认股权转让损失 400 万元。税月公司无税务影响。

（3）之后不久，股东小明要求撤资 1 000 万元，按税月公司资产计算，股东小明只能收回投资 600 万元，股东小明收回投资无所得，不需要纳税。

效果：实际仍然是部分债务豁免，红红公司收到 600 万元货币资金，并且产生税前损失 400 万元。但是税月公司规避重组所得 400 万元。

// 筹划风险

（1）需要双方配合。税月公司已经出现财务困难，债务重组中红红公司同意让步就是为了尽快实现债权，如果要求等待一年，红红公司未必愿意，需要双方具体沟通。

（2）有人认为，债权转股权并非不征税，只是递延纳税。债务人清算时，要确认当初债务重组时递延的重组所得。

根据"财税〔2009〕59 号"文规定："企业发生债权转股权业务，对债务清偿和股权投资两项业务暂不确认有关债务清偿所得或损失"。既然是"暂不确认"，那就是迟早要确认，递延的极限是债务人清算时就应该确认。

按这个观点，债务人清算时，要在正常清算处理之后，将清算所得加上当初债务重组时的重组所得，一起计算应纳企业所得税。如前所述，笔者认为这个观点是难以实现的，也并不合理。但是不排除有税务人员存在这样的理解，并据以征税。

【案例 10-14】债务豁免变为溢价增资

假如担心上述递延观点的税务风险，该如何应对呢？换一个思维，债务重组中的债权转股权以高价的债权，获取相对较低价股权，是不是跟溢价增资很相近？在风险投资中，被投资企业的净资产可能很低，但是风投机构却愿意高额投资，只享有小额股权。例如投资 1 000 万元，只享有相当于净资产 600 万元的股权比例。假如投资失败，风投机构可以税前扣除投资损失。而对于溢价投入部分，被投资企业计入资本公积，并不需要缴纳企业所得税。当债权人仅同意部分债务豁免时，将部分债务豁免筹划为溢价增资。

// 案例背景

税月公司资产负债情况简单列示见案例 10-13。税月公司欠红红公司 1 000 万元，税月公司因财务困难，双方协商债务重组，税月公司以货币资金偿还 600 万元，红红公司豁免其 400 万元债务。

// 筹划分析

（1）按双方协商债务重组方式，税月公司应确认重组所得 400 万元，红红公司确认重组损失 400 万元。

（2）筹划成溢价增资，不确认重组所得达到节税效果。

// 筹划方案

（1）红红公司向税月公司货币增资 1 000 万元，占税月公司 50% 股权，对应的净资产公允价值 600 万元。

（2）增资后，税月公司以货币资金偿还红红公司 1 000 万元。

（3）适当时间后，红红公司按净资产公允价值 600 万元向小明转让 50% 股权，红红公司确认投资损失 400 万元。

（4）不久，股东小明要求撤资 1 000 万元，股东小明只收回投资 600 万元。

结果：实际仍然是债务豁免，但是没有采取债务重组的形式，所以税月公司没有产生债务重组所得，从而不存在债务重组特殊性税务处理的递延纳税确认问题。

// 筹划风险

筹划方案需要双方配合。税月公司已经出现财务困难，债务重组中红红公司同意让步就是为了尽快实现债权。该方案反而要求红红公司再投资 1 000 万元增资，虽然只是过账后立马就还了之前的欠款，但是红红公司很可能担心资金安全。如果公司出现破产情形，很有可能变成个别清偿而被追索。

// 拓展讨论

本案例不是评估案例，所以不详细讨论评估的专业技术问题。本案例是讨论税务处理，所以根据目前债权转股权实务情况来筹划。

（1）目前实务中，债权转股权，是否需要评估？

债权转股权评估与不评估的情况都存在，虽然《中华人民共和国公司法》的规定，非货币资产出资应该评估。但实务中，普遍存在不评估的情况。

（2）假如对债权评估，一般怎么评？

实务中，一般是采用成本法，按债权的账面值评估。

（3）假如按照低于债权原值的金额增资，将导致逻辑错误。

第一，债权转股权中的所谓债权人"让步"，一般是指转股后，债权人所享有的股权公允价值低于债权原值。债权全额转为注册资本，所占的股权价值仍然少于债权的账面价值。比如本案例，红红公司将 1 000 万元债权全额转为实收资本，占税月公司 50% 的股权，才能享有净资产公允价值份额 600 万元。假如认为债权公允价值 600 万元，应该按 600 万元增加实收资本，则红红公司只能占税月公司 37.5% 的股权，股权对应的净资产小于 600 万元，这将导致逻辑错误。

第二，假如债务人的股权价值比较高，不需要全额将债权转为股权，债权人即可享有足够的股权价值。此时部分债权转为实收资本，部分转为资本公积。例如，债权 1 000 万元，600 万元转为实收资本，所占股权比例＝净资产公允价值份额 600 万元，另外 400 万元作为资本公积。

此时，既然 600 万元转为实收资本就已经能享有 600 万元的净资产公允价值份额了，又怎么会是 1 000 万元债权只值 600 万元呢？税月公司净资产公允价值如此之高，说明只是暂时的财务困难，并未严重到资不抵债的地步。评估时，就不会将债权价值评估为 600 万元。

因此，对债权进行评估，并按低于其原值的评估价值转股，将导致逻辑错误，具体不再深入讨论。